U0509976

区域经济学
学科前沿研究报告
——百年未有之大变局下的区域经济发展

孙久文◎主　编

苏玺鉴◎副主编

T

HE FRONTIER
REPORT ON THE
DISCIPLINE OF
REGIONAL
ECONOMICS

2021

经济管理出版社
ECONOMY & MANAGEMENT PUBLISHING HOUSE

图书在版编目(CIP)数据

区域经济学学科前沿研究报告.百年未有之大变局下的区域经济发展:2021/孙久文主编.—北京:经济管理出版社,2022.10

ISBN 978-7-5096-8782-6

Ⅰ.①区…　Ⅱ.①孙…　Ⅲ.①区域经济学—研究报告—世界—2021　Ⅳ.①F061.5

中国版本图书馆 CIP 数据核字(2022)第 195472 号

组稿编辑:申桂萍
责任编辑:赵亚荣
责任印制:黄章平
责任校对:陈　颖

出版发行:经济管理出版社
　　　　　(北京市海淀区北蜂窝 8 号中雅大厦 A 座 11 层　100038)
网　　址:www.E-mp.com.cn
电　　话:(010)51915602
印　　刷:唐山昊达印刷有限公司
经　　销:新华书店
开　　本:787mm×1092mm/16
印　　张:23
字　　数:517 千字
版　　次:2023 年 3 月第 1 版　　2023 年 3 月第 1 次印刷
书　　号:ISBN 978-7-5096-8782-6
定　　价:98.00 元

·版权所有　翻印必究·

凡购本社图书,如有印装错误,由本社发行部负责调换。

联系地址:北京市海淀区北蜂窝 8 号中雅大厦 11 层
电话:(010)68022974　　邮编:100038

目　录

总报告　百年未有之大变局下区域经济学热点评述

百年未有之大变局下，国内外发展环境发生深刻改变。数字经济的快速发展、"逆全球化"的风潮、中国脱贫攻坚的生动实践、区域协调发展的全新阶段，拓展了城市、产业空间布局，区域分工与合作，城市化与工业化，贫困治理等理论的内涵与外延，构建起了内容宏大的中国特色社会主义区域经济理论体系，奠定了区域经济学理论体系持续发展的坚实基础。

第一节　数字技术推动城市发展新格局

城市以及由城市联结而成的城市群和都市圈已经成为经济社会活动的重要载体，联合国人类住区规划署的《2020年世界城市报告》将城市视为化解新冠肺炎疫情冲击、推动全球经济复苏的关键，在日益成熟的数字经济的助推下，城市群和都市圈将会呈现新的发展格局，成为全球经济增长的持续动力。一方面，数字技术快速发展，与传统产业、城市发展相融合的条件逐渐具备，打破了地理空间距离对城市群、都市圈发展的限制，但是，城市发展的基础设施要求也进一步提高，城市体系的平衡比单一城市的发展更加重要；另一方面，数字技术为解决城市地区的过度拥堵问题提供了新方案，提高了城市韧性，更能够发挥城市密度在提供关键公共服务方面的规模经济效应。在未来很长一段时间内，城市群和都市圈仍将是支撑经济发展，应对环境、卫生事件冲击，促进社会平等，优化行政管理能力的核心力量。

一、城市化的远期发展与短期困局

从世界范围来看，城市化将持续进行。到2020年，全球已经有超过半数的人口居住在城市。从长远来看，这一比例将在未来几十年进一步提高，预期在2030年达到60.4%，新增的城市人口中，亚洲和非洲发展中国家将贡献绝大部分，预计到2050年，北美仍将是全球人口城市化比例最高的地区，将有80%以上的人口居住在城市。从中国的实际国情出发，城市也将是支撑中国国民经济和区域经济发展的核心载体，是构建双循环新发展格局的重要力量（孙久文和宋准，2021）。根据中国第七次全国人口普查数据，2020 年，中国常住人口城镇化率为 63.89%，户籍人口城镇化率为 45.4%。

城市化快速发展催生了各种类型的城市问题，在新冠肺炎疫情的冲击下，城市人口集聚与公共安全的冲突再一次暴露出来。城市规模的迅速扩大，吸引了大量的人口、产业迁入城市，城市治理系统超负荷运行，导致公共安全事件频发。公共安全事件包括自然灾害事故灾难、公共卫生事件、社会安全事件和事故灾难，它是城市化进程中的永恒话题，不同城市往往根据其区位条件的差异，设计针对其中某几方面的"常态化"应对体系。美国和欧洲主要国家更加注重社会安全和防灾减灾功能的建设，强调城市治安和应对灾害冲击时的"城市韧性"（Ahern，2011）。而日本由于其特殊的区位条件，自然灾害对城市的威胁较为严重，因此更关注城市的防灾能力，尤其是在 1995 年阪神大地震和 2011 年东日本大地震后，保证城市作为安全、便捷的生产生活空间的"安全都市"或"防灾都市"理念逐渐普及。在我国城镇化的起步阶段，公共安全就是城市规划的一个重要环节，由最初的防范自然灾害、人为灾害和袭击破坏，发展到生活与生产安全、生态与环境安全、资源与能源安全以及突发事件控制等多个方面（吴庆洲，2002）。

然而，在面临新冠肺炎疫情这一非传统危机的持续冲击时，各大城市成熟的传统公共安全应对机制均难以发挥其预期的效果。尤其是在城市密度与疾病传播的正向相关关系被发现后，人口密集的大城市发展模式进一步受到挑战。不仅如此，在新冠肺炎疫情防控过程中，拥有更丰富资源、更多政策措施的大城市，并没有表现出与其地位相符的疫情控制能力，首尔、新加坡、东京等城市面临更严重的冲击，经济活动受到的影响更大（Minetto et al.，2020），纽约这样的人口密集城市甚至一度成为疫情的中心。

大城市发展陷入的困境并不意味着世界范围内城市化进程的中止，也不足以改变人口空间分布的结构。事实上，城市过度拥挤、服务设施超载、缺少可持续发展能力和韧性才是各类问题的主因（Khan et al.，2018），城市规划者也需要重新思考城市化的路径（Pierantoni et al.，2020）。城市不仅需要为居民提供必要的、便利的生活和生产服务，也需要在商业场所、就业场所和公共交通工具上保持基本的卫生水平。城市密度增强了提供服务的能力，更加便于形成规模经济，也提高了公共安全事件发生时系统的承载能力。保持一定程度的集聚与形成适度的分散同样重要，那么，如何权衡城市密度，避免城市过度拥挤呢？是选择在设施不足的过度拥挤地区提供更多基础设施和服务，还是规划更多的户外公共空间，降低城市的密度？为了应对罕见极端恶劣天气和新冠肺炎疫情等公共卫生事件的冲击，城市需要保留多大程度的功能冗余？

二、数字技术与城市区位变革

技术进步重新定义了影响区域经济与城市发展的要素禀赋，促使区位理论不断演进，重塑了城市发展的区域格局。第一次工业革命后，各主要资本主义国家的工业化进程推动了杜能的农业区位论向韦伯的工业区位论的演进。蒸汽机的改良使运输工具效率更高，手段更广泛，运费不再是简单的距离计算，而是成为了影响区位选择的关键问题。在此基础上，韦伯提出了"最小运费原则"，衡量了集聚的成本与收益。在这一思想指导下，企业布局更关注工业地域的选择，产业和人口进一步集中，形成了城市工业区和矿山工业区，逐步确定了现代城市的雏形。

19世纪中后期，第二次工业革命将经济社会带入了电气时代，工业化进程提速，城镇数量增加、规模扩大，为工业生产和居民生活服务的第三产业迅速发展壮大。区位理论的研究相应地从生产领域向市场领域扩展，克里斯塔勒和廖什的中心地理论开始流行。不同级别的中心地具有不同的商品和服务供给能力，决定了不同的服务范围，服务范围相互叠加组合覆盖整个区域。中心地理论将区位由局部均衡导向一般均衡，将不同等级的城市纳入一个"系统"之中，城市职能、城市联系和城市分工得到重视，城市群和都市圈的发展基础逐渐成熟。

电子计算机的广泛应用促进了全世界经济、政治和文化的深刻变革，保罗·克鲁格曼、马歇尔和波特先后将规模经济、外部性、集聚力和分散力、区位竞争等概念引入到传统区位理论中。区位的空间格局由静态转向动态的发展与竞争，在此信息技术的冲击下，城市高新技术的研发、转化、产出能力决定了其核心竞争力和在产业链条中占据的位置。与之相适应的科技园区模式成为城市建设的新宠，进一步发展成附属或独立的科学城，改变了传统的城市群等级关系，如美国的硅谷、日本的筑波科学城、英国的剑桥科学园、法国的格勒诺布尔研究园等。同时，高速交通网络进一步降低了要素流通的成本，打破了中心地理论中封闭系统的边界，不同空间尺度和等级城市的辐射范围开始叠加、渗透，城市群和都市圈的联系更加紧密，由等级排列模式转向强调专业化分工、外部性和职能互补的多中心城市网络。

进入"工业4.0"，数字技术的推广和应用重塑了城市化的进程，改变了城市的空间格局，为古典区位理论带来了复兴的契机与新的挑战。首先，城市职能的重新定义。城市是产业和人口集聚的产物，同时包含了马歇尔外部性和雅各布外部性的影响，在集聚理论不断深化的过程中，两者的重要性此消彼长，定义了城市的"生产性"职能。但随着生产力不断提高，服务和消费带来的城市福利外部性成为主导集聚的新力量（Charlot，2006），并具有突破地域、行政手段限制的能力（邹一南等，2020）。

其次，城市空间尺度的重构。卡斯特提出的流空间理论突破了传统区位论的"场空间"模式（曼纽尔·卡斯特，2006），强调忽略城市的现实空间信息和区位条件，重视城市的物质流、信息流和沟通网络，重新解读城市联系（戴特奇等，2005）、集聚和外部性（董超等，2014）、城市空间布局和结构（陈伟等，2017）、城市规模与韧性（高鑫等，2012）等问题。在数字技术的支持下，这些研究将有机会付诸实践，流空间城市的构建也将从理论走进现实。

最后，大城市与再城市化。城市是各类资源要素集聚的产物，当城市集聚成本超过集聚收益，就会进入逆城市化的进程，导致中心城区空心化，城市低密度蔓延。这一现象，在20世纪末期的美国、德国等城市化国家尤为显著。近些年来，技术进步促使知识密集型产业重新崛起，中心城区的人口出现回流。但是与城市化进程相比，数字技术主导下的再城市化呈现出典型的新特征：中心城区由传统的产业中心、城市职能中心转化为信息中心；行政机构和城市公共服务设施去中心化，在城市不同片区间均衡分布；城市郊区人口数量继续增加，制造业继续向郊区转移。

三、数字技术与城市化新特征

城市化的进程将持续进行，在数字技术应用的助推下，传统的城市化路径被打破，表现出截然不同的基础设施、产业空间和消费结构。

数字技术与城市化深度融合，是下一阶段城市发展的关键环节，其中包括城市治理数字化、生产方式数字化和生活方式数字化，其承载基础是数字化的基础设施，包括5G通信基站、数据中心和IPv6网络。如欧盟的"智能城市和社区欧洲创新伙伴行动"（Smart Cities and Communities European Innovation Partnership，SCC-EIP）、日本和韩国的u-Japan和u-Korea战略等，均是在数字技术基础设施建设的基础上，拓展智能市政系统（Håvard，2017；Güell et al.，2016）、能源管理系统、卫生环境系统和智能交通系统等（Güell and López，2016），投入大量资金，涵盖办公、社会福利、能源、交通、家庭、娱乐等诸多领域。不仅如此，全球对智慧城市基础设施的巨额投资也极大地推动了经济的增长，根据《中国互联网发展报告2021》蓝皮书，我国2020年数字经济规模达到39.2万亿元，占GDP比重达38.6%，增长速度保持在9.7%。

产业空间是产业在城市化进程中不断集聚的结果，受城市规模、产业结构、市场规模等影响形成不同的分布（邓仲良等，2020）：在城市化前期，呈现规模上的扩张与空间位置上的中心集聚；在城市化中后期，呈现规模上的收缩与空间位置上的边缘分散。数字技术的应用降低了要素流通的成本，淡化了地理上和行政上的边界效应，提升了空间溢出效应（陈创练等，2017），促成了新的产业空间模式。一方面，生产空间、生活空间和生态空间之间的界限进一步模糊，产业空间生活化、生态化趋势明显，同时满足多种功能或包含多种用地类型的综合体和复合城区开始增多（江曼琦等，2020），如德国鲁尔区、汉堡等大量老工业基地城市通过"三生空间"的融合发展实现了城市更新和产业结构升级。另一方面，产业空间分布逐渐均质化。数字技术的普及提升了科学技术的溢出效应，降低了信息传播与获取的成本，促使企业在选址时将精力更多地集中于土地、原材料、劳动力等传统成本，在竞争和退出机制的作用下，达成空间上的均衡。

数字技术时代，城市基本公共服务和社会消费品供需关系的变化改变了城市居民的消费特征。首先，平台成为商品、服务供给和消费的主要载体。数字技术的应用极大地提升了平台的承载能力和应用领域。城市居民几乎可以在电子商务平台上完成与城市生活相关的全部交易，同时，政务平台、信息平台等公共服务的使用缩短了城市公共服务投入、分配及反馈的周期，提升了城市治理效率。其次，消费者占据主导地位。互联网、大数据等数字技术的应用使消费者获取产品或服务信息的能力越来越强，城市消费市场逐步向买方市场转化，"线上筛选，线下体验"成为新的消费模式，拓宽了城市居民的消费途径。同时，信息的普及也极大地降低了信息不对称造成的效率损失，有助于政府通过主动宣传，建立城市居民的理性预期，提高政策效率。最后，产品生命周期缩短。由于信息在网络上共享的便捷性，以及大部分生产技术的普及性，在数字经济背景下，城市消费的大部分产品或服务相对容易被复制或被替代，边际成本迅速下降，市场交易量迅速上升，导致消费者边际效用下降得更快。因此，无论是城市公共服务的提供者，还是消费品的生产者，保持产品或服务的不断迭代升级，是在城市消费市场中立足的关键。

四、数字城市的反思

数字技术带来的便捷让世界各国沉迷于建设数字城市和智慧城市。根据国际数据公司（IDC）发布的《全球智慧城市支出指南》，至2020年，全球智慧城市市场相关投资总额将达到1144亿美元，其中，中国市场支出规模将达到259亿美元。全球市场的投资增速将在2021年后开始逐步提高，预期在2020～2024年保持14.6%的年均增长率。目前，新加坡是智慧城市投资规模最大的城市，伦敦超越东京和纽约成为投资第二大的城市。而从中国国内来看，建设智慧城市或数字城市几乎成为当前城市规划的必要路径。

在这种风潮下，数字技术的不确定性和隐患被人为地忽视了。从微观层面来看，数字技术带来的信息传递的便利是双向的，在使消费者可以更好地选择商品和服务的同时，生产者也有机会识别消费者的个体信息，执行更完全的价格歧视。同时，信息生产和传播更加容易，导致虚假信息和冗余信息出现，对信息敏感或信息筛选能力不足的消费群体很容易陷入选择困难或落入消费陷阱，消费者福利蒙受损失。而当类似的影响进入城市公共管理系统时，还会降低城市运行效率甚至引发混乱。即使是智慧城市建设较为成熟的新加坡，也在2018年遭遇网络安全攻击，导致150万人的个人资料被非法窃取。

从宏观层面来看，数字化的城市治理系统更高效、更便利，但也更精致、更易损。数字技术的应用，让城市的整个治理系统以数据中心等"城市大脑"为核心形成了紧密但脆弱的封闭网络，一旦某一环节出现故障，冲击会扩散至整个网络，造成系统运转受阻。在2021年7月20日特大暴雨的侵袭下，郑州市的智能系统纷纷失灵，城市运转几乎停摆，反而是常规的路面监控、城市排水等管理系统，在降低损失、恢复秩序方面发挥了关键作用。同样的问题在世界范围内的大城市也屡有发生，如2019年纽约市多个变电站发生故障，导致大范围停电，城市陷入瘫痪；同年，英国的英格兰和威尔士地区也同样因为发电机组连续跳机造成大面积停电，导致城市停止运行。

数字城市或智慧城市的困境，是对技术的过度追求而产生的时间错位。具体来说可以分为以下三个方面：首先，过度重视基础设施和硬件系统的建设，忽视系统后续运营维护；其次，片面追求经济产出，忽略居民福利；最后，过度强调系统效率，容错率不高。城市建设，尤其是数字城市建设是一项长期任务，需要"以人为本"，从城市居民、企业的客观需求出发，适配相应的模块设计；加强人才队伍的建设，保证系统的长期运营和定期更新；预留一定的系统冗余和升级空间，提升系统韧性。

第二节　产业布局新模式与制造业的兴起

　　产业布局是微观角度的产业选址问题，产业结构、区位条件、技术水平等因素都会影响企业或产业的最终决定。从全球范围来看，发达国家先后进入工业化后期，表现出制造业向发展中国家梯度转移、制造业分散布局、制造业国民经济占比下降三个典型特征。但是在贸易保护主义抬头、新冠肺炎疫情和新兴技术的冲击下，制造业对经济增长的支撑作用重新受到重视，世界各国的产业布局纷纷脱离其既定路径，形成新的发展模式。

一、国际分工合作关系的调整

　　20世纪50年代以来，全球化成为主要潮流，在第三次工业革命的助推下，国际分工和贸易不断深化，成为推动世界经济战后迅速复苏的重要推力。在这一时期，技术密集型产业在美国、德国、日本等国家集聚，相应的劳动密集型和资本密集型产业则向南美、西欧、亚洲等低劳动力成本国家转移，形成了大国驱动下的"中心—外围"的国际分工格局。

　　利用技术进步和产业转移的契机，各新兴经济体的制造业取得了长足的发展。以中国为例，2010~2019年，中国制造业产值增加了约60%，占全球比重达到28.1%。而传统的制造业发达国家，如美国和德国在同期仅有约18%和21%的增幅，其中美国制造业产值占其国内生产总值的比重仅有11%左右。显然，相对薄弱的制造业并不足以提供足够的经济韧性以应对世界环境变化的冲击，以英国"脱欧"、美国频繁挑起贸易摩擦为标志，逆全球化的思潮席卷全球，原有的国际分工格局被割裂。

　　更具体地，部分发达国家率先对现有国际分工体系发难的核心逻辑主要包括两方面：一方面是本国经济社会发展的需求。国际分工必然导致产业和就业机会的国际转移（Handley et al.，2015），尤其是可以吸纳大量资金和劳动力的资本密集型产业和劳动密集型产业。因此，本国制造业的萎缩和就业机会的减少是换取制造业高生产率、高附加值和高福利水平所必须付出的代价（Fort et al.，2018）。在次贷危机的影响尚存、新冠肺炎疫情冲击持续的大背景下，通过制造业回流提振本国经济、提高就业率成为西方主要国家稳定经济、提升政党支持率的主要手段。2010~2019年的十年间，法国的制造业从业人数下降了5%，同时期英国、德国和美国的制造业就业人员数量分别增加了4%、6%和12%。另一方面是对在现代产业体系上竞争力下降的应对。尽管美国等发达经济体仍然占据着全球价值链的高端环节，但是与中国等新兴经济体的技术差距正在缩小，并将国内的就业岗位的减少归咎于其他国家的正当竞争（Acemoglu et al.，2016）。竞争带来的压力还会沿着产业链条向上游环节传导，最终波及整个网络（Daniel Goya，2021）。

在逆全球化的冲击下，传统的国际分工体系面临新的挑战。首先，产业转移和承接的传统路径被打破。美国、德国、日本、英国等主要经济体纷纷将投入到国际分工体系中的资源集中到本国的制造业上，全球分工合作的基础环节遭到破坏，叠加消费升级带来的劳动力成本上升，产业转移陷入停滞甚至逆转，雁阵模型的"两翼"被割裂。其次，全球分工网络由单极化转向多极化。一方面，北美、西欧和东亚等传统制造业中心均不同程度地陷入停滞或衰退，其主导的分工体系动能衰减，利益冲突加剧，产业循环的优势被打破；另一方面，新兴经济体冲破了产业梯度转移的"落后陷阱"，进入由数量扩张向质量提升的关键机遇期，有机会借助新兴技术，实现弯道超车。最后，产业安全逐渐得到重视。新冠肺炎疫情的全球蔓延导致世界贸易和分工被迫中断，突发的封闭状态给各国政府制造了巨大压力，也引发了对传统分工模式的反思。除了保证分工的效率，如何兼顾涉及国计民生的产业链、供应链的安全成为了下一阶段国际分工的重要考量。

然而，逆全球化终究会有结束的一天，在新冠肺炎疫情得到控制、经济走向复苏之后，新的全球化进程也将开始。但是，冲击造成的历史痕迹仍将存在，新的全球化进程也将是大国之间充分竞争基础上的合作，在确立产业链高端环节、关键技术话语权等核心问题后，形成一种兼顾效率与产业安全的多中心平衡模式。

二、制造业兴起与区域产业重塑

在重振本国制造业的核心思想指导下，世界主要发达国家纷纷借助新技术革命带来的契机，根据自身的区位优势、要素禀赋和产业特点规划制造业的发展，其中最为典型的是德国的"工业4.0"战略和美国的再工业化战略。德国"工业4.0"战略的核心是实现制造业工厂和生产环节的智能化升级，目的在于维持德国的产业核心竞争力，提升其产业体系的国际地位。具体做法是，依托信息—物理系统（Cyber-Physical Systems，CPS）实现生产要素和部件的"交流"，最终实现设备之间、工厂之间、部门之间的连接并构成一个整体，最终形成覆盖包含供应商到市场全环节、产品设计到售后服务全周期企业的智能化产业网络。本质上，"工业4.0"战略是发达国家再工业化的具体措施，特殊的是在规模不变的基础上提升效率。

在产业空间布局方面，产业集群不再依托传统的集中式控制，集聚的正效应被削弱，宏观上的分散布局和微观上的共生集聚将成为产业布局的主要模式；在要素投入方面，技术研发能力和劳动力质量进一步替代能源和原材料对生产的影响，生产自动化程度提高、劳动力需求降低的同时劳动力成本继续上升；在生产组织方面，由之前的标准化和大规模定制转向自主化和柔性化，放弃部分规模经济的收益以获取生产线驾驭复杂工艺流程的能力。

如果说德国的"工业4.0"是科学技术发展催生的新模式，那么美国的再工业化则是与其工业化进程伴生的传统问题，因此涉及的领域更加广泛，内容更加复杂。从动机的角度来看，需要解决长期以来去工业化所带来的一系列问题，其核心是制造业收缩与吸纳就业能力的下降，具体的原因包括贸易分工引致市场份额被侵占，制造业自动化改造，消费模式升级引发的供需关系不平衡，资本、技术、人力等要素投入的跨部门调配等。从现实依据来看，能借助的资源也更加丰富。①在全球范围内，美国制造业仍具有极强的竞争力，在技术水平和行业标准话语权方面的地位暂时不可撼动。②自身的比较优势不断增强。一方面，页岩气技术的成熟降低了能源成本；另一方面，相比其他发达国家和中国等新兴经济体，美国部分州的劳动力成本优势开始显现。③世界范围内的产业转移进程受阻。近年来，承接产业转移较多的东南亚和南美洲国家受新冠肺炎疫情影响较大，产业发展环境恶化，各类风险增加。同时，大型企业对供应链和产业链安全的重视程度也在提高，回流成为短期内规避风险的最优选择。从最终影响来看，在短期，尤其是在应对新冠肺炎疫情冲击及经济复苏方面，再工业化起到了非常积极的作用；从长期来看，美国的再工业化也将走向技术进步和制造业升级的道路，同时也会令美国的制造业在未来面临更激烈的竞争。一方面，削弱了美国制造业的全球影响力，面临市场重新分配和供应链调整的问题；另一方面，产业转移的停滞和技术封锁迫使新兴经济体加速关键产业环节和重点技术的突破，间接培育新的竞争对手。

相比德国"工业4.0"战略，美国的再工业化战略更多是从宏观层面影响区域产业的发展。首先，产业的集聚和分散开始呈现异质性，在技术密集型产业和供给个人消费品的行业内，集聚的态势更为明显，但同样地，产业组织过程中去中心化的趋势也更加明显；其次，产业发展基础条件和关键生产发生改变，高效通达的信息、知识共享网络和低成本的运营、投资环境同样重要；最后，市场和政府的关系再度面临调整，非中性的区域政策和产业政策、公共部门的投资在区域产业发展过程中的作用日益重要。

三、工业化的实践与反思

18世纪蒸汽机的改良，将人类带进了工业化时代，在随后的几百年里，世界各国先后开始了工业化进程。工业化与城市化一起成为影响区域经济发展的两股重要力量。工业化通常被定义为工业（尤其是制造业）或第二产业产值或就业比重不断上升的过程。在此基础上，钱纳里在《工业化和经济增长的比较研究》中进一步将工业化划分为前工业化、工业化和后工业化三个阶段。而随着工业原料和能源成本增加，主要发达国家的工业部门发展受限，经济服务化进程加快，去工业化进程加速（魏后凯等，2019）。而在次贷危机、逆全球化和新冠肺炎疫情的多重冲击下，工业尤其是制造业对经济的支撑作用得到重视，经济社会发展再次回到工业化的轨道上。

无论是工业化的各个阶段、去工业化还是再工业化，本质是原材料、能源、技术、市场等发展环境改变后表现出来的必然现象。从完整的历史脉络来看，工业化处于螺旋上升、持续发展的路径之中，再工业化也不是重走工业化的老路。面临已经发生翻天覆地变化的现实条件，工业化的实践总结和未来展望有很多的问题值得反思。

（1）产业结构优化。产业结构之争由来已久，库兹涅茨曲线、刘易斯二元结构、鲍莫尔效应都从不同的角度说明了产业结构演化的规律。服务业部门的产值和就业比重超过工业部门是工业化发展的必然结果，然而，这并不意味着在所有情况下，第三产业都是经济社会发展的最优选择和最终结果。首先，工业是经济社会发展的基石，是带动经济增长、生产率提高的"扶梯"（Rodrik，2016）。其次，工业是服务业稳定发展的保证。一方面，工业尤其是现代制造业与生产性服务业共生共荣、相互促进（顾乃华等，2006）；另一方面，工业提供的市场和消费能力是消费性服务业在面临经济衰退时的稳定器。最后，产值和就业份额只是产业结构的外在表现而非决定因素，发展的关键环节在于新生产要素投入带来的质量提升、效率升级和动力转换（郭凯明等，2020）。

（2）产业空间布局与集聚。产业空间布局和集聚理论的研究目的是为企业寻找最优的生产区位和空间关系，关键影响因素是区位条件以及集聚和分散的力量对比。从历史脉络的角度来看，产业空间布局在经历了集聚到分散的调整后，呈现出了全新的集聚模式。一方面，技术条件的改善增强了企业生产要素分享和交流的能力，集聚的收益进一步缩减；另一方面，空间选择和空间类分会自主地对产业进行筛选（张可云等，2020），产业进入的阈值会随着经济社会发展而逐步提高。无论是基于垂直分工体系的产业集聚，还是基于规模经济的同类企业水平集聚，都不足以满足现代产业布局的效率要求，基于产业对相匹配的协同集聚和制造业、服务业相组合的共生集聚正逐步成为产业空间布局的主流范式。

（3）产业安全。从宏观角度来说，产业安全指的是影响国民经济发展的重要产业的存续、发展以及政府对该产业的调整控制能力；从微观角度来说，产业安全指的是某一产业生存和发展的空间，包括供应链安全、市场进入、技术使用等权利。基于产业安全的考虑，各国在产业链附加值高的核心环节竞争将更加激烈，同时其主轴线和分支脉络将更加清晰，产业的替代性和存在意义得到重视，技术投入和核心竞争力成为产业培育的重点内容。

（4）产业政策的应用。综合运用中性和非中性的产业政策，对特定的制造业给予特殊支持是美国产业政策应用的典型特征。特朗普政府通过税制和税法改革，降低企业资产回流后承担的税款，给予隐性补贴的同时引导企业决策；通过大量公共资金投入，支持本国制造业发展；通过"购买美国货"条款的延伸，确保本国产品的市场。在新的竞争模式下，财政政策、货币政策等按照自由市场原则运行的中性政策同样可以成为有效的产业政策手段，产业政策成为产业竞争的新领域。

第三节　贫困治理与乡村持续发展

贫困及由贫困衍生的一系列经济社会问题是国家始终面临的重要难题。在世界银行发布的 2020 年年度报告《在前所未有的时期向国家提供支持》中，将消除极端贫困和促进世界各国共同繁荣作为目标。2019 年，阿比吉特·巴纳吉（Abhijit Banerjee）、埃丝特·迪弗洛（Esther Duflo）和迈克尔·克雷默（Michael Kremer）凭借"在减轻全球贫困方面的实验性做法"获得诺贝尔经济学奖，深化了发展经济学和贫困治理研究理论。2020 年，中国如期完成预定减贫计划，总结出了贫困治理的"中国经验"。区域发展不均衡导致的贫困逐渐受到重视，减贫、扶贫问题成为新的研究热点。

一、贫困治理的国际经验

贫困治理是一个世界性难题，联合国把减少贫穷作为优先考虑的工作，并将 1997~2006 年确定为"国际消除贫穷十年"，把"在全世界范围内消灭极端贫穷和饥饿"作为联合国新千年计划的重要内容之一。在与贫困问题的持续斗争中，各国学者进行了卓有成效的理论探索，收获了大量实践经验。

致贫原因是扶贫开发研究的重点内容之一，是减贫工作开展的基础。从宏观角度来看，贫困群体的出现是经济社会发展产生的必然现象，马尔萨斯在《人口原理》中将其归结于人口增长造成的负担；缪尔达尔在《经济理论和不发达地区》中则侧重说明发展不均衡造成的恶性循环。从贫困的微观特征来看，对贫困本质或标准的定义在不断完善。在很长一段时间内，研究集中在解决贫困人口的温饱问题，这是贫困治理最基础也是最核心的问题。随后，越来越多的研究意识到，低收入水平不是致贫原因，而是贫困表现出来的结果，真正的影响因素更加深刻也更加多元。受教育程度、医疗卫生、生产条件、文化氛围、信息收集能力、职业技能、心理因素、政治权利都可能成为贫困发生和持续的原因。阿比吉特·巴纳吉和埃丝特·迪弗洛在 *Poor Economics* 一书中对贫困发生和持续的原因做了系统的总结，将其总结为营养、健康、教育、生育、理财、储蓄、就业和政治权利等几个方面。

在此基础上，贫困治理和发展经济学的理论进一步完善，在理论的指导下，各国形成了各具特色的模式。开发式扶贫是在世界范围内应用较广的扶贫模式之一，其中最为典型的是以涓滴理论为支撑的里根经济学。他们强调通过经济发展改善贫困，即不给予贫困阶层特殊优待，经济增长的成果会通过就业、消费等市场机制改善贫困人口的经济状况。然而，地区经济增长并不会必然带来贫困问题的缓解，反而可能导致进一步的阶层分化，意大利南部地区开发的实践和里根经济学内容的转变充分证明了这一点。经济增长只是摆脱贫困的基础条件，单纯依靠市场的力量，无法有效地把资源引向贫困人口，贫困人口的生产条件不足以支持他们在市场的效率竞争中占得先机。巴西、南非、阿根廷、墨西哥等国家在经济总量快速攀升的同时，国内基尼系数居高不下可以充分地佐证这一结论。然而，尽管存在很多弊端，在国家层面，开发式扶贫往往是扶贫工作开展的起步和基础。

当贫困问题锁定在特定区域或某一领域，补贴式扶贫是一种行之有效的手段。马克思生产力平衡布局理论、大推进理论等一系列财政脱贫理论从不同角度阐述了通过公共财政投入来缓解贫困的可能性（王艺明等，2018）。通过公共财政的再分配机制，实现资金及补贴的定向投放及使用，促进居民收入的平衡增长（卢盛峰等，2018）。在此基础上，比较成熟的实践可以总结为高福利模式和投资扶贫模式。美国、法国、荷兰等发达国家更倾向于采取高福利模式，美国的《社会保障法》划定了美国居民的福利底线，借助雄厚的经济实力，联邦政府通过支付高额的费用对贫困人口进行食品、住房、医疗、教育、就业等全方位的补贴或保险，保证了居民的基本生活水平，但同时也存在效率低下，政府财政压力大，贫困人口"等、靠、要"等高福利陷阱。与高福利模式相比，对特定群体的补贴和投资更具有针对性。韩国通过"新村运动"提升贫困人口的受教育水平和职业技能，为韩国农村地区的工业化提供了基础条件，贫困人口的收入水平大幅提高。美国、法国、日本、韩国和北欧四国等依托其自然资源优势，发展特色农业产业和乡村旅游业，实现了贫困人口增收。类似的政策在印度、孟加拉国和巴西等国家也有应用，设立专门的发展基金进行补贴，提供针对贫困者的信贷服务。

　　与中国不同，西方国家在贫困治理的过程中，更倾向于依托社会组织，积累了丰富的社会组织扶贫经验。社会组织参与扶贫工作的主要动力来源于社会责任收益、小额投资收益和公益行为三个方面。企业社会行为得到的道德评价是企业商誉的重要来源之一，可以激励企业通过直接捐赠物质或资金，对贫困的员工、供应商和消费者提供优惠政策，设立针对贫困人口的服务平台等措施树立更好的企业形象。提供小额信贷也被视为社会组织有效的减贫手段之一，并形成了成熟的模式。其基本思路是：首先，通过初始资金的投入，打破贫困人口的恶性循环。其次，利用贫困人口闲暇时间的优势，将贷款和频繁的社区活动相结合，形成穷人的比较优势。最后，利用担保小组作为抵押资产，在增加贫困人口获取资本便利程度的同时降低风险。公益组织对全世界各国减贫的贡献同样不可忽视。通过设立健全的公益组织管理规范和监督体系，构建"道德"消费者和供给者的交易平台，并尽可能地降低交易成本；通过宣传引导或给予一定的政治角色，提升公益组织及其负责人的曝光度及社会地位，形成间接的正向激励。

　　总的来说，西方国家的扶贫理念是建立在市场竞争和自由交易基础框架下的，整个体系的运行需要极大的信息对称性。但是，在实际情况中，市场失灵同样会影响到扶贫领域，寻租、委托代理人问题、逆向选择和"搭便车"等问题依然会降低系统运行的效率。此外，与效率相比，公平在贫困治理的理论框架中更为重要，上述的减贫手段都需要建立在个人显性或隐性利益诉求之上，显然难以惠及少部分生活条件恶劣、谋生手段缺失的贫困人口。

二、脱贫攻坚的中国实践

　　中国的脱贫攻坚工作取得了举世瞩目的成绩，提前十年完成了联合国《2030 年可持续发展议程》的目标。根据《人类减贫的中国实践》白皮书，自改革开放以来，按照现行贫困标准计算，中国 7.7 亿农村贫困人口摆脱贫困；按照世界银行国际贫困标准，中国减贫人口占同期全球减贫人口 70% 以上，2020 年贫困地区农村居民人均可支配收入达到 12588 元。对比印度、巴西等同时期快速发展的经济体，只有中国在保持经济增长的同时取得巨大的脱贫成就（王雨磊等，2020）。梳理中国贫困治理的具体路径，将中国的实践经验总结为可推广、可复制的理论模式，成为国际社会反贫困研究的新热点。

中国的脱贫攻坚总体上可以分为四个阶段：环境建设扶贫阶段（1978~1985 年）、开发式扶贫阶段（1986~2000 年）、整村推进式扶贫阶段（2001~2012 年）和精准式扶贫阶段（2013~2020 年）。

1978 年，中国贫困人口约为 2.5 亿人，占农村总人口的 30.7%，如何解决基数如此庞大的贫困人口的温饱问题成为中国贫困治理的首要任务。在这一阶段，破解提高农村生产力的制度约束，加强农村基础设施建设、塑造产业发展条件、培育专业科教医疗服务人员等改善贫困地区整体发展环境的扶贫政策大规模出台。通过财政金融的支持，保证贫困地区人口的基本生活供应；通过交通、水利、电网等基础设施的建设，打破"贫困陷阱"；通过产业建设和科技、医疗人才的输送，缓解贫困人口的生产、生活压力。

在贫困地区的发展环境得到显著改善之后，1986 年，我国开始了有计划、有组织、大规模的开发式扶贫工作，主要解决少数地区因区位、自然禀赋等因素限制而陷入相对落后的情况。与前一时期相比，这一阶段的扶贫政策更加灵活，更注重激发欠发达地区的发展潜力。在资金使用方面，专项基金和国有银行的角色地位开始突出，补贴资金的使用和投放更加灵活；在设施建设方面，采取以工代赈的方式，通过雇用地方劳动力带动地方就业，降低扶贫成本；在产业支持方面，注重产业的根植性和产业链条的完整性；在人才培育方面，在人才引进和输送的基础上，更加注重本地人才的培育和对外交流。

进入 21 世纪，扶贫工作的重点转向解决特定群体的温饱问题、巩固已有成果并为进入小康水平创造条件，中国的扶贫工作进入整村推进阶段。中国的扶贫工作者针对贫困人口的识别、瞄准和后续保障工作，创新、总结出大量的理论成果和实践案例。针对贫困人口的识别，从县、村到个人逐级递进，在宏观层面明确重点，在微观层面落实个人；以村为单位的资源投入，可以有效地集中力量，解决重点问题，改善贫困村人口的生活和生产状态；注重自然资源开发和人力资源开发并举，通过"雨露计划"等培训计划，增强贫困人口的就业能力，提高贫困人口的收入水平；借助产业转移的契机，鼓励多种所有制的经济组织参与贫困地区的产业建设，充分调集社会资本，最大化资源效率。

随着经济社会的不断发展，贫困问题开始呈现出致贫因素多维度、贫困标准高水平、贫困影响深层次等新特征，因地施策、因民施策的精准扶贫模式开始推广，形成了产业扶贫、易地搬迁扶贫、劳务输出扶贫、基础设施建设扶贫、教育扶贫、生态扶贫等多种发展路径。其中，产业扶贫更加注重第一、第二、第三产业的融合发展，借助集体经济组织形式或乡镇企业建立产业发展的长效机制；劳务输出的同时提升劳动力素质，引导高素质人才回乡就业；加强基础设施的网络化建设，强化对外经济联系；以基础教育为主、高等教育和职业教育为辅，根据贫困地区特色，建立覆盖各年龄层次、回报稳定的教育支持政策；贯彻"绿水青山就是金山银山"的基本理念，结合易地搬迁扶贫工作，在维护生态环境的同时改善贫困人口的生产生活条件。

中国渐进式的、顶层设计与因地制宜相结合的扶贫策略在很大程度上拓展了人类的反贫困理论。在过去很长的时段，贫困问题的理论研究集中于关注贫困的诱发原因，将治理问题视作社会事务或慈善事业（燕继荣，2020），因此在设计扶贫、减贫的具体行动时，以倡议和自发行动为主，缺少具有效率、能够统一部署的行动纲领。中国将脱贫攻坚纳入国家行动战略，统筹政府引导和市场调节，强化政府贫困治理的责任和行政权力，把贫困治理视为政府行政职责和国家发展目标，把扶贫工作成果纳入行政绩效考核体系，增加财政的扶贫专项转移支付等。在"大扶贫"的宏观背景下，中国的扶贫工作者也探索出大量行之有效的具体手段，如对贫困人口的精准识别、扶贫产业组织形式和经济方式的创新、环境恶劣地区人口的扶贫搬迁、人居环境的整体治理等。如何借助发展的力量摆脱贫困是许多低度发展国家面临的共同难题，中国的脱贫经验是对发展中国家贫困治理理论与实践的重要推进。

三、相对贫困与乡村振兴

贫困治理不是一个一蹴而就的问题。一方面，贫困人口的生产生活条件需要不断巩固，防止返贫；另一方面，经济社会的持续发展使贫困的界定条件动态化。从贫困人口的空间分布来看，贫困问题可以划分为城市贫困问题和农村贫困问题，而城市贫困人口的一个重要来源就是失地农民在进入城市后，没有足够的资本积累，无法参与城市的生产活动。因此，在解决了绝对贫困的问题后，保证农村的持续发展，破除城乡二元结构，就能巩固和拓展脱贫成果。

在完成既定的脱贫任务后，中国率先开始了相对贫困的治理，即将脱贫攻坚与乡村振兴相衔接。解决贫困问题，为农村的长期稳定发展提供了基础，避免了在农村产业化和现代化进程中出现发展不平衡、不充分的问题（汪三贵等，2019）。乡村振兴或者说农村的持续发展，成了彻底解决贫困问题的保障，保证农村人口生活水平与整体经济社会发展保持相对一致，化解了贫困标准动态化的难题，同时确保农村经济体有足够的韧性化解发展过程中遇到的问题（陈志钢等，2019）。

相对贫困治理的关键环节在于培育经济政策的内生动力（李永友等，2007），这与农村经济持续发展的长期目标相符，通过对两者发展机制的适当调整，可以实现持续减贫与乡村振兴的融合。从产业发展的角度来看，从原有的扶持性产业转向增长性产业，兼顾贫困人口利益保障的同时，关注产业的存续与成长，淘汰部分附加值低、根植性差的产业（涂圣伟，2020）；保持帮扶政策和专项补贴的政策稳定，避免贫困人口返贫；推广脱贫攻坚期间的基层治理经验，增强村级治理能力；扩大医疗、教育等扶持政策的覆盖范围，缩小城乡公共服务差距（姚树荣等，2020）。

第四节　区域协调发展与国土空间布局优化

区域协调发展的概念是在国民经济"九五"计划中正式提出的，是为了解决经济快速增长带来的城乡收入差距和东西差距问题，经过 20 多年的不断完善，重塑了我国国土空间布局，对经济社会发展起到了重要的作用。在新的发展格局下，区域协调发展进入新的阶段，面临新的挑战，国土空间布局呈现新特征，区域经济发展也有了新抓手。

一、区域协调发展的新阶段

在国内国际双循环新发展格局的整体框架下，我国区域协调发展进入新阶段，表现为新的空间特征和动力机制。空间上，呈现网络化、多支点、轴带发展和全面统筹四大特征。

区域内部，城市、产业内外的多维网络正在构建。在技术进步的驱动下，网络更加扁平化、覆盖范围更广、涉及领域更多。构建城市设施和服务部门组成的城市服务网络、不同等级城镇联结而成的城镇体系网络、各生产部门依托产业链条交织成的产业网络、城市和产业部门互动的要素网络，将会成为区域治理的新重点。

城市群、都市圈的快速发展为区域协调发展提供了更多有力的支撑点。城市是现代经济体系高质量发展的重要载体，是技术创新和推广的策源地。高效、有活力的城市群是区域发展的重要创新平台和增长极，是贯彻区域协调发展战略的重要抓手。

以长江和黄河为主线，形成了贯穿东西的两条经济轴带。长江经济带和黄河流域高质量发展战略覆盖了沿线的城市化地区、农产品主产区、生态功能区，扩大了京津冀、长三角和粤港澳大湾区的辐射作用。轴带发展的关键任务是推进沿线的经济合作，强化经济联系，落实绿色发展理念。

整体上，区域协调发展的总领性作用开始逐步发挥。宏观上，"4+3+2"的空间格局初步形成，即东北、东部、中部、西部四大板块，京津冀、长三角、粤港澳三大支撑点以及长江、黄河两大轴带。微观上，雄安新区、上海自由贸易区、海南自贸港、成渝城市群等细节布局不断补充完善。这就构成了全局协调、区域集中、普遍发展的区域经济格局。

动力机制方面，国内外环境的深刻变化，科技进步对生产、生活的改造，人民不断提高的物质文化需求，重塑了区域协调发展的路径。

城市在区域协调发展中的角色更加重要。城市可以实现现代产业体系和生产要素的高效组合，有差别地发展新兴产业，激发产业发展的新动能；升级城市设施，推动消费升级，扩大内需形成强大的国内市场；借助城镇体系和城市群，发挥城市的集聚和辐射作用，推动区域协调发展。

在城乡统筹发展的战略布局下，农村将迎来快速增长期。2020年脱贫攻坚任务如期完成，为乡村振兴奠定了坚实的基础，"三农"的工作重心已发生历史性转移，城乡经济关系、社会关系、生态环境关系、文化关系和区位关系重塑。需要充分发掘县乡发展潜力，破除要素壁垒，打造新型城乡关系。

避免过度去工业化和产业安全是下一阶段我国产业发展需要解决的两个关键问题。我国拥有联合国产业分类中的全部工业门类，保障了国民经济在复杂外部环境下的平稳运行，但也暴露出传统产业政策的一些弊病，如过度强调第三产业的占比、对关键核心技术投入不足、对供应链和产业链的掌控力不足。在短期内，新冠肺炎疫情的影响不会消退，国际贸易与合作也难以回暖。因此，区域产业发展需要依托我国庞大的市场规模和完备的产业体系，创造有利于新技术快速大规模应用和迭代升级的独特优势，加速科技成果向现实生产力转化，提升产业链水平，维护产业链安全。

区域分工与区域市场竞争逐渐成为区际竞合关系的核心。世界范围内保护主义继续升温，未来我国外部发展环境将更加严峻，传统的外向型经济受到挑战。市场的损失需要依靠推行国内市场消费升级进行填补，市场潜力开发和市场份额争夺将重新成为地方经济主体的焦点，能否构建以国内大循环为主体、国内国际双循环相互促进的新发展格局的经济运行系统，同时避免区域过度竞争，对区域经济高质量发展意义非凡。

二、区域经济发展的重大问题

（1）统筹城乡发展。在新发展格局下，城市和乡村是区域经济发展的重要载体。加快乡村现代化建设进度，可以有效地吸纳大中城市过度集聚的各类要素，同时为中小城镇发展提供劳动力和产业支持。在过去很长一段时期内，农村地区在国土空间布局中处于相对弱势的地位，有巨大的开发空间，通过合理地规划和引导，有望成为区域经济增长的长期动力。因此，破解城乡二元结构，打通城市间的要素壁垒是当下城乡发展面临的共同问题。具体包括：在保证农民利益和土地基本用途的基础上，消除城乡土地流转的制度性障碍；培育引导具有发展前景的农村主导产业，完成农业产业化初期的资本、技术和人力积累；推动城乡基本公共服务一体化，提升农村对各类要素的吸引力；践行多产业融合发展的构想，推动农业生产的机械化与现代化的同时，探索一、二产业和二、三产业融合发展的新路径；促进城市文明与乡村文明的交汇融合，长期处于拥挤喧闹的城市，乡村逐渐成为城市居民的精神慰藉，因此，城乡融合不是城市文化对乡村文化的吞并或同化，而是和而不同的特色发展。

（2）激发国内市场潜力。畅通国内经济大循环的前提是统一、有序的国内市场和均衡、稳定的供需关系。从国内市场的宏观格局来看，行政区经济、市场信息不完全、政府过度干预等问题尚未完全得到解决。因此，需要充分利用市场的资源配置作用，冲破地区封锁和行业垄断，废除不合理的地方准入条件，降低市场门槛，健全全国统一开放市场；发展金融、土地、技术和劳动力要素市场，探索区际交易平台的建设；完善政府绩效评价体系，扭转地方政府在经济发展中各自为政的局面，为政府推动区域合作提供行政激励，整合"碎片化"的区域市场；推动消费升级，通过需求端的拉动作用带动产业转型升级和新技术应用，充分利用新型城市化建设和乡村振兴带来的新消费需求，加快技术向产出转化的进程。

（3）制造业转型升级。高速铁路、物联网等技术的成熟进一步降低了贸易成本，劳动力、土地、原材料等要素对不同类型制造业的影响呈两极分化状态，劳动密集型、资源密集型产业的利润空间进一步被压缩，传统的产业梯度转移模式不再适合中西部地区的发展，产业筛选和升级的重要性进一步提高。产业功能性集聚取代空间集聚成为产业集群发展的新模式，设计研发部门和生产部门可以分散部署，最大限度发挥不同区位的比较优势。产业安全成为制造业发展的新重点，利用制造业复苏的契机，增加科技研发投入，推动科技创新，破解产业发展"卡脖子"问题，推动东北地区等老工业基地制造业尤其是装备制造业的复苏，重塑全国制造业中心地位。

（4）推进陆海统筹发展。中国拥有300余万平方千米的海洋国土面积，海洋资源丰富。中国领海资源的开发与保护，对中国海洋权益的宣示和维护，有助于稳定国际政治经济形势和周边局势。海洋的开发和保护与陆地生态保护相统筹，补齐主体功能区布局，覆盖完整生态系统，全面改善生态环境。引导海洋产业发展，联通陆地经济板块和发展轴带，培育区域经济增长新动能。

（5）加速绿色发展步伐。以绿色全要素生产率为导向，驱动产业提质增效，培育新材料、新能源产业发展；深入推进传统制造业去产能工作，对高污染的重化工企业进行绿色改造；建立配套的政策优惠体系，对达标企业给予税收减免、信贷融资、土地使用、人才引进等方面的倾斜，激励企业自主进行绿色升级。推进低碳转型，实现碳中和，加强重点领域节能减排，优化能源消费结构，健全跨区域生态补偿机制。

（6）建立国土空间开发的新格局。在主体功能区的基础上，逐步形成城市化地区、农业主产区和生态功能区三大空间格局。这是对主体功能区规划的完善和补充，进一步明确了主体功能区中开发的内容和形式。新的空间格局适配城镇化、农业安全和生态屏障三条区域发展主线，便于明确区域职能，集中优势资源，形成发展合力。还需要完善规划的空间尺度问题，明确各级地方政府动态调整的范围，畅通区域间人口、产业迁移渠道，构建际利益补偿机制和碳排放、用地指标等新型产权交易平台。

第五节　回顾、总结与展望

2020年是我国全面建成小康社会、实现第一个百年奋斗目标的决胜之年，是到2035年基本实现社会主义现代化，到本世纪中叶把我国建成富强民主文明和谐美丽的社会主义现代化强国远景的开局之年，在面临逆全球化、新冠肺炎疫情等外部冲击的同时，也面临新一轮科技革命的历史性机遇。在这重要的历史交汇点上，我国创造性地提出了构建国内国际双循环相互促进的新发展格局的战略选择，拓展了中国特色社会主义区域经济理论体系的内涵和外延。

在新发展格局下，新型城市化、产业转移和空间布局、脱贫攻坚和乡村振兴、不同空间尺度下的区域协调发展、产业政策与区域政策应用等区域发展的关键环节呈现出新的特征，成为区域科学研究的新方向。新兴技术对传统生产、生活方式的重塑已经开始，进一步削弱了第一自然的影响力，简单的集聚或分散已经难以解释经济活动的空间特性，区位理论的研究重点逐渐转向全局和经济体的异质性。城市发展理论也面临新的挑战，城市追求效率和高新技术应用的脚步放缓，城市安全、韧性、公共服务和城市体系等问题成为新的关注点。

在经济衰退、逆全球化和技术进步的共同作用下，制造业迎来了发展的新机遇期，产业尤其是制造业对于区域经济增长的支撑作用更加突出，引发了区域经济产业理论新的思考：基于产业安全和经济韧性的考虑，是否应该制定倾向性的产业政策？在资源稀缺的条件下，如何引导区域间形成分工合作的网络格局而非产业大战？面临相似的环境，城市化和产业发展的良性循环该如何建立？知识外溢的成本降低、范围扩大，发达地区如何守住优势，抢占产业链高端环节？老工业基地如何顺势转型，实现弯道超车？

2020 年中国脱贫攻坚全面胜利，极大地推进了贫困治理的理论研究和实践总结。中国的减贫模式更加注重国家治理和行政手段的应用，形成了一套从整体到局部、涵盖发展条件改善到个人能力培养全部内容的扶贫体制，提出了一系列贫困识别与定位、针对性减贫、防返贫的成熟机制，创新性地提出了乡村振兴与相对贫困治理结合发展的路径。

参考文献

［1］孙久文，宋准．双循环背景下都市圈建设的理论与实践探索［J］．中山大学学报（社会科学版），2021，61（3）：179-188.

［2］J Ahern. From Fail-safe to Safe-to-fail：Sustainability and Resilience in the New Urban World［J］. Landscape and Urban Planning，2011，100（4）：341-343.

［3］吴庆洲．21 世纪中国城市灾害及城市安全战略［J］．规划师，2002（1）：12-13，16.

［4］R Minetto，M P Segundo，G Rotich，et al. Measuring Human and Economic Activity from Satellite Imagery to Support City-Scale Decision-Making during COVID-19 Pandemic［J］. IEEE Transactions on Big Data，2020（7）：56-68.

［5］S Khan，A U Zaman. Future Cities：Conceptualizing the Future Based on a Critical Examination of Existing Notions of Cities［J］. Cities，2018，72（B）：217-225.

［6］I Pierantoni，M Pierantozzi，M Sargolini. COVID 19—A Qualitative Review for the Reorganization of Human Living Environments［J］. Applied Sciences，2020，10（16）：5576.

［7］C G F R Sylvie Charlot. Agglomeration and Welfare：The Core-periphery Model in the Light of Bentham，Kaldor，and Rawls［J］. Journal of Public Economics，2006，90（1-2）：325-347.

［8］邹一南，崔俊富．城市福利水平结构性差异的测度及其对人口迁移的影响［J］．统计与决策，

2020，36（1）：40-43.

[9] 曼纽尔·卡斯特. 网络社会的崛起 [M]. 夏铸九，王志弘等，译. 北京：社会科学文献出版社，2006.

[10] 戴特奇，金凤君，王姣娥. 空间相互作用与城市关联网络演进——以我国20世纪90年代城际铁路客流为例 [J]. 地理科学进展，2005（2）：80-89.

[11] 董超，修春亮，魏冶. 基于通信流的吉林省流空间网络格局 [J]. 地理学报，2014，69（4）：510-519.

[12] 陈伟，刘卫东，柯文前等. 基于公路客流的中国城市网络结构与空间组织模式 [J]. 地理学报，2017，72（2）：224-241.

[13] 高鑫，修春亮，魏冶. 城市地理学的"流空间"视角及其中国化研究 [J]. 人文地理，2012，27（4）：32-36.

[14] H Håvard. Constructing the Sustainable City Examining the Role of Sustainability in the Smart City Discourse [J]. Journal of Environmental Policy & Planning，2017（19）：423-437.

[15] J M F Güell，J G López. Cities Futures. A Critical Assessment of How Future Studies are Applied to Cities [J]. Foresight：The Journal of Futures Studies, Strategic Thinking and Policy，2016（5）：454-468.

[16] 邓仲良，张可云. 中国经济增长的空间分异为何存在？——一个空间经济学的解释 [J]. 经济研究，2020，55（4）：20-36.

[17] 陈创练，张帆，张年华. 地理距离、技术进步与中国城市经济增长的空间溢出效应——基于拓展Solow模型第三方效应的实证检验 [J]. 南开经济研究，2017（1）：23-43.

[18] 江曼琦，刘勇. "三生"空间内涵与空间范围的辨析 [J]. 城市发展研究，2020，27（4）：43-48.

[19] K Handley，N Limão. Trade and Investment under Policy Uncertainty：Theory and Firm Evidence [J]. Economic Policy，2015（4）：189-222.

[20] T C Fort，J R Pierce，P K Schott. New Perspectives on the Decline of US Manufacturing Employment [J]. The Journal of Economic Perspectives，2018（2）：47-72.

[21] D Acemoglu，D Autor，D Dorn，et al. Import Competition and the Great US Employment Sag of the 2000s [J]. Journal of Labor Economics，2016，34（S1）：141-198.

[22] Daniel Goya. The Network Effect of Chinese Competition on What Domestic Suppliers Produce [J]. Economic Modelling，2021（102）：105544.

[23] 魏后凯，王颂吉. 中国"过度去工业化"现象剖析与理论反思 [J]. 中国工业经济，2019（1）：5-22.

[24] D Rodrik. Premature Deindustrialization [J]. Journal of Economic Growth，2016，21（1）：1-33.

[25] 顾乃华，毕斗斗，任旺兵. 中国转型期生产性服务业发展与制造业竞争力关系研究——基于面板数据的实证分析 [J]. 中国工业经济，2006（9）：14-21.

[26] 郭凯明，潘珊，颜色. 新型基础设施投资与产业结构转型升级 [J]. 中国工业经济，2020（3）：63-80.

[27] 张可云，何大梽. 空间类分与空间选择：集聚理论的新前沿 [J]. 经济学家，2020（4）：34-47.

[28] 王艺明，胡久凯. 马克思主义财政扶贫理论与政策：十九大精神下的探索 [J]. 世界经济，

2018，41（7）：3-24.

　　［29］卢盛峰，陈思霞，时良彦. 走向收入平衡增长：中国转移支付系统"精准扶贫"了吗？［J］. 经济研究，2018，53（11）：49-64.

　　［30］王雨磊，苏杨. 中国的脱贫奇迹何以造就？——中国扶贫的精准行政模式及其国家治理体制基础［J］. 管理世界，2020，36（4）：195-209.

　　［31］燕继荣. 反贫困与国家治理——中国"脱贫攻坚"的创新意义［J］. 管理世界，2020，36（4）：209-220.

　　［32］汪三贵，冯紫曦. 脱贫攻坚与乡村振兴有机衔接：逻辑关系、内涵与重点内容［J］. 南京农业大学学报（社会科学版），2019，19（5）：8-14.

　　［33］陈志钢，毕洁颖，吴国宝，等. 中国扶贫现状与演进以及2020年后的扶贫愿景和战略重点［J］. 中国农村经济，2019（1）：2-16.

　　［34］李永友，沈坤荣. 财政支出结构、相对贫困与经济增长［J］. 管理世界，2007（11）：14-26.

　　［35］涂圣伟. 脱贫攻坚与乡村振兴有机衔接：目标导向、重点领域与关键举措［J］. 中国农村经济，2020（8）：2-12.

　　［36］姚树荣，周诗雨. 乡村振兴的共建共治共享路径研究［J］. 中国农村经济，2020（2）：14-29.

第一部分　区域经济学理论前沿

第一章

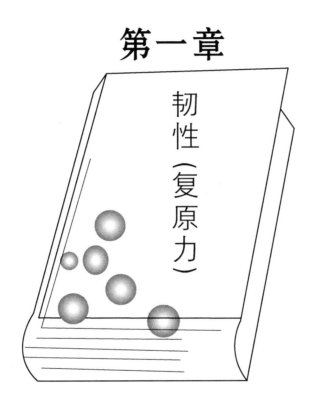

韧性（复原力）

一、区域韧性的定义与测度

1. 中国地级及以上城市网络结构韧性测度

作者：魏石梅；潘竟虎

单位：西北师范大学地理与环境科学学院

期刊：《地理学报》

关键词：城市网络；网络结构韧性；空间分析；空间大数据；中国

摘要：随着城市间关系趋向于网络化发展以及外部急性冲击和慢性压力的增加，城市网络结构韧性作为衡量区域韧性的重要手段，致力于评估城市网络系统在面对突发故障或扰动时，能够抵御、吸收和恢复原有网络特征和重要功能的能力。本文以中国346个地级及以上城市为研究对象，采用2017年百度指数、腾讯人口迁徙大数据等，在构建信息、交通、经济和综合城市联系网络的基础上，从城市节点和网络层面对其层级性和匹配性进行测度，并对中断场景下网络的传输性和多样性进行分析，进而针对各网络从不同视角提出网络结构优化的策略和建议。结果表明：①2017年中国346个地级及以上城市的信息、交通、经济和综合联系网络整体上呈现以"胡焕庸线"为界的"东密西疏"的分布格局，但空间结构各有特点。②信息、交通和经济三大网络的层级性排名依次为经济>信息>交通网络。大城市及省会城市因其信息技术的快速创新与传播、产业经济的高度发展与集聚及交通基础设施的快速配备与完善在网络中具有更高的层级。③信息、交通、经济三大网络均具有异配性特征。信息网络中高权重节点与低权重节点间的跨区域交流机会更多，因而具有最高的异配韧性。④信息网络的传输与多样韧性稍高于经济网络，远高于交通网络。同一城市节点的故障或中断在影响网络传输性的同时，也会累及网络的多样性。

发表时间：2021-06-24

2. 珠三角地区城镇化与生态韧性的耦合协调研究

作者：王少剑；崔子恬；林靖杰；谢金燕；苏坤

单位：中山大学地理科学与规划学院广东省城市化与地理环境空间模拟重点实验室

期刊：《地理学报》

关键词：城镇化；生态韧性；规模韧性；密度韧性；形态韧性；耦合协调度模型；珠三角

摘要：城市韧性是新兴的研究话题，其实质为城市面对不确定性扰动的抵抗、恢复及适应能力。本文构建"规模—密度—形态"三维城市生态韧性评价体系，借鉴物理学耦合模型测算 2000~2015 年珠三角城市城镇化与生态韧性的耦合协调度，并对其时空变化特征进行深入探讨。结果表明：2000~2015 年，珠三角各城市的城镇化水平总体不断提升，生态韧性水平持续降低，两者耦合协调度总体由基本协调向基本失调下滑。在空间分布上，珠三角地区城镇化与生态韧性的耦合协调度呈现出以珠江入海口城市为中心、向外围递增的圈层式格局。从生态韧性子系统对城镇化与生态韧性耦合协调的作用来看，规模韧性主要起反向阻滞作用；形态韧性的协调影响力主要为正向，且随时间推移不断增强；密度韧性的正向协调影响力持续下降，且在低于零值后负向增长。以新型城镇化引领区域协调发展，并通过严守"三区三线"、适应生态承载力、合理布局城市绿地等方法提高生态韧性，是未来珠三角实现城镇化与生态韧性协调可持续发展的主要路径。

发表时间：2021-04-21

3. 新发展格局下增强现代化经济体系韧性的策略

作者： 庄贵阳；徐成龙；薄凡
单位： 中国社会科学院生态文明研究所；临沂大学商学院；中共北京市委党校经济学部

期刊：《经济纵横》
关键词： 现代化经济体系；韧性；新发展格局；稳定性；适应性；创新转型
摘要： 建设现代化经济体系就是要将产业体系、市场体系、收入分配体系、城乡区域发展体系、绿色发展体系、全面开放体系及经济体制等一体建设、一体推进。经济体系的韧性是经济体系受到外界冲击以后，自身具有的稳定性、适应性及创新转型的动态调整能力。因此，增强经济体系的韧性是建设现代化经济体系的重要保障。新发展格局下，我国现代化经济体系表现出一定的韧性特征，但也存在产业体系韧性不足、要素市场改革滞后、收入分配体系不合理、区域发展不均衡不协调、绿色经济发展面临转型阵痛、对外开放面临挑战、市场经济体制仍不完善等问题。围绕现代化经济体系各组成部分的内在要求，应聚焦完善经济体制、提高中等收入群体规模、促进区域协调等稳定措施，以及优化升级产业链供应链、推动形成全面开放新格局等适应措施，通过深化要素市场改革、培育绿色发展新动能等创新转型手段，增强现代化经济体系韧性。

发表时间：2021-04-15

4. 我国区域经济韧性的关联识别与演化特征分析

作者： 张秀艳；白雯；郑雪
单位： 吉林大学商学院

期刊：《吉林大学社会科学学报》
关键词： 经济韧性；耦合协调；共生演化；创业生态系统

摘要：从三维视域考察经济系统的动态演化发展过程，建立金融发展子系统、创新发展子系统和经济发展子系统的评价指标体系，进行区域经济韧性的关联识别和子系统间的耦合协调关系分析，剖析区域经济系统的时空分异演化特征，进而探索经济系统的演进规律和适应性演化路径。研究发现，我国经济韧性总体处于非均衡状态，经济系统的动态演化发展具有区域异质性，经济发展差异很大程度上受创新发展水平的影响，繁荣数字创业生态系统有利于提升区域经济韧性和实现竞合导向的系统共生演化。因此，抢抓机遇，数字引领经济转型升级，加快数字化经济发展，具有重要的现实意义。

发表时间：2021-01-05

5. 新冠肺炎疫情对中国区域经济发展的影响初探

作者：孙久文

单位：中国人民大学经济学院区域与城市经济研究所；全国经济地理研究会；中国区域科学协会

期刊：《区域经济评论》

关键词：新冠肺炎疫情；区域经济；现代化治理体系

摘要：2019 年底暴发新冠肺炎疫情后，党中央、国务院高度重视，各相关部门和地方以对人民群众健康高度负责的态度，制订周密方案，组织各方力量全力以赴做好防控工作，迅速遏制了新冠肺炎疫情的蔓延势头。在做好防控工作的前提下，各地正在全力支持生产企业复工复产，实现经济的正常运转。怎样深刻认识新冠肺炎疫情对中国区域经济的影响、如何应对新冠肺炎疫情对中国经济的冲击、未来中国的区域经济发展将站在什么样的平台上等，成为备受社会各界关注的重要问题。本刊特组织部分专家学者从宏观视角、用理性思维观瞻新冠肺炎疫情发生后中国区域经济发展的走势，提出切合实际的研究对策，以期对中国的区域经济实现健康可持续发展有所启迪和借鉴。

发表时间：2020-03-15

6. 中国城市群经济韧性的测度与分析——基于经济韧性的 shift-share 分解

作者：冯苑；聂长飞；张东

单位：中南财经政法大学金融学院；武汉大学经济与管理学院

期刊：《上海经济研究》

关键词：城市群；经济韧性；shift-share 分解；产业结构；竞争力

摘要：本文将经济韧性界定为应对冲击的抵抗力和冲击后的恢复力，以中国 11 个城市群 159 个城市为研究对象，测度了 2008~2010 年抵抗期和 2010~2017 年恢复期城市群经济韧性，并进一步运用 shift-share 分解方法探索了经济韧性的由来。结果显示：抵抗期和恢复期中国城市群经济韧性均值分别为 0.515 和 0.026，均强于全国层面经济韧性；经济韧性可分解为产业结构和竞争力两个分量，且抵抗力和恢复力的大小均主要由竞争力决定；不同时期各产业发挥的作用有所不同，抵抗期经济韧性主要由二、三产业竞争力共同决定，而恢复期经济韧性的决定因素转变为第三产业竞争力为主、第二产业竞争力为辅。最后就如何增强中国经济韧性提出了相关的政策建议。

发表时间：2020-05-15

7. 荷兰空间规划中的韧性理念及其启示

作者： 鲁钰雯；翟国方；施益军；周姝天

单位： 南京大学建筑与城市规划学院；浙江农林大学风景园林与建筑学院

期刊：《国际城市规划》

关键词： 韧性；空间规划；荷兰；规划实践；适应性

摘要： 作为一种战略性、基础性的规划手段，空间规划可以通过影响城市结构或土地利用等降低城市面对的多重风险及影响。传统规划对于空间如何应对变化、冲击及不确定性的关注有待提高，韧性理念在规划中的引入为协调城市发展目标和城市安全底线提供了一个新的视角。荷兰空间规划在应对气候变化、环境挑战和灾害风险方面取得了较大的成绩，本文结合荷兰空间规划实践，探讨空间规划政策中的韧性理念和特征，以及如何通过规划应对风险和挑战。研究表明，虽然不是所有的韧性特征均能在荷兰空间规划中得到体现，但韧性理念始终贯穿于各级空间规划，且不同层级空间规划所关注的韧性侧重点不同。在本文研究基础上，建议将韧性理念应用于我国空间规划，为我国在生态文明建设与安全发展背景下完善和优化空间规划提供思考与借鉴。

发表时间：2019-09-05

二、产业韧性的研究与应用

1. 基于"产业—企业—空间"的沈阳市经济韧性特征

作者： 关皓明；杨青山；浩飞龙；冯章献

单位： 东北师范大学地理科学学院；东北师范大学长白山地理过程与生态安全教育部重点实验室；东北师范大学城镇化和区域发展研究中心

期刊：《地理学报》

关键词： 区域经济韧性；产业结构；企业动态；空间分布；老工业城市

摘要： 新常态背景下，东北地区与其他区域相比经济下行明显，适应能力较差，即区域经济韧性较弱。产业和企业是区域宏观经济的中微观载体，有助于揭示区域宏观经济韧性的中微观特征，却少有相关研究。本文从宏观经济增量、中观产业增量及结构变化和微观企业空间动态角度，分析了1978年以来沈阳市经济韧性的特征。研究发现：①在全国经济周期影响下，沈阳市经济韧性的变化呈现出"弱—强—弱"的周期性特征，主要是受第二产业韧性的波动变化影响。以支柱产业演替为代表的新老路径产业的韧性变化差异明显，其中老路径产业中机械产业韧性的"强—弱"变化对第二产业的韧性变化影响较大，其韧性减弱主要是由自身竞争力不足造成的。②在全国经济增速放缓的影响下，企业存活率的结果表明，老路径产业企业的韧性强于新路径产业企业的韧性；除食品产业外，其余产业老企业的韧性都强于新企业的韧性。另外，初步发现，老路径产业和新路径产业中的电子等技术密集型制造业的新进入企业表现出对中心城区的空间路径依赖性，空间集聚对企业存活存在正向积极作用。

发表时间：2021-02-09

2. 中国产业发展与布局的关联法则

作者：贺灿飞；朱晟君

单位：北京大学城市与环境学院；北京大学—林肯研究院城市发展与土地政策研究中心

期刊：《地理学报》

关键词：认知邻近；关联法则；产业关联；演化经济地理学；中国

摘要：产业地理学研究产业空间分布及其动态演化规律。基于地理邻近性的集聚理论揭示了产业地理不平衡分布的内在机制。演化经济地理学借鉴演化经济学的历史视角，从历史角度考察经济活动空间分布的渐进演化机制，认为地理邻近性不是产业地理格局演化的充分必要条件，以认知邻近性为核心的多维邻近性能够提供更好的解释。本文从认知邻近视角系统地分析了中国区域产业发展与布局动态演化规律，总结出中国产业发展与布局的关联法则，即一个企业或区域进入（或退出）某项经济活动的概率是该企业或地区拥有的基于相关知识的经济活动的函数。本文全面地回顾了关联法则涉及的关键概念，梳理了企业和区域尺度的实证研究成果，讨论了关联法则在中国的适用性及其补充和拓展。本文指出：①在认知邻近视角下，基于资源转换和组织学习等理论，关联法则研究了企业或区域发展新产业与现有产业之间的关系。②关联法则不仅适用于中国企业和区域尺度，还会影响区域经济发展、创新和韧性等。③外部联系、冲击以及内部制度环境等可能会降低区域产业动态对本地产业基础的依赖性。关联法则指出，中国区域需培育内生发展模式，围绕现有区域能力、技术和知识积累发展区域产业，实现区际产业优化布局与分工，逐步建立相关多样化的产业体系，增强区域韧性，支撑国内经济循环。

发表时间：2020-12-23

3. 外部需求冲击、相关多样化与出口韧性

作者： 贺灿飞；陈韬

单位： 北京大学城市与环境学院

期刊：《中国工业经济》

关键词： 相关多样化；韧性；外部需求冲击；金融危机

摘要： 在国际环境不确定性日益增长的背景下，防范外部需求冲击风险对于稳定经济增长具有重要意义。本文使用中国产品出口数据，从需求侧探讨相关多样化的出口产品结构如何影响城市—产业出口韧性。现有研究主要探讨相关多样化的供给侧效应，对相关多样化的需求侧效应缺乏讨论，本文的边际贡献在于从需求侧详细分析相关多样化的作用机制。相关多样化水平高的产业具有更多的本地关联产业，且与关联产业具有更高的关联度，这种结构特征可能使其受到更多直接和间接的外部需求冲击。本文发现，相关多样化确实与城市—产业的短期出口韧性负相关，且这一结果能够通过多种稳健性检验。异质性分析发现，相关多样化的作用强度由于不同产品、地区、出口目的国对本地出口信息溢出的依赖程度不同而存在一定差异。作用机制检验发现，相关多样化通过增加产业受到本地需求冲击直接影响和间接影响的概率而降低短期出口韧性；进一步拓展理论模型发现，相关多样化还可能通过抑制出口产品质量提升而不利于短期出口韧性。基于上述实证结果，本文建议，进一步推进区域经济一体化进程，构建区域风险共担机制以防范外部需求冲击风险，推动区域内基于比较优势合理分工。

发表时间：2019-07-16

4. 中国城市的经济韧性及由来：产业结构多样化视角

作者： 徐圆；张林玲

单位： 南京财经大学江苏产业发展研究院

期刊：《财贸经济》

关键词： 经济韧性；产业结构多样化；产业结构调整；"新经济"部门

摘要： 面对诸多来自内外部环境的不利因素，中国经济的韧性变得尤为重要。本文开创性地将经济韧性引入对中国现实情况的实证研究中，在反事实实验的框架下运用 GMM-SL-SAR-RE 模型分期测度 230 个城市的经济韧性，同时构建涵盖工业与服务业 44 个大类的产业结构多样化指标和产业结构调整指标对城市经济韧性的差异性进行解释。研究结果显示，面对 2008 年国际金融危机的外部冲击，中国各城市的经济韧性表现出较大的差异性，拥有多样化产业结构的大城市更能抵御风险。更为重要的是，当经济进入恢复调整期后，越多样化的城市就越具有调整能力，这些城市通过发展"新经济"，激励新一轮更高效的生产活动，从而获得长久和坚实的经济韧性。由此可见，多样化的产业结构不仅有助

于城市抵御外部冲击，而且能够为冲击后的适应性结构调整提供更大的空间，是中国城市经济韧性的关键所在。

发表时间：2019-07-15

5. 东北老工业基地经济复原力：一个四维分析框架与实证研究

作者：廖敬文；张可云

单位：中国人民大学区域与城市经济研究所

期刊：《改革》

关键词：复原力；东北老工业基地；东北振兴

摘要：运用包括抵抗力、复原速度、经济结构变化和复原路径变化的四维复原力框架进行分析，得到如下结论：东北老工业基地抗冲击能力较弱，经济结构较敏感，复原速度较慢，并已陷入有偏负复原路径；整体来看，东北老工业基地复原力欠佳，振兴之路任重道远；工业及以其为核心的产业体系陷入路径依赖的负锁定困境是造成东北老工业基地经济复原力不足的决定性因素之一。提升东北老工业基地复原力，既要通过调整经济结构削弱以往路径依赖和负锁定对复原力的消极影响，又要继续加大政策扶持力度以保留作为复原力源泉的人力资本，更要营造良好的软环境，助力地方与企业把握外部发展机遇并增强内部自主创新能力。

发表时间：2018-12-05

三、城市韧性测度与研究

1. 国家中心城市的韧性城市建设研究

作者：李国平；杨艺

单位：北京大学政府管理学院

期刊：《区域经济评论》

关键词：国家中心城市；韧性城市；多样性；复杂性；流动性

摘要：当前国内外发展环境日趋复杂，不稳定性、不确定性明显增加，有必要增强机遇意识和风险意识，推进韧性城市建设。国家中心城市是国家尺度的最高等级城市，具有超大人口规模、最高行政等级与领先的经济发展水平。但国家中心城市的功能多样性、动态演化复杂性、人口与经济流动性使其可能面临的未知风险空前复杂，潜在影响和造成的灾难性后果越发显著，因而对韧性城市建设提出了更高要求。现阶段，国家中心城市在韧性城市建设中主要存在规划不落地、体系不健全、结构不合理等问题，为此应当前瞻布局，优化多中心网络化的城市空间结构，同时加强经济韧性、基础设施韧性、社会韧性与制度韧性建设，从而更好地应对可能出现的不确定风险，使城市系统在面对突发干扰时受到的负面影响最小化。

发表时间：2021-01-14

2. COVID-19 疫情对中国城市人口迁徙的短期影响及城市恢复力评价

作者：童昀；马勇；刘海猛
单位：海南大学旅游学院；湖北大学商学院；中国科学院地理科学与资源研究所
期刊：《地理学报》
关键词：COVID-19；城市韧性；时空演化；迁徙大数据；人地关系；中国

摘要：新型冠状病毒肺炎（COVID-19）疫情对中国国民经济和社会发展产生剧烈冲击。科学评价中国受新冠肺炎疫情短期影响及恢复情况并揭示其时空特征，可为常态化疫情防控阶段的经济形势研判和城市恢复提供有力支撑。基于 2020 年 1 月 13 日至 4 月 8 日百度迁徙大数据，通过构建恢复指数（RRI）和恢复缺口（RGI）等指标，从多尺度揭示中国受 COVID-19 疫情短期影响的逐日特征、阶段特征以及时空格局。结果发现：①疫情未影响春节前返乡迁徙，节后恢复经历恢复停滞期、快速恢复期、平稳恢复期，全国总体恢复程度由恢复停滞期不足 20% 上升至快速恢复期末 60% 左右，3 月 3 日开始进入平稳恢复期，恢复指数达 70% 以上，完全恢复至历史同期水平仍需较长时间。②疫情对周末和节假日城市间交往活动影响显著，中部和东北地区尤为明显。③疫情影响的区域差异性明显，相对恢复程度西部>东部>中部>东北地区。④城市间恢复程度差异显著，春节后至 4 月 8 日呈现南高北低空间格局。结合疫情程度，广州、深圳、重庆处于高确诊高恢复聚类，河北、天津、黑龙江、河南、安徽、湖南处于低确诊低恢复聚类。⑤随着疫情得到有效控制，城市层面恢复缺口由京津冀、长三角、珠三角等城市群的大规模成片劳动力迁入缺口，转变为国家中心城市和部分省会城市的点状缺口。本文研究结果表明，时空大数据在重大突发公共卫生事件实时影响评价方面具有较好应用前景。

发表时间：2020-11-25

3. 多样化、创新能力与城市经济韧性

作者：徐圆；邓胡艳
单位：南京财经大学江苏产业发展研究院
期刊：《经济学动态》
关键词：经济韧性；多样化；创新能力

摘要：在向高质量发展稳步迈进的过程中，面对内外部环境的复杂变化，增强经济韧性显得越发重要。本文基于演化经济地理学的相关理论框架，探讨了产业结构多样化

（相关多样化和无关多样化）对经济韧性的直接作用，以及其通过驱动创新来影响经济韧性的间接作用。研究发现：2008 年国际金融危机后，我国各个城市的经济韧性表现差异明显，产业结构越是多样化的城市经济韧性则越强；多样化对经济韧性的作用不仅表现为分散风险、抵御冲击的"自动稳定器"功能，更重要的是能够促进技术创新，帮助城市在恢复期做出适应性的结构调整；无关多样化水平越高的城市受到金融危机的冲击相对越小，而相关多样化水平越高的城市则因其创新能力较强，在恢复调整期表现出了更高的韧性；相关多样化主要通过一般性创新作用于经济韧性，而无关多样化则主要通过新经济创新作用于经济韧性。

发表时间：2020-08-18

4. 韧性视角下现代城市整体性风险防控问题研究

作者：肖文涛；王鹭
单位：福建省应急管理培训基地；福建省委党校福建行政学院公共管理教研部；中国人民大学公共管理学院
期刊：《中国行政管理》
关键词：韧性；韧性城市；整体性风险；城市风险防控
摘要：现代城市因人口聚居、建筑密集、活动复杂而日益成为风险中心，呈现出复合性、联动性、叠加性、扩散性、隐蔽性增大等整体性风险。本文基于韧性视角，引入"韧性城市"概念，剖析了现代城市整体性风险防控实践的六大盲点和弊端，并分别从空间、时间和层级三个维度提出了韧性城市风险治理的范式，梳理出"都市群—城镇带—生活圈"防范风险扩散、"灾前预警—灾中应急—灾后恢复"阻遏风险延递、"宏观搭台—中观定标—微观落地"化解风险叠加的具体策略。

发表时间：2020-03-16

5. 充分发挥"超大规模性"优势 推动我国经济实现从"超大"到"超强"的转变

作者：国务院发展研究中心课题组；马建堂；张军扩
单位：管理世界杂志社
期刊：《管理世界》
关键词：超大规模性；高质量发展；现代化；全球影响力
摘要：经济超大规模性是一个经济体依托超大规模的人口、国土空间、经济体量和统一市场所形成的叠加耦合效应，在运行效率、产业构成、空间格局、动态演化、全球影响等方面所展现出的特性。经济超大规模性使我国在持续提高生产率、建立完整的产业体系、进行高水平创新创业创造、孕育世界级都市圈和城市群以及在全球范围配置资源等方面具备了比较优势。我国的经济超大规模性是在党的领导下，通过最大范围地动员人民参与现代化建设、统筹布局区域发展、重视基础产业发展、持续丰富产业体系、着力提升创新能力、不断扩大对外开放、努力推进全国市场一体化所取得的。未来要充分依托和发挥经济超大规模性优势，促进我国经济持续平稳发展和全球地位的提升，推动我国经济实现从"超大"到"超强"的转变。

发表时间：2020-01-05

6. 韧性城市评价体系的三种类型及其新的发展方向

作者：倪晓露；黎兴强
单位：海南大学政治与公共管理学院；天津大学建筑学院

期刊：《国际城市规划》

关键词：韧性特征；韧性城市评价体系；三种类型；城市系统；信息通信技术与发展

摘要：韧性城市正不断发展成为新兴城市的研究热点。目前对韧性城市的概念和特征等已有较为丰富的理论研究，但是与之相应的评价体系仍缺少系统化的、具有可操作意义的整理。完善的韧性城市评价体系不仅有助于其理论的丰富，还能够真实地反映韧性城市的建设情况并引导其建设实践，具有理论和实践的双重意义。本文对韧性城市评价体系的相关研究进行了回顾和梳理，将评价体系分为三类：基于城市基本构成要素的评价、基于城市韧性不同特征的评价、基于韧性的阶段过程序列的评价。作者对韧性城市评价体系的未来发展提出建议，鼓励将信息通信技术与发展（ICT4D）的理念融入其构建。其一，在基于城市基本构成要素的韧性城市评价体系中划分与 ICT4D 有关的度量指标；其二，运用信息通信技术的手段与方法对城市韧性进行评价。

发表时间：2019-09-10

7. 长三角城市群内各城市的城市韧性与经济发展水平的协调性对比研究

作者：张明斗；冯晓青
单位：东北财经大学公共管理学院

期刊：《城市发展研究》

关键词：城市韧性；经济发展水平；协调性；长三角城市群

摘要：本文以长三角城市群 16 个地级及以上城市为研究对象，利用层次分析法分别测算了其 2007~2016 年的城市韧性与经济发展水平，并基于协调度模型，着重探讨了城市韧性与经济发展水平之间的协调性。结果显示：①10 年间，长三角城市群城市韧性度呈波动上升趋势，区域内部城际差异浮动增强，基本呈现"东部高，南北边缘低"的空间分布格局，其中上海市韧性水平最高。②长三角城市群城市经济发展水平总体呈波浪式上升状态，区域内部出现明显的地带性差异，形成以上海、南京、苏州、杭州为中心的圈层式发展格局。③长三角城市群的城市韧性与经济发展水平协调度总体稳定上升，但绝对数值偏小，城际之间存在明显的分化，形成了"东强西弱"的空间格局。④长三角城市群城市韧性与经济发展水平处于动态调适期，70%的城市处于初级协调与勉强协调阶段，只有上海过渡到中级协调阶段。

发表时间：2019-01-26

四、区域发展背景下基于复合指数法的韧性研究

Understanding of Resilience in the Context of Regional Development Using Composite Index Approach：The Case of European Union NUTS-2 Regions

作者：Michaela Staníčková, Lukáš Melecký

期刊：*Regional Studies*, *Regional Science*

摘要：Economies have always been prone to different kinds of exogenous shocks, which can destabilize the path and pattern of regional economic growth. Regional economy perturbed by a shock may move onto a new growth path by re-establishing economic linkages, both internally and with other regions. The question why one region is more vulnerable to economic shock than other, impelled to analyze notion of resilience in a regional development context. Despite own limitations of quantitative methods, several approaches in the form of composite indices（CIs）have been proposed by the European Union（EU）and the other institutions. The aim of this paper is to throw light on some of the underlying aspects of regional resilience and provide an overview of a notion as well as analysis of research studies on constructing the territorial CIs. The main results of the paper are overview and comparison of regional resilience literature and empirics of existing CIs that lead to measuring the EU NUTS-2 regions resilience based on constructing own index. CIs construction includes several steps that have to be made and corresponding methods have to be chosen. Primarily, selection of sub-indicators, normalizing methods, weighting schemes and aggregation formulas are fundamental.

区域发展背景下基于复合指数法的韧性研究——欧盟 NUTS-2 区域的案例分析

译者：蒋治

摘要：经济总是容易受到各种外生冲击，这可能会动摇区域（既有的）经济增长路径和模式。受到冲击的区域可能通过重构区内和区际的经济关联而走上新的经济增长道路。为什么有的区域在受到经济冲击时比其他区域表现得更为脆弱？这驱使（学界）基于区域发展背景，对韧性的概念展开分析。尽管定量方法存在局限性，但欧盟（EU）和其他机构已提出了几种形式的综合指数（CI）。本文的目的是阐明关于区域韧性的一些基本内容，并简要介绍地域性 CI 的概念及其在区域分析中的运用。本文在归纳比较研究区

域韧性的文献的基础上，根据关于 CI 的经验分析，自行构建指数，衡量欧盟 NUTS-2 区域的韧性。构建 CI 包括几个必要的步骤，并且必须选择与之一致的方法。选择子指标、将指标标准化、确定权重和使用聚合公式是基本步骤。

关键词：综合指数；熵方法；欧盟；NUTS-2 区域；指标；韧性；权重

1 引言

关于区域韧性的研究近来成为热点。随着新经济地理学融入主流，包括地区、区域、竞争力在内的众多空间概念正日益成为研究主题。与克鲁格曼（2003）一致，在区域层面讨论竞争力是合理的，因为在日益一体化的全球经济中，地区吸引并使用流动性生产要素的能力是一个日益重要的问题。然而，这一经济地理研究分支相对而言并不发达，它甚至缺乏普遍接受的定义和指标。在过去的几十年中，有学者对区域竞争力进行了深入研究，这些研究表明，所有区域在新竞争环境下（受国际环境变化的影响）应对面临的新挑战的能力存在差异。然而，他们未能提供详尽的解释以及相关的、可行的和可供借鉴的测度方式。从生产力水平和社会繁荣程度出发来更加全面地理解，区域竞争力可以被视作企业创造有利商业条件和提高人口生活水平的手段。为保证竞争力，特别是对于国家和区域而言，要创造有利条件，以发展有助于吸引人才和投资所必要的基础设施、人力资本、技术和有效市场。富有竞争力还意味着要具备足够的先决条件，能够承受未预期的外部冲击，即区域经济承受、吸收或克服内部或外部经济冲击的能力。值得注意的是，受经济冲击后的韧性强并不一定意味着从长期看经济在其他方面坚挺且表现良好。由于经济发展实践者试图了解地区抵御和应对经济冲击能力的影响因素，"韧性"这一话题日益受到关注。虽然经济有明显的复苏迹象，但有证据表明当前的增长并不平衡。这一现象与经济危机有据可查的影响强调了确保进一步解决区域经济的结构性问题并增强其韧性的重要性。在全球化、快速的技术变革、深度衰退和人为灾害的背景下，人们对于作为重要研究领域的区域经济韧性产生了兴趣。这些外来冲击和恢复机制的经济影响因区域而异。经济缺乏多样性是制约区域适应外部冲击能力的主要弱点之一，这证实了竞争力和韧性两个概念间存在密切关联。

因此，在过去几年中，一个新的流行语已经进入学术、政治和公共话语——"韧性"，其通常用来描述一个实体或系统如何应对冲击和干扰。韧性通常用于环境、材料科学与工程、生态学、心理学、社会学和经济学等学科的研究。因此，它现在运用于不同领域，既作为对象、实体或系统的内在（并且通常是正面的）属性，更正式地，又作为应该以某种方式促进或培养的正面特征（Martin and Sunley，2015）。随着关于韧性研究的兴起，这一概念被引入经济地理和区域研究领域并不奇怪（Foster，2006；Hill et al.，2008；Martin，2012；Norris et al.，2008；Rose，2009）。韧性的概念非常复杂，内容深刻，评估和测量也相当复杂。关于如何衡量区域韧性、区域韧性的决定因素以及它和长期区域增长模式间的关联，目前仍然没有一种普遍接受的方法。因此，这导致对于韧性的概念及其运用存在一定的误解和差异。一方面，对韧性的研究可能会提供关于该区域（以及整个国家）关键问题的重要信息；另一方面，还能科学评估区域发展潜力。在2007～2009年的经济危机后，近年来韧性迅速成为区域经济研究中概念和分析对象的一部分，这与区域作为经济活动主体和公共政策主要决策单元越发突出的重要性是相适应的。

本文的主要目的是确定区域发展背景下运用韧性的具体领域，并提出测度欧洲区域韧性的方法。本文在构建特定的综合加权指数的基础上，通过简要地实证分析和评估反映欧盟28国NUTS-2区域韧性水平的指标，进而验证这种方法（NUTS是用于统计的地域单位命名法）。为此，本文将确定并计算区域韧性的指标，并构建反映欧盟28国NUTS-2区域的区域韧性（CWIRR）的综合加权指数。本文的假设基于区域竞争力的一般概念（Meyer-Stamer，2008；Bristow，2005；Gardiner et al.，2004），具体而言，区域生产力水平越低，创造并维持为企业创造更高价值、为人民带来更长久繁荣的环境的能力越弱，提供区域发展潜力的区域韧性越弱；反之亦反。

2 区域韧性的概念

经济波动周期性地作用于经济体，尽管这些冲击的影响因区域而异，每个区域的调整和恢复也是如此。作者特别关注区域韧性：为什么一些区域的经济在受到冲击的不利影响后，能够在相对较短的时间内恢复，而其他区域却没有？韧性是一个经常用于许多学科研究的概念，但很少有明确的定义。如果将韧性运用于有意义的区域政策的制定议程和实践中，那么就必须对其具体内涵形成明确的定义和精准的理解。历史上，韧性的第一个定义可以在《不列颠百科全书》（1824）中找到。它被定义为物体在受到压力变形后，恢复其尺寸和形状的能力，或是在遭遇意外或变化后恢复或适应的能力。韧性源于拉丁语单词resilio/resilire，意思是跳回（Klein et al.，2003）。韧性的概念被广义地定义为回归原始状态。对区域经济韧性没有普遍认同的定义，不同的学者使用了不同的定义和描述。有关韧性的更多信息请参阅表1，其中还包含对此概念的系统的文献综述。

表1 关于区域韧性概念的文献梳理

年份	作者	对于区域韧性的界定
2015	Martin 和 Sunley	韧性是指抵御市场、竞争和环境冲击或从中恢复的能力
2012	Martin	区域经济重新配置（即适应）其结构（企业、产业、技术和机构）的能力，从而在产出、就业和财富方面保持可行的增长路径
2010	Gunderson 等	韧性并不一定代表要恢复到原先状态，但可以被定义为利用因环境变化而产生的机会的能力
2009	Rose	区域增强并有效发挥其能力，缓和并吸收初始冲击，随后通过适应以保持其功能并加速恢复的过程，同时更显著地降低未来灾难的损失

续表

年份	作者	对于区域韧性的界定
2008	Cutter 等	韧性是社会系统响应和从灾难中恢复的能力，包括允许系统吸收影响和应对冲击的内在条件，以及事后社会系统通过重组、调整和学习以增强其应对冲击能力的适应性过程
2008	Hill 等	区域经济在受到某种外生冲击的情况下维持原有状态的能力；受到外部冲击的区域或国家经济恢复到原有水平和/或产出、就业或人口增长率的程度
2008	Norris 等	将一组适应能力与应对、适应冲击的正向轨迹相联系的过程
2006	Foster	区域在受到冲击后能够抵御、防备、应对和恢复，以免对其发展形成障碍
2006	Perrings	系统能够承受市场或环境冲击而不失去有效分配资源的能力
2004	Coles 等	使区域能够从灾难中恢复的能力、技能和知识
2004	Walker	系统在经历变化时吸收干扰和重组的能力，以便依然保持基本相同的功能、结构、地位和适应机制
2003	Bruneau 等	系统削弱冲击的可能性，能够在发生冲击（实力突然下降）时吸收冲击并在受到冲击后快速恢复（重新建立正常性能）
2001	Carpenter 等	允许可持续发展的适应性能力，例如持续发展与变革间的动态相互作用
1997	Reich	长期存在的宏观经济变量和与之相关的经济、政治和社会制度间的关系结构
1973	Holling	生态系统在不改变自组织过程和结构的情况下能够承受的干扰量，可定义为替代稳定状态，如衡量系统吸收变化和干扰之后，保持其各地区人口关系的持续性
1958	Elton	韧性是指在受到冲击后复原的程度

资料来源：作者自行阐述；Stanickova（2017a）。

大多数文献将韧性定义为任何系统在受到外部冲击后恢复或抵御经济衰退的能力（Briguglio et al.，2006；Brock et al.，2002；Rose and Krausmann，2013）。因此，韧性包括应对外部冲击和降低脆弱性的能力，其主要任务之一是尽量减少损失，从而确保经济在最短时间内复苏。它被视为一种持续存在（或不存在）的、参与并应对冲击的能力。另外，这种适应是偶发的，即应对特定的冲击或干扰。实际适应过程和潜在韧性之间存在显著差异：前者可以通过发生的变化观察到，而后者只能通过研究实际适应过程，然后分析对成功适应而言重要的潜在因素。韧性的概念通常用于表示强度和灵活性。从概念上讲，两者存在区别但相互关联。前者是基于均衡分析的视角，其中韧性是指在单一均衡系统中恢复原先状态的能力。后者是基于复杂的适应性系统而定义的韧性，指的是系统适应压力和冲击并做出调整的能力（Pindus et al.，2012）。对于区域经济分析而言，或许经济韧性最本质的含义是指当区域经济受到某种类型的外生冲击时维持或恢复先前状态（通常被认为是均衡状态）的能力。目前只有少数研究明确使用"韧性"的概念，运用此概念的经济学文献通常关注的是区域或国家在受到外部冲击后，恢复到原先水平和/或产出、就业或人口增长率的程度（Feyrer et al.，2007；Briguglio et al.，2006；Rose and Liao，2005；Blanchard and Katz，1992）。根据 Martin（2012）的研究，区域韧性是一个多维属性，涉及四个描述对于冲击反应的相互关联的维度：抵御、恢复、重新定位和更新。

关于韧性的定义众说纷纭，并且没有公认的方法来测度和反映韧性，因此也没有增强经济韧性的统一战略。量化系统和区域的韧性是一个复杂的过程，目前还没有任何衡量韧性水平的量表。什么有助于形成或塑造韧性？塑造韧性的结构性因素可被作为社会系统中韧性的内在组成部分，即影响内在反应能力的因素，或对冲击的自主反应（Rose，2004）。例如，在经济学中，这种机制可能包括自动财政稳定器以及市场根据价格信号重新配置资源或替代投入的能力。基于复杂的自适应系统思维，这些内在属性和系统的自组织能力相关。最新的经验证据表明，区域最初的优劣势是影响受经济冲击的区域的韧性的内在因素（Huggins et al.，2010）。这似乎证实了演化经济地理学的理论主张，即区域韧性很可能是路径依赖的，并受到区域工业基础、原有经济性质（主要是关键领域的产品和利润周期的变化，尤其是出口、产业发展）和从既有基础上重新定位的技能、资源和技术范畴的影响（Boschma and Martin，2010；Simmie and Martin，2010）。在一项关于2008 年金融危机和之后经济衰退对几个欧洲区域影响的研究中，Huggins 等（2010）发现，诸如市场规模、进入更大的外部市场的方式、自然资源禀赋以及物力和人力资本等因素在产生可变影响方面发挥了重要作用。另一个重要的结构性或内在的因素似乎是区域的产业结构。虽然 20 世纪 50 年代以来，由于所有区域的公共和私人服务日益繁荣，欧洲的区域专业化程度有所下降，但一般而言，区域受到负向经济冲击后的脆弱性与其产业的专业化进程是相关的（Huggins et al.，2010）。同样，这似乎支持韧性这一演化性概念的理论化，重点强调了区域经济多元化的优势（Bristow，2010）。在吸收干扰以及受到干扰后再生和重组方面，多样性对于复杂的自适应系统而言是必不可少的（Levin et al.，1998）。研究表明，结构单一的区域特别容易受到结构性冲击，并会面临企业和工作数量永久性减少的风险（Huggins et al.，2010）或负向滞后效应（Martin，2012）。与更加专业化的结构相比，更加多元化的经济结构具有更强的抵御冲击的韧性，这是因为：虽然如 ESPON关于遭受经济危机的区域的韧性的报告（2014：35-36）中指出的那样，高度的部门间关联可能会抑制这种能力（Martin，2012），但（在多元化环境下）风险能有效地分散于区域的业务组合中。

在下文的研究中，选取了区域韧性的衡量指标及其影响因素，对于实现本文的研究目的至关重要。我们不想仅仅使用先前定义过的因素，而是希望找到能够成为自建指数重要组成部分的相关指标。但区域韧性的主要特征是什么？这里有一个决定区域经济韧性的问题：什么因素使区域经济的韧性更强或更弱？描述抵御冲击和/或经济韧性的模式和决定因素的研究很少。根据现有研究，有一些影响区域韧性的特定因素。各因素在每个区域不同，并会随时间而变化。相关文献指出了能够抵御冲击或从冲击中恢复的区域的几个特征。第一组因素由 Martin（2012）的研究和影响区域韧性排名的关键因素构成，即区域的动态增长、经济结构、区域的出口导向和专业化水平、人力资本、创新率、商业和企业文化、该区域的地方化经济以及该区域的制度安排。第二组因素由 Foster（2006）指出，即影响区域韧性的关键因素包括区域经济实力、该区域社会人口的能力和区域团体的实力。为了识别各国应对冲击表现出的韧性，Briguglio 等（2009）提出了韧性指数的四个组成部分（及其相关指标），即宏观经济稳定性、微观经济市场效率、良好的政府治理和社会发展。在捷克共和国，Koutský、Rumpel 和 Slach（2012）研究了区域韧性的决定因素并总结为主要宏观经济指标、劳动市场指标等。我们还梳理了 50 份出版物（2005~2016 年出版的新作品），总结了构建 CWIRR 的相关指标［更多信息见 Michaela Staníčková（2017b）］。鉴于缺乏评估欧盟（EU）韧性的统一方法，我们决定构建一套涵盖所有可能因素（基于数据的可得性）的区域韧性指数。

基于前文概述的这些区域韧性因素，我们定义了（在一定程度上的一般化）一组韧性指标，这些指标在竞争力方面也很重要（基于共同关系）。在本文中，我们将韧性与竞争力的概念联系起来。了解地区（如区域）相互竞争的程度非常重要，这种竞争源于决定地域经济吸引力的因素。从为构建 CWIRR 而设计的适当的指标数据库的角度来看，地域竞争力分析方法发挥了关键作用。为深化对于区域层面的地域竞争力的理解，欧盟委员会制定了区域竞争力指数（RCI），该指数反映了欧盟每个 NUTS-2 区域的优势和劣势，因此为在考虑区域具体现状和总体发展水平的基础上确定各区域的侧重点提供了指导。关于 RCI 构建的更多细节参见 Annoni 等（2017）、Annoni 和 Dijkstra（2013），以及 Annoni 和 Kozovska（2010）。因此，选择相关指标的基本方法是 RCI。框架内与竞争力挂钩的代表性指标如下：政府效率（GE）、腐败（C）、法治（RL）、高速公路潜在可达性（MPA）、铁路潜在可达性（RPA）、健康人体期望寿命（HLE）、癌症死亡率（CDDR）、心脏病死亡率（HDDR）、25~64 岁接受高等教育的人口数（PE）、终身学习（LL）、大学入学率（AU）、就业率（ER）、长期失业率（LTUR）、劳动生产率（LP）、可支配收入（DI）、国内生产总值（GDP）、复杂（KN）部门就业（ESS）、精细化部门的产业增加值（GVA）、专利申请总量（TPA）、核心创意阶层就业（CCCE）、研发总支出（GERD）、科技领域的人力资源（HRST）、高科技专利（HTP）以及信息通信技术专利（ICTP）。但是，上述指标被认为是最基本的研究。韧性肯定受到国家经济政策、区域出口导向和其他因素的影响。

评估区域韧性的一种方法是考察区域应对未来挑战的能力。韧性指数旨在测度待评估地域吸收冲击或应对冲击政策的效果。该指数通过集成化方法，优化了 Michaela Staníčková（2017b）关于构建 CWIRR 所需的相关指标的研究，从而有效地用于同利益相关方就增强韧性进行沟通，进而成为政策制定的聚焦点。然而，需要强调的是，指数的有效性依赖于适当的覆盖范围、简单性、易于理解、适用于跨国比较和透明度（Briguglio et al.，2009：234）。评价区域韧性要将现有文献中涉及的指标包含在内。现有文献关于各项指标有一个基本的划分，有些学者选择将变量整合成综合指数（或指标），而有些不是。事实上，该决定将指标研究团体分为两派（Sharpe，2004）。综合指数的支持者认为，将指标以某种方式聚合以提供评价基准主要有两个原因。首先，他们认为这样的综合统计方式能够反映现实，具有意义。其次，他们强调评价标准对于吸引媒体的兴趣和政策制定者的关注非常有用。综合指数的反对者认为，一旦创立了一套适当的指标，就应该停止，而不是进一步构建综合指数。变量加权组合的抽象性质是他们反对综合指数的关键点。

指标的选取和研究者对于构成 CWIRR 的关键变量的看法有关，主要考虑的因素是时间序列和/或横截面数据的可用性。如果要构建一个指数或一组指标来评估韧性的时空变化趋势，那么就必须给出任何理想化指标的实证表达方式。可以采用多种分析框架来选择指标。虽然关于这些分析框架的全面讨论已超出了本文的范围，但也已经为评价各项指标提供了框架。特定框架的适用性和研究者的目的有关，这取决于框架的设计目标：是评估趋势，是政策制定者评估政策和计划的工具，还是作为具有特定工作任务的拥护者的聚焦点。例如，国际生活质量研究学会下属的一个委员会提出了六项指标及其所涵盖领域的评价标准（Hagerty et al.，2001）：

（1）具有明确的实际目的，包括对公共政策效用、经济及社会福祉发展趋势和绝对水平的衡量（可以将其视为涵盖韧性问题的总体框架）。

（2）建立在完善的理论基础之上，被界定为指明福利与外生和内生指标间关系的一系列概念和因果路径。"完善的"意味着该理论已经经过实证检验。

（3）以单个数字的形式报告，但单个数字能被分解为能够让公民和政策制定者评估整体福利是否在改善的几大部分。

（4）以时间序列数据为基础进行研究，因为这对于制定公共政策以评估目标人群的现状是否有所改善并预测未来状况至关重要。

（5）要可靠、有效和灵敏。因此，所有的福利指标都必须建立在通过统计上可靠和有效的方式测度的基础上，而且必须是灵敏的，以反映随时间推移特别是受公共政策影响而产生的变化。

（6）帮助政策制定者评估各级（例如个人、家庭、社区、州/省、国家和世界）计划和政策。

正如 Sharpe（2004）所说，目前不存在包含所有重要概念和关联的框架，而且不太可能被创造出来。正如文献关于指标的研究所揭示的那样，指标框架的发展和研究者感兴趣的领域有关，这是设计综合指数的目的所在。必须在概念的丰富性和透明度之间、可能会让使用者混淆的复杂关联和简洁性之间做出选择或权衡。

3 CWIRR 的方法和结构

衡量与评估竞争力和韧性的相对独立且常用的方法是构建综合指标和指数（CI）。综合指标和指数用于比较地域（例如国家、区域、城市或地方政府）的绩效，其越来越被认为是政策分析和公共传播领域的有效工具，也是对各地域政策共同或相对的进步进行标杆管理所普遍使用的工具。CI 作为排名的工具正变得越来越流行，因为它们能阐明仅借助一个指标无法说明的现象。它们能就环境、经济、社会或技术发展等领域复杂和难以捉摸的问题进行地域间的简单比较。对于社会公众而言，比起通过众多独立指标确定共同趋势而言，CI 似乎更容易，并且事实证明，它们在衡量各地域绩效方面也很有用。这反映出人们越来越充分地认识到 CI 作为评估经济、社会和环境发展水平趋势以及评估政策对福利影响的工具所发挥的重要作用。但是，如果构造不当或错误解释，CI 可能会传递误导性的政策信息。事实上，它们必须被视为激发讨论和调动公众兴趣的手段（Melecký，2017；Melecký and Michaela Staníčková，2015b）。因此，CI 在将大量信息整合为易于理解的形式方面很有用，并且被视为沟通手段和政治工具。它们通常是科学准确性和以合理成本获得信息之间的折衷。然而，构建 CI 存在许多方法上的困难，会导致结果具有误导性并且易于操纵。表 2 提供了使用 CI 的主要优点和缺点。

表 2　综合指数（CI）的利弊

优点	缺点
可以总结复杂、多维度的现实，使决策者能够总揽全局；相对于试图在许多单独指标中发现趋势，综合指数解释起来可能更容易；帮助我们就复杂问题对各国进行排名，并可评估各国排名随着时间变化的情况	如果构造不当或存在认识上的误区，可能会传递误导性的政策信息；CI 传递的信息过于简单，可能会使政治家们制定过于简单的政策
在不删除基础信息库的情况下，细化整组指标的空间尺度；可以帮助减少指标列表的数据量或在一定限制下包含更多的信息	如果构建过程不透明和/或缺乏合理的统计原则或概念界定，CI 可能会被误用，例如支持所需的政策
将国家绩效及其动态变化作为政策领域的中心议题；深化与公众间的沟通，促进问责制	构建 CI 涉及的必须做出判断的阶段有指标的选择、模型的选择、权重指标和缺失值的处理等，即政治争论的主题
帮助非专业、有文化的公众理解韧性	如果制定过程不透明，可能会掩盖某些方面的严重缺陷，并增加确定适当补救措施的难度
使用户能够有效地比较复杂的维度	如果忽略难以衡量的绩效维度，可能会导致不恰当的政策的出台

资料来源：Saisana 和 Tarantola（2002）；作者自行阐述（Melecký，2017）。

关于 CI 的文献非常多，几乎每个月在和其发展可能相关的具体方法层面都会出现新思路。CI 类似于数学或计算模型，因此，它们的构建更多地依赖于建模者的技术，而非普遍接受的编码的科学规则。关于模型，CI 的合理性在于它是否符合预期目的和被同行接受。CI 的质量及其传达的信息的完整性不仅依赖于其构建方法，还和分析框架及所用数据的质量有关。即便在构造中使用了最先进的方法，理论基础不牢或同包含大量测量误差的数据相结合可能会产生有争议的政策信息。需要重点强调的是，理论部分（现象的界定和指标的选择）并不与统计方法部分相分离，因此各个指标的选择与综合指数构建方法并不相互独立。没有构建 CI 的通用方法。在各种情况下，CI 的构造很大程度上取决于特定的用途，包括正式的、启发式的要素以及与该现象相关的一些专业知识的结合点。尽管如此，CI 的优势是显而易见的，它们可以通过对现象的线性测度进行汇总，因此可以很容易地分解为多个单项指标并简化数据分析（例如，对单元进行排序并比较它们的能力）。在选择用于整合个别指标的方法时，需要考虑的主要因素如下（Mazziotta and Pareto，2013)：

并不总是有一个完善的解决方案，有时可能有必要放弃一些要求以满足其他要求。

社会正在快速变化，因此我们需要尽快知晓出现的问题，这是 CI 研究的聚焦点。CI 是一个综合指标，包括通常代表每个指标及反映各指标相对重要性的权重。然而，构建 CI 并不简单，在方法层面上也存在一系列的技术问题。技术问题如果得不到充分解决，可能会导致 CI 被错误地理解或操纵。因此，需要特别注意它们的构建和后续使用。CI 的构建者必须面对来自统计学家、经济学家和其他用户群体合理的怀疑。这种怀疑主要是由于某些现有指标缺乏透明度，特别是方法和基本数据。

全球拥有的 CI 每年都在增长。Bandura（2006）引用了 160 多个 CI。它们在经济学领域非常普遍，并被用于各种政策领域，如国家或区域竞争力、可持续发展、生活质量评估、全球化和创新。本文探讨了许多关于该问题的已发表的研究成果，这些研究与福利的概念相对应，针对涉及的每类 CI，提供了有关指标数量和类型的一般信息（见表3），本文将基于此构建指数来衡量区域韧性。研究欧盟的 CI 方法得到了评估欧盟域内某一特定方面发展水平的研究成果的证实。在 CI 领域存在更多评估欧盟的方法，但它们在理论和经验主义、及时性和有效性方面的进展并未包含在评估样本中，例如，根据欧洲 2020 年发展目标衡量区域发展的指标（欧洲委员会，2014）、里斯本区域指数（欧洲委员会，2010）、基于里斯本协议的区域发展综合指数（欧洲委员会，2007）或综合加权变异综合指数（Melecký and Michaela Staníčková，2015a）。Michaela Staníčková 等（2011）回顾了他们的实证分析，以探究欧盟的凝聚力和竞争力，这是对欧盟进行评价最常见的领域，同时也是构建 CI 的主旨所在。如今，欧盟最具代表性的指数是 2010 年、2013 年和 2016 年的 RCI（见表3）——RCI 对于将本文中竞争力和韧性的概念联系起来也很重要。对比 RCI 随时间推移的变化是复杂的，因为 2010 年、2013 年和 2016 年的 RCI 都会改良和少量修改。这些不会影响 RCI 的整体结构，但它们限制了测度跨期变化的可能性。调整的原因是多方面的：各区域可以获得新的指标，而其他指标则没有更新或不再符合指数的统计框架。此外，方法的改进，特别是 RCI 从第一版到第二版的改进，以及 NUTS 区域的变化使这些对比变得复杂。尽管如此，该方法并未发生实质性变化，指标列表仍具有高度的连续性。表4列出了各版本 RCI 的变化，特别总结了该方法的缺点和使用构建的 RCI 未解决的跨期比较问题。

表3　欧盟主要综合指数概述

作者	发表年份	指数来源	研究范围	指标选取
Annoni 和 Kozovska（EC-DG JRC）	2010	2010 年欧盟区域竞争力指数	欧盟 27 国的 268 个 NUTS-2 区域	2010 年的 RCI 指数由 11 个层次 69 个指标组成：投入（机构、宏观经济稳定性、基础设施、健康状况、中小学教育质量、高等教育/培训和终身学习、技术条件）；产出（劳动力市场效率、市场规模、业务成熟度与创新）

续表

作者	发表年份	指数来源	研究范围	指标选取
Annoni 和 Dijkstra（EC-DG JRC）	2013	2013 年欧盟区域竞争力指数	欧盟 28 国的 262 个 NUTS-2 区域	2013 年的 RCI 与 2010 年的框架和结构基本相同。它基于一组 80 个候选指标，其中有 73 个最终被纳入指数中
Annoni、Dijkstra 和 Gargano（EC-DG RUP）	2017	2016 年欧盟区域竞争力指数	欧盟 28 国的 263 个 NUTS-2 区域	2016 年的 RCI 与 2010 年和 2013 年的框架和结构基本相同。2016 年的 RCI 指数包括基于同一层次的 74 个主要指标
Annoni、Dijkstra 和 Hellman（EC-DG RUP，Social Progress Imperative）	2016	欧盟区域社会进步指数	欧盟 28 国的 272 个 NUTS-2 区域	CI 是 50 个社会和环境指标的综合指数，涵盖社会进步的三个方面（人类的基本需求、福利和机遇）及其基本的 12 个组成部分（营养和基本医疗、水与环境卫生、住所、人身安全、基本知识的获取、获取信息和通信的方式、健康和保健、环境质量、个人权利、个人自由和选择、宽容度、接受高等教育的机会）
ESPON	2014	经济危机：区域的韧性	欧盟 27 个成员国、冰岛、列支敦士登、挪威、瑞士	对区域韧性的评估基于两个主要指标：就业人数和经济产出水平（国内生产总值）
Grunfelder、Rispling 和 Norlen（Nordregio）	2016	Nordregio 的新区域潜力指数	丹麦、芬兰、冰岛、挪威、瑞典、法罗群岛、格陵兰、奥兰	评价标准：区域潜力、人口潜力、劳动力市场潜力、经济潜力。指标：人口密度、净移民率、人口依赖率、女性比例、就业率、25~64 岁接受过高等教育人口的比例、青年就业率、人均 GDP、总研发（R&D）投资
Domínguez-Torreiro（EC-DG JRC）	2016	欧盟区域包容性社会指数	欧盟区域层面	选择指标的维度：收入分配和福利、就业机会和高质量工作、学习知识、保持健康、社会保障绩效、社会资本和治理、纵向社会流动、性别平等、不歧视和宽容度、个人安全
欧盟委员会-DG RUP	2014	区域创业发展指数	欧盟 24 国的 125 个 NUTS-2 区域	综合指数包括三个子指数（创业态度、创业能力和创业愿望），共 14 个层次 28 个变量

资料来源：作者根据参考文献自行阐述。

表4 各版本区域竞争力指数（RCI）的结构性信息

版本	数据参考的年份	地理层面/层次	指标数据来源
RCI 2010	所有指标的最新数据，时间范围不同：2000 年、2005 年、2006 年、2007 年、2008 年和 2009 年及其平均值的组合	国家：国家层面（机构、宏观经济稳定性、中小学教育质量、技术条件——部分企业，而非家庭）	指标：81 个候选指标，69 个实际使用的指标
		区域：NUTS-2 层面：所有其他层次；268 个 NUTS-2 区域——欧盟统计局 2010 年的分类	数据来源：Special Eurobarometer；World Bank Worldwide Governance Indicators；EUROSTAT；OECD PISA；Nordregio；ISLA-Bocconi；European Cluster Observatory；OECD REGPAT；Thomson Reuters Web of Science & CWTS databasé

版本	数据参考的年份	地理层面/层次	指标数据来源
RCI 2013	所有指标的最新数据，时间范围不同：2006年、2009年、2010年和2011年及其平均值的组合	国家：国家层面（机构、宏观经济稳定、中小学教育质量、技术准备——部分企业，而非家庭）	指标：80个候选指标，73个实际使用的指标
		区域：NUTS-2层面：所有其他层次；273个NUTS-2区域——欧盟统计局2010年的分类	数据来源：DG Regio project on QoG；Special Eurobarometer；World Bank Worldwide Governance Indicators；World Economic Forum-Global Competitiveness Index；EUROSTAT；OECD PISA；Nordregio；PBL NL Environmental Assessment Agency；Science-Metrix based on Scopus data；OECD REGPAT；Cluster Observatory
RCI 2016	所有指标的最新数据，时间范围不同：2009年、2011年、2013年、2014年和2016年及其平均值的组合	国家：国家层面（机构、宏观经济稳定、中小学教育质量、技术准备——部分企业，而非家庭）	指标：79个候选指标，74个实际使用指标
		区域：NUTS-2级别：所有其他层次；275个NUTS-2区域——欧盟统计局2013年的分类	数据来源：Quality of Government Index by the Quality of Government Institute；Special Eurobarometer 325；World Bank Worldwide Governance Indicators；World Bank - Doing Business；World Economic Forum GCI；EUROSTAT；Spiekermann & Wegener；TomTom RRG；EUROSTAT；EuroGeographics；OECD PISA；Nordregio；Regional Innovation Scoreboard；Science-Metrix based on Scopus data

资料来源：Annoni 和 Kozovska（2010）；Annoni 和 Dijkstra（2013）；Annoni 等（2017）；作者自行分析和阐述（2018）。

还有一些不代表欧盟的官方立场（国际机构或国家的立场）的 CI；然而，这些 CI 就相关主题对不同地域进行评估，正如 Michaela Staníčková（2017b）所述，包括社会进步指数（Porter，Stern and Green，2016）、测度韧性的指数和分析模型（联合国，2016）、经济合作与发展组织（OECD）对生活质量和福利的评估方法（OECD，2016）以及其他方法。

正如 Al Sharmin（2011）在他的案例研究中指出的那样，不同类型的 CI 可用于任何地域层面（国家、区域、区、市等）数据的单、双或多变量分析。另外，如果构造不当或被曲解，CI 会向政策制定者传达误导性信息，Nardo 等（2005）证明了这一点。构建 CI 的方法被作为普遍接受的科学编码规则。本文选用的 CI 借鉴于欧盟委员会，即综合指标是基于没有共同意义的计量单位的子指标，并且没有加权这些子指标的通用方法（Saisana and Tarantola，2002：5）。因此，本文尝试性地构建 CWIRR——重点是相关方法的选择以及如何为韧性的每个维度赋权。加权和聚合对每个综合指数的结果都具有至关重要的影响。适当的加权方法不止一种。聚合 CI 的各种函数形式在文献中已经得到了发展（OECD，2008；Munda and Nardo，2005），并且在标准化实践中，CI 可以被视为应用于一组变量的加权线性聚合规则（Munda and Nardo，2005：3），可正式表述为：

$$CI = \sum_{i=1}^{N} w_i x_i \tag{1}$$

满足：

$$\forall i = 1, 2, \cdots, N \tag{1a}$$

$$\sum_{i=1}^{N} w_i = 1, \ w_i \in (0, 1) \tag{1b}$$

其中，$x_i = (x_1, \cdots, x_N)$ 是变量，$w_i = (w_1, \cdots, w_N)$ 是变量对应的权重。

评价标准权重的确定可以是主观的、客观的或者两者兼有的。最常见加权方法的汇总表可参阅 OECD（2008）或 Ginevičius 和 Podvezko（2004）。对构建 CWIRR 用到的准则的评估属于多标准评估问题，该问题由有限的准则数和在解决过程开始时就明确知道的备选方案组成。多标准评估问题可以用矩阵 $R = \|r_{ij}\|$（$\forall r_{ij}$：$i = 1, \cdots, p$；$j = 1, \cdots, k$）来描述标准重要性 $R_j \in \{R_1, \cdots, R_k\}$，$A_i \in \{A_1, \cdots, A_p\}$ 表示备选方案。元素 r_{ij} 可以是统计数据或专家提供的估计值。主观赋权法基于专家的评估。主观赋权的方法有很多，包括排名或成对比较。客观赋权法（例如熵方法）计算由 r_{ij} 值构成的矩阵 R 的结构，但权重的值会随指标本身一起改变。在本文中，通过对欧盟 28 国 NUTS-2 区域（比较备选方案或变形的 A_i）的因子分析（FA）（评价标准 R_j）提取韧性指标的因子得分来确定 r_{ij} 的权重。有关熵指数性质的更多信息，请参阅 Bellù 和 Liberati（2006）或 Zardari、Ahmed、Shirazi 和 Yusop（2015），他们描述了基于熵方法的权重的优缺点。熵方法是使用概率论来测度信息不确定性的方法。它表明，广泛的分布比集中的分布反映了更多的不确定性（Deng，Yeh and Willis，2000）。该方法基于备选方案的相关信息，仅适用于有限数量的备选方案。该方法需要知道 R 矩阵中全部变量的所有标准值。在信息理论中，熵是由离散概率分布 p_i 构成的不确定性的判断标准。这种不确定性的程度，以 Shannon（1948）的研究为基础，以 Karmeshu（2003）的研究为代表，得到了推广，具体如下：

$$S(p_1, p_2, \cdots, p_n) = -c \sum_{i=1}^{n} p_i \ln p_i \tag{2}$$

其中，c 是正常数。式（2）将熵作为统计概念，因此熵可以表示为概率分布 p_i，熵项与概率项是同义词。假设所有 p_i 都相等，则对于给定的 i，$p_i = 1/n$ 会达到最大值。对于所有标准 p_{ij}，R 矩阵可以确定第 i 行变量的份额（由欧盟 28 国的 NUTS-2 区域表示）和第 j 列标准之和（提取欧盟 28 国 NUTS-2 区域的韧性因素）：

$$p_{ij} = \frac{r_{ij}}{\sum_{i=1}^{p} r_{ij}}, \ \forall i = 1, \cdots, p; \ \forall j = 1, \cdots, k \tag{3}$$

对于第 j 个评价标准，熵值可确定为：

$$s_j = -c \sum_{i=1}^{p} p_{ij} \ln p_{ij}, \quad \forall j = 1, \cdots, k \tag{4}$$

如果假设 $c = 1/\ln p$，则能够保证 $0 \leqslant s_j \leqslant 1$。可以找到第 j 个标准（$d_j$）的非标准化熵权重：

$$d_j = 1 - s_j, \quad \forall j = 1, \cdots, k \tag{5}$$

相应的归一化权重 w_i 从式（6）获得，其中每个维度的权重之和等于 1：

$$w_j = \frac{d_j}{\sum_{j=1}^{k} d_j}, \quad \forall j = 1, \cdots, k \tag{6}$$

基于式（1），我们最终可以计算出图 1 描述的 CWIRR。在正式表示法中，CWIRR 可设计为：

$$CWIRR_r = \sum_{f=1}^{N} zw_f F_{fr} \tag{7}$$

满足：

$$\sum_{f=1}^{N} zw_f = 1, \quad \forall f = 1, \cdots, N \tag{7a}$$

其中，$CWIRR_r$ 是第 r 个区域韧性的综合加权指数；zw_f 是第 f 个韧性因素的标准化权重；$F_{\{f\_\{r\}\}}$ 是第 r 个区域韧性因素的因子得分；r 代表欧盟 28 国的 NUTS-2 区域；r $\{1 = AT11, \cdots, 273 = UKN0\}$；f 是韧性的一个因素。在本文的实证研究部分选取了韧性的主导因素：f$\{1 = CL, 2 = HC-SDS, 3 = LM, 4 = EP, 5 = ISR\}$。

4 区域韧性：欧盟 28 国 NUTS-2 区域的经验证据

一般而言，韧性可以定义为系统的状态，其表征参数往往使系统具有经济韧性，同时能随外部环境的变化而协调发展和改进（Melecký, 2015）。在社会科学文献对韧性的研究中，或许最传统意义上的韧性是指区域在某些外生冲击下，维持原有状态（通常被认为是均衡状态）的能力（Michaela Staníčková, 2017b）。如今，全球化和竞争对企业战略产生了影响，世界各区域都面临着迫使其反思旨在竞争和融入全球经济的政策对其社会空间结构影响的压力（Eraydin and Tasan-Kok, 2013）。但是，现有的竞争力资产很快就会遭到破坏，因为它们的影响可能因地方而异。更重要的是，对全球发展环境的依赖和占据主导地位的放松管制措施使各区域在经济领域变得脆弱。在这些情况下，系统可能会发生故障，导致某些或所有措施的效果大幅下降或完全丧失。系统需要资源以恢复到正常水平。类似地，系统功能随时间的变化可以用测度功能的多维空间的路径来描述。这种对系统功能的描述使韧性有了更广泛的含义，并导致出现了以下问题：区域韧性的主要特征是什么？

因此，区域经济韧性是学术研究的热点话题，不仅有其本身的原因，而且由于它对于提供决策信息具有潜在的重要性。只有涉及经济、环境、制度、社会和政治等多个研究领域的全面分析才能确保对区域韧性做出概念性界定并进行可靠且相关的综合性分析。本文认为，由于构建 CI 的正确方法不止一种，并且 CI 能用于评估欧盟的情况，因此 CI 可以作为评估韧性的前沿性方法。我们将欧盟 28 国的韧性指数运用于 NUTS-2 区域层面，应该能让我们比较区域韧性并测度韧性随时间的变化，从而明确区域经济的优劣势，以便采取行动。作者界定区域韧性测度方式的贡献主要体现在对一定地域范围的分析（即欧盟 28 国的 NUTS-2 区域）以及主题范围的界定上（不仅是社会经济领域的韧性，还有知识经济的制度层面，还包括环境因素）。

构建 CWIRR 基于图 1 所示的程序。分析的第一步是找到可用于衡量区域韧性的相关指标。在模型的第一层中，使用标准化变量（Z-score）的方法。在第二步中，因子分析被用于定义韧性的影响因素。在第二层中，运用了计算因子载荷（饱和度）的探索性因子分析。因子载荷通过主成分分析（PCA）计算出原始变量和提取因子间的相关系数，并显示该因子有多少变异性能够得到解释。因此，每层级内的数据的一致性可由主成分分析验证。在多变量方法中，主成分分析特别适合以简单的方式对数据进行统计汇总。主成分分析在构建综合指数中的作用显而易见：复合指数中的每个维度是用来描述要测度的潜在现象的特定维度（在特定情况下的竞争力水平）。由于这些方面不能直接观察到，因此它们是通过一组可观测的指标来衡量的，这些指标的定义和它们应该描述的方面有关，因而彼此相关。在理想情况下，每个维度都对应一个特有的、最相关的主成分要素，它在很大程度上反映了与整套指标相关的变异性。此外，所有指标的贡献度大致相同，并且与最相关的组成部分的作用方向相同。

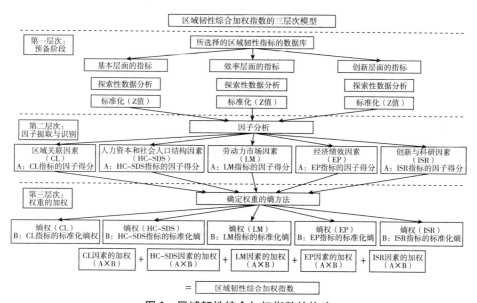

图 1 区域韧性综合加权指数的构建

资料来源：作者 2017 年自行提议和阐述。

在第三步中，在对各韧性维度（因子）使用不同的加权方案时，应采用熵方法。在最后一步中，进行 CWIRR 的最终计算。Nardo 等（2005）证明了这一过程，该过程被用于构建综合指数以对区域发展进行实证分析（Melecký，2015；Žižka，2013）。

本文根据所使用的数据集指标，划分影响欧盟区域韧性和竞争力的关键因素，在此基础上运用因子分析找出韧性的相关影响因素。主成分分析可用来检查每个韧性维度的内部一致性。本文提取了五个主导因素：社区联系（CL）、人力资本和社会人口结构（HC-SDS）、劳动力市场（LM）、经济绩效（EP）以及创新、科学和研究（ISR）。这些因素解释了指标 81.748% 的总变异性，这可以被认为是非常令人满意的结果（更多信息见表 5）。

表 5　解释的总方差

成分	初始特征值			提取平方和载入			旋转平方和载入		
	合计	方差百分比（%）	累计方差百分比（%）	合计	方差百分比（%）	累计方差百分比（%）	合计	方差百分比（%）	累计方差百分比（%）
1	12.052	50.217	50.217	12.052	50.217	50.217	4.555	18.977	18.977
2	2.569	10.703	60.920	2.569	10.703	60.920	4.203	17.513	36.490
3	1.897	7.905	68.825	1.897	7.905	68.825	4.086	17.026	53.516
4	1.678	6.992	75.817	1.678	6.992	75.817	3.560	14.832	68.348
5	1.423	5.931	81.748	1.423	5.931	81.748	3.216	13.400	81.748

资料来源：作者 2017 年自行在软件 IBM SPSS Statistics 24.0（2017 年版）中的阐述和计算。

表 6 显示了指标及其相关因素，均根据其在韧性方面的重要性进行了区分，即确定了每个维度的权重。根据因子分析的初步实证结果，很明显，该结果与各因素相关的指标及其韧性的维度相关。此外，该结果保持了各项指标在各项因素间的平衡。因此，几乎所有层次及对应的因素都能显示出清晰、独特、潜在的韧性维度，每个层面/因子内每项指标的贡献度相近。基于熵方法的测算结果，显然权重值也在各因子之间保持了平衡。人力资本和社会人口结构对整个区域韧性的影响最大，考虑到人力资本及其在所有经济领域表现形式的重要性，这是合乎逻辑的。

表 6　因子分析和熵权法分析的结果

因素	CL	HC-SDS	LM	EP	ISR	标准化权重的总和
指标	GE, C, RL, MPA, RPA	HLE, CDDR, HDDR, PE, LL, AU	ER, LTUR, ESS, CCCE	LP, GVA, DI, GDP	TPA, GERD, HRST, HTP, ICT	
指标个数	5	6	4	4	5	
权重	0.205	0.223	0.195	0.194	0.182	100

资料来源：作者 2017 年自行在软件 IBM SPSS Statistics 24.0（2017 年版）中的阐述和计算。

关于欧盟 28 国 NUTS-2 区域应对危机的韧性的研究，特别是与竞争力相一致的研究，是在本文的理论和实证框架下进行的。本文的目的是识别经济危机对区域经济的影响，并对区域结构及其功能的决定因素进行分析。因此，我们试图回答这个问题：为什么某些区域比其他区域更具韧性？在此基础上确定支持经济韧性的政策。区域韧性的差距应该引起如下讨论：这些差距对国家的危害有多大，以及内部差异能够在多大程度上得到纠正？

根据 CWIRR 子指数（基于韧性维度）的测算结果，我们能从总体上看到涵盖的研究时段内具有相似的空间关联、人力资本和社会人口结构，并且得分相近的区域单元数越多，区域韧性的分异越明显。创新、科学和研究的新兴领域的韧性的多样性最高，这表明区域经济的复杂程度不同。CWIRR 子指数的测算结果描述了区域经济基本运行的重要因素，并涵盖了诸如非熟练或低技能劳动力、基础设施、治理质量和公共卫生等经济社会发展的重要决定因素。他们还描述了一个比先前更发达、具有潜在熟练劳动力和更加结构化的劳动力市场的社会经济环境。最后，CWIRR 子指数包括所有的高科技和创新维度；在这些方面得分高的区域也将拥有更强的韧性和竞争力。

CWIRR 子指数还显示了异质性水平随时间的变化情况；预计整个欧盟将实现一定程度的同质化，而多样性表明国内外区域经济的复杂程度存在明显差异。在许多国家，首都区域比同一国家的其他区域更具韧性，并且许多国家 CWIRR 的得分明显不同。在欧盟许多拥有丰厚资本和大都市区的区域，CWIRR 呈现出更加多中心化的格局。一些首都区域被具有韧性的区域包围，但在许多国家，首都周边区域的韧性要弱得多。一些国家内部的巨大差异也凸显出区域分析的必要性和以国家为分析尺度的局限性。

在整个研究时段内，对 CWIRR 测算结果的划分体现出新旧成员国间的显著差异，以及两组欧盟国家集团间的差异。一组强大的国家是西欧国家，斯堪的纳维亚国家的 CWIRR 得分越来越高，韧性也越来越强。而南环线国家（葡萄牙、西班牙、意大利和希腊）的 CWIRR 得分较低，韧性较弱。在"新"成员国内，差异并不那么明显；尤其是在首都、集水区以及其他区域间存在明显差异。

5 结论

尽管在当前全球危机期间韧性的重要性日益增加，但如何运用和测度区域韧性还没有普遍接受的方法。类似地，区域经济韧性理论尚未确立。测度系统和区域的韧性是一个复杂的过程，目前还没有衡量韧性水平的任何量表。因此，区域经济韧性是学术研究的热点问题，不仅由于问题本身，而且因为它对于决策潜在的重要性。只有涉及经济、环境、制度、社会和政治多方面的研究才能确保对概念的精准定义以及对韧性进行可靠和相关的综合性分析。

本文提出了界定区域韧性的框架和韧性的测度方法，可以作为全面描述社会经济问题的基础，以确定需求和优先次序。区域韧性是一个超出经济领域的更广泛的概念。关于韧性的明确界定和被广泛接受的测度方式使进行各种比较研究成为可能（例如，评估各种降低损失措施的有效性，例如结构问题），进而确定为什么某些区域的韧性比其他区域更强，并评估区域韧性随时间的变化情况。同时，还可以合理地假设在等级更低的地域应用类似的指数需要适应国情和具体情况。CWIRR 的应用性框架使评估各区域实施的各种活动对韧性的贡献成为可能。该框架将各项措施纳入区域韧性的五个维度：社区联系（CL）、人力资本和社会人口结构（HC-SDS）、劳动力市场（LM）、经济绩效（EP）以及创新、科学和研究（ISR）。所有这些都可以用来量化各类区域系统的韧性，可以用来确定为实现预期目标所要完成的任务。无论是关注组件、系统还是组织，适用范围从基础要素到提供关键服务的组织，该框架使评估区域内各种活动对于韧性的贡献成为可能。由于改变影响韧性的区域特征需要很长时间，因此在一个区域经历经济冲击之后，实施政策和战略是具有挑战性的活动，这是我们未来的研究方向。根据分析框架的初步结果，制定规划的过程应遵循理性原则，在决策过程中选用的方法可以用来分析环境或简化烦琐的环节，从而保证政策的长期性。

本文的最终目的是提出区域韧性指数的概念，它涵盖了原本的含义，并且有必要开展进一步的研究。构建的指数可以帮助传递关于增强韧性的信息并引起人们的关注，强调不仅国家并且当今的区域也需要增强韧性以抵御其固有的经济脆弱性，并支持增强韧性的综合行动。区域韧性指数的构建可能具有重要的政策影响，可用于支持区域政策制定者的决策，特别是为确定增强未来区域韧性的政策取向和选择优先事项提供依据。作者认识到这是目前雄心勃勃的目标。这一基本研究指明了未来许多其他的研究方向，例如，剔除异常值——因为具有明显优势的区域可以表现得足够不同以掩盖其他区域的影响。另一个方向可以是使用面板数据方法，使我们能够使用观测值和指标（包括分类指数）间相关联的信息。我们也可能会认识到有些观测结果属于相同区域，有些观测结果属于相同年份。在进一步的研究中，我们可以区分 2008~2009 年前后的经济衰退，并更新数据库等。作者自己的观点也会因指数构建方法的不同而有很大差异，即使用诸如前沿的数据包络分析的定量方法，以分析应对外部冲击（如经济危机）的韧性的效率。

第二章

产业成对集聚（结对集聚）

一、集聚理论的研究与拓展

1. 中国工业结对集聚和空间关联性分析

作者：张可云；朱春筱

单位：中国人民大学应用经济学院；中国人民大学书报资料中心

期刊：《地理学报》

关键词：结对集聚；EG指数；产业关联；空间尺度；区域经济布局

摘要：要推动形成优势互补、高质量发展的区域经济布局，就需要从产业关联视角考察中国工业的空间格局。集聚是工业在空间的重要表现形式，本文通过把测度两两配对产业集聚的结对集聚指数和测度两两配对产业关联度的投入产出表相结合，首次构建集聚关联指数和关联集聚指数，以研究不同空间尺度下空间关联性的差异和出现差异的原因。通过整理中国工业企业数据库中的二位数行业数据发现，一个区域出现结对集聚的配对产业数多不意味着该区域的集聚关联度大。2003~2013年中国工业的集聚关联度先增加后下降；比较不同空间尺度发现，集聚关联度与研究空间大小正相关，与基本单元大小负相关；比较相近空间尺度发现，城市群和长江经济带内产业在区县和城市层次的集聚关联度较大。这种空间关联性的差异主要源于现有区域治理体系、区域内的产业构成和外部冲击，受区域与产业政策影响，不同的区域和产业将会演化出不同的产业空间格局。现阶段应继续以城市群和长江经济带为引领，补足城市间产业同构、空间关联性差的短板，增强产业在城市间的分工与合作，实现产业在空间的优化布局，推动区域协调发展。

发表时间：2021-04-21

2. 中国经济增长的空间分异为何存在？——一个空间经济学的解释

作者：邓仲良；张可云

单位：中国社会科学院人口与劳动经济研究所；中国人民大学应用经济学院区域与城市经济研究所

期刊：《经济研究》

关键词：经济增长；空间分异；产业关联；要素结构；集聚

摘要：要素在产业与空间上的错配造成中国经济增长的空间分异，并影响了区域协调发展向更深层次推进。本文在空间经济学框架下构建了一个经济增长的理论模型，利用2004~2014年中国277个地级市及以上城市面板数据，分别从全国层面、四大区域、不同发展阶段、不同城市规模以及考虑空间关联性等角度对经济增长空间分异的理论机制进行验证。研究表明，经济增长的空间分异来源于要素结构与产业关联、城市规模与产业结构、市场规模与产业选择三个匹配机制。要素结构与产业关联的正效应在劳均资本相对占优时才会发生，城市规模则通过相对最优城市规模门槛效应影响了与产业关联的正效应，市场规模与产业结构服务业化正相关。发展生产性服务业是大城市提高经济比重的关键，中小城市则应重点构建符合本地优势的工业体系。本文从要素空间匹配的视角为区域协调发展、经济空间优化和城市产业分工提供了理论依据与经验证据，也为地区经济转型提供了政策启示。

发表时间：2020-04-20

3. 空间类分与空间选择：集聚理论的新前沿

作者： 张可云；何大梽

单位： 中国人民大学应用经济学院区域与城市经济研究所

期刊：《经济学家》

关键词： 集聚理论；异质性；空间类分；空间选择；城市发展

摘要： 异质性的存在是空间经济学的发展基础，以集聚理论为核心，如何更好地解释经济活动在空间的不均匀分布成为了该学科的研究重点。空间类分与空间选择作为集聚理论的最新前沿，从全新的视角对经济活动在空间的不均匀分布进行了解释。为了全面理解类分和选择的理论和现实意义，本文首先通过对国外学者在此方面研究的文献梳理，总结归纳出空间类分和空间选择的内涵以及产生机制：空间类分以互补性和事前进入机制为主，指异质性主体的异质性区位选择；空间选择以优胜劣汰和事后进入机制为主，指较大规模的城市通过激烈的市场竞争将天赋（能力）较低的主体淘汰掉，最终只留下最有天赋的主体的过程。同时，本文还在此基础上进一步分析了这两者之间的关系并构建了其相互作用的动态模型框架。其次，从城市构成质量、城市选择和城市生产力差异三个方面分析了类分和选择对城市发展的影响。最后，分析了类分和选择对于区域政策的制定和城市发展过程中产生的一系列问题的解决所具有的指导意义，尤其是对于提出高效率的区域政策、城市高质量发展和实现异质性主体——城市最优匹配的重要启示。

发表时间：2020-04-05

4. 互联网重塑中国经济地理格局：微观机制与宏观效应

作者： 安同良；杨晨

单位： 南京大学经济学院；南京财经大学江苏产业发展研究院

期刊：《经济研究》

关键词： 互联网；网络经济；集聚；房价；重塑经济地理格局

摘要： 通过观察互联网快速发展时期中国企业集聚逆转的事实，本文使用融入房地产部门的新经济地理模型，基于互联网对企业的引力机制与放大房价分散力的放大机制，推演互联网对中国经济地理格局的重塑机制。实证方面，应用动态空间面板模型检验互联网影响企业区位选择的微观机制，运用工具变量法验证互联网重塑经济地理格局的宏观效应。研究发现：网络经济时代，互联网已成为地区竞争优势的源泉，对企业具有极强的吸引力。快速上涨的房价大幅提高了拥挤成本，成为分散企业的力量。中国的基础设施奇迹填平了"接入鸿沟"，在充分发挥网络外部性的同时，助推企业由高房价地区流入低房价地区。互联网放大了以房价为表征的拥挤成本的分散力，正在重塑着中国的经济地理格局。本文提出了以互联网经济作为中国经济发展的新动能、贯彻区域协调发展战略等政策建议。

发表时间：2020-02-20

5. 生产性服务业集聚如何影响制造业结构升级？——一个集聚经济与熊彼特内生增长理论的综合框架

作者： 韩峰；阳立高
单位： 南京审计大学政治与经济研究院；长沙理工大学经济与管理学院
期刊：《管理世界》
关键词： 生产性服务业；专业化集聚；多样化集聚；制造业结构升级；动态空间杜宾模型

摘要： 本文在集聚经济和熊彼特内生增长理论基础上构建理论分析框架，并采用动态空间杜宾模型探讨了生产性服务业集聚对制造业结构升级的影响机制。结果显示，生产性服务业专业化集聚通过发挥规模经济效应和技术外溢效应，对本地和周边地区制造业结构升级均产生了显著促进作用，而多样化集聚仅通过规模经济效应促进了本地区制造业结构升级，且长期效应大于短期。进一步研究发现，地方政府盲目跟进中央的相似产业政策是导致生产性服务业低质量多样化集聚，进而未对周边地区产生空间外溢效应的重要原因；生产性服务业在东部地区的专业化集聚和多样化集聚以及在中西部地区的专业化集聚，均显著促进了本地和周边地区制造业结构升级，而在中西部地区的多样化集聚则产生了极为有限甚至不利的影响。在制造业结构升级过程中，金融、信息传输、计算机服务等高端生产性服务业更适合选择专业化集聚模式，而交通运输、商务服务、批发零售等中低端生产性服务业则在多样化集聚环境中更易于发挥结构升级效应。不同的是，金融业专业化集聚、批发零售业多样化集聚仅有短期影响，而无长期效应；交通运输、租赁和商务服务业多样化集聚则仅有本地效应，无空间外溢效应。

发表时间：2020-02-05

二、集聚的机制研究

1. 经济集聚、技能匹配与大城市工资溢价

作者：王俊

单位：广东外语外贸大学经济贸易学院

期刊：《管理世界》

关键词：经济集聚；技能匹配；工资溢价

摘要：本文基于经济集聚的技能匹配效应视角剖析了大城市工资溢价的微观形成机制。本文以经典的搜寻与匹配模型为研究基点，引入劳动力匹配效率方程，在理论层面论证了经济集聚及匹配效率对工资水平的正面推动作用；将中国综合社会调查（CGSS）数据与地级市数据对接展开实证检验，考察经济集聚、技能匹配与大城市工资溢价之间的关系。研究发现，经济集聚促进了匹配效率的提升以及城市工资水平增长，并且经济集聚通过提升匹配效率而导致工资水平增长的传导机制也是存在的。经济集聚度高以及匹配效率高的直辖市和特大城市具有更加显著的工资溢价；在同等级别城市中，高技能劳动力相对于低技能劳动力具有更高的工资溢价，而且，在异质性城市和异质性劳动力中经济集聚影响工资水平的传导机制都是存在的。

发表时间：2021-04-05

2. 城市网络外部性的崛起：区域经济高质量一体化发展的新机制

作者：陆军；毛文峰

单位：北京大学政府管理学院

期刊：《经济学家》

关键词：城市网络外部性；区域一体化；借用规模；集聚外部性；新型城镇化

摘要：随着城市间的联系日益网络化，注重可访问性和节点属性的城市网络外部性越发受到重视，重塑了集聚理论的地理基础。相比集聚外部性，城市网络外部性具有跨边界、可流动、多尺度、共享性等特征。据此，本文从网络分析范式下提出了网络嵌入与互联、功能互补与协同和价值传递与增值的区域一体化分析框架。其中，网络外部性通过降低匹配和交易成本、强化知识扩散和技术溢出、高效推动产业分工与合作、实施城市间"借用规模"行为等渠道促进区域一体化，而规模的借用是未来都市圈和城市群区域一体化的重要机制。这对于提高新型城镇化质量和深化区域协调发展实践具有重要政策启示，有助于跳出优先发展大城市还是中小城市之争，从网络联系、节点位置和借用规模效应的

视角，将大中小城市统一纳入动态的城市经济体系，指引区域经济在网络参与中走向高质量一体化发展。

发表时间：2020-12-05

3. 全球价值链、本地化产业集聚与企业生产率的互动效应

作者： 苏丹妮；盛斌；邵朝对；陈帅
单位： 南开大学跨国公司研究中心；南开大学经济学院；中国人民银行杭州中心支行
期刊：《经济研究》
关键词： 全球价值链；产业集聚；生产率互动效应；生产体系二元分割
摘要： 本文将国际生产体系下的全球价值链（GVC）和国内生产体系下的本地化产业集群置于统一的分析框架，阐述了全球价值链、产业集聚与企业生产率的互动机制，并在全方位测度企业GVC指标，包括分工地位、上游环节参与度、下游环节参与度的基础上，对2000~2007年中国制造业企业进行了实证分析。研究表明：GVC分工地位越高的企业生产率也越高，但通过阻滞资源互通与能力互仿"双壁垒"而实施的战略隔绝弱化了本地化聚集经济对企业生产率的正向溢出。从GVC不同嵌入方式来看，GVC上游环节参与度越高的企业与本地产业集群的空间关联度越弱，而GVC下游环节参与度越高的企业与本地产业集群的空间关联度越强。深入分析集聚的三种空间外溢渠道后发现，主要通过劳动力蓄水池和知识技术溢出，企业不同GVC嵌入方式与产业集聚呈现了异质性的生产率互动效应，形成了全球价值链视角下"上游嵌入者—下游嵌入者"与国内生产体系互动的二元分割结构，而中间投入共享并未发挥作用。

发表时间：2020-03-26

4. 开发区政策影响中国产业空间集聚吗——基于跨越行政边界的集聚视角

作者： 孟美侠；曹希广；张学良
单位： 上海财经大学城市与区域科学学院
期刊：《中国工业经济》
关键词： 开发区政策；产业空间集聚；DO指数；目标行业
摘要： 本文从理论和实证两方面分析了以开发区为代表的区域导向性政策对整体产业空间集聚的影响。理论模型表明，开发区的优惠政策使企业在中心区域与外围区域间转移，降低了产业整体空间的集聚程度。本文同时利用中国工业企业数据库和度量产业空间集聚的DO指数方法进行了实证分析，结果表明：成为开发区目标行业显著抑制了该行业在整体空间上的集聚；开发区政策对产业空间集聚的抑制作用主要在资本密集型行业和技术密集型行业中体现；地方保护主义倾向越强，地方政府竞争越激烈，开发区政策对产业空间集聚的抑制作用越明显，而对外贸易水平的提高会弱化开发区政策对产业空间集聚的

抑制作用；开发区优惠政策降低企业开办成本从而导致外围地区企业数量增加是产业空间集聚程度下降的主要原因。

发表时间：2019-11-21

5. 产业集聚、公共服务供给与城市规模扩张

作者： 韩峰；李玉双

单位： 南京审计大学经济学院；嘉兴学院商学院

期刊： 《经济研究》

关键词： 集聚经济；公共服务供给；城市人口规模；适宜性产业集聚

摘要： 本文基于中国工业企业数据和城市面板数据，从产业集聚和公共服务供给的综合视角探讨了城市人口规模扩张的影响机制。结果显示，专业化集聚和多样化集聚均有助于提高本市人口规模，但对周边城市却产生了负向空间外溢效应，且专业化集聚的作用效果明显大于多样化集聚；公共服务供给不仅提高了本市和周边城市人口规模，而且能够在城市人口增长中与产业集聚形成协同效应。进一步研究发现，民生类公共服务对城市人口规模增长的作用效果明显大于基础设施类公共服务，且产业集聚模式越符合当地优势条件，其集聚效应和空间外溢效应发挥得就越充分。其中，专业化集聚主要基于第一自然集聚优势、劳动力蓄水池效应和制造业中间投入的空间共享机制而发挥作用，而多样化集聚则主要基于中间服务的空间共享机制和空间技术外溢效应而产生影响。在适宜性产业集聚和公共服务供给的双重作用下，多数 I 型及以上大城市拥挤效应得到明显缓解，依然具有很强的人口吸纳能力；II 型大城市和中小城市的产业集聚模式与城市规模特征更为匹配，有助于扭转结构错配，持续推进人口城市化。

发表时间：2019-11-14

三、结对集聚的涌现

The Emergence of Coagglomeration

作者： Arthur O' Sullivan, William C. Strange

期刊： *Journal of Economic Geography*

摘要： This article uses an agent-based model of intercity firm location to explore the industrial composition of cities. Starting from a random allocation of firms across cities, firms relocate in pursuit of greater profit. There are several key results. First, there is a positive and nonlinear relationship between the strength of inter-industry external economies and coagglomeration, a result that supports using coagglomeration to study the microfoundations of agglomeration economies and to determine the boundaries of industry clusters. Second, the equilibrium level of coagglomeration is less than the efficient level. Third, history matters in the sense that a legacy of homogeneous or heterogeneous cities tilts the economy in favor of the historical pattern. Fourth, an increase in firm size increases coagglomeration. Fifth, an increase in relocation cost increases coagglomeration.

结对集聚的涌现

译者：李方方

摘要：本文运用基于主体的城际企业布局模型来探讨城市的产业构成。企业开始时在城市间随机分布，之后为了追求更大的利润，企业会进行重新选址。这会产生几个关键结果：第一，产业间外部经济的强度与结对集聚之间存在着正的非线性关系，这一结果对利用结对集聚来研究集聚经济的微观基础和确定产业集群的边界有支撑作用。第二，结对集聚的均衡水平低于有效水平。第三，在某种意义上，城市的同质或是异质的遗存使经济倾向于历史样式。第四，企业规模的扩大会增强结对集聚。第五，企业再布局会增强结对集聚。

关键词：集聚经济；集群；结对集聚；基于行为人模型

1 引言

本文运用基于行为人的城际企业区位模型来探讨城市的产业构成。赫尔斯利和斯特兰奇（2014）认为，在区位选择中一直存在的协调问题会产生多重均衡。本文采用基于行为人的建模来细化均衡集。企业既有产业内外部经济，也有产业间外部经济。企业开始时在城市间随机分布，之后企业会迁移至可获得最高利润的城市，并且企业会不断地迁移，直到没有一家企业可以从迁移中受益。当这一结果出现，最初的随机样式就转化为了一种规则样式。

计算生成五个关键结果：第一，产业间外部经济的强度与结对集聚之间存在着正的非线性关系。第二，结对集聚的均衡水平通常低于有效水平。因为产业间外部经济弱于产业内外部经济，所以效率分布需要部分企业居于少数地位，这样就有少数企业会有动机通过迁移到它们占多数的城市来单方面偏离效率分布。第三，异质或同质城市的历史遗留问题使经济倾向于历史样式。第四，企业规模的扩大会增强结对集聚，因为相对于产业间外部经济，规模的扩大削弱了产业内外部经济。第五，迁移成本的提高会增强结对集聚，因为企业最初在城市间随机分布的历史遗留问题会在更大程度上持续存在。

这些结果与一些探讨结对集聚理论的近期文献有关。埃利森和格莱塞（1997）以及埃利森等（2010）认为，离散选择模型包含"要么全有要么全无"的外部经济。不能与自身所在区域内产业进行匹配的企业将获得无限负的利润，因此产业的匹配意味着产业之间必然存在溢出效应。[1] 赫尔斯利和斯特兰奇（2014）指出，这一结果并不适用于外部经济的较弱设定。具体地说，产业的均衡匹配并不意味着它们就是彼此的理想搭档，甚至不意味着它们能相互受益。本文基于行为人的建模来细化均衡集，匹配关联度更高、结对集聚更强的产业对。

反过来，这为运用所观察到的结对集聚探讨集聚经济微观基础的经验研究提供了支撑。[2] 例如，在这种方法中，可以看到在属于同一供应链的所匹配产业中存在投入共享的证据。埃利森（2010）等使用美国数据说明，马歇尔集聚三个来源的替代值与产业的结对集聚密切相关。法焦（2016）等采用英国数据就关于马歇尔微观基础的研究得出了相似结论，也提供了符合企业家创业精神、创新和产业组织在生产过程中产生和接受外部经济方面存在积极作用的证据。结对集聚也是最近的一些其他论文的焦点，如科尔科（2010）、雅各布斯（2013）等、格贝和阿贝尔（2016）、霍夫雷—蒙塞尼（2011）等、贝伦斯和吉兰（2016）以及贝伦斯（2016）最近所写的评论。本文为这一经验研究脉络背后的关键假设提供了支撑，即通常结对集聚的产业必定相互受益。

产业间外部经济和结对集聚之间的正向关系对有关集群的文献也有启示意义。关键问题是如何定义集群。波特（2003：562）将集群定义为"关联产业的地理集中"。德尔加多（2016）等最近发表的论文通过开发创建具有区域可比性的集群定义（不特指特定区域或城市的定义）的算法，极大地改善了我们对集群性质的理解，这些算法是基于产业匹配和产业关联的。本文对均衡集的细化也为这种方法提供了支撑。

本文的其余部分结构如下：第二部分描述模型，并提出了一些多重均衡的理论例子。第三部分概述了本文基于行为人的方法。第四部分介绍了基线的结果，重点分析了产业间外部经济强度与结对集聚两者之间的正向非线性关系。第五部分介绍了其他关键的结果。在第六部分，我们采用不同的参数值和不同的函数形式运行模型，并证明了结果对设定和参数化的变化是稳健的。第七部分为结论。

2　一个城市体系模型

2.1　基础

本部分将在一个城市体系中指定一个简单的企业区位模型。在一般情况下，该模型用于构建城市空间格局中的多重均衡，它也将是本文基于行为人进行均衡选择研究方法的基础。

关于城市集聚和城市体系的文献始于亨德森（1974）。其研究的重点是集聚力（向心

---

[1]　匹配是指可以在同一区位进行独立选择的产业。

[2]　另见迪朗东和普加（2004）、罗森塔尔和斯特兰奇（2004）、贝伦斯和罗伯特—尼库（2015）、孔贝斯和戈比永（2015）的调查。

力）和分散力（离心力）之间是如何权衡，进而确定城市规模的。在大多数情况下，除了完全专业化和完全多样化这两种极端情况，其文献并没有解决城市构成的问题。贝伦斯（2014）等分析了城市的垂直构成，其中工人按其人力资本进行区分。自我选择的条件限制了均衡集合，产生了根据工人资质所形成的城市等级。如前所述，赫尔斯利和斯特兰奇（2014）分析了城市的水平组成，在这种情况下，个体迁移会产生多重均衡，认为通过开发商或企业的协调迁移能够细化均衡集。我们的模型是利用基于行为人模型来进一步细化均衡集，生成关于产业构成的预测。

考虑一个包含 J 个城市的区域，某城市取值 $j \in \{1, 2, \cdots, J\}$，N 个工人居住在这些城市，这些工人有 I 种类型，某类型取值 $i \in \{1, 2, \cdots, I\}$。产业 i 中的一家企业只雇用 I 类工人。在这种情况下，城市 j 的构成由向量 $\mathbf{n}_j = (n_{1j}, n_{2j}, \cdots, n_{Ij})$ 给出，城市 j 的人口表示为 $N^j = \sum_i n_{ij}$。

企业雇用工人。城市 j 中从事产业 i 的一家企业的产量由下式表示：

$$q_{ij} = \theta g_i(\mathbf{n}_j) l_i \tag{1}$$

其中，θ 是一个正的常数，l_i 是企业雇用的 i 类工人的数量，我们把它视为外生的。接下来我们探讨企业规模的含义。函数 $g_i(-)$ 表示产业内外部经济（同一产业内就业的生产率效应，即本地化经济）和产业间外部经济（相关产业就业的生产率效应）。需要指出的是，我们假设 $g_i(-)$ 是连续可微且严格凹的，并且 $g_i(-)$ 具有非负的一阶偏导，我们重点关注的是 $\partial g_i / \partial n_k$，表现了产业 i 和产业 k 之间的联系。我们将在后面添加进一步的结构。

为了与单一产业城市形成相似的标准竞争模型，我们假设所有产业都生产同类型商品。我们还假设企业产生的唯一成本是劳动力成本，并且劳动力成本随着城市总人口的增加而增加，如递增函数 $w(N^j)$ 所表现的那样。同时，这也是单中心模型成立的微观前提条件。

区位的纳什均衡指的是没有一家给定类型的企业能够通过迁移到另一个城市来提高自身利润。城市 j 中一个从事产业 i 的企业的利润表示为：

$$\pi_{ij}(\mathbf{n}_j) = \theta g_i(\mathbf{n}_j) l_i - w(N^j) l_i \tag{2}$$

我们假设企业的数量和工人的数量一样，是固定的。有关此问题的处理方法，可以参考赫尔斯利和斯特兰奇（2014）。当类型人口是由向量 $\mathbf{n}_j$ 加上 l_i 个额外的 i 类工人（一个企业）给出时，设 $\pi_{ij}^{+i}(\mathbf{n}_j)$ 表示城市 j 中一家从事产业 i 的企业所获得的利润。在这种情况下，对于所有的 i 和 j'，就业分配的纳什均衡必须满足：

$$\pi_{ij}(\mathbf{n}_j) \geq \pi_{ij}^{+i}(\mathbf{n}_j) \text{ for all } i \text{ and } j' \tag{3}$$

值得注意的是，式（3）包括了传统城市分析体系的等值利润和稳定性成分。我们将在以下的分析中考虑有迁移成本的情况。如果我们假设一个从事产业 i 的企业的迁移成本等于 r_i，则对于所有的 i 和 j'，式（3）中的均衡条件变为：

$$\pi_{ij}(\mathbf{n}_j) \geq \pi_{ij}^{+i}(\mathbf{n}_j) - r_i \text{ for all } i \text{ and } j' \tag{4}$$

因此，迁移成本扩大了均衡集，对于每个企业的特殊再布局成本的延伸都很简单。

2.2　多重均衡的城市构成：极端情况

在进行计量之前，我们将给出一些用于说明多重均衡问题的分析结果。我们将通过构建程式化的示例来达到这一目的，这些示例证明了多重均衡存在的可能性。这就使我们把基于行为人的建模作为均衡选择的一种方法。

我们首先分析只包含一种类型企业的完全专业化的城市。设 $\pi_i^S(n_i)$ 表示在仅包含 n_i 个 i 类工人的完全专业化城市中 i 类企业的利润。如果这样一个专业化的城市变得足够大，它不会提供比形成一个新城市更好的利润。我们将后者称为自给自足的利润，表示为 $\pi_i^A = \pi_i^S(l_i)$，等同于一个孤立企业所获得的利润。设 n_i^A 表示专业化城市的人口，使其具有自给自足的效用：$\pi_i^S(n_i^A) = \pi_i^S(l_i) = \pi_i^A$。每个拥有人口 n_i^A 的专业化城市体系就是一个纳什均衡，因为没有企业可以通过迁移到一个新城市或通过参与到另一个城市来提高其利润。这表明，在所有城市都是专业化的情况下，构建均衡是有可能的。

在所有城市都是混合的情况下，构建均衡也是有可能的。为了不失一般性，设 I = 2。假设可以把两种类型的聚集人口分配给这样的城市体系：每个城市都具有相同的城市构成 n'，并使这两种类型都获得其自给自足的利润水平：$\pi_1(n') = \pi_1^A$ 和 $\pi_2(n') = \pi_2^A$。这样的混合城市体系是一种结构均衡。当然，这种结构依赖于一个强有力的假设，即能够构建这样的混合城市，使两种类型在总人口完全分配的情况下同时达到自给自足的水平。

在专业化城市和混合城市共存时，构建均衡也是有可能的。假设企业向混合城市的分布产生了一种类型企业的剩余。如果把剩余企业分配到产生自给自足利润水平的专业化城市，那么我们就又有了纳什均衡。

总而言之，在所有城市都是专业化的、所有城市都是混合的，以及混合和专业化城市共存这三种情况下，构建均衡都是有可能的。这对我们建立多重均衡问题这一目的来说已经足够了。有关此问题的更多信息，可以参考赫尔斯利和斯特兰奇（2014）。本文的其余部分将聚焦于采用基于行为人的建模来从许多均衡中进行选择，这一点不同于赫尔斯利和斯特兰奇的研究。作为推论，它将提供更多有关城市构成多重均衡的例子。

3　基于行为人的城际企业区位模型

3.1　概述

我们运用基于行为人的模型说明了，个体行为人的区位选择从初始随机区位样式转换为了规则区位样式。这种方法遵循谢林（1971）对黑板上空间分离的开创性分析。谢林的分析产生了结果对初始条件变化的敏感性。在克鲁格曼（1993）的城市规模和区位模型中，厂商的初始区位优势是自我强化的。科尔曼（1997）等运用基于行为人的模型表明，当行为人选择区位时，制度的不稳定性会影响公众选择的效率。帕杰（1999）运用基于行为人模型说明了集聚偏好是如何控制活动的空间布局的。我们采用基于行为人模型研究结对集聚，这属于前沿文献。

我们主要研究城市的产业构成。设 N_i 表示产业 i 的总就业，n_{ij} 表示城市 j 中产业 i 的就业。设在城市 j 中从事产业 i 的占比份额表示为 $s_{ij}=n_{ij}/N_i$。我们对 i 和 k 两个产业的混合量度由以下公式给出：

$$M_{ik} = 1 - \frac{1}{2} \sum_{j=1}^{J} \left(s_{ij} - s_{kj} \right) \tag{5}$$

式（5）中的第二项是熟悉的相异指数，它源于对居住隔离的研究［参见马西和登顿（1988）］。它的优点是易于解释，隔离指数为 s% 意味着 s% 的工人必须迁移，以形成一个相同的城市体系。我们的混合指数同样容易解释。

还有其他方法可以表征城市构成。埃利森和格莱塞（1997）的结对集聚指数衡量的是产业具有不同于随机的"飞镖板"标准进行同地布局的趋势。暴露指数是另一种方法，它测度的是一种类型的企业与另一种类型的企业共享一个城市的概率。我们使用这三种方法对文章做了所有的关键分析，并且结果在质量上是相似的。有关详细信息，请参阅作为补充材料提供的在线附录。关于其他替代指数的性质的讨论，可参见马西和登顿（1988）以及赫琴斯（2001，2004）。

3.2 计算模型

我们的计算模型采用上述理论模型的特殊情况。劳动力成本（拥堵）函数是 $w(N)=N^{\omega\log(N)}$，这意味着工资相对于 N 的弹性与 log（N）成正比。生产函数转换因子是等弹性和对称的。简单起见，我们假设所有产业的自身产业集聚弹性都是 λ。结对集聚弹性是特定于一对产业——产业 i 和产业 k，用 v_{ik} 表示。同样地，我们将假设所有相关联的产业对都具有相同的结对集聚弹性，即 $v_{ik}=v$，而无关联的产业对有 $v_{ik}=0$。最后，我们假设自身的产业集聚弹性 λ 略大于结对集聚弹性 ν。在这个框架中，产业 i 的生产率可以写为：

$$g_i(\mathbf{n}_j) = (1+n_i)^\lambda \prod_{z \neq i} (1+n_z)^v \tag{6}$$

在这个设置中，$\lambda \geq v$，对于 $k \neq i$ 且 $n_i = n_k$，有 $\partial g_i / \partial n_i \geq \partial g_i / \partial n_k$，即产业内效应强于产业间效应。值得注意的是，我们没有假设对于任意的 n_i 和 n_k，都有 $\partial g_i / \partial n_i \geq \partial g_i / \partial n_k$，这是一种使得到混合更加困难的条件①。

显然，在开发区域经济的数字模型时，可以采取其他方法。我们的方法减少了参数的数量，有利于我们进行直接的灵敏度分析，比如对具有不同关键参数值的其他布局下的计量。例如，我们可以通过改变 ω 值来改变拥挤力，这决定了工资相对于城市规模的弹性。同样，我们可以通过改变 λ 和 ν 的值来改变产业内本地化经济和产业间结对集聚溢出经济的强度。

---

① 同样值得注意的是，企业生产率是由 g_i（-）转移的，而 g_i（-）则直接取决于企业本身的就业情况。集聚效应取决于活动规模，其中包括企业的活动。

3.3 计量步骤

基于行为人模型的计量过程有五个步骤：

（1）指定的相关参数的值，包括产业内和产业间外部经济的弹性、工资参数和迁移成本。

（2）设置一个潜在城市区位的最大数量，并且企业在这些潜在区位上随机分布，随机分布遵循均匀分布。假设最大数量是足够大的，大到总是有闲置的区位，这样可以不受可供使用区位的限制。城市的均衡数量可能小于、大于或等于城市的初始随机数量，这取决于相关参数的值。

（3）对于每种产业，确定区域中从单边迁移获益最多的企业，并重新布局该企业。在每一轮迁移中，每种产业中的每家企业都有机会迁移，并且产业序列是随机的。如果现有城市中一些企业的自给自足利润（一个城市的独居者）超过了最大利润，那么迁移将会形成一个新城市。当然，追求利润最大化的企业迁移也会使城市消失。

（4）重复步骤（3），直到不存在单方面迁移的动机为止，计算相关的综合统计数据，例如每个产业对的混合指数。

（5）对大量的初始随机分布重复步骤（2）～步骤（4）。这将为给定的参数值集合生成一组均衡分配。

我们在一个包含三种产业（i=3）的模型中计算均衡，这足以探究产业内和产业间外部经济之间的强度。基线情况的参数值如下所示：通常的产业内外部经济弹性为 $\lambda = 0.08$。（产业 1 和产业 2）产业对的结对集聚弹性为正（产业间外部经济），$\nu \in [0, 0.08]$，其他两个产业对的结对集聚弹性为零。工资参数值为 $\omega = 0.08$。每个企业的迁移成本大约是企业收入的 1%。模型的每一次运行都是从城市间固定数量的企业随机分布开始的。设有 5400 家企业，初始城市数在 80～100，这取决于随机分配过程。[①] 我们运行模型，ν 值从 $[0, 0.08]$ 上的均匀分布随机抽取。正如稍后将变得清楚的那样，结果对于模型设定和参数化的变化是稳健的。

4 结对集聚溢出与均衡混合

这是呈现基于行为人模型计量结果的三个部分中的第一个部分。这一部分主要阐述第一个关键结果：产业间外部经济强度与结对集聚之间存在正向的非线性关系。

图 1 呈现了生成的两个例子，一个是中度的结对集聚弹性，另一个是相对较高的结对集聚弹性。图 1（a）表示的是当结对集聚弹性为 0.04（结对集聚弹性的一半）时，由初始分布的随机样式所产生的均衡。每一个城市都用一个水平条表示，其长度表示城市中按产业细分的企业数量：产业 1 为黑色；产业 2 为深灰色；产业 3 为浅灰色。在这种特殊情

---

① 我们已经考虑了各种不同的交替迁移顺序，结果并没有系统差异。

况下，纳什均衡只涉及专业化城市，给定 $M_{12}=0$。值得注意的是，无关联的产业 3 拥有相对较小的城市，这是结对集聚涌现过程中路径依赖的结果。类型 3 企业与其他类型企业没有关联，并且处于从随机分配到纳什均衡过渡的早期，迁移以产生同质城市。同时，类型1 与类型 2 企业之间的关联产生相对较大的异质城市。在转型后期，大部分大型异质城市消失，但遗留下来的相对较大的异质城市形成了相对较大的同质城市。相反，当所有产业对的结对集聚弹性为零时，三种类型的同质城市的大小大致相同。

（a）A均衡例子

（b）B均衡例子

图1　两个例子

注：这个图显示了具有基本情况参数的随机初始分布所产生的两个例子。图 1（a）中，结对集聚弹性为 0.04；图 1（b）中，结对集聚弹性为 0.07。

图 1（b）呈现的是结对集聚弹性为 0.07 时的均衡。在这种情况下，产业 1 和产业 2 分布在混合城市中，而无关联的产业 3 居于专业化城市。不管结对集聚弹性值如何，大多数的混合城市在两个相关联的产业方面是大致均衡的，这是计量过程中产生的纳什均衡的

一个共同特征。混合城市也比同质城市要大，这是该均衡的另一个共同特征。之所以出现这种样式，是因为混合城市通常具有更大的集聚经济（来自产业间和产业内的外部经济），进而这种城市可以支撑更多的企业。

表 1 给出了在几个不同结对集聚弹性值下分别运行模型的结果。对于每个弹性值，我们都运行模型 100 次，且每次以不同的随机初始分布开始。[①] 结果证实了由一组给定参数值存在生成的多种均衡。在结对集聚弹性值为 0.03 时，均衡混合指数范围为 0~0.285，平均值为 0.0995。当结对集聚弹性值变为 0.05 时，均衡混合指数范围变为 0~0.3744，平均值为 0.1821。当结对集聚弹性值进一步变为 0.07 时，均衡混合指数范围变为 0.6733~0.8717，平均值为 0.7772。第六列表示在 100 次模型运行中混合城市的平均数量。正如预期的那样，混合城市的平均数量随着结对集聚弹性值的增加而增加。表 1 说明了两个结果：①对于每个结对集聚弹性值，存在广泛的均衡混合水平；②产业间外部经济的强度与结对集聚均衡之间存在正相关关系。

表 1　集聚弹性与混合指数均衡值

结对集聚弹性值	M_{12} 最小值	M_{12} 最大值	M_{12} 平均值	M_{12} 标准差	混合城市的平均数量
0.01	0	0.0611	0.0049	0.0102	0.33
0.03	0	0.2850	0.0995	0.0552	4.82
0.05	0	0.3744	0.1821	0.0822	7.31
0.07	0.6733	0.8717	0.7772	0.0425	35.45

注：该表显示了混合指数 M_{12} 的均衡值以及不同结对集聚弹性值下混合城市运行份额。有关函数形式和参数信息请参阅文本。

在 0~0.08 范围内随机抽取 500 个结对集聚弹性值，图 2 呈现的是在不同的结对集聚弹性值下运行模型的结果。结果强化了利润最大化的区位选择产生多重均衡这一概念。对于每一个结对集聚弹性，混合指数都有许多均衡值，结对集聚弹性中间值的混合指数范围是最大的。

图 2 中显示了结对集聚弹性与混合均衡之间存在正向的非线性关系。从无关联产业开始（结对集聚弹性值为 0），随着产业间外部经济逐渐变大，混合以越来越快的速度增加。图 2 中的虚线表示非线性关系，这种关系是由叶帕涅奇尼科夫（1969）内核和经验规则带宽（西尔弗曼，1986）计算的局部线性多项式而获得的，使用 Stata 中的 lpoly 命令得以实现。非线性的性质是显而易见的：当结对集聚弹性从零开始增加时，对于弱关联产业而言，低边际效应会随着产业间外部经济的增加而变为更高的边际效应。

---

① 结果不会随着模型运行次数的增加而发生有意义的变化。

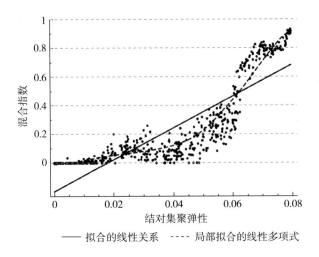

——— 拟合的线性关系　---- 局部拟合的线性多项式

图2　均衡混合

注：该图显示了当结对集聚弹性在0~0.08范围内取值时，基本情况参数的方程（5）中均衡混合 M_{12} 的解。图中实线描述了拟合的线性关系，而虚线描述局部拟合的线性多项式。

正如图2和表2所示，结对集聚弹性 ν 和混合指数值 M_{12} 之间存在非线性关系。表2显示的是结对集聚弹性边际效应的最小二乘估计。当结对集聚弹性值较低时，其边际效应很小：第一区间的系数为0.96，第二区间的系数为3.58。在这些情况下，产业间更强的关联对均衡中的混合量几乎没有影响。在适中的结对集聚弹性水平下，两者（结对集聚弹性 ν 和混合指数值 M_{12}）的关系变得更强：第三区间的系数增加到3.85，第四区间的系数增加到23.65。最后，在较高水平的结对集聚弹性水平下，其边际效应再次变小：该区间的系数为12.13。所有的边际效应在统计学上都是显著的。[1]

表2　集聚弹性与混合指数均衡值——边际效应

	（1） Equilibrium mixing	（2） Relocation costs 2x	（3） Relocation costs 3x	（4） Congestion cost 1.1x	（5） Firm size 2x	（6） Firm size 5x
e：0 to 0.016	0.96 （0.21）	7.29 （0.68）	15.83 （0.97）	1.17 （0.20）	1.59 （0.24）	1.90 （0.40）
N	89	99	93	110	115	105
e：0.017 to 0.032	3.58 （1.07）	8.67 （1.01）	7.56 （0.88）	8.16 （1.06）	7.06 （0.79）	7.77 （1.60）
N	95	98	107	96	111	100

---

① 表2中不同数量的观察值是随机化超过弹性的结果。

续表

	（1） Equilibrium mixing	（2） Relocation costs 2x	（3） Relocation costs 3x	（4） Congestion cost 1.1x	（5） Firm size 2x	（6） Firm size 5x
e: 0.033 to 0.048	3.85 (1.58)	12.16 (1.26)	9.55 (0.83)	3.07 (1.45)	7.74 (1.49)	11.95 (2.01)
N	94	82	114	90	80	86
e: 0.049 to 0.064	23.65 (2.24)	17.10 (1.04)	11.91 (0.84)	13.83 (1.43)	39.74 (1.92)	14.71 (1.73)
N	123	106	94	107	98	86
e: 0.065 to 0.08	12.13 (0.88)	7.84 (0.84)	12.64 (0.73)	17.85 (0.80)	15.76 (0.89)	12.57 (0.58)
N	101	115	92	97	96	123

注：该表显示了对于以下几种情况的结对集聚弹性和均衡混合 M_{12} 之间分段线性关系的估计：①基本情况参数；②双倍迁移成本的情况；③三倍迁移成本的情况；④高10%拥挤成本的情况；⑤企业规模加倍的情况；⑥企业规模五倍的情况。括号中为标准误。

这种关系是两种经济力量相互作用的结果。第一个是直接效应：更大的结对集聚弹性提高了匹配企业的收益。第二个是间接效应：更大的结对集聚弹性增加了混合指数，而更大的混合指数降低了少数企业迁移到其占多数企业的城市的动机。当结对集聚弹性较小时，混合城市几乎是同质的，大约都有10%的少数企业。这个体系是对称的，所以少数企业可以选择迁移到一个城市，在那里它将成为占90%的多数。当结对集聚弹性值较小时，混合城市很难维持，因为少数利润与多数利润之间存在较大差距。随着结对集聚弹性的增加，混合水平也随之上升，因此，不是10-90的分裂，而是例如40-60的分裂。如果少数利润与多数利润之间的差距较小，那么少数企业迁移的动机就较小。间接效应加强了直接效应，产生了图2所示的曲率。

谢林模型（谢林隔离模型）的一个普遍特征是，区位样式对两类行为人之间联系强度的变化很敏感。在谢林模型中，对邻居的偏好的微小变化可能会导致城市从一个由综合社区组成的城市突然转变为一个隔离的城市。在我们结对集聚的模型中，结对集聚弹性增加的微小变化也会引起从高度专业化的城市区域（混合指数接近0）突然转变到高度混合的城市区域（混合指数接近1）。

本节所说明的结对集聚弹性与均衡结对集聚两者之间的正相关关系也证明了采用均衡布局来定义相关产业集群的合理性，像波特（2003）和德尔加多等（2016）所认为的一样。正如赫尔斯利和斯特兰奇（2014）所指出的，期望企业均衡分布有效，这是毫无理由的。这意味着，观察到的集群可能不包括从布局中相互受益的产业。本文中基于行为人的分析表明，在均衡状态下，即使有大量潜在的纳什均衡集群样式，结对集聚溢出效应更强的产业对仍然有更大程度的混合趋势。

这种非线性关系对集聚经济的测度以及集群的定义都有影响。对于前者，当产业之间是弱关联时，在均衡状态下将观察到很少的混合。事实上，从范围广泛的结对集聚弹性和大量的观察结果来看，根本没有混合，如表 1 所示。这意味着对所匹配的产业特征的估计将只选取强关联的产业。用这种方式描绘的集聚经济微观基础将是不完整的。类似地，集群将由关联性最强的产业定义，关联性弱的产业往往会被排除在外。

5 其他的关键结果

5.1 效率

接下来我们以各种方式来分析纳什均衡的效率性质问题。以企业在城市间随机分布开始，该模型执行了一系列帕累托改进的个别企业迁移。帕累托改进的迁移提高了总利润，即所有城市中所有企业的利润之和。单个企业的迁移既会影响其来源城市中企业的利润，也会影响其迁移目的地城市中企业的利润：两个城市中的所有企业的工资和生产成本都会发生变化；关联企业生产的产量会发生变化。在帕累托有效分配中，所有帕累托改进的迁移都会得以实现。

表 3 给出了在不同的结对集聚弹性值下，帕累托有效分配的特征。对于每个值，我们计算 10 种初始随机分布的有效分配。如第二列和第三列所示，在计算帕累托最优时，平均混合均衡水平（从表 1 得来的值）要比平均混合水平小得多。结对集聚弹性的中间值的差异是最大的。例如，当 $\nu = 0.03$ 时，帕累托有效分配中混合指数平均值为 0.879，而纳什均衡的平均值为 0.0995。当 $\nu = 0.05$ 时，帕累托有效分配中混合指数的平均值为 0.957，而纳什均衡的平均值为 0.1821。

表 3 纳什均衡和帕累托最优

结对集聚弹性值	纳什均衡平均值 M_{12}	帕累托有效平均值 M_{12}	纳什均衡：混合城市的平均数量	帕累托有效：混合城市的平均数量	帕累托有效：混合城市中产业 1 所占最小份额
0.01	0.0049	0.057	0.33	23.7	0.021
0.03	0.0995	0.879	4.82	20.4	0.377
0.05	0.1821	0.957	7.31	17.8	0.460
0.07	0.7772	0.981	35.45	15.9	0.480

注：该表呈现了混合指数 M_{12} 的均衡值和帕累托有效值，以及在不同结对集聚弹性值下混合城市所占的运行份额。有关函数形式和参数的信息，可参阅文本。

在有效配置中，每个混合城市都有少数企业人口。如表 3 的最后一列所示，混合城市中产业 1 所占最小份额随着结对集聚弹性值的增加而增加。有效配置已经匹配了不均衡的异质城市对。如最后一列所示，当 $\nu = 0.01$ 时（产业内集聚弹性值的 1/8），在每个匹配的城市对中，都有其中一个城市，含有大约 98% 的第一类企业和 2% 的第二类企业，相应地，第二个城市有 2% 的第一类企业和 98% 的第二类企业。当结对集聚弹性值更大时，城市对也会逐渐变得更加均衡，如当 $\nu=0.07$ 时达到 48-52 的分裂。相反，当结对集聚弹性值较低时，会有相对较少数量的大致均衡混合城市处于均衡状态。

帕累托效率使一些企业处于少数地位并获得相对较低的利润。当 $\nu<\lambda$ 时（即产业间外部经济弱于产业内外部经济），居于多数地位的单个企业获得利润最大化，居于少数地位的企业有利润惩罚。随着 ν 和 λ 之间差距缩小，利润最大化的混合城市会越来越接近均分（从 90% 的多数到 80% 的多数）。就一个特定的产业而言，对于一个城市中每一个少数群体的结果，在另一个城市必定有一个与之对应的平衡多数的结果。

因为有效配置存在不均衡的异质城市，所以通常不能视为纳什均衡。每个处于少数地位的企业都可以在这样两类城市中获得更高的利润，其中一种是该类企业居于多数地位而非少数的城市，另一种是同质城市。从帕累托有效的结果开始，为避免居于少数地位而进行的单边迁移会导致少数均衡异质城市和许多同质城市的混合体系取代不均衡的异质城市体系。除非一些企业愿意成为少数，愿意"为团队着想"，否则有效配置是难以实现的。

5.2　历史：初始条件与结对集聚

到目前为止，我们的计算是以企业在城市间的初始随机分布为基础的。为了说明历史遗留在结对集聚中可能起到的作用，我们用三个不同的起点来运行模型。

假设对所有城市而言，初始条件是完全多样化的，每个城市具有相同比例的三种类型的人口，在这种情况下城市体系是完全混合的。在这种结构的初始分布下，所有企业获得相同的利润。虽然这种分布可能是不稳定的，但只要自给自足的利润足够低，这种分配就符合均衡的标准。选用另一种方式，现在我们假设从完全混合开始，然后随机重新分布 10% 的企业。如图 3（b）和表 4 的第（2）列所示，两者关系类似于基线结果，但不完全相同。在表中，ν 的取值范围为 0.033~0.048 时，边际效应取得最大值，而不是基线结果中的较高值。这是因为从更多的混合开始意味着：混合达到均衡需要一个更小的结对集聚弹性值。

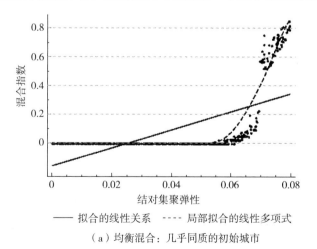

（a）均衡混合：几乎同质的初始城市

图 3　混合均衡解

区域经济学学科前沿研究报告

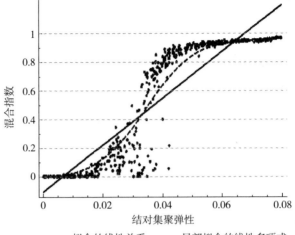

—— 拟合的线性关系　---- 局部拟合的线性多项式

（b）均衡混合：几乎异质的初始城市

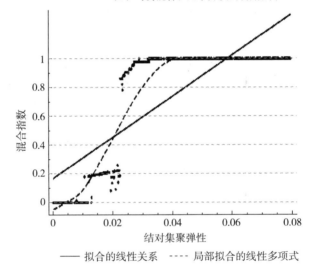

—— 拟合的线性关系　---- 局部拟合的线性多项式

（c）不同结对集聚弹性下的均衡混合

图 3　混合均衡解（续图）

注：该图给出了结对集聚弹性取值在 [0~0.08] 上，方程（5）的混合均衡解。参数是基线水平。设定从几乎同质的所有城市开始，而非从随机初始分布开始。

表 4　集聚弹性与混合指数均衡值——初始禀赋不同下的边际效应

	（1） 几乎完全同质	（2） 几乎完全异质	（3） 初始结对集聚弹性为 0.08
e: 0 to 0.016	0.00	0.57	13.48
	（.）	（0.13）	（1.33）
N	92	92	93

续表

	（1） 几乎完全同质	（2） 几乎完全异质	（3） 初始结对集聚弹性为 0.08
e: 0.017 to 0.032	0.00 （.）	12.07 （2.18）	72.22 （3.78）
N	114	92	101
e: 0.033 to 0.048	0.00 （.）	43.90 （4.32）	0.20 （0.07）
N	105	126	108
e: 0.049 to 0.064	2.58 （0.27）	3.08 （0.33）	−0.01 （0.01）
N	101	91	98
e: 0.065 to 0.08	55.08 （2.67）	1.41 （0.12）	0.05 （0.01）
N	88	99	100

注：该表给出了不同基本情况参数下，结对集聚弹性和混合均衡 M_{12} 之间估计的分段线性关系：①几乎完全同质的初始条件。②几乎完全异质的初始条件。③具有基本情况参数但初始结对集聚弹性为 0.08。括号中为标准误。

在另一个极端情况下，假设初始条件是所有城市都完全专业化，每个城市只包含一种类型的公司，即不存在混合。在这种情况下，初始分布就是一个均衡。选择另外一种方式，假设我们从完全专业化的城市开始，然后随机重新分配 10% 的企业。该检验下的结果如图 3（a）和表 4 的第（1）列所示。当结对集聚弹性值较低时，混合指数 $M_{12}=0$。当结对集聚弹性值较高时，两者之间存在正相关关系。在表 4 中，该关系表现为高度非线性，当结对集聚弹性值较低时，边际效应为 0，当结对集聚弹性值 ν 在 0.049~0.064 范围内取值时，边际效应为 2.58，当结对集聚弹性值 ν 在 0.065~0.080 范围内取值时，边际效应达到最大。从专业城市体系的假设开始，需要较大的结对集聚弹性才能产生混合。

关于初始条件的第三个检验，我们可通过探索结对集聚弹性值跨时间变化的影响来说明路径依赖的可能性。假设最初结对集聚弹性等于集聚弹性，即 $\nu=\lambda$，类型 1 企业和类型 2 企业的纳什均衡表现为完全异质城市，非关联类型 3 企业的纳什均衡则表现为均质城市，混合指数的值为 $M_{12}=1$。假设产业 1 和产业 2 的结对集聚弹性发生变化，在 0 和 0.08 之间取一些新的较低的值，图 3（c）显示了新的结对集聚弹性值和混合指数之间的关系，在表 4 的列（3）中给出了其边际效应。当结对集聚弹性值达到 0.03 以及更大的值时，两者关系是正的非线性的。历史遗留问题为：对于新结对集聚弹性的中间值，异质城市的历史遗留问题会产生更高水平的结对集聚。

我们对不同初始条件的三个检验得出两个关键结论：第一，如果我们从完全同质

（$M_{12}=0$）或完全异质（$M_{12}=1$）的这种极端的分布情况开始，那么在新的均衡中，结对集聚弹性与混合指数值之间呈现出弱的正相关。第二，历史的重要性在于，同质性或异质性的历史遗留问题使混合指数值或高或低地在预测方向上偏向均衡分布。历史遗留问题对结对集聚弹性中间值的影响是最大的。

5.3 企业规模

接下来，我们考虑企业在城市间分布时，企业规模所起的作用。到目前为止，在基于行为人的模型中，决策者相对较少。假定有 5400 家企业，那么每个行为人是区域经济的 1/5400。为了说明企业规模的影响，我们用更大的企业规模来运行模型，企业规模以每个企业的员工数量来衡量。我们将企业规模增加 2 倍（2700 家企业），然后增加 5 倍（1080 家企业）。

如图 4 所示，企业规模的扩大（每个企业有更多的工人）提高了混合指数。图 4（a）显示，相对于基线情况，加倍的企业规模提高了混合，而图 4（b）表示 5 倍的企业规模进一步提高了混合。企业规模的增加部分地内部化了产业内外部经济，因而随着企业用内部规模替代外部规模，产业内的外部经济被削弱了。因此，产业内外部经济（将企业拉向具有相同产业企业的城市）和产业间外部经济（将企业拉向具有相关产业企业的城市）之间的"拔河"较量在大多时候是产业间外部经济获胜。其结果是更多的混合（结对集聚）和较少的专业化。在表 2 的最后两列中给出了边际效应，当结对集聚弹性值 v 较低时，我们得出较大的系数。通常情况下，结对集聚弹性值 v 的增加对中间值的影响是最大的。

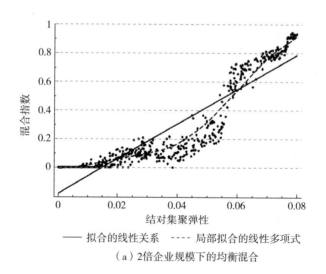

—— 拟合的线性关系　---- 局部拟合的线性多项式

（a）2倍企业规模下的均衡混合

图 4　不同企业规模下的混合均衡解

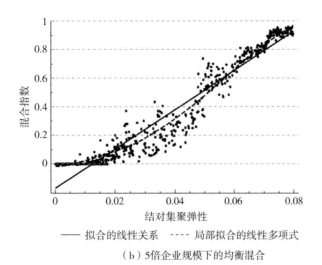

（b）5倍企业规模下的均衡混合

图4　不同企业规模下的混合均衡解（续图）

注：该图给出了结对集聚弹性取值在［0~0.08］上方程（5）的混合均衡解。除了企业规模是基线水平的2倍，其他参数均是基线水平。实线描述了拟合的线性关系，而虚线描述了局部拟合的线性多项式。

我们可以将我们的企业规模效应与 Chinitz（1961）的有关企业规模的传统观点进行对比。人们普遍认为小企业促进了城市中生产的集中，关键的想法是，小企业在更大程度上参与当地商业社区，因为对它们来说，将所有生产活动内部化是不经济的。这种外部定位使城市对其他小企业更具吸引力。参见罗森塔尔和斯特兰奇（2003，2010）、Agrawal等（2008）、格莱塞和克尔（2009）、格莱塞等（2015）以及许多可以证明这一创业活动的良性循环的其他证据。①

与 Chinitz 框架不同的是，我们模型中的小企业是以结对集聚（相关产业的企业集群）为代价促进同产业企业的集群。如果产业内经济只是略强于产业间经济，则存在对专业城市的偏向。这种偏差背后的经济力量类似于谢林模型中的推动力，当整合是有效的时，这种推动力就会产生对居住隔离的偏向（谢林，1971，1978；张，2004；奥沙利文，2009）。在我们的模型中，企业规模的扩大减弱了产业内外部经济的力量，并减少了对专业化的偏向，从而增强了结对集聚。

关于企业规模的分析结果与迪朗东和普加（2001）对"托儿所城市"的研究结果相似。他们认为，一家新（小）企业可以从大城市可用资源的多样性中获得更多的好处。随着企业的生产更加规范化，规模经济内部化，多样性所产生的好处会减少，使较大的企业迁移至专业化城市。相反，在我们的分析中，大企业在很大程度上可以在不损失与本地化相关的生产力收益的同时，去选择多样化的区位。

图4中的结果也可能与开发商在城市发展中所起的作用有关。正如亨德森（1974）

---

① 这一观点的主要替代方案是认为大公司是"锚"，因为它们产生了当地的外部性。见 Agrawal 和 Cockburn（2003）及 Feldman（2003）。

首次提出的那样，相对较大（效率低下）的城市为开发商提供了盈利机会，因为开发商可以创造更小、更有利可图的城市。这一结果的最直接说法是，只有高效的城市才能在区域均衡中得以维持。这种方法赋予了开发商创业的角色，因为开发商可以创建产生更大价值的初创城市。在我们的模型中，企业规模的扩大可以解释为开发商组建了迁移企业联盟，联盟部分地内部化了产业内外部经济，进而促进结对集聚。在我们的分析中，大企业扮演着类似于劳赫斯（1993）文献中的"工业园区"的角色，其文献讨论了为什么历史很重要，而它却无关紧要。

5.4 迁移成本

到目前为止，获得的均衡是基于迁移成本较低水平的，大约相当于总收入的1%。图5考虑了迁移成本增加所产生的影响。图5（a）表示在2倍迁移成本下所得的均衡，图5（b）

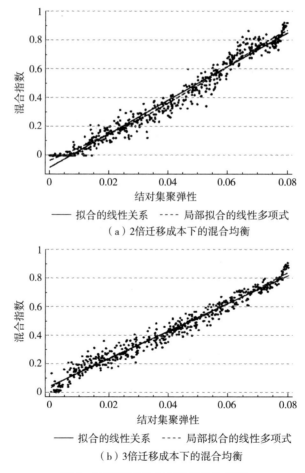

—— 拟合的线性关系　- - - - 局部拟合的线性多项式

（a）2倍迁移成本下的混合均衡

—— 拟合的线性关系　- - - - 局部拟合的线性多项式

（b）3倍迁移成本下的混合均衡

图5　不同迁移成本下的混合均衡解

注：该图给出了结对集聚弹性取值在［0~0.08］上方程（5）的混合均衡解 M_{12}。除了迁移成本是基线水平的2倍，其他参数均是基线水平。实线描述了拟合的线性关系，而虚线描述了局部拟合的线性多项式。

表示在 3 倍迁移成本下所得的平衡。很明显，在这两个图中，迁移成本的增加导致结对集聚弹性和均衡混合两者之间线性关系变得更强。当利润差异不大时，企业可能在迁移成本较高时不会发生迁移，这种趋势会抑制产生专业化城市的力量，同时初始随机分布遗留问题的影响会在更大程度上持续存在。

表 2 的第（2）列和第（3）列给出了迁移成本变化的边际效应。第（1）列给出了没有迁移成本下的边际效应，最低边际效应与最大边际效应相差 20 以上。在第（2）列中，迁移成本加倍时，最小的边际效应略低于最大边际效应的一半。第（3）列中出现了类似的样式，其中迁移成本增加了 3 倍。

6 扩展

在本节中，我们将给出用替代参数值和函数形式以及关联机制计算的结果。正如预期的那样，经济溢出和混合两者之间的正向关系仍然存在。换句话说，结果对于参数化和模型设定的变化是稳健的。

6.1 拥挤

首先分析拥堵/工资关系参数值变化的影响。如图 6 所示，工资参数值增加 10% 通常会增加混合指数，在结对集聚弹性取值为 0.04~0.06 时影响是最大的。至少观察一个混合城市，发现其比例从 0.60 增加到 0.75。工资参数的值增加 10%，平均城市规模就减少大约 10%。一般来说，城市规模和混合指数之间存在负相关的关系，这解释了当工资随着城市规模增长更快时，混合指数增加的原因。

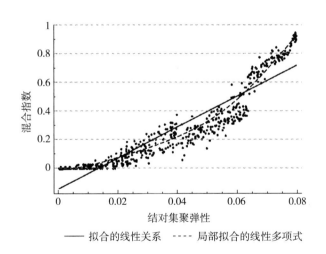

图 6 拥挤成本提高 10% 的混合均衡

注：该图给出了结对集聚弹性取值在 [0~0.08] 上方程（5）的混合均衡解 M_{12}。除了拥挤成本提高 10% 以外，其他参数均是基线水平。实线描述了拟合的线性关系，而虚线描述了局部拟合的线性多项式。

接下来分析拥堵/工资关系的函数形式。在基线情况分析中，工资相对于城市规模的弹性与城市规模的自然对数成正比。另一种模型设定是弹性与城市规模成比例。切换到这种替代方法不会改变我们的定性结果：结对集聚弹性和混合指数之间仍然存在正相关关系，并且当结对集聚弹性值较低时，该关系是凸的。工资对城市规模的高度敏感性使这种关系变得更加复杂。

6.2　生产函数

另一个关键的函数形式是生产函数。我们的模型设定是对于产业内和产业间外部经济都具有递减的边际生产率。如果由足够多数量的类似企业（相同产业），那么不同企业（产业间外部经济）的边际产出超过同类企业（产业内外部经济）的边际产品。换句话说，第一个不相似的企业边际产出可以超过大量相似企业中最后一个企业的边际产出。这一特征至少促进了一些产业的混合，并且这一推动作用随着结对集聚弹性值的增加而增加。

作为另一种方法，分析一个具有以下性质的生产函数：产业内外部经济总是大于产业间外部经济：

$$g(\mathbf{n}_j) = (1+n_i+aS_{z \neq j}n_z)^{\lambda} \tag{7}$$

其中，$\alpha < 1$。在此设定下，一个产业中的企业没有动机与另一个产业中的企业位于同一城市。图 7 给出了该设定下 α 和混合指数两者之间的关系，其中 α 在 0~1 范围内取值。仅当 α 值接近 1 时才发生混合，其中有效结对集聚弹性接近结对集聚弹性。

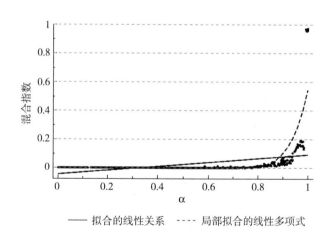

—— 拟合的线性关系　---- 局部拟合的线性多项式

图 7　其他集聚经济设定下的混合均衡

注：该图给出了结对集聚弹性取值在［0~0.08］上方程（5）的混合均衡解。集聚经济如方程（7）所示，α 的取值范围为 0~1，其他参数均是基线水平。实线描述了拟合的线性关系，而虚线描述了局部拟合的线性多项式。

6.3 其他关联机制

到目前为止，我们的结果是在三个产业的设定下得到的，其中两个产业的生产技术是相关的。现在假设这三个产业都是关联的，α 表示三个产业对的共同结对集聚弹性。在这种情况下，有可能有四种类型的混合城市，其中三种是具有两种产业的匹配，一种是具有全部三种产业的搭配。在线附录中的图 A3（见补充材料部分）呈现了结对集聚弹性与多样化城市份额之间的正相关关系。再一次，我们看到更多的具有强关联的混合。

分析另一种方案。假设有两对关联的产业：产业 1 和产业 2 之间的关联，产业 2 和产业 3 之间的关联。与上面所讨论的全部关联的情况不同，产业 1 和产业 3 不是直接关联的。如上所述，对于两个关联的产业对，结对集聚弹性是共同的且等于 α。正如贝伦斯（2016）所指出的，尽管产业 1 和产业 3 之间没有直接关联，但这些产业通过产业 1 和产业 3 与产业 2 的关联而间接联系起来。在均衡中也有可能存在一个间接关联对。

我们基于行为人的方法揭示了这种可能性。作为补充材料提供的在线附录中的表 A4 中的估计呈现了比较清晰的图示：有两种类型的异质城市（一种类型有产业 1 和产业 2，另一种类型有产业 2 和产业 3）和三种类型的同质城市（每一种产业对应一个城市），表现为纳什均衡。很少有城市同时包含两个不关联的产业（产业 1 和产业 3），在模型运行 500 次中大约有 1% 的份额。从一些城市具有非关联产业的分布开始，当企业逃离那些引起成本且无补偿好处的无关联企业所处的城市时，将会发生单方面的迁移。至少在我们基于行为人模型的特定环境中，我们没有发现间接关联生成产业匹配的证据。当然，这些"第三产业"效应有可能影响其他设定下的均衡区位样式。例如，如果产业 1 和产业 2 之间以及产业 2 和产业 3 之间要么全有集聚效应，要么全无集聚效应，如同埃利森等人分析的，那么尽管没有直接联系，但产业 1 和产业 3 在混合城市中也可能会同时存在。[①]

6.4 四种产业

到目前为止，我们的模型包括三种产业。我们用四种产业而非三种产业进行大量的计量实验。这些实验产生了几个可预测的结论：第一，增加与其他产业没有关联的第四种产业并不影响两个关联产业（产业 1 和产业 2）的结对集聚弹性的定性结果。图 8 显示了这种关系。第二，在两对关联产业（产业 1 和产业 2 关联，产业 3 和产业 4 关联）的情况下，纳什均衡有六种类型的城市：两种类型的混合城市（产业 1 和产业 2 以及产业 3 和产业 4），以及四种类型的同质城市（每种产业对应一种类型），没有一个城市包含无关联的企业。第三，在完全关联的情况下（所有企业都是关联的），纳什均衡有异质城市（共四种类型）和同质城市。在四种产业中的三种产业两两关联（产业 1 和产业 2，产业 2 和产业 3，产业 1 和产业 3），纳什均衡具有三种产业的异质城市（产业 1、产业 2 和产业 3），两种产业的异质城市（产业 1 和产业 2，产业 2 和产业 3，产业 1 和产业 3），以及每种产

---

① 我们感谢克里斯蒂安·贝伦斯的这一观察。

业的同质城市。无关联的企业（产业4）位于同质城市。第四，在竞争关联（产业1和产业2，产业1和产业3，产业1和产业4）的情况下，纳什均衡具有三种类型的异质城市（每种关联对为一种类型城市）和三种类型的同质城市（产业2、产业3、产业4）。产业2、产业3和产业4中的企业竞争产业1中的企业，因此没有"剩余"的产业1的企业，进而也就没有产业1类型的同质城市。

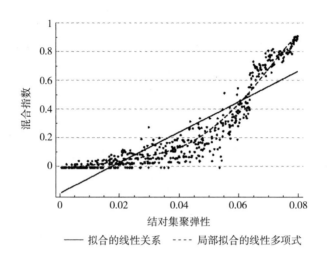

图8　与四大产业的混合均衡

注：该图给出了结对集聚弹性取值在［0~0.08］上方程（5）的混合均衡解。该图的不同之处在于我们是研究四种产业，而非三种产业。实线描述了拟合的线性关系，而虚线描述了局部拟合的线性多项式。

7　结论

本文使用基于行为人的模型来探讨城市的产业构成。赫尔斯利和斯特兰奇（2014）认为，均衡城市组成的集合非常大，在某些情况下，当这样做没有任何好处时，产业仍将会进行匹配。在另一些情况下，当会有好处时，产业却无法进行匹配。本文使用基于行为人的建模来细化均衡集。

这说明了产业间外部经济与结对集聚弹性之间存在着正的非线性关系。这种关系的存在足以支撑使用观察到的结对集聚弹性以及产业间的关联数据来研究集聚经济的微观基础，如埃利森等（2010）及其他地方所研究的。该关系还支撑使用观察到的产业集群样式来定义产业集群，如德尔加多等（2016）所研究的。

我们的计算结果生成了其他几个关键结果。第二个结果是关于效率的：结对集聚弹性的均衡水平低于效率水平。如果产业间外部经济弱于产业内外部经济，则有效配置具有非均衡的城市特征，并且居于少数地位的企业有动机迁移至企业居多数地位的城市。重新迁移的过程会导致有效结果的产生。我们说明了第三个结果：历史遗留问题——通过计算企业在城市间不同的初始分布下所得到的均衡。当我们从相对异质的城市开始时，均衡结对集聚弹性相对较高，如果我们从相对同质的城市开始，则均衡结对集聚弹性就相对较低。第四个结果是，企业规模的扩大会增强结对集聚弹性：产业内外部经济的减弱意味着"拔河"比赛更多地被相关产业中的企业拉在一起的力量所赢得。最后一个结果是，迁移成本的增加会增强结对集聚弹性：经济中不断增加的摩擦意味着企业初始随机分布的遗留问题在更大程度上会持续存在。

第三章

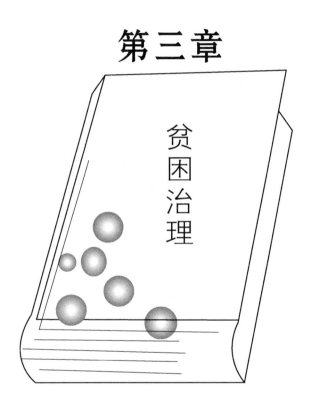

贫困治理

一、贫困的治理与代际传递

1. 共同富裕的内涵、实现路径与测度方法

作者：刘培林；钱滔；黄先海；董雪兵
单位：浙江大学区域协调发展研究中心；浙江大学经济学院；浙江大学中国西部发展研究院

期刊：《管理世界》

关键词：共同富裕；高质量发展；中等收入群体；城乡差距；区域差距

摘要：共同富裕是社会主义的本质要求。共同富裕的实质是在中国特色社会主义制度保障下，全体人民共创日益发达、领先世界的生产力水平，共享日益幸福而美好的生活。实现共同富裕，必须围绕解决好发展的不平衡不充分问题，以让全体人民公平获得积累人力资本和参与共创共建的机会、公平地共享发展成果为主要思路，以壮大中等收入群体、提高中等收入群体富裕程度为主要入手点，夯实共同富裕的制度保障，实施若干重大战略，健全政策体系，营造共同富裕的良好社会氛围，构建科学的指标体系加以测度和引领，在高质量发展进程中持续提高人均收入水平，缩小人群、地区和城乡差距。

发表时间：2021-08-05

2. 中国农业家庭经营的代际传递：基本逻辑与现实研判

作者：王颜齐；史修艺
单位：东北农业大学经济管理学院

期刊：《经济学家》

关键词：农业家庭经营；农业代际传递；家庭生命周期；人口生命周期；农业可持续发展

摘要：农业家庭经营形态在世界范围内普遍存在，促进农业家庭经营平稳而有效的代际传递是实现农业可持续发展的基础和高效发展的重要保障。国外学者对该现象和问题关注较早并已形成系统性研究成果，相比较而言，中国家庭联产承包责任制确立后，在法律制度逐渐完善和土地要素市场化进程大幅推进的背景下，农业家庭经营形态逐步稳定，代际传递问题成为一种客观实践的需要并被国内学者关注。本文基于中国土地产权制度框架提出农业家庭周期演变的阶段性特征和农业家庭经营代际传递的一般规律。研究认为：农业家庭经营的代际传递是家庭生命周期规律的逻辑必然。农业家庭经营代际传递包括正式制度下的有形资源传递与非正式制度下的无形资源传递，影响农业家庭经营代际传递的现

实因素众多，其中大多数通过农业家庭经营的在任者数量和质量、继任者数量和质量以及代际传递环境三个方面产生影响。中国农业家庭经营代际传递的客观性日益凸显，对该问题进行研究的紧迫性不断增强。本文最后对未来中国农业家庭经营的形态演变和代际传递趋势进行了展望。

发表时间：2020-07-05

3. 收入代际传递机制的权力范式解析

作者：张屹山；赵明昊；杨春辉
单位：吉林大学；吉林大学数量经济研究中心；吉林大学商学院
期刊：《吉林大学社会科学学报》

关键词：收入代际传递；资源传递；代际权力；行政权力
摘要：由于资源形成权力，而代际传递实际上是资源的传递，资源禀赋不同，则权力禀赋不同，尤其是代际权力不同，以致代际传递能力不同，最终导致收入代际传递结果不同。代际权力，即由于资源的代际传递，在利益竞争活动中所形成的对他人的影响力、控制力或讨价还价能力。资源代际传递破坏了市场配置资源的规则，父代资源多寡决定子代机会不平等程度，进而形成子代资源禀赋差异的恶性循环。依此逻辑打开收入代际传递的"黑箱"，表明政府应利用行政权力制衡家庭代际权力，使个人成就更多取决于自身努力，从而实现机会平等和社会公平。

发表时间：2020-05-05

4. 贫困代际传递研究进展

作者：刘新波；文静；刘轶芳
单位：中国社会科学院经济研究所；中央财经大学经济学院
期刊：《经济学动态》

关键词：贫困代际传递；影响因素；阻断机制；Web of Science
摘要：贫困代际传递作为一种深度持续性的贫困问题，自提出以来得到学术界越来越多的重视，消除贫困代际传递也已成为全球重点关注的话题。本文首先以 Web of Science 核心数据库作为数据来源，对现有文献做了文献计量研究，在此基础上总结出贫困代际传递的影响因素，并且从家庭内部和家庭外部两个方面进行了详细梳理，介绍了代际贫困的测度方法，进而有针对性地从个体层面、社会层面和国家层面总结归纳出贫困代际传递的阻断机制。这对我国决胜脱贫攻坚战具有重要的借鉴意义。

发表时间：2019-08-18

5. 教育流动、职业流动与阶层代际传递

作者：解雨巷；解垩

单位：山东大学经济学院

期刊：《中国人口科学》

关键词：代际教育流动；代际职业流动；阶层代际传递；阶层流动

摘要：本文基于 2015 年中国综合社会调查（CGSS）数据，把父代与子代之间教育程度和职业层次的差异，以及子代 14 岁时家庭主观所处阶层与其当前主观阶层之间的差异纳入同一分析框架，利用 Ordered Logit 模型考察代际教育流动、职业流动对阶层代际传递的影响。实证结果表明，阶层具有较强的继承性，父子两代的阶层关联性强于教育和职业关联性，中低阶层呈现向上的代际流动趋势，中高阶层存在向下流动的压力，父子同处于中间阶层的分布较集中；代际教育和职业向上流动始终是实现阶层改善的重要途径，但其对阶层的改善作用具有时代特征，近年来教育因素、职业因素对阶层改善的作用出现弱化趋势，阶层固化现象初步显现；代际流动呈现地区、城乡异质性，东部地区、城市地区代际职业向上流动对代际阶层改善作用大于教育向上流动，而西部地区、农村地区教育流动对阶层改善的效果强于职业流动对阶层改善的效果。

发表时间：2019-04-01

6. 基于代际传递视角的中国教育公平研究

作者：严斌剑

单位：南京农业大学经济管理学院

期刊：《社会科学辑刊》

关键词：动态收入分配；教育公平；代际传递；分解

摘要：教育通常被认为是打破收入代际传递的手段，但是教育本身也存在代际传递性。改革开放以来，我国相继实施义务教育立法、大学扩招等教育政策，教育事业蓬勃发展，子代所享有的教育资源远优于父代。但是，随着教育资源地区差距因经济发展不平衡的扩大以及教育市场化的推进，总体上我国教育的代际传递较高，且存在上升态势。发达国家经验显示，不管是市场还是政府配置基础教育资源，由政府支持的公立学校都应以公平为首要原则，且着力于缩小公立学校之间的差距，并抑制私立学校导致的教育不公平，缩小教育代际流动性。因此，要把机会平等作为基础教育理念，把统一财政投入作为基础教育公平的保障，以体制机制创新实现城乡和地区基础教育资源开放共享。

发表时间：2019-03-15

7. 家庭背景、代际传递与教育不平等

作者：邹薇；马占利
单位：武汉大学经济与管理学院

期刊：《中国工业经济》
关键词：家庭背景；教育不平等；代际传递；排序 Probit

摘要：本文基于教育决策的理论模型和排序 Probit 估计方法，使用 CHNS 微观家庭数据，从家庭背景特别是父母教育视角研究教育的代际传递和机会不平等问题。结果表明：父母的教育程度越高，对子代教育的正向影响越大，接受过义务教育及以上教育程度的父母，其子代接受高中和大学教育的概率显著增加；尽管母亲平均教育程度较低，但母亲教育对子代接受高等教育的影响更大，若母亲的教育程度为初中、高中、大学，将分别使子代接受高等教育的概率提高 11.85%、27.30%、45.68%，而父亲若有这三种教育程度，对应的影响分别为 9.44%、20.12%、42.95%；教育机会不平等程度女性高于男性、城市高于农村、改革开放后出生群组高于改革开放前出生群组；教育传递在多代间具有持久性，但是父代教育对子代的影响远超过祖代；婚姻中低水平的教育匹配不利于子女教育程度的提高。通过对不同样本的筛选，以及考察家庭背景各变量对子代教育程度的预测概率，结论保持稳健。本文据此提出了改善教育代际固化、减少教育机会不平等的政策建议。

发表时间：2019-02-17

二、苹果为什么不能滚动很远：人力资本的代际传递视角

Why the Apple Doesn't Fall Far: Understanding Intergenerational Transmission of Human Capital

作者：Sandra E. Black, Paul J. Devereux, Kjell G. Salvanes
期刊：*The American Economic Review*

摘要：Parents with higher education levels have children with higher education levels. Why is this? There are a number of possible explanations. One is a pure selection story: The type of parent who has more education and earns a higher salary has the type of child who will do so as well, regardless. Another story is one of causation: Obtaining more education makes one a different type of parent, and thus leads to the children having higher educational outcomes.

苹果为什么不能滚动很远：人力资本的代际传递视角

编译：卢怡贤

摘要：教育水平较高的子女，其父母往往也拥有较高的受教育水平。较为常见的解释为选择效应和因果关系。选择效应强调能力的代际传递，能力高的父母受到更多教育，其子女也因较高的能力而得到更多教育。因果关系则强调父母教育水平对后代的溢价，父母有机会获得更多的教育，他们也会促使子女获得更多的教育，外在的教育政策在这一层面发挥着重要作用。

本文旨在通过使用挪威数据，为父母与子女的教育之间的关系提供证据。外在冲击是20世纪60年代挪威的义务教育法律发生了巨大变化。改革前，要求孩子们上七年级；改革后，义务教育扩展到了九年级，增加了两年的必修课程。此外，改革的实施在不同的城市以不同的时间进行，从1960年开始一直持续到1972年。本文发现，母亲的教育与儿子的教育之间存在显著的因果关系，但其他父母子女组合关系并不明显，这表明父母与子女的教育之间的高度相关性主要是由于选择效应而不是因果关系。

1 背景

在关于人力资本的代际传递研究方面，用得比较多的方法有三种：同卵双胞胎、领养的子女和工具变量法。同卵双胞胎数据的使用，有利于剔除遗传基因层面的影响，但是随着不同性别数据的使用，结果不尽相同；领养子女数据的使用同样可以剔除遗传因素的影响，但是由于样本量小、领养非随机和影响子女教育水平的无法观测的父母的特征的问题，估计结果同样受到质疑。在使用工具变量法的过去研究中，有两个问题经常出现：一个是教育政策的改变是同一时间在全国铺开的，这使教育随时间变化的长期趋势和一次性的教育政策变化的效应相混合；另一个是受限于数据，无法观测最终教育程度，只能观测到子女早期行为（本文通过使用挪威独特数据与工具变量法，克服了过去在使用工具变量法时的两个不足）。

2 教育改革

1959年，挪威议会通过了强制性的学校改革法。改革之前，儿童从7岁开始入学，并在7年后（14岁）完成了义务教育。改革之后，入学年龄不变，但是义务教育年限改为9年。议会要求所有市政当局在1973年前实施这项改革，因此改革持续时间是1960~1972年。

3 识别策略

本文经验模型由以下两个方程式总结：

$$ED = \beta_0 + \beta_1 ED^p + \beta_2 AGE + \beta_3 FEMALE + \beta_4 AGE^p + \beta_5 MUNICIPALITY^p + \varepsilon \tag{1}$$

$$ED^p = \alpha_0 + \alpha_1 REFORM^p + \alpha_2 AGE + \alpha_3 FEMALE + \alpha_4 AGE^p + \alpha_5 MUNICIPALITY^p + v \tag{2}$$

如果右上角有 p，则代表父母的相关变量，否则就是子女的相关变量；ED 表示获得的教育年限；AGE 表示年龄，固定年龄影响，它允许和教育改革无关的教育长期趋势；MUNICIPALITY 表示固定的地区效应；REFORM 表示个人是否受教育改革的影响，如果受到影响表示为 1，否则为 0。我们使用两阶段最小二乘法（2SLS）对模型进行估计，因此方程（2）可以作为第一阶段回归的模型，$REFORM^p$ 可以作为父母受教育年限的工具变量（受政策影响的父母受教育年限更长）。

4 数据

本文数据来源于覆盖整个挪威人口的行政区数据，由于各行政区改革实施时间不同，作者提取了父母其中任何一位出生在 1947~1958 年，且在 2000 年他们的子女年龄处于 25~35 岁的样本数据。挪威的教育注册开始于 1970 年，对于父母的教育状况数据来自 1970 年的人口普查数据，研究中只保留了 1970 年之前完成教育的父母样本，子女的教育状况数据来自随后的教育注册数据。同时，作者对每个行政区的教育改革时间进行了确认，删除了改革时间在一年以上的行政区和无法确认改革时间的行政区，最后保留了 728 个行政区中的 545 个。

5 改革对教育程度和收入的影响

表 1 显示了改革前两年和改革后两年（包括实施改革的那一年）的平均教育分布。从表中可以明显看出，改革的主要效果是将受教育时间少于 9 年的人口比例从 12% 降低到 3%，而到了 9 年又出现了新的高峰。

表 1　改革前后两年教育分布　　　　　　单位:%

教育年限（年）	之前	之后
7	3.5	1.2
8	8.9	1.6
9	3.4	12.9
10	29.6	26.6

教育年限（年）	之前	之后
11	8.5	8.8
12	17.2	19.1
13	6.7	6.7
14	5.4	5.8
15	2.7	3.4
16+	14.2	14.1
N（人）	89320	92227

也有大量证据表明，改革带来的额外教育对收入有积极的和统计学上的显著影响。挪威的 OLS 结果表明，该国教育回报率为 0.07；2SLS 使用该改革作为工具得出，男性估计值为 0.040（0.013），女性估计值为 0.050（0.016）。因此，改革对教育的影响是显著积极的。

6　结果

第一阶段的回归结果显示，教育改革对父母的教育水平具有显著的积极影响，将父母的受教育程度提高一年，可使孩子的受教育程度提高 0.20~0.25 年。但是工具变量教育改革的估计结果并不显著。

对于改革后父母的教育年限在 10 年以下的样本数据，OLS 分析结果与全样本分析的结果类似，但是工具变量教育改革结果表明，只有母亲的教育水平对儿子的教育水平有显著的积极影响，对女儿的教育水平没有显著的影响，父亲的教育水平对子女的教育水平影响接近于 0 且不显著。

因此，总的来说，结果表明，父母教育水平对子女教育水平的因果影响是很弱的，它们之间的正相关性可能是家庭背景、能力、收入或者其他因素的积极的影响结果。

7　稳健性检验

针对父母的教育水平对子女的教育水平几乎没有因果影响这一结果，作者从不同的角度进行了稳健性检验：①考虑了由于父母的教育水平影响生孩子的时间，即子女的年龄可能是内生的，进而从回归中剔除了子女的年龄；②改革时间的不精确测量或者改革实施的延迟会导致工具变量教育改革推测有偏误，针对这种情况，作者剔除了改革前后两年的样本进行了分析；③作者把教育分界点提高到 13 年以下的样本进行分析，而不仅仅是 10 年以下。稳健性检验表明，研究结果并不依赖于不同样本的使用，是稳健的。

8 结论

通过使用挪威 20 世纪 60 年代的义务教育年限改革作为父母受教育水平的工具变量，对父母教育水平与子女教育水平之间的因果关系做了研究。尽管 OLS 结果表明两者之间具有显著的积极关系，但是工具变量教育改革研究表明父母与子女教育水平之间的高度正相关性主要是由于选择效应而不是因果效应，父母教育水平之外的家庭因素、收入因素等对子女的教育水平的增加有更重要的影响。不过研究结果存在一个例外，即如果母亲提升她们的教育水平，这将会增加她们子女的受教育水平。

研究结果对于教育的代际溢出效应没有提供很积极的支持，对通过教育政策提高一代人的教育水平进而影响后代人的教育水平这一路径提出了质疑，但是，由于政策的连续性，这使每一代的教育水平得到了提高，尤其针对原本受教育较少的那部分人。

第四章

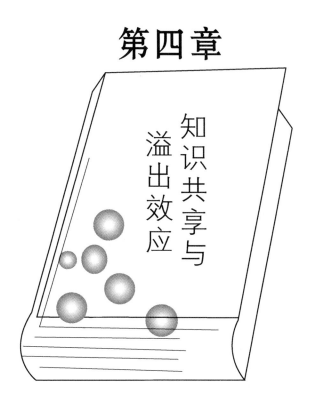

知识共享与溢出效应

一、知识溢出效应的作用机制

1. 中国城市创新集聚空间演化特征及影响因素研究

作者：赵星；王林辉
单位：华东师范大学经济学院

期刊：《经济学家》
关键词：创新集聚；空间演化；知识溢出；辐射效应；极化；多中心网络化

摘要：本文利用2006~2017年中国286个地级城市面板数据，结合空间计量模型，考察中国城市创新集聚空间演化趋势及成因，重点关注知识溢出对城市创新集聚的影响及其引发辐射效应的空间特征。研究发现：①中国城市创新集聚呈现显著的极化现象，主要以北京、天津、上海、广州和深圳为创新极核城市，取决于城市内部创新资源丰裕程度，其中研发机构的研发投入发挥关键作用。②知识溢出引发辐射效应，导致中国城市创新集聚由极化特征逐渐演化为多中心网络化的特征，通过稳健性检验和工具变量回归后，结论依旧稳健。③不同城市圈知识溢出辐射效应空间特征表现出非一致性，珠三角和长三角城市圈呈倒U型关系，分别在125千米和150千米地域内达到峰值，京津冀城市圈空间特征不显著。④知识溢出对城市属性具有较强的依赖性，研发水平领先城市、中心城市和规模较大城市的作用更为显著。

发表时间：2020-09-05

2. 知识溢出研究的"空间性"转向及人文与经济地理学议题

作者：王腾飞；谷人旭；马仁锋
单位：华东师范大学城市与区域科学学院；华东师范大学全球创新与发展研究院；宁波大学地理与空间信息技术系

期刊：《经济地理》
关键词：知识溢出；空间性；"中心—外围"互动；多尺度网络溢出；人文与经济地理学议题

摘要：本文首先梳理了产业维度、区域维度、产学研合作维度和国际经济维度的知识溢出国内外研究动态和学术争议。在此基础上，判识知识溢出研究呈现"空间性"转向和"中心—外围"互动溢出研究态势。最后，提出知识溢出研究的人文与经济地理学范式：以空间和区域为载体，紧扣"知识生产的集聚性—知识流动和溢出—区域均衡发展"这一研究主线，始终将"知识流动和溢出的空间性、尺度性和互动性"作为研究核心，借助空间计量经济学模型综合集成分析知识溢出"空间性"机制、"中心—外围"互动溢出机制和知识的多尺度网络溢出机制。知识溢出研究的人文与经济地理学范式有助于区域创新和均衡发展政策的科学制定。

发表时间：2020-06-26

3. 中国国有企业的独特作用：基于知识溢出的视角

作者：叶静怡；林佳；张鹏飞；曹思未
单位：北京大学经济学院；中欧国际工商学院；北京师范大学经济与管理学院
期刊：《经济研究》
关键词：知识溢出；基础研究；市场失灵；国有企业

摘要：国有企业是政府解决市场失灵的工具。本文从知识溢出角度研究中国国有企业的作用。基于上市企业样本的分析发现：国有企业的知识溢出大于私有企业，国有企业的知识溢出对私有企业创新产出有显著正向影响，而私有企业则不具有这种作用。本文构建模型阐述国有企业和私有企业的研发行为、知识溢出及其影响差异。研究发现，不同所有权企业知识溢出和作用的不对称性，在于国有企业比私有企业从事了更多的基础性研究。基于四个基础研究代理变量的经验分析支持了理论模型的结论。因此，中国国有企业实现了政府弥补基础研发市场失灵的目标，对经济增长的影响是独特的。

发表时间：2019-06-20

4. 中国城市创新能力的时空演化及溢出效应

作者：周锐波；刘叶子；杨卓文
单位：华南理工大学经济与贸易学院
期刊：《经济地理》
关键词：创新型国家；城市创新；知识溢出；空间杜宾模型；创新驱动发展；地级城市；自主创新

摘要：本文基于我国275个地级及以上城市2008~2016年的空间面板数据，采用发明专利授权量测度城市创新能力，分析我国城市创新的时空演变特征，并以研发投入、人力资本、外商投资、对外贸易作为知识溢出的代理变量，建立空间杜宾模型，探究知识溢出对城市创新能力的影响。研究发现：城市创新能力与经济发展水平紧密相关，东部强于中西部、沿海强于内陆；城市创新能力的提升速度区域差异较大，长江中游、西南地区增速最快；知识溢出是城市创新增长的重要推动力，城市创新的全局空间自相关性不断增强，但创新溢出效应的区域差距依然明显；研发投入对本市和周边城市的创新产出都起到至关重要的促进作用；人力资本对本市有较大贡献，但对周边表现为显著负向溢出；外商投资和对外贸易对城市创新影响较小。

发表时间：2019-04-23

二、知识溢出效应的影响因素

1. 中国跨境知识溢出的地理格局及影响因素

作者：司月芳；梁新怡；曾刚；王丰龙
单位：华东师范大学中国现代城市研究中心；华东师范大学城市与区域科学学院；华东师范大学城市发展研究院

期刊：《经济地理》

关键词：中国跨境知识溢出；地理距离；技术吸收能力；知识通道通达性；全球创新体系的层级；东道国；专利

摘要：经济全球化背景下，知识作为创新的源泉，其空间分布及流动深刻地影响着国家及区域的经济发展水平。现有跨境知识溢出研究主要关注发达国家，对于新兴经济体的关注较少。本文基于2003~2012年中国在全球专利统计数据库（PATSTAT）中的专利被引数据，采用Tobit模型分析中国对外跨境知识溢出的空间分布及影响因素。研究发现，中国跨境知识主要流入全球创新体系的核心国家，而非边缘国家。中国跨境知识溢出主要受地理距离、知识通道通达性的影响，东道国与中国的地理距离越近、知识通道通达性越好，中国跨境知识溢出的强度越大。东道国技术吸收能力及东道国在全球创新体系中的层级对中国跨境知识溢出无显著影响。

发表时间：2020-08-26

2. 知识交流合作的空间溢出与邻近效应——来自长三角城市群的经验证据

作者：梁琦；李建成；夏添；徐世长
单位：中山大学管理学院；中国人民大学经济学院；中山大学自贸区综合研究院

期刊：《吉林大学社会科学学报》

关键词：知识交流合作；创新型城市；空间溢出效应；邻近效应；长三角城市群

摘要：城市间的知识交流合作是一种互动行为，研究其空间分异模式、互动机理对建设创新型城市与创新型国家具有重要意义。本文利用长三角25个城市历年论文合作发表数据，分析知识交流合作的空间分布模式与特征，基于多维邻近视角构建城市知识交流合作的空间互动模型，利用空间计量经济方法进行模型估计，探讨知识交流合作过程中的溢出效应与邻近效应。研究发现：知识交流的强度与合作成果集中在主要的合作渠道上，集聚现象明显，呈现出不均衡分布；城市间知识交流合作关系对与之邻近的城市产生了正的外部性，是空间溢出效应的主要体现，且要高于地理相邻下的溢出效应；城市经济规模差异、地理邻近与制度邻近作用的双重叠加等因素是导致城市知识交流合作渠道集聚与网络式溢出的重要原因。地理距离在知识交流合作过程中的阻碍作用明显，一定范围内的科教投资差距并不利于城市间的知识交流合作，产业距离无显著影响，跨级别城市间的知识交流合作效益则较低。

发表时间：2019-03-05

3. 知识产权保护对 OFDI 逆向技术溢出的影响

作者：李平；史亚茹
单位：山东理工大学经济学院
期刊：《世界经济研究》
关键词：知识产权保护；对外直接投资；逆向技术溢出
摘要：新兴经济体的对外直接投资日益成为国际技术溢出的一条重要路径，母国的知识产权保护力度对 OFDI 逆向技术溢出的重要性不容忽视。本文利用 2003~2015 年中国省际面板数据检验了知识产权保护对 OFDI 逆向技术溢出的影响，研究结果表明：知识产权保护对 OFDI 逆向技术溢出影响呈倒 U 型关系，总体上产生了积极影响，其中东部地区最为显著；进一步地，门槛检验表明，随着经济发展水平、开放程度和吸收能力跨过相应的门槛值，知识产权保护对 OFDI 的逆向技术溢出促进作用会先上升后下降。

发表时间：2019-02-25

三、科学中的同伴效应——来自纳粹德国科学家被解雇的证据

Peer Effects in Science：Evidence from the Dismissal of Scientists in Nazi Germany
作者：Fabian Waldinger
期刊：*Review of Economic Studies*
摘要：This paper analyses peer effects among university scientists. Specifically, it investigates whether the quality and the number of peers affect the productivity of researchers in physics, chemistry mathematics. The usual endogeneity problems related to estimating peer effects are addressed by the dismissal of scientists by the Nazi government in 1933 as a source of exogenous variation in the peer group of scientists staying in Germany. To investigate localized peer effects, I construct a new panel data set covering the universe of scientists at the German universities from 1925 to 1938 from historical sources. I find no evidence for peer effects at the local level. Even very high-quality scientists do not affect the productivity of their local peers.

科学中的同伴效应——来自纳粹德国科学家被解雇的证据

译者：张倩

摘要：本文分析了高校科研人员的同伴效应，具体来说，研究了物理、化学和数学领域研究人员的同伴的质量和数量是否会影响他们的工作效率。把1933年纳粹政府解雇科学家作为留在德国的科学家群体的外生变异来源，从而解决了与估计同伴效应有关的常见内生性问题。为了研究本地同伴效应，构建了一个新的面板数据集，涵盖了1925~1938年德国大学的科学家。研究发现，没有任何证据表明在地方层面存在同伴效应。即使是非常优秀的科学家也不会影响当地同伴的生产力。

1 引言

人们普遍认为，本地同伴效应在学术个体研究者中非常重要，但他们在决定定居时并不一定考虑这些效应。这可能导致人才配置不当和学术投入不足。因此，了解同伴效应对研究人员和决策者都至关重要。在这篇论文中，我分析了科学家之间的本地性同伴效应，他们的研究通常被认为是技术进步的重要驱动力。因此，了解这些影响对于知识型社会的科学决策者来说可能尤为重要。

尽管学术界普遍认为存在同伴效应，但很少有实证证据证明这些效应。由于存在许多问题，获得同伴效应的因果估计具有挑战性。使同伴效应评估复杂化的一个重要问题是个体的选择。高产的科学家往往选择同一所大学。因此，选择可能会在大学内部引入一个不是由同伴效应引起的科学家生产力之间正相关的关系。另一个使同伴效应评估复杂化的问题是，存在一些不可观测的因素，这些因素不仅影响研究人员的生产力，还影响他的同伴的生产力。测量误差进一步增加了获得同伴效应的无偏估计的难度。科学家的同伴群体改变，是由与他自己的生产力无关的原因引起的，这将是一个有用的实证策略。

本文提出将1933年纳粹政府解雇科学家作为德国研究人员同伴群体的外生变化。1933~1934年，有13%~18%的大学学者被解雇（13.6%的物理学家、13.1%的化学家和18.3%的数学家）。许多被解雇的学者都是各自领域的杰出人士，其中包括著名的物理学家、诺贝尔奖得主阿尔伯特·爱因斯坦（Albert Einstein），1943年获得诺贝尔化学奖的格奥尔格·冯·赫维西（Georg von Hevesy），以及匈牙利数学家约翰·冯·诺伊曼（Johann von Neumann）。因此，受影响院系的科学家的同伴群体面临着巨大的变化。在没有雇用犹太人或"政治上不可靠"的学者的院系中，研究人员没有遭到解雇，因此他们的同伴群体也没有发生任何变化。

本文使用大量的历史资料来构建用于分析的数据集。根据历史上的大学校历，构建了一个由1925~1938年在德国大学工作的物理学家、化学家和数学家组成的数据集。将这些数据与所有解雇数据以及发表数据结合起来，来度量生产力。

这使我能够利用一个院系中同伴的质量和数量的外生变化，对科学家之间的本地同伴效应进行第一次清晰的估计。与传统观点相反，本文没有在任何一个科学家的院系中发现同伴效应的证据。这一发现在将同伴群体局限到同一专业时仍然稳健，即在为理论物理学家构建同伴群体时仅考虑理论物理学家。最近关于科学家的研究表明，"明星科学家"对他们同事的工作效率有非常大的影响（Oettl，2009；Azoulay et al.，2010）。由于解雇人员中包括了那个时代最杰出的一些科学家，可以研究失去顶尖的同伴如何影响留在德国的科学家的生产率。研究结果表明，即使失去了高质量的同伴，也不会对留下来的科学家产生负面影响。

有人可能关心，解雇通过其他渠道影响未被解雇者的生产力，而不是通过同伴效应。这些期望偏差，比如教学负担的增加或管理职责的增加，都会导致高估同伴的影响。然而，还有其他潜在的偏差可能导致低估同伴效应。下文将讨论这些对识别策略构成的威胁，并表明解雇和不断变化的奖励、经费的变化以及受影响院系中热心的纳粹支持者的人数无关。此外，我还指出，受影响院系和未受影响院系不同的生产率趋势无法解释本文的结果。

很少有论文对大学科学家的本地性溢出效应进行实证分析。一个例子是 Weinberg（2007），他分析了诺贝尔物理学奖得主之间的同伴效应，发现物理学家到达其他诺贝尔奖得主正在工作的城市，更有可能开始获诺贝尔奖的工作。然而，目前还不清楚这种影响在多大程度上是由选择驱动的。Dubois 等（2010）研究了美国数学家之间的外部效应。与本文的研究结果类似，他们没有发现在本地层面存在同伴效应的证据。尽管他们在世界各地拥有广泛的数学家数据集，但他们不能依靠外生变量来确定同伴效应。类似地，Kim 等（2009）调查了经济和金融领域的同伴效应，发现了 20 世纪 70 年代和 80 年代存在正向同伴效应的证据，而 90 年代存在负向同伴效应。虽然他们以其他标准将研究者选入特定的大学，将研究人员以其他规格选入特定的大学。他们检验了特定研究者进入特定大学的选择，但并没有解决特定研究者直接检验本地同伴效应的选择。

最近，一些研究表明，不断下降的交流成本降低了地理位置在学术研究中的重要性（Rosenblat and Mobius，2004；Adam et al.，2005；Agrawal and Goldfarb，2008；Kim，2009）。然而，本文的研究结果表明，地理位置在 20 世纪 20 年代和 30 年代就已经是历史了——至少在德国是这样。

本文剩余部分安排如下：第 2 部分和第 3 部分描述了数据集的构造。第 4 部分概述了识别策略。第 5 部分分析了解雇对留在德国的科学家的生产力的影响。在第 6 部分中，将解雇作为一个外生源来识别本地同伴效应。第 7 部分讨论了结果和结论。

2 在德国驱逐犹太人和"政治上不可靠"的学者

1933 年 4 月 7 日，纳粹政府通过了《重设公职人员法》。该项法律将所有犹太人和"政治上不可靠"的人驱逐出德国。相关内容如下：

◇第 3 段：非雅利安血统的公职人员将被解雇，以下三种情况除外，即 1914 年 8 月 1

日前已经成为公务员的人;"一战"中在德意志帝国或其盟军的前线战斗过的战士;父辈或子辈为"一战"牺牲的人。

◇第4段:通过先前的政治活动不能证明其会永远忠于国家政府的人,将会被解聘。

在进一步的实施法令中,"雅利安血统"被规定如下:"任何非雅利安血统的人,特别是犹太人、父母或祖父母,都被视为非雅利安人。父母一方或祖父母一方不是雅利安人就足够了。"因此,如果基督教科学家的祖父母中至少有一位是犹太人,他们就会被解雇。在很多情况下,科学家不知道他们的同事有犹太祖父母。因此,在纳粹党崛起之前,被解雇的大多数人不太可能受到他们的同事的不同对待。该法令还规定,所有共产党员将根据第4段被开除。这项法律立即得到实施,导致德国大学大批人员被解聘和提前退休。1933~1934年,1000多名学者被解雇(Hartsorne,1937),这相当于所有7266名大学研究人员的15%。多数解职发生在法律刚刚实施的1933年。

法律允许自1914年以来一直任职、参加过第一次世界大战、在"一战"中失去了一位亲密的家庭成员的犹太血统的学者例外。尽管如此,许多学者还是决定自愿离开,比如诺贝尔奖得主詹姆斯·弗兰克(James Franck)从哥廷根大学物理系的教授职位上辞职,弗里茨·哈伯(Fritz Haber)——诺贝尔化学奖得主从柏林大学辞职。由于1935年颁布的《德意志国籍法》废除了所有的例外条款,因此符合条件的人均会被解雇。

绝大多数被解雇的科学家移居国外,其中大多数人在国外大学获得了职位。最重要的移民目的地是美国、英国、瑞士、土耳其和英国托管的巴勒斯坦(后来的以色列)。就本文而言,重要的是要注意,大多数移民是在研究人员被开除大学职位后立即发生的。因此,与留在德国的研究人员进行进一步的合作极其困难。被解雇的人中只有极少数没有离开德国。他们中的大多数人死于集中营或自杀。很少有人能留在德国并在纳粹统治下幸存下来。即使是留在德国的科学家也不再被允许使用大学实验室和其他资源。因此,被解雇人员与留在德国的科学家继续合作的可能性极其有限。

根据计算,1933~1934年,13.6%的物理学家、13.1%的化学家和18.3%的数学家被解雇(见表1)。绝大多数解雇发生在1933~1934年。后来那些最初在保留条款中可以留下的研究人员,或者因为政治原因,都被解雇了。因此,为了有一个急剧的解雇度量,本文把重点放在1933年和1934年的解雇上。

表1 不同学科被解雇的科学家数量 单位:人,%

被解雇的时间	物理		化学		数学	
	被解雇的数量	占1993年全部物理科学家比重	被解雇的数量	占1993年全部化学科学家比重	被解雇的数量	占1993年全部数学科学家比重
1933年	33	11.5	50	10.7	35	15.6
1934年	6	2.1	11	2.4	6	2.7
1935年	4	1.4	5	1.1	5	2.2

续表

被解雇的时间	物理		化学		数学	
	被解雇的数量	占 1993 年全部物理科学家比重	被解雇的数量	占 1993 年全部化学科学家比重	被解雇的数量	占 1993 年全部数学科学家比重
1936 年	1	0.3	7	1.5	1	0.4
1937 年	1	0.3	3	0.6	2	0.9
1938 年	1	0.3	4	0.9	1	0.4
1939 年	1	0.3	2	0.4	1	0.4
1940 年	1	0.3	0	0	1	0.4
1933~1934 年	39	13.6	61	13.1	41	18.3

注：表中列出了 1933~1940 年三个科目每年的被解雇人数。

本文的数据不能确定这些研究人员被解雇是因为他们是犹太人还是出于政治原因。以往的研究表明，绝大多数被解雇的人要么是犹太人，要么是犹太人后裔。例如，Deichmann（2001）发现 87% 被解雇的化学家是犹太人。Siegmund-Schulze（1998）估计，大约 79% 被解雇的数学家是犹太人后裔。

解雇的总人数掩盖了一个事实，即各院系受到的影响非常不同。一些院系损失了一半以上的人员，而另一些院系没有经历解雇。即使在一所大学里，不同的院系之间也存在着很大的差异。40% 的物理学家和近 60% 的数学家被著名的哥廷根大学解雇，但在化学领域没有人被解雇。

表 2 的顶部更详细地描述了这三个学科在数量和质量上的损失。正如已经被证明的那样（Fischer，1991），被解雇的物理学家比平均年龄年轻，但做出了高于平均水平的科学贡献，获得了更多的诺贝尔奖（无论是在 1933 年之前还是之后），在顶级期刊上发表了更多的论文，并获得了更多的引用。在化学方面，被解雇的研究者也比平均水平高，但对比留下来的不那么明显；在数学方面，许多被解雇的人确实是他们的专业中出类拔萃的成员，他们的素质比一般的数学家高得多。

表 2 还报告了解雇前后的合作模式。在物理学领域，顶尖期刊上约 32% 的论文是合著的。大约 11% 的发表是与另一位在德国一所大学担任教职的科学家合著的。这一比例低于合作写作的总体水平，因为物理学家与助理、博士生和研究机构或外国大学的高级同事广泛合作。该表还显示各院系之间的合作程度很低；只有 4% 的发表是与同一所大学的教师合著的。在化学领域，75% 的论文是与他人共同撰写的，12% 是与一位担任教职的同事共同撰写的，只有 4% 是与同一系的一位教师共同撰写的。在数学上，这些数字分别是 17%、10% 和 3%。

该表还显示，在 1933 年以前，未被解雇者和后来被解雇的科学家合作的比例高于人群中被解雇的比例。13.6% 的物理学家被解雇，未被解雇者 19%（= 2.0/10.3×100）的合作是和后来被解雇的人一起合作的。在化学领域，15% 的未被解雇者的合作涉及后来被解

单位：人，%

表 2　被解雇的科学家素质

	物理学 1933~1934 年被解雇				化学 1933~1934 年被解雇				数学 1933~1934 年被解雇			
	总人数	未解雇	被解雇	损失率	总人数	未解雇	被解雇	损失率	总人数	未解雇	被解雇	损失率
研究人员（1933 年初）	287	248	39	13.6	466	405	61	13.1	224	183	41	18.3
主席教授人数	109	97	12	11	156	136	20	12.8	117	99	18	15.4
平均年龄（1933 年）	49.5	50.2	45.1	—	50.4	50.5	49.7	—	48.7	50	43	—
诺贝尔奖获得者人数	15	9	6	40	14	11	3	21.4	—	—	—	—
1925~1932 年的发表												
平均发表数量	0.47	0.43	0.71	20.5	1.69	1.59	2.31	17.9	0.33	0.27	0.56	31.1
平均发表数量（引用量加权）	5.10	3.53	14.79	39.4	17.25	16.07	25.05	19	1.45	0.93	3.71	46.8
合作百分比	32.0	32.1	31.4	—	75.2	74.8	76.9	—	16.9	15.1	20.3	—
院系合作百分比	111	10.3	145	—	11.8	12.3	9.7	—	9.9	9.7	10.2	—
（与被解雇学者合作百分比）	(3.1)	(2.0)	(8.1)		(1.9)	(1.9)	(2.0)		(4.6)	(3.8)	(6.1)	
同校院系合作百分比	3.7	2.9	7.4	—	4.3	4.4	4.1	—	2.6	1.8	4.3	—
（与被解雇学者合作百分比）	(1.5)	(0.5)	(5.9)		(0.9)	(0.9)	(1.1)		(1.7)	(1.2)	(2.7)	
1935~1938 年的发表												
平均发表数量		0.35	32			1.24	0.55			0.2	0.15	
平均发表数量（引用量加权）		2.53	11.12			13.61	528			0.8	0.57	
合作百分比		43	500			81	69.6			14.9	28	
院系合作百分比		6.9	7			3.9	2			6	4	
（与被解雇学者合作百分比）		(0.6)	(4.0)			(0.4)	(2.0)			(0.0)	(4.0)	
同校院系合作百分比		2.6	—			0.9	—			0	—	
（与被解雇学者合作百分比）		(0.0)				(0.1)				(0.0)		

雇的化学家，而在数学领域，39%的未被解雇者的合作涉及后来被解雇的数学家。

表2的底部显示了解雇后的发表和合作模式。研究显示，被解雇教师的工作效率大幅下降，因为他们先是搬到了国外，然后又在国外重新开始了自己的职业生涯。研究还显示，未被解雇者与被解雇科学家的合作变得非常罕见，只有0.6%的论文是由未被解雇物理学家和被解雇的科学家共同发表的，化学是0.4%，数学是0。网上附录中的图A1显示了未被解雇者和被解雇科学家之间的合作模式。毫不奇怪，未被解雇者和被解雇者在1933年和1934年仍然合作（因为解雇直到1933年4月才发生，同时也存在1934年被解雇的情况）。在那之后，合作急剧下降，甚至在后来的许多年完全消失。

为了进行比较，本文报告了德国和美国排名前十的以终身教职人员为重点的科学和经济学院目前的合作模式（在线附录中的表A1）。目前，德国和美国科学院系的合作模式看起来相对相似。很少有来自同一院系的研究人员合作创作。一个很大的例外是物理系内部的高度协作。然而，这主要是由从事粒子加速器研究的物理学家推动的；1930年，E. Lawrence在伯克利发明了一种技术，并于1944年在德国首次使用，因此在本文分析的时间段之后。涉及粒子加速器结果的出版物通常会列出数百名作者（通常超过500名，《物理评论快报》上的一篇文章甚至有744名作者）。对于使用粒子加速器的物理学家来说，合作创作似乎并不是密切合作的好方法。如果把这些物理学家排除在分析之外（约占物理学家总数的15%），对物理学家来说，目前的合作模式也更类似于历史数据。

3　为德国科学家构建数据集

3.1　解雇学者数据

从一些历史资料来源获得关于解雇的数据。主要的资料来源是《德国流离失所学者的名单》（Notgemeinschaft Deutscher Wissenschaftler Ausland, 1937），从中摘录了所有被解雇的物理学家、化学家和数学家。这份名单是由救援组织"德国留学学者紧急联盟"（Emergency Alliance of German Scholars Abroad）编制的，它包含了来自所有学科的1650名被开除的大学研究人员的名字。在线附录2显示了列表物理部分的一个示例页面。该页面显示了四名物理学家，他们已经获得了诺贝尔奖，或者将在未来几年获得诺贝尔奖。

出于各种原因，例如，如果被解雇的研究人员在德国学者名单编制之前就去世了，那么一小部分被解雇的研究人员就没有出现在名单中。为了更全面地衡量所有解雇，用来自次要来源的资料补充解雇数据（Kroener, 1983; Beyerchen, 1977; Siegmund-Schulze, 1998; Deichmann, 2001）。在线附录包括数据结构和第二来源的详细说明。

3.2　1925~1938年所有德国大学科学家数据

为了研究解雇对留德科学家的影响，收集了1925~1938年德国大学所有科学家的数据，数据来源于历史上的大学日历，然后编制物理、化学和数学院系从1924/1925冬季学期（持续从 1924 年 11 月到 1925 年 4 月）到 1937/1938 冬季学期的科学家的年度花名册，数据包括的科学家至少为编外讲师。这是研究人员获得大学任教资格证书，并允许在德国大学任教后，研究人员可以获得的第一个大学职位。

在某些情况中，使用科学家的专业来确定他们相关的同伴群体。关于专业化的数据来自七卷本的《库什纳的德国学者》（*Kuirschners Deutscher Gelehrtenalender*）。这些书是德国研究人员自 1925 年起不定期编纂的清单，其中包含了样本中大约 90% 的科学家。对于剩下的 10%，在网上搜索了一下科学家的专长。总而言之，获得 98% 的科学家掌握的专业。在线附录 1 中的表 A2 给出了所有专业的概述以及每个专业中科学家的比例。

3.3　发表数据

为了衡量科学家的生产力，本文构建了一个每位学者在顶级期刊发表的出版物的数据集。在研究期间，大多数德国科学家发表在德国期刊上。德国期刊的质量非常高，因为许多德国物理学家、化学家和数学家在他们的专业中处于领先地位。这在解雇之前尤其如此，如下文所述："在纳粹出现之前，德国物理学期刊（Zeitschrift fuir Physik，Annalen der Physik，Physikalische Zeitschrift）一直是世界科学在这一领域的中心机构……1930 年，大约 700 篇科学论文发表在《时代杂志》的 7 卷中，其中 280 篇是由外国科学家发表的。"（美国科学促进会，1941）历史研究表明，研究中考虑的期刊在 1933~1938 年没有发生重大变化（Simonsohn，2007）。重要的是，必须指出，下文的识别策略依赖于德国各院系研究人员出版物的变化，这些出版物因解雇而受到不同程度的影响。因此，这些期刊质量的下降不会影响文章结果，因为所有回归都包括年份固定效应。

排名靠前的出版物是基于在线数据库 "ISI 科学网" 中的文章。该数据库由汤姆森科学提供，包含了大量科学期刊的所有贡献。2004 年，数据库扩展到包括 1900~1945 年发表的期刊文章。向后的扩展中包含的期刊都是在 1900~1945 年发表过最相关文章的期刊。因此，本文采用的出版计量方法是同时适用于当时顶级期刊的出版物。

提取了所有德语的物理、化学和数学期刊，这些期刊都包含在 1925~1938 年的数据库中。此外，还添加了一些在德国没有发表的顶级科学期刊，即《自然》《科学》和《伦敦皇家学会学报》。还包括四种非德国顶级专业期刊，它们被科学历史学家推荐为对德国科学界具有一定重要性的期刊（详见在线附录 2）。在线附录表 A3 列出了分析中使用的所有期刊。

对于每个研究人员，计算出每年的两个生产力指标。第一个指标等于某一年在顶级期刊上发表的论文总数。为了量化一篇文章的质量，还构建了第二个度量方法，该方法计算了该文章在发表后的前 50 年被纳入 Web of Science 引用的次数（被任何期刊引用）。这包括那些不在本文期刊列表中但出现在 Web of Science 中的期刊的引用。即这个度量包括来自整个国际科学界的引用。它在很大程度上是基于德国的科学，称之为 "加权发表引用"，它的定义是某一年发表的所有文章的被引次数之和。

在线附录表 A4 列出了每个学科根据加权发表引用度量的前 20 名研究人员。令人欣慰的是，这 20 位顶尖研究人员中的绝大多数都是科学界的知名人士。经济学家们会发现，约翰·冯·诺伊曼（Johann von Neumann）移民美国高等研究院是一件有趣的事情。普林斯顿（Princeton）是被引用最多的数学家。排名前 20 位的研究人员中有大量的诺贝尔奖得主，这表明加权发表引用是衡量学者工作效率的一个很好的指标。

4　识别

4.1　估计同伴效应

利用这个面板数据集，本文估计了科学家之间的同伴效应。研究人员之间的合作可以有不同程度的强度。一种非常直接的同伴互动方式是联合研究项目的联合工作，包括联合发表成果。然而，在很多情况下，同伴之间的互动更加微妙。科学家们在没有共同出版的情况下讨论研究想法并对彼此的工作进行评论。同伴影响研究者工作效率的另一种方式是通过同伴压力。此外，同伴可能会吸引更多的研究经费到本院系，或与业内有影响力的成员有更好的联系。在本文中，估计了上述所有同伴效应的总和。

评估同伴效应的标准方法包括将个人的生产力回归到同伴的平均生产力上。然而，学术研究人员的工作效率不仅受到同伴平均水平的影响，还受到他们能与之互动的同伴数量的影响。

由于大学院系在质量和规模上存在很大的差异，因此，研究科学家之间同伴效应的这两个维度非常重要。因此，对所有留在德国的科学家进行以下回归：

$$\#Publications_{iut} = \beta_1 + \beta_2 (Peer\ Quality)_{ut} + \beta_3 (\#\ of\ Peers)_{ut} + \beta_4 Age\ Dummies_{iut} + \beta_5 YearF\ E_t + \beta_6 IndividualF\ E_i + \varepsilon_{iut} \tag{1}$$

估计（在下文中，将他们称为"留下人员"）：将大学 u 的科学家 i 在年份 t 的发表总数回归到他的同伴和其他控制变量上。回归分别对物理、化学和数学进行估计，因为不同的学科有不同的发表和合作模式。同伴质量被计算为一个研究者的同伴的平均生产力。只有当院系组成变化时，同伴的平均质量才发生变化。因此，同一组同伴发表的年度波动不会影响同伴的质量。潜在的假设是，不管爱因斯坦在某一年发表了多少论文，他对同伴的影响总是一样的。

同伴效应的影响有一定的滞后。在实际发表日期之前，同伴会影响新想法和论文的创作。另一个延迟是由于出版滞后。科学研究出版的速度比其他研究如经济学要快得多。研究表明，同伴的影响应该以大约 1 年的滞后时间来衡量。留在德国的科学家与 1933 年、1934 年被解雇的同伴合作可以用来研究可能存在的滞后现象。在线附录 1 中的图 A1 报告了留德科学家和解雇科学家的合作比例。由于化学家不仅共同发表了大量的论文，而且平均也发表了更多的论文，因此化学数据的噪声最小。1935 年，与被解雇的科学家一起发表的留德科学家数量直线下降，正好是本文考虑解雇科学家的那一年。因此，在估计式（1）时，对同伴变量使用了 1 年的滞后，不同的滞后并不影响结果。

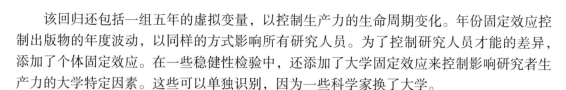

该回归还包括一组五年的虚拟变量，以控制生产力的生命周期变化。年份固定效应控制出版物的年度波动，以同样的方式影响所有研究人员。为了控制研究人员才能的差异，添加了个体固定效应。在一些稳健性检验中，还添加了大学固定效应来控制影响研究者生产力的大学特定因素。这些可以单独识别，因为一些科学家换了大学。

4.2 使用解雇作为同伴质量和数量的工具变量

使用 OLS 估计方程（1）将导致对 β_2 的估计有偏。一个重要的问题是由选择引起的。选择的发生不仅是因为科学家们自己选择了具有类似质量的同伴的院系，还因为院系任命了具有类似生产力的教授。遗漏变量，例如（未观察到的）新实验室的建设，可能会使同伴效应的估计进一步复杂化。此外，同伴效应的测量误差同时也可能会使回归估计产生偏差。

为了解决这些问题，本文将纳粹政府解雇科学家作为科学家同伴群体的工具变量。数据表明，受影响的院系的规模均高于平均规模，解雇人员导致院系规模的大幅下降。由于缺乏合适的研究人员和缓慢的任命程序，这些被解雇的人员没有立即被替换。被解雇的物理学家的平均工作效率比没有被解雇的物理学家高。因此，1933 年以后，受影响院系的平均同伴质量有所下降。这些被解雇的院系也低于平均水平。这些院系的平均质量提高了。然而，总的来说，解雇降低了物理专业的平均水平。在线附录图 A2 和图 A3 显示了化学和数学院系规模和质量的演变。在化学方面，受影响的院系的质量高于平均水平，但差异没有在物理方面那么明显。尽管解雇对所有院系的平均水平没有产生很大的影响，它对个别院系的平均水平有很大的影响。然而，在平均同伴质量下降的院系和在同伴质量改进的院系，其影响几乎全部抵消。在数学方面，被解雇的院系平均规模更大，质量更高。1933 年以后，受影响院系的院系规模和同伴质量急剧下降。

大多数解雇发生在较大和较好的院系，这一事实并不使识别策略失效，因为将通过包括个体固定影响来消除级别影响。双重差分策略的关键假设是，受影响院系与未受影响院系的趋势在解雇前是相同的。下面，将以各种方式说明情况确实如此。

使用解雇作为同伴平均质量和同伴数量的工具变量。两个第一阶段回归分别为：

$$\text{Avg. Peer Quality}_{ut} = \gamma_1 + \gamma_2 (\text{Dismissal Induced Fall in Peer Quality})_{ut} + \gamma_3 (\# \text{ Dismissed})_{ut} + \gamma_4 \text{Age Dummies}_{iut} + \gamma_5 \text{Year F E}_t + \gamma_6 \text{Individual F E}_i + \varepsilon_{iut} \quad (2)$$

$$\#\text{of Peers}_{ut} = \delta_1 + \delta_2 (\text{Dismissal Induced Fall in Peer Quality})_{ut} + \delta_3 (\# \text{ Dismissed})_{ut} + \delta_4 \text{Age Dummies}_{iut} + \delta_5 \text{Year F E}_t + \delta_6 \text{Individual F E}_i + \varepsilon_{iut} \quad (3)$$

式（2）为平均同伴质量的第一阶段回归。衡量平均同伴素质的关键工具被称为"解雇导致同伴质量下降"，它衡量的是由于解雇导致同伴质量下降多少。1933 年之前，所有院系该变量的值为 0。1933 年之后，定义如下：

Dismissal Induced Fall in Peer Quality = (Avg. Peer Quality before1933) – (Avg. Peer Quality before 1933 | stayer)

1933 年以后，"解雇导致同伴质量下降"对于所在院系有被解雇且高于平均水平的科学家来说是正的，对于所在院系没有被解雇或者被解雇的质量低于平均的科学家，该变量仍然为零。该工具变量是基于1925～1932年生产力指标所衡量的同伴质量的变化。采用1933年以后的数据衡量质量将是有问题的，因为1933年以后的生产力可能受到解雇的影响。

第二个工具变量是某一院系解雇的人数。这个变量在1933年之前为零，之后等于解雇的人数。

1933年之后，解雇可能导致一些科学家换大学。这种变化很可能是内生的，因此会对研究人员的生产力产生直接影响。因此，给每个科学家分配了他在开始时所在院系的解雇变量。由于解雇效应可能与院系内所有留下人员相关，因此将标准误差聚类为大学层面。

5　解雇对留在德国的科学家的效应

作为实证分析的起点，本文展示了解雇是如何影响留在德国大学的科学家的生产力的。虽然顶级刊物的年度波动较大，但解雇似乎对留德人员的发表没有明显的影响。化学和数学的数据显示了类似的模式，见网上附录的图A4和图A5。

为了得到解雇的数量估计，估计如下的约减形式方程。

将研究人员（加权引用）发表回归到工具变量上，这个回归本质上是解雇效应的一个双重差分估计，比较了解雇院系研究者在解雇前和解雇后的发表差异和未受影响研究者在两个阶段的差异。如果解雇对留德人员的生产力有负向效应，解雇变量的系数应该是负的。

估计系数都非常接近于零，只有解雇人数的一个系数显著为负（见表3）。以加权引用发表为因变量的回归系数更大，因为加权引用发表的均值要大得多。解雇导致同伴质量下降的系数大部分为正，这尤其令人惊讶，因为同伴质量通常被认为是同伴效应的主要因素。

表3　基本回归（部门级同侪）

因变量	(1)	(2)	(3)	(4)	(5)	(6)
	物理		化学		数学	
	发表数	引用量加权发表数	发表数	引用量加权发表数	发表数	引用量加权发表数
解雇导致同侪质量的损失	0.029	0.31	0.012	0.38	0.022	-0.46
	(0.015)	(0.235)	(0.015)	(0.303)	(0.031)	(0.337)
解雇人数	-0.021	-0.017	-0.018*	-0.13	-0.018	-0.016
	(0.017)	(0.302)	(0.009)	(0.222)	(0.015)	(0.167)
年龄虚拟变量	Yes	Yes	Yes	Yes	Yes	Yes
时间虚拟变量	Yes	Yes	Yes	Yes	Yes	Yes

续表

因变量	(1)	(2)	(3)	(4)	(5)	(6)
	物理		化学		数学	
	发表数	引用量加权发表数	发表数	引用量加权发表数	发表数	引用量加权发表数
个体固定效应	Yes	Yes	Yes	Yes	Yes	Yes
样本数	2261	2261	3584	3584	1538	1538
个体数	258	258	413	413	183	183
R^2	0.39	0.25	0.67	0.54	0.32	0.2

注: * 表示 $p < 0.1$。

$$\#Publications_{iut} = \theta_1 + \theta_2 (\text{Dismissal Induced Fall in Peer Quality})_{ut} + \theta_3 (\# \text{Dismissed})_{ut} +$$
$$\theta_4 \text{Age Dummies}_{iut} + \theta_5 \text{Year F E}_t + \theta_6 \text{Individual F E}_i + \varepsilon_{iut} \tag{4}$$

研究哪些效应大小可以在95%的置信区间被排除。对于解雇数量，失去一名物理同伴后，导致发表下降超过0.06（解雇前的平均发表为0.47）。对于化学和数学，可以排除的效应大于0.036（发表的平均值为1.69）和0.050（发表的平均值为0.33）。

为了研究哪种效应大小由于降低同伴质量在95%的置信度下排除，使用了下面的思维实验。假设一个拥有平均质量和平均规模的院系因为解雇而损失了一位诺贝尔奖得主（平均诺贝尔奖获得者的质量），那么能以95%的信心排除多少留德科学家发表的下降呢？这是一个很有吸引力的问题，因为这可能与今天一个顶尖院系的诺贝尔奖得主被另一所大学夺走有关。结果表明，失去一位诺贝尔奖得主的影响将使留德科学家每年发表的物理学论文最多减少0.0019篇（平均发表量为0.47篇）。在化学领域，失去一位诺贝尔奖得主所带来的质量损失不会高于0.031份（平均发表量为1.69份）。在数学方面，如果失去一位排名前20的数学家，就可以排除发表量下降0.048的可能性，因为数学领域没有诺贝尔奖得主。

出版物和引文加权出版物是计数数据，永远不能为负数。因此，人们可能更喜欢使用专门处理数据性质的模型来估计简化形式，而不是OLS。在线附录中的表A5报告了简化形式的泊松回归，结果非常相似。

使用解雇来确定同伴影响的一个重要假设是，如果没有解雇，受影响院系和未受影响院系的留德科学家的发表将遵循相同的趋势。为了研究这一识别假设，我因此估计了一个安慰剂实验，只使用解雇前的时间，并将解雇时间从1933年移至1930年。在线附录表A6中报告的结果表明，1933年以前，被解雇院系的科学家并没有遵循不同的生产率趋势。

6 使用解雇识别本地同伴效应

6.1 院系层面的同伴效应

在这一节中，使用解雇作为外生变化来估计本地同伴效应。首先估计两个第一阶段回归：一个是平均同伴质量，另一个是同伴数量。

在三个学科中，解雇会显著地导致同伴素质下降（见表4，第（1）列、第（3）列、第（5）列）。解雇的数量对物理和化学的同伴质量没有显著影响，但对数学有显著影响。第（4）列和第（6）列报告了同伴的数量。解雇导致的同伴质量下降不会影响同伴的数量，但解雇的数量会显著影响同伴的数量。这表明，解雇提供了两个正交的工具变量：一个是同伴质量，另一个是院系规模。

表4 第一阶段回归（部门级同侪）

因变量	(1)	(2)	(3)	(4)	(5)	(6)
	物理		化学		数学	
	同侪质量	院系规模	同侪质量	院系规模	同侪质量	院系规模
解雇导致同侪质量的损失	−0.644*	−0.147	−1.114**	0.011	−1.355**	−0.228
	(0.099)	(0.130)	(0.196)	(0.110)	(0.149)	(0.174)
解雇人数	0.017	−0.570**	−0.047	−0.998**	0.160**	−0.470**
	(0.098)	(0.117)	(0.162)	(0.091)	(0.053)	(0.062)
年龄虚拟变量	Yes	Yes	Yes	Yes	Yes	Yes
时间虚拟变量	Yes	Yes	Yes	Yes	Yes	Yes
个体固定效应	Yes	Yes	Yes	Yes	Yes	Yes
样本数	2261	2261	3584	3584	1538	1538
个体数	258	258	413	413	183	183
R^2	0.59	0.9	0.66	0.91	0.7	0.81
工具变量F检验	81.9	103.1	18.3	64.3	47.8	66.2
克拉格—唐纳德EV统计量	12.8		89.8		46.7	

注：** 表示 $p<0.5$，* 表示 $p<0.1$。

表5报告了同伴效应模型方程（1）的估计结果。由于识别问题，OLS的估计结果不能说明问题，本文讨论用解雇作为工具变量的结果。第（2）列、第（6）列、第（10）列以发表为因变量报告结果，第（4）列、第（8）列、第（12）列以加权发表引用为因变量报告结果。同伴变量的系数非常小，没有一个显著不为零。在一些情况中，平均同伴质量的系数甚至为负。在大多数情形中，平均同伴质量系数甚至有一个负号。结果表明，同伴的数量尤其是同伴的质量不太可能影响科学家的生产率。这一结果适用于两种不同的生产率衡量方法。这表明，在有或没有被解雇的院系中，科学家对文章的引用的差异并不能解释这些发现。此外，结果在三个学科中是稳健的。

表5 工具变量回归结果（部门级同侪）

因变量	(1)	(2)	(3)	(4)	(5)	(6)	(7)	(8)	(9)	(10)	(11)	(12)
	物理				化学				数学			
	OLS	IV	OLS	IV	OLS	IV	OLS	IV	OLS	IV	OLS	IV
	发表数	发表数	引用量加权发表数	引用量加权发表数	发表数	发表数	引用量加权发表数	引用量加权发表数	发表数	发表数	引用量加权发表数	引用量加权发表数
解雇导致同侪质量的损失	0.004	−0.054	−0.048	−0.488	0.006	−0.010	0.085	−0.342	0.014	−0.022	0.517**	0.318
	(0.005)	(0.035)	(0.075)	(0.496)	(0.003)	(0.015)	(0.057)	(0.265)	(0.015)	(0.026)	(0.167)	(0.262)
院系规模	−0.007	0.035	−0.177**	0.016	−0.011	0.019	0.089	0.147	0.004	0.032	0.041	0.143
	(0.004)	(0.034)	(0.062)	(0.553)	(0.007)	(0.010)	(0.193)	(0.218)	(0.010)	(0.026)	(0.067)	(0.322)
年龄虚拟变量	Yes	Yes	Yes	Yes	Yes	Yes	Yes	Yes	Yes	Yes	Yes	Yes
时间虚拟变量	Yes	Yes	Yes	Yes	Yes	Yes	Yes	Yes	Yes	Yes	Yes	Yes
个体固定效应	Yes	Yes	Yes	Yes	Yes	Yes	Yes	Yes	Yes	Yes	Yes	Yes
样本数	2261	2261	2261	2261	3584	3584	3584	3584	1538	1538	1538	1538
个体数	258	258	258	258	413	413	413	413	183	183	183	183
R^2	0.39		0.25		0.67		0.54		0.32		0.20	
克拉格—唐纳德 EV 统计量		12.79		12.79		89.76		89.76		46.73		46.73

注：**表示 $p<0.5$，*表示 $p<0.1$。

6.2 院系层面工具变量结果的稳健性检验

令人惊讶的是，没有在本地层面找到同伴效应的证据。因此，本文估计了一些稳健性检查来分析这个结果的稳健性。本节讨论的所有回归结果都报告在在线附录中。为了研究估计结果是否受干扰于解雇影响了整个学术体系，从回归中删除了 1933 年和 1934 年。省略那些动荡的年份并不影响文章的发现（见表 A7，第 1 列）。

同伴效应在科学家职业生涯的早期或后期可能尤其重要。通过把样本分成两组来检验这个假设：低于 50 岁的为年轻的科学家，高于 50 岁的为年长的科学家。没有迹象表明同伴效应对某些年龄组特别重要，因为没有一个系数显著异于 0（第 2 列和第 3 列）。进一步研究了同伴效应在大院系与小院系（第 4 列和第 5 列）以及高质量院系与低质量院系（第 6 列和第 7 列）中的重要性。在这些维度分样本考虑，结论依然稳健。

上述回归分析包括年份固定效应和个体效应。当科学家换大学时，可以分识别个体和大学的固定效应识别。第 8 列报告的结果包括大学固定效果和个体固定效果。结果非常相似，事实上，当同时考虑大学和个体固定效应时，本文所估计的结果几乎都是相同的。

为了排除受影响院系的不同生产率趋势，在回归中包括了大学的特定时间趋势。包含大学特有的时间趋势几乎不会影响结果（第 9 列）。这进一步证实了时间趋势的差异并不能解释同伴效应的缺失。

更令人担心的是，留德科学家可能已经从被解雇的受影响院系的实验室或实验中接管了工作。这可能对他们的生产力产生了积极的影响，抵消了失去同伴可能带来的负面影响。数学的结果不应该受到这种行为的影响，其他两个学科类似，而且确实与其他两个学科的结果非常相似。另一种解决实验室接管是否会影响结果的方法是，只对理论物理学家进行回归估计。尽管对结果的估计不够精确，但在理论物理中没有证据表明存在同伴效应（第 10 列）。

将解雇作为工具变量依赖于这样一种假设，即解雇仅通过影响科学家的同伴群体来影响科学家的生产力。值得注意的是，任何以类似方式影响德国所有研究人员的因素，如期刊质量可能下降，都将被年份固定效应捕获，因此不会使识别策略失效。由于未受影响的院系作为一个对照组，只有与解雇同时发生变化的因素和只影响解雇院系（或只影响未解雇院系）可能是识别策略的潜在威胁。大多数潜在偏误，如干扰效应或教学负担增加，将使用解雇学者作为工具变量的结果偏向于存在同伴效应。由于没有找到本地同伴效应的证据，因此不必太担心这些偏误。然而，违反排除在外的限制将会导致低估同伴效应。在线附录（附录 1 和表 A8）中更详细讨论的结果表明解雇与晋升激励的变化无关。此外，解雇与留职人员因退休或其他原因而离开样本的可能性无关。还表明，那些可能从纳粹政府的优惠待遇中受益的狂热的纳粹支持者的数量与解雇无关，以及资金方面的变化不太可能影响文章的结果。

6.3　专业层面的同伴效应

在之前的回归中，同伴群体的定义是基于一个科学家的院系的所有同伴。然而，科学家的生产力可能只受到从事非常相似领域的同伴的影响。为了研究这个假设，使用科学家的专业来定义他们的同伴群体。根据这个同伴群体的定义，实验物理学家的相关同伴仅仅是他所在院系的其他实验员，而不是理论物理学家、技术物理学家或天体物理学家。

与院系结果相似，同伴群体变量的系数非常小，没有一个与零有显著差异（见表6）。此外，如果期望积极的同伴效应，那么同伴素质的研究结果往往是错误的。数学的结果估计得不那么精确，因为大多数数学家并没有把他们的研究局限于一两个专门领域。他们中的许多人从事非常不同的主题，即使在今天也不能精确地分配给特定的专业。然而，没有证据表明在数学上有任何显著的同伴效应。在更特殊的子领域中，可能会出现本地同伴效应。由于本文考虑的专业化的研究人员的平均数量大约是3.5，这些更小的子领域必须非常专业化。

表6　工具变量回归结果（专业层面同侪）

因变量	（1） IV	（2） IV	（3） IV	（4） IV	（5） IV	（6） IV
	物理		化学		数学	
	发表数	引用量加权发表数	发表数	引用量加权发表数	发表数	引用量加权发表数
解雇导致同侪 质量的损失	−0.021 （0.029）	−0.410 （0.581）	−0.010 （0.009）	−0.029 （0.127）	−0.429 （3.457）	3.822 （28.153）
专业化同侪数目	−0.021 （0.029）	−0.727 （0.482）	0.010 （0.040）	−0.725 （0.881）	0.465 （3.487）	−3.450 （28.298）
年龄虚拟变量	Yes	Yes	Yes	Yes	Yes	Yes
时间虚拟变量	Yes	Yes	Yes	Yes	Yes	Yes
个体固定效应	Yes	Yes	Yes	Yes	Yes	Yes
样本数	2257	2257	3567	3567	1538	1538
个体数	256	256	405	405	183	183
克拉格—唐纳德 EV 统计量	81.8	81.8	73.69	73.69	0.23	0.23

6.4　高水平同伴的同伴效应

最近对美国生命科学家的研究表明，明星科学家对合著者的影响特别大（Azoulay et al.，2010）。在前面的回归中，关于平均同伴质量是如何影响生产力的，很可能只有高质量的同伴才会影响科学家的生产力。

为了验证这一假设，首先将生产率逐年对同伴数量进行回归（以解雇人数为工具变量）。然后，研究了中等质量以上同伴的数量如何影响生产力（现在用被解雇的中等素质以上同伴的数量作为工具）；继续使用前 25% 的同伴数量、前 10% 的同伴数量，以及前 5% 的同伴数量，使用的工具变量是相应质量和院系被解雇的同伴数量。因为很多被解雇的科学家都是高质量的，即使在高质量的水平上，在同伴的质量上也有足够的差异。

第一阶段回归结果见在线附录表 A10，是高度显著的（F 统计量在 8.2 和 488.6 之间；在 15 个第一阶段回归中，只有 1 个的 F 统计量低于 10，许多的 F 统计量高于 100）。工具变量回归如表 7 所示。与以前的表不同，表 7 报告了五种不同定义的同伴的回归（同伴的数量，高于中等质量的同伴数量，前 1/4 质量的同伴数量，等等）。值得注意的是，28 个估计的用解雇学者作为工具变量的系数与零没有显著差异，其中许多系数甚至有一个负号。在 5% 的水平上，两个系数与零有显著的差异，但如果期望高质量的同伴会对同事的生产力产生积极的影响，那么就错了。这些结果进一步证明，即使是高质量的同伴，似乎也不会对科学家的生产力产生积极的影响。

表 7　工具变量回归结果（高质量同侪）

因变量	物理		化学		数学	
	发表数	引用量加权发表数	发表数	引用量加权发表数	发表数	引用量加权发表数
同侪数量	−0.003	−0.329	0.016	0.041	0.022	0.284
	(−0.013)	(0.198)	(−0.010)	(0.231)	(−0.017)	(−0.380)
第一阶段回归 F 统计量	795.5	195.5	126.7	126.7	104.9	104.9
前 50% 同侪的数量	−0.003	−0.221	0.027	0.174	0.019	0.219
	(−0.009)	(0.142)	(−0.017)	(−0.364)	(−0.016)	(−0.335)
第一阶段回归 F 统计量	241.1	241.1	362.6	362.6	94.4	94.4
前 25% 同侪的数量	−0.015	−0.637*	0.026	0.000	0.001	0.140
	(0.016)	(0.239)	(0.017)	(0.419)	(0.016)	(0.336)
第一阶段回归 F 统计量	423.7	423.7	488.6	488.6	485.8	485.8
前 10% 同侪的数量	−0.011	−0.695	0.076	−0.545	0.004	0.439
	(0.032)	(0.395)	(0.048)	(1.011)	(0.03)	(0.616)
第一阶段回归 F 统计量	29.6	29.6	19.4	19.4	39.6	39.6
前 5% 同侪的数量	−0.031	−1.336*	0.160	0.805	0.026	0.686
	(0.043)	(0.626)	(0.126)	(2.516)	(0.020)	(0.570)
第一阶段回归 F 统计量	201.6	201.6	8.2	8.2	46	46
年龄虚拟变量	Yes	Yes	Yes	Yes	Yes	Yes
时间虚拟变量	Yes	Yes	Yes	Yes	Yes	Yes
个体固定效应	Yes	Yes	Yes	Yes	Yes	Yes

7 结论

把对科学家的解雇作为同伴数量和质量的外生变异，并表明同伴似乎并不影响科学家的生产力。这一发现是对不同学科、不同层面的分析。这是一个令人惊讶的结果，因为许多研究人员认为本地同伴效应很重要。

虽然只是暗示性的，但对于缺乏本地同伴效应有许多可能的解释。第一种解释是文章没有研究长期效应，因为只包括 1933 年解雇之后 5 年的数据。第二种解释可能是，分析的是相对成熟的研究人员。很有可能一旦一个人建立了科学事业，同伴间的交流就变得不那么重要了。事实上，高质量的数学教授被解雇对博士生的成绩有很强的负面影响（Waldinger，2010）。第三种可能的解释是，德国科学界在第二次世界大战之前是相互融合的。会议很常见，科学家在德国也很活跃。因此，研究人员的地理位置对更成熟的研究人员来说可能不是很重要。缺乏本地同伴效应的另一个原因可能是科学比经济学等其他学科更加专业化。

一个重要的问题是，20 世纪二三十年代同伴效应的证据能否帮助我们理解今天的同伴互动。许多原因表明，这项研究的发现可能与理解当今研究者之间的溢出效应有关。本文所研究的三个学科在当时已经有了很好的确立，尤其是在德国。事实上，德国是 20 世纪头几十年科学研究的领导者。如果说同伴效应是科学生产力的一个重要决定因素，那么在 20 世纪初的德国这样一个蓬勃发展的研究环境中，它可能尤其重要。当时的科学研究遵循的实践和惯例与当前的研究方法非常相似。科学家把他们的研究结果发表在学术期刊上，会议很常见，而且研究人员在讲德语的科学界的流动性令人吃惊。与今天不同的是，他们不能通过电子邮件进行交流。然而，他们可以通过与其他大学的同事频繁的邮件往来，生动地讨论他们的研究。

最近对当今科学家的研究似乎也表明，本地的溢出不太可能是重要的。Dubois 等（2010）研究表明，本地的溢出效应并不影响 1984～2006 年数学家的生产力。此外，Azoulay 等（2010）发现，失去一位当地的合著者对生命科学家的生产力的影响并不比失去一位来自不同大学的合著者大。

问题仍然是，为什么科学家表现得好像当地的同伴是思想产生过程中的关键输入。一种可能的解释是，受人尊敬的同伴纯粹是一种私人利益，即它进入了科学家的效用函数，但不影响他的生产力。另一种解释可能是，本地的溢出效应很重要，但它们的规模非常小。

第二部分　区域经济学科热点问题

第五章

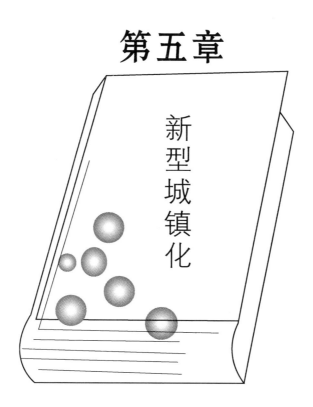

新型城镇化

一、新型城镇化动力机制

1. 城市化中人口质量提升与数量增长的再平衡——补偿性增长假说

作者：袁富华；张平；楠玉

单位：中国社会科学院经济研究所

期刊：《经济学家》

关键词：城市化；人口增长；低度均衡；补偿性增长

摘要：人口增长向低度均衡路径收敛，是大规模工业化之后发达国家的普遍经历，现在和未来较长时期，中国将面临类似的局面，这是城市化发展和结构条件变化的必然。借助"公共政策—经济效率"的一体化协调，实现低度均衡路径上人口增长的补偿，以免人口增长长期滑出合意的均衡路径。为了实现城市化阶段的发展可持续性，人口质量问题无疑是政策优先选项，唯此才有望实现"经济效率—民生保障"的良性循环。政策次序上以人口质量提升为先、兼顾质量提升和数量增长的再平衡，是理解中国城市化人口问题的根本切入点。

发表时间：2020-02-05

2. 城市化、人力资本集聚与产业结构调整

作者：吴振华

单位：辽宁大学经济学院

期刊：《经济体制改革》

关键词：城市化；人力资本集聚；产业结构调整

摘要：城市化会通过人力资本集聚影响产业结构调整。基于此，本文选择2003~2018年我国31个省际面板数据予以实证检验。研究发现：城市化通过人力资本集聚提高了全国产业结构合理化与高级化指数；人力资本集聚对产业结构合理化的作用在东部最大，对产业结构高级化的作用在中部最大；城市化对人力资本集聚的作用在中部最大；产业结构调整对城市化的作用在东部最大。因此，长期产业结构调整应强调城市化的主体地位，强化人力资本集聚，有效发挥人力资本集聚对产业结构的调整作用。

发表时间：2020-01-25

3. 新中国 70 年城市化演进逻辑、基本经验与改革路径

作者： 刘家强；刘昌宇；唐代盛

单位： 西南财经大学中国西部经济研究中心；中国人民大学人口与发展研究中心；西南财经大学工商管理学院；北京交通大学经济管理学院

期刊：《经济学家》

关键词： 新中国 70 年；城市化；演进逻辑；基本经验；改革路径

摘要： 我国城市化的演进逻辑体现为人本主义的兴起、市场化方式的介入、《马丘比丘宪章》理念的植入和社会基础的统一性，城市化的成功实践得益于城市目标模式、城市经济模式、城市道路模式、城市管理模式、城市体系模式和城市生态模式的转型。随着中国特色社会主义进入新时代，我国现代意义的城市化需要在城市和农村两个层面实现新的突破：一方面，做实国家战略城市群的基础——大都市区的发展，让更多农业人口转移到城市获得平等的发展机会，实现城市化由"雅典宪章"向"马丘比丘宪章"的演进，城市化模式由此演化为"结构形态转换型"；另一方面，实现从"单向性"城市化向"双向性"城市化转型，设计社会权利与社会资源对等配置的城乡制度，实现农业生产的规模经济和"乡贤文化"的回归，做实城市化发展过程中农业农村的崛起。

发表时间：2020-01-05

4. 我国人口迁移成本、城市规模与生产率

作者： 王丽莉；乔雪

单位： 复旦大学经济学院；中国人民大学经济学院

期刊：《经济学（季刊）》

关键词： 人口流动；城市规模；空间资源错配

摘要： 本文将包含人口流动摩擦的空间均衡模型与我国地级市数据相结合，研究人口迁移对我国劳动力资源配置、城市规模与经济效率的影响。研究发现，我国城市的劳动力进入壁垒远高于农村非农业部门，同时大城市的劳动力进入壁垒高于中小城市，导致我国城市化滞后于工业化，城市规模分布呈现出中小城市偏多、大城市偏少的扁平化特征。进一步降低人口流动壁垒将有利于我国城市规模的扩张与劳动力资源配置效率的改进。

发表时间：2019-10-15

二、城市空间新格局

1. 构建新时代社会主义现代化国家的空间布局战略体系——基于城市化发展的考察

作者：唐亚林
单位：复旦大学国际关系与公共事务学院

期刊：《同济大学学报（社会科学版）》
关键词：改革开放空间布局；城市化发展；大都市圈；区域协同治理；新时代

摘要：当代中国的改革开放进程，经历了一个从平面化到立体化的空间演化过程，并进入到了以中心城市和都市圈为引领的城市群中国时代，构建了大都市圈发展格局、跨域经济带发展格局、跨域城市群发展格局、区域发展格局与跨国经济文化带发展格局相互联通、贯通与叠加，融"都带群区路"等发展战略于一体的新时代社会主义现代化国家的空间布局格局。从中国的改革开放空间布局战略到新时代社会主义现代化国家的空间布局战略体系的演进，折射的是当代中国城市化自身发展的演进逻辑与新型城市化发展道路开辟的发展逻辑的"双重逻辑"建构，以及由此开创的人类社会以大都市圈为导向的城市化发展模式的理论叙事重构的新篇章。大都市圈以遵循经济发展规律、探索新型大都市治理范式、引领城乡融合发展、实施新型"都带群区路"融合发展战略体系的多重目标而成为介于中心城市与城市群之间的最佳实践场景和发展形态，并在实践中形成了"抓两头促中间"的区域协同治理体制机制创新路径，即在宏观层面上注重"顶层设计、规划引领、制度对接"，在微观层面上重视"基础设施、互联互通、标准一体"，在中观层面上推动区域"产业链集群发展、多元主体协同治理、经济社会文化一体化发展"，为全面提升新时代中国以大都市圈为核心的城市化发展绩效，最终走出一条由人民本位观引领的具有普遍意义的新型城市发展道路奠定理论与实践基础。

发表时间：2021-02-25

2. "十四五"时期中国城镇化战略与政策

作者：魏后凯；李玏；年猛
单位：中国社会科学院农村发展研究所；中国社会科学院大学

期刊：《中共中央党校（国家行政学院）学报》
关键词："十四五"规划；城镇化；都市圈；发展战略

摘要："十三五"时期，中国城镇化建设取得一系列显著成效。城镇化继续快速推进，地区间差距不断缩小，城市群成为国家推进城镇化和经济发展的战略核心区。目前，中国城镇化面临的核心问题不是水平高低、速度快慢的问题，而是质量不高的问题。农业转移人口市民化进程严重滞后、城乡融合发展体制机制中一些关键环节尚未打通、城镇化推进的资源环境代价过大等是中国城镇化面临的严峻挑战。"十四五"时期，中国的城镇化将继续推进，但推进速度会进一步放缓。预计到2025年，中国城镇化率将达到65.5%左右，其中东部、中部、西部和东北地区将分别达到73.0%、63.1%、61.2%和66.7%。为此，应坚持以人为核心，以城乡高质量融合发展为引领，全面提升城镇化质量，走出一条推进速度适度合理、市民化质量有效提高、城镇化格局均衡有序、城乡发展深度融合、绿色健康可持续的中国特色高质量城镇化之路。在具体举措上，应强化中心城市的引领、示范和辐射带动作用，推动形成全球中心城市、国家中心城市、区域中心城市和地方中心城市四级中心城市体系；在国家层面规划建设34个高品质都市圈，使之成为新时期推进新型城镇化的核心区域；加快推进设市进程，鼓励特大镇设市，严格控制县改区；对扩张、稳定、收缩型城镇实行差异化政策；打通宅基地退出与集体经营性建设用地入市的连接渠道。

发表时间：2020-08-01

3. 区划调整的城市化逻辑与效应

作者：殷冠文；刘云刚

单位：山东师范大学地理与环境学院/"人地协调与绿色发展"山东省高校协同创新中心；华南师范大学地理科学学院

期刊：《经济地理》

关键词：区划调整；政区合并；地域型政区；地方政府；城市化；撤县设区；城乡融合发展

摘要：改革开放后，地方政府成为中国城市化进程中的主导力量，"市管县""撤县设区"等行政区划调整政策成为推动城市化的主要手段。但是，对于城市发展中的政府作用和区划调整，既有研究基于多方治理视角，多持批判和否定态度。本文以主体行为视角来考察地方政府的作用，并提出了区划调整推动城市化发展的逻辑框架。研究发现，通过区划调整，地方政府实现了从城市型政区向地域型政区的转变，利用权力的集中化以及城市增长极的扩散效应，推动城乡融合和一体化发展。同时，实证研究表明，区划调整带动了乡村地区的基础设施、产业结构、社会管理、居民意识向城市属性转变，最终实现了"真"的城市化，验证了"政区合并先导型城市化"的有效性。

发表时间：2020-04-26

4. 超越"星球城市化"：中国城市研究的新方向

作者：姚华松；黄耿志；陈昆仑；叶昌东

单位： 广州大学公共管理学院；中山大学地理科学与规划学院；中国地质大学（武汉）体育学院；华南农业大学林学与风景园林学院

期刊：《经济地理》

关键词： 星球城市化；全球化；资本主义；空间修复；新型城镇化；人口区隔；生态环境风险

摘要： 全球化和后工业社会背景下，全球范围的城市与区域联系更加紧密，多尺度、广联系的全球城市网络体系正在出现，城市发展的过程与逻辑发生重大变化，"星球城市化"的概念应运而生。本文在介绍"星球城市化"的相关概念及内涵基础上，聚焦我国改革开放以来城市发展与演变的整体表现，检视"星球城市化"理论对中国城市化过程的解释力。研究认为，我国40年快速城市化过程印证了"星球城市化"的诸多特征与表现。随着全球化的逐步推进和全球资本主义扩张的日渐深入，中国越来越多的城市和地方卷入全球资本大循环过程中，资本导向下的"空间修复"对原有"下垫面"进行了革命性的变革与颠覆。对于新时代的中国城市研究，本文认为一方面要分析"星球城市化"在中国城市化进程中的各种空间形式、表征内容、影响方式与响应机制等，探究空间资本化、资本在地化的发展机理与逻辑过程；另一方面要积极应对和处理"星球城市化"引致的各种矛盾、冲突和问题，为中国健康和可持续新型城镇化进程奠定基础。

发表时间：2020-04-26

三、对国道的投资有利于还是损害了腹地城市的发展？

Does Investment in National Highways Help or Hurt Hinterland City Growth?

作者： Nathaniel Baum-Snow, J. Vernon Henderson, Matthew A. Turner, Qinghua Zhang, Loren Brandt

期刊： *Journal of Urban Economics*

摘要： We investigate the effects of the recently constructed Chinese national highway system on local economic outcomes. On average, roads that improve access to local markets have small or negative effects on prefecture economic activity and population. However, these averages mask a distinct pattern of winners and losers. With better regional highways, economic output and population increase in regional primates at the expense of hinterland prefectures. Highways also affect patterns of specialization. With better regional highways, regional primates specialize more in manufacturing and services, while peripheral areas lose manufacturing but gain in agriculture. Better access to international ports promotes greater population, GDP, and private sector wages on average, effects that are probably larger in hinterland than primate prefectures. An important policy implication is that investing in local transport infrastructure to promote growth of hinterland prefectures has the opposite effect，causing them to specialize more in agriculture and lose economic activity.

关键词：Transportation；Urban Growth；Economic Geography

对国道的投资有利于还是损害了腹地城市的发展？

译者：宋准

摘要：我们研究了中国近年来建成的国道系统对地方经济的影响。平均而言，改善了当地市场可达性的道路，对地市经济活动和人口的影响较小或者影响是负向的。然而，这些平均值掩盖了赢家和输家间截然不同的样式。随着区域公路的改善，首位地市经济产出和人口的增长是以牺牲腹地地市为代价的。高速公路也会影响专业化格局，有了更好的区域公路，首位地市更多地专注于制造业和服务业的发展，而边缘地区的制造业却向外流失，但其在农业方面有所发展。国际港口可达性的改善促进了人口、GDP 和私营部门平均工资的增长，其对腹地地市的影响可能比首位地市更大。一个重要的政策含义是：为了推动腹地地市发展而投资建设当地交通基础设施，将会带来相反的效果，导致它们在分工上更多地发展农业，而失去了（其他的）经济活动。

1　引言

20 世纪 90 年代末至 2010 年，中国建设了一个广泛的现代公路网。我们研究了这个网络对中国经济地理的影响。特别是，我们研究了其在 2010 年前后对人口、GDP、工资和产出构成的空间分布的影响。我们的研究关注公路改善了区域国内市场可达性后，将如何影响这些结果，以及这些影响如何取决于地市在区域城市等级中的位置。我们还分别考虑了公路改善国际市场可达性的影响。

我们的研究关注三个主要问题。第一，回答这些疑问需要对公路网的影响进行因果关系说明。为了估计因果影响，我们依靠 1962 年的公路网进行仿真随机变化，这一路网的形成早于中国向市场经济转变，也早于各地之间依赖道路进行货物运输。

第二，我们必须衡量一个地市在城市等级中的位置。为了衡量一个地市在城市等级中的位置，我们将"区域首位地市"定义为在约一天车程范围内人口最多的地市；反之则将其定义为"腹地地市"。这个定义的尺度——"大约一天的车程"，是由一种类似于检验时间序列数据中结构性断点的方法来经验性地确定的。我们还采用了基于纯距离的测度。

第三，我们必须检验道路网与市场可达性的关系。这给估计带来了困难。理论上讲，市场可达性的基本定义在根本上而言具有递归性。如果从 A 地市通往 B 地市条件的改善扩大了 A 地市的经济规模，那么反过来的关系也应该成立。然而，这意味着对 A 地区经济的冲击也将反过来递归地通过 B 地区影响 A 地区。这对估计市场可达性对当地经济结果的因果影响提出了明显的挑战。这是一般均衡的自然含义，在理论上，可以用正确的经济结构模型设定来解决。我们的贡献是识别出了中国经济地理学的重要模式化事实，即那样的模型应该反映并在较小程度上指出，这些事实显然不符合几种在经济地理中广泛使用的模型。

我们通过主要考虑仅依赖公路网的市场可达性指标来回避这个问题。具体来说，为了度量区域国内经济可达性，我们计算了每个地市 450 千米范围内的公路数量；为了度量国际市场的可达性，我们计算了公路网沿线通往主要国际港口的最短通行时间。由于这些度量不依赖于经济活动，因此避免了递归问题。它们还测度了可以直接与决策者达成联系的数量。我们对市场可达性的各种度量方法高度相关，因此我们无法从经验上区分这些方法的衡量效果。

在稳健性检验中，我们报告了使用传统的引力市场可达性度量（我们称之为"市场潜力"）得出的结果：一个地区经济活动的通行时间加权和的倒数。与我们基于数量的度量方法不同，这种市场潜力度量允许与较大市场的联系比与较小市场的联系更为重要。然而，这个简便的特性确实引入了上述递归问题。我们还报告了根据经济地理文献中常见的李嘉图模型（Donaldson and Hornbeck，2016；Tombe and Zhu，2015）测度市场可达性得出的结果。然而，由于我们的研究不是建立在这个模型上，并且我们希望对底层数据生成过程保持不可知，所以这不是我们分析的重点。

为了估计可达性的因果影响，我们必须解决根据经济活动不可观测的决定因素将区域道路分配给各地市的可能性。这是一个经典的内生性问题，对于我们的公路网度量，我们依靠 1962 年公路网的准随机变化来解决它。为了避免递归问题，对于工具变量，我们依靠基于相同数量或行驶时间的公路度量。由于这些工具不涉及对经济活动的度量，因此它们的使用解决了市场潜力和市场可达性变量的递归性质所产生的结构性内生性问题。然而，由于工具变量不随模型设定变化，因此我们无法从统计上区分基于引力度量方法和基于地区可达性度量方法的道路数量哪个更优。

我们的研究得出了一系列重要的发现。平均而言，改善国内市场的可达性降低了地市人口、GDP、人口增长和私营部门企业工资，尽管对 GDP 的影响并不显著。然而，这些平均效应掩盖了道路对在区域等级体系中不同位置的地市的影响差异。改善地方市场可达性的负面影响只适用于非首位地市。随着国内市场准入性的改善，其对首位地市的人口、GDP 和工资表现出正向的抵消效应。例如，在距离地市 450 千米的范围内，公路数量增加 10%，非首位地市人口减少 1.7%，但首位地市人口增加 1.1%。随着腹地地市进入国内市场的条件越发改善，它们的农业专业化程度也越来越高，而制造业和服务业的损失却越发变多。这些影响似乎真正反映了一个地市在城市等级中的地位。它们并没有反映一个地市在全国规模分布中的等级，无论该地市是公路网的节点还是省会。最后，我们还研究了改善九个沿海港口可达性的影响。总的来说，无论在城市等级中处于何种位置，更好的联系都将带来所有城市 GDP 和人口的增长。

研究结果表明，公路系统对中国经济地理有着深刻而复杂的影响。总体边际效应包括经济活动的明显重组，使人们相对集中于区域首位地市。随着这种迁移，区域首位地市

（尤其是制造业）的产出增加，而腹地地市收缩且农业专业化程度相对提高。

作为一个庞大的发展中市场经济体，中国的城市和区域在新的基础设施建设中展现出的变化，要求我们去研究道路对区域发展的影响。虽然中国的许多情况是独特的，但似乎没有特别的理由认为我们的结果不适用于其他发展中的市场经济体。将我们的研究结果推广到其他发展中国家，则表明道路网的扩张有利于区域首位地市的崛起，而不是发展中国家的其他城市。

这些结果之所以重要有几个原因。第一，各发展中国家正在建设或考虑建设数十亿美元的交通基础设施。世界银行贷款中约有 20% 用于支持交通基础设施项目，超过了用于扶贫的数量。此外，由于发展中国家近一半的人口生活在城市中，而且这一比例在迅速上升中，因此，更好地了解交通基础设施在城市发展中的作用对于制定发展政策至关重要。

理解加强腹地地市与区域或其他中心之间联系的影响在中国尤为重要。2005 年，国家发展和改革委员会将重点放在了 2010 年以后的公路网建设上，并以"西部大开发"或"东北振兴"等名义进行投资，虽然"十二五"和"十三五"规划强调，要通过大规模扩大公路连接来发展贫困腹地地区，但我们的研究结果表明，这些政策可能无助于这些地区留住人口，反而可能加速人口的减少。虽然这些迁移反应活动可能会伴随着整体福利的改善，但仍与原本希望的结果相反。

第二，据我们所知，我们首次在区域层面上为"城市等级"提供了计量上的证据。这一发现对经济地理学总体（特别是交通基础设施）的研究有着重要的意义。

在一篇开创性的论文（Krugman，1991）和随后的总述（Puga，1999；Fujita et al.，1999；Ottaviano and Thisse，2004）中，其构建了一个两地区经济地理模型，其中核心（我们的首位地市）和外围（我们的腹地地市）区域之间人口流动有限。贸易成本的下降可能导致核心区域人口的增加，但牺牲了腹地区域。这些新经济地理学（NEG）模型的观点是：存在着一种国内市场效应，这种效应可以被人口流动性放大。由于运输成本高，外围地区的生产商享有一定程度的贸易保护，当运输成本下降，外围地区的居民通过从核心地区进口某些产品而获益时，贸易保护就会减少，而这些产品以前是从当地生产商那里购买的。其结果是就业向核心地区转移，因此核心地区的人口和 GDP 上升。这种模式背景非常适用于中国。Tombe 和 Zhu（2015）提出了中国地区间人口流动率较低的证据，尽管地市间的流动性较大，但迁移成本仍然很高。

现有的高速公路对经济地理学影响的经验证据是复杂的。就中国的情况而言，与我们的研究结论一致，Fabter（2014）得出结论：中国的农村（边缘）地市受到了公路可达性改善的损害。然而，Banerjee 等（2012）认为，平均来看，接近公路或铁路对于中国的县域是有利的。Ghani 等（2016）发现，印度的新公路网对节点城市有利。但 Redding 和 Sturm（2008）发现，德国的小城市比大城市更容易受到德国统一的不利影响。我们为区域层面上的城市等级提供了更直接的计量证据，同时还对核心地区和外围地区的结果进行了对比。

我们的发现也与中心地理论的理论研究有关。中心地理论起源于 Christaller（1933），主要包括这样一个推断：在任何一个特定的地区，都应该有一个主导地市，即"中心地"，它生产各种商品，出售给更专业化的小城市，而这些小城市又可能为更小的城市生产商品。这个推断为一类理论研究打下了基础，这类研究试图在正式的模型基础上合理化这一地理学猜测。如上所述，Krugman（1991）在由两个分离地点组成的地理学模型中提供了这样的模型基础，而 Fujita 等（1999）、Tabuchi 和 Thisse（2011）建立了一个城市等级沿着一条直线和绕着一个圆而展开的特定一般均衡模型。

有大量文献采用不同的方法来研究国家交通系统的影响（如 Donaldson，2018；Donaldson and Hornbeck，2016；Alder，2015；Sotelo，2015；Allen and Arkolakis，2014；Bartelme，2015；Fajgelbaum and Redding，2014；Tombe and Zhu，2015；Balboni，2017），包括本文的早期版本（Baum Snow et al.，2016）。在对这些模型的标准版本进行校准实验之后，我们得出结论：我们的结果与这些模型不一样，如下所述。从根本上说，如 Krugman（1991）所说，城市等级的存在似乎需要规模收益足够重要来保证多重均衡，或是强调产业分工的重要作用，其取决于地区土地或自然资源的丰富程度（或制造业和服务业的外部比较优势）。最近的研究通常假设规模收益率小到足以排除多重均衡，而土地或自然资源丰度通常在大多数应用于交通运输的结构模型中起着很小的作用。

因此，本文的研究重点是确定公路系统对中国经济地理的影响。我们的目标是从公路系统引起的经济活动重组中，识别出是什么力量决定了地区输家和赢家。这对公共政策决策至关重要，并为建模策略提供了相应考虑，这些策略可以合理化我们的结果样式。

2　背景和数据

中国的背景情况很适合我们的研究。首先，中国幅员辽阔，地理形态多样，足以形成大量的区域性首位地市及其腹地。其次，政策干预力度大。1990 年之前，中国基本上没有畅通无阻的高速公路，而 1990 年之后，中国各地在地方路网扩张过程中经历了巨大的变化。1990 年，城际公路最多有两条车道，通行不受限制，许多地方甚至没有铺平路面，几乎所有的货物都是通过铁路或河流运输的，只有不到 5% 吨英里的货物是通过公路运输的。到 2010 年，中国已经建成了包括国家高速公路系统在内的广泛的城际公路网。建设起步时较慢，到 2000 年只有几条公路完工，但之后速度飞涨，至 2010 年，中国已经建成了一个服务全国、承载 30% 以上吨英里货物的网络，这一年我们取得的成果最多。这一公路建设计划已导致各地与其腹地市场和沿海港口的联系程度产生了相当大的分化。

我们使用 1962 年和 2010 年的国家公路网来计算基于道路基础设施度量的道路数量，例如一个地区中心 450 千米内的道路千米数，并估算任何两个地区之间的通行成本。这一配对成本的估计是基于路网通行时间，我们假设沿着本地公路通行的速度是 25 千米/时，沿着高速公路通行的速度是 90 千米/时，我们将在第 2.4 节中详细阐述。我们使用 285 个地市作为我们的初步估计样本。中国独特的历史背景使我们能够在 1962 年历史道路网的基础上，为交通网络构建合理的外生工具。我们将对估计策略和工具变量有效性的详细讨论放到第 3 节。

2.1　人口与国内迁移

由于地市人口是我们研究的结果变量之一，因此了解中国区域间人口流动的历史具有重要意义。2000 年以前，除少数沿海地市外，其他地市很少接收跨省甚至跨市的流动人口。户籍制度规范和限制了各地区之间的移民，并对未经许可的移民进行处罚。这些限制从 20 世纪 90 年代末开始分阶段取消，到 21 世纪初，无照移民不再是非法的，尽管户籍制度继续限制着移民进入当地住房市场、学校及医疗保健和社会保障体系（Chan，2005），特别是在大城市中。在 2000~2005 年，Tombe 和 Zhu（2015）发现省际迁移成本极高，而且即使是在省内迁移成本也很高。当然流动仍是存在的，即使大部分流动发生于本地，且中国地市人口的比例从 1990 年的 30% 上升到 2010 年的 50%。

中国行政地理（区划）规定了我们在分析中使用的空间单位。各省分为各市，各市又分为各县。我们的研究考虑了中国汉族（聚集区）的 285 个地市，约占中国国土面积的一半。出于数据和背景原因，我们省略了少数民族地区和一个岛屿地区。我们的研究区域几乎占中国人口的 90%。在我们的研究期间，一些地市和县市的边界发生了变化，需要极其辛苦的工作来建立与时间一致的空间单位的县级对应关系。我们将所有数据索引至 2010 年定义的地市。

2.2　结果和控制变量

我们有兴趣了解公路是如何影响经济活动空间分布的。由于经济地理模型通常预测贸易成本对人口、产出和工资的影响，这些是我们感兴趣的主要结果。具体来说，2010 年人口的对数和 2010 年 GDP 的对数是我们的主要结果变量，2007 年私营部门工资的对数是衡量每名工人产出的指标。作为稳健性检验，我们还考虑了 1990~2010 年的人口增长率。数据的质量排除了对早期工资和 GDP 度量指标的核查，因此也排除了对这些结果变化的核查。为了研究道路影响经济活动和人口的机制，我们还研究了其对 2008~2010 年工业构成的影响。如前所述，根据先前提到的 Krugman（1991）的 NEG 模型，我们预计更好的公路联系将提高首位地市人口和 GDP，并减少腹地地市的人口和 GDP。工资的影响将更加模棱两可，模式也更加具体。在 Krugman（1991）人口可自由流动的模型中，核心地市的名义工资相对于外围地市的名义工资有所下降，因为贸易成本的降低更多地降低了外围地市的物价指数。引入随着人口增长而上升的当地住房成本（Helpman，1998）和更明确的迁移成本模型（Balboni，2017），对核心地区名义工资的影响可能是正向的。

我们使用 1982 年、1990 年和 2010 年人口普查的数据计算地市人口和按部门的就业情况，同时加上了各种人口控制变量。1990 年和 2010 年的数据是农村县、县市和地市或地区的数据的总和。1982 年的数据是我们从相同地理区域 1% 的样本中提取的微观数据的集合。2010 年的数据来自密歇根大学的在线中国数据档案库，该档案库涵盖了各个地市、市辖区和农村县的数据。为了计算工业构成，我们使用2008年经济普查的分类就业数据。工资数据来自2007年对大中型工业企业的调查（实际上是一次普查），且是按企业来计算发放给每名工人的总薪酬。我们还使用了从海关记录中获得的进出每个地市的国际贸易流量数据。

越是靠近国家中心地区，人口越多，也越繁荣，而越是靠近外围地区则反之。我们研究的一个关键目标是评估道路基础设施对这些经济活动空间格局的贡献程度。

2.3　区域首位城市

要研究城市等级的作用，首先必须对其进行统计性描述。我们根据"区域首位地市"及其相关的"腹地"的概念来描述城市等级。根据1982年的人口和在1962年路网上以每小时90千米的速度行驶，某地在360分钟的车程范围内拥有最多的人口，则将一个地市定义为区域首位地市。我们选择分别测量1982年和1962年的人口和公路网，以避免区域首位性受到公路建设的影响这一可能性。我们根据后文讨论的"结构性断点检验"选择360分钟作为标准，这是一个在直觉上合理的通行时间限制，因为它相当于约一天的车程。区域首位地市分布在全国各地，但聚集在道路密度较低的地区。平均而言，区域首位地市的人口数量比其他地区要多，但较小的地市有很好的代表性。事实上，27%的首位地市人口数低于中等地市280万的平均人口水平。我们注意到，一些规模较小的首位地市位于偏远地区，道路服务设施很差。不出所料，1982年人口最多的四个地市都是首位地市。

作为稳健性检验，我们考虑一个与区域首位性相关的连续性变量，并通过距离而不是基于驾驶时间的度量来定义首位地市。对于连续性变量，我们首先识别出上述的区域首位地市。根据这一分类，我们计算了每个地市1982年人口与1982年区域首位地市人口的比率。因此，所有的区域首位地市都被列为1，而腹地地市的值则严格位于0和1之间。这项度量通过保留更多关于每个地区相对于其相邻区域的规模的信息，从而改进了区域首位指标。对于基于距离的度量，我们进行了相同的结构性断点检验，以确定首位性的距离阈值，并根据区域首位地市的定义重新运行模型。在这两种情况下，我们都得到了与主检验质量相似的结果。

2.4　道路和通行时间

为了描述中国的公路网，我们将一系列大尺度的国家纸质地图数字化。利用得到的数字地图，我们计算了每年两个地市之间通过公路网的通行时间。为了了解与国际经济联系的潜在重要性，我们还计算了从每个地级市沿着公路网到九个最重要的国际港口的通行时间，并选择了时间最短的一个。

我们的数字地图所基于的纸质地图由同一出版商印刷，使用相同的投影绘制，并具有相似的图例。尽可能地，我们的数据描述了一段时间内道路的一致性。然而，中国公路网的增长和改善程度是如此之大，以至于那些重要到值得列入1990年地图的道路可能与

2010 年达到这一标准的道路几乎没有相似之处，即使这两条道路在图例中拥有相同的名称。因此，我们不愿意在对公路的度量中使用时间序列变量。正是这种数据缺陷加上 1990 年不完整的 GDP 信息，促使我们把注意力放在对截面数据的研究上。如上所述，需要注意的是，我们可以而且确实核查了 1990~2010 年的人口变化。

2010 年的地图描述了限制速度的公路和两类较小的道路，我们假设其行驶速度分别为 90 千米/小时和 25 千米/小时。这使我们能够计算任意两个地市之间以及每个地市与上述九个国际港口中最近的港口之间的配对通行时间。

我们对市场潜力的度量定义如下：其取决于根据这些配对通行时间计算的冰山贸易成本。也就是说，要把任一品种货物的 1 个单位从 j 运往 i，我们必须运输 $\tau_{ij} \geq 1$ 单位的该品种货物。为了计算 τ_{ij}，我们使用

$$\tau_{ij} = 1 + 0.004 \rho \ (\text{hours of travel time}_{ij}) \ 0.8$$

这个表达式包含了运输的金钱和时间（机会）成本，并具备一定的凹性。所有报告的结果都基于 $\rho = 1$。然而，由于从通行时间到冰山成本的转换必然具有推测性，因此我们检验了所有相关结果对基于 ρ 取 0.5~2 的计算中的稳健性。

Hummels 和 Schaur（2013）估计，一天的运输相当于 0.6%~2.1% 的从价税。Limao 和 Venables（2001）发现，1 吨货物的 1000 英里的陆路运输成本约为其价值的 2%，或者说每天约 1%。作为参考，当 $\rho = 1$ 时，我们的 τ 表达式意味着每天 8 小时的运输将损失价值的 2.1%。

海外运输成本的计算要求我们计算到最近港口的运输成本，以及从该港口到国际目的地的运输成本。具体来说，为了计算 τ_{ix}，我们使用

$$\tau_{ix} = 1.15 \ \tau_{ip} \tag{1}$$

Anderson 和 van Wincoop（2004）对国际运输成本进行了全面核算。他们得出结论，时间成本约为（运输货物价值的）10%（Hummels，2001），而运输成本为 1.5%（Limao and Venables，2001）。我们将从 i 地到最近的国际港口 p 之间的运费，视为与到其他任何国内地点的运费相同。

2.5 区域国内市场可达性和国际市场可达性的度量

有了路线图、到港口的通行时间和配对的冰山贸易成本，我们转向测度道路网络如何影响市场可达性的问题。这个测度问题是我们分析的核心，并提出了两个主要议题：第一，我们必须区分国际和区域国内市场的可达性。第二，我们面临这样一个事实，即那些联系了重要贸易伙伴的道路，比那些没有使其达成联系的道路更为重要，但任何涉及其他地市的结果的国内市场可达性度量都会带来结构上的内生性问题。

2.5.1 区域道路的效率千米和到国际港口的通行时间

我们对于"区域国内市场可达性"的主要衡量标准是以每个地市为中心的 450 千米半径范围内的公路的"效率千米"的对数。我们给普通道路千米分配了 1 个权重，给限

制速度的公路千米分配了 $\frac{90}{25}$ 个权重。在我们的效率千米中，我们赋予限制速度的公路更大权重，因为更宽大的道路可以容纳更多的人和货物；选择的权重反映了对沿路行驶速度的粗略估测。附录中表 A1 展示了描述性统计结果。这一度量有意地仅依靠实体基础设施的数量，而与区域经济活动无关，原因在于我们建设的是基础设施，而不是"市场可达性"，这就简化了出于政策目的的解释。

我们的效率千米度量是基于以每个地级市为中心的 450 千米半径范围内的高速公路。我们之所以选择 450 千米，是因为有证据表明大多数国内贸易发生在短距离范围内（Hillberry and Hummels，2003）。在稳健性检验中，我们检验了以 300 千米为半径的结果。总的来说，我们的结果对于不同半径的选择是稳健的，只要它们足够小，就能够保持跨地区变化情况在效率千米的度量中保持稳健。然而，我们并没有足够的统计能力运用定距环方法来分别估计基础设施的影响。

我们衡量"国际市场可达性"的主要指标是沿着 2010 年公路网通往最近的主要国际港口的通行时间。这些时间与根据式（1）计算 τ_{ix} 的时间相同。请注意，更好地到达国际港口与到达该港口的通行时间成反比，因此在解释回归系数时需要小心。为了反映国内和国际市场可达性都是交通基础设施改善的组成部分，国际市场可达性度量要么与当地道路效率千米单位相结合，要么与下一步在相关模型中讨论的市场潜力度量相结合。

2.5.2　市场潜力

那些连接了关联不多的地区的公路产生的影响，可能与那些连接了潜在贸易伙伴的公路不同。基础设施的数量型指标，如效率千米，一般不会反映这一点。作为一个稳健性检验，我们构建了以下传统的"市场潜力"的引力度量，即每个地区的 GDP 折现总和：

$$MP_i = \sum_j \frac{Y^j}{\tau_{ij}^{\sigma-1}} \tag{2}$$

这种市场潜力的形成理论基础包括 Redding 和 Venables（2004）、Hanson（2005）及 Head 和 Mayer（2004）对 Fujita、Krugman 和 Venables（2001）的 NEG 模型的改进。这些模型的特点是生产多种类型的产品且偏好具有常数替代弹性 σ。这种市场潜力的度量有一个直观的特性，即它根据每个目的地 j 的需求规模大小来衡量通行联系的强弱。我们考虑了使用不同方法计算的通行时间变量、冰山运输成本中的形状参数和对产出的度量。不过，报告结果使用了 2010 年的地市 GDP，冰山贸易成本根据 2010 年的路网计算得来，而 $\sigma = 2$。请注意，由于我们的工具变量对于道路效率单位和市场潜力度量是相同的，因此我们无法从统计上区分它们。我们更偏好前者，因为其政策含义更为直接。考虑到这一点，在结果部分和附录表 A4 中，我们还展示了运用市场可达性公式的结果，这一结果要么是基于 Eaton 和 Kortum（2002）的范式，如 Donaldson 和 Hornbeck（2016）假设地区间人口流动是充分自由的；要么是基于 NEG 的范式（Redding，2016），即人口流动是有限的（Balboni，2017；Tombe and Zhu，2015）。附录 A 列出了我们市场可达性度量的构成。

3 计量框架

正如我们所讨论的，Krugman（1991）的模型表明，交通成本的变化对地市 GDP 和人口的因果影响，随着其在城市等级中位置的不同而不同；对工资的影响则更为模糊。我们估计了这些结果与道路效率千米以及各种其他度量"市场可达性"的指标之间的因果关系。

3.1 经验模型

用 L_{it} 代表区域性国内市场可达性，E_{it} 表示国际市场可达性，Y_{it} 代表某地市的产出结果。经验研究面临的主要挑战是：基础设施度量可能在一定程度上取决于一些不可观测因素，这些因素对于我们关注的产出结果变量有一定的预测性。下面关于我们估计问题的讲解，详细说明了如何使用工具变量解决这个问题。

$$Y_{it} = a + \beta L_{it} + \psi E_{it} + X_{i\delta} + u_{it} \tag{3}$$

$$L_{it} = a_1 + \beta_1 L_{i62} + \psi_1 E_{i62} + X_i \delta_1 + \eta_{1it} \tag{4}$$

$$E_{it} = a_2 + \beta_2 L_{i62} + \psi_2 E_{i62} + X_i \delta_2 + \eta_{2it} \tag{5}$$

在式（3）中，u_{it} 的某些部分可能与 L_{it} 和 E_{it} 相关。例如，生产效率更高的地市可能有更多的资源来修建公路。但更高的生产率也直接带来更高的 GDP、人口和工资。其他机制，如地区政府能力，也可能是一个重要的遗漏变量来源。联立式（4）和式（5）则能够在估算中解决此类内生性问题，固定控制变量 X_i 时，只需我们的工具变量 L_{i62} 和 E_{i62}（为 2010 年基础设施度量在 1962 年的对应变量）与不可观测的 u_{it} 不相关。我们谨慎地在结果和预测变量之间使用了相同的工具变量和一组控制变量 X_i。这支撑了我们认为工具变量是条件外生的，或者说 $E\left[L_{i62}u_{it}\right]=0$ 和 $E\left[L_{i62}u_{it}\right]=0$ 的论点，并适用于我们全部的估计结果。为了便于在预测变量、结果和结果内模型设定之间进行系数比较，我们在整个分析过程中对所有道路和可达性度量指标选择了相同的工具变量。

当 L_{it} 和 E_{it} 仅使用有关道路的信息计算得来时，我们面临着与这些预测变量相关的遗漏变量的标准识别问题。当我们使用 $\ln MP_i$ 作为 L_{it} 的度量时，会出现另外两个问题：首先，由于 $\ln MP_i$ 是所有 $i \neq j$ 的关于 Y_j 的函数，因此递归替换反映出了一个结构性内生性问题。其次，由于 $\ln MP_i$ 是根据结果变量定义的，因此我们有效地建立了一个包含两个结构方程的系统，一个描述市场潜力对 Y_i 的反应，另一个描述 Y_i 对市场潜力的反应。这使比较静态分析评估变得困难。这两个问题在空间滞后模型中是标准的。在关于数据生成过程的性质的参数假设下，已有的方法可用于恢复我们关心的空间滞后参数 β（Kelejian and PruCha，2010）。然而，标准的空间滞后估计量对任何可接受的研究的关键特点，即模型设定偏误，都不具备稳健性。我们的解决方案是仅使用依据 1962 年路网信息构建的 IV 估计量。

3.2　工具变量有效性和第一阶段回归

公路建设可能会反映出通行和运输的需求。因此，可靠的经验结果需要考虑 2010 年公路网中各地区之间的外生变化差异。我们依靠 1962 年的公路网作为准随机变化的来源。在 1962 年，公路主要是服务于将农产品运往地市内的当地市场，而根据国家和省级的年度和五年计划的规定，铁路用于在较大的城市和省会之间运送原材料和制成品。Lyons（1985：312）说："至少在 20 世纪 60 年代，中国的大多数道路（除了可能那些具有军事意义的道路）都是按照县和公社的指示修建的简单土路。根据中国 20 世纪 60 年代初的报告，大多数这样的道路不适合机动车通行，整个路网中的一半道路在雨天无法通行。"Lyons 还指出，由于道路质量差，卡车平均速度低于 30 千米/小时。

《人民日报》（1963 年 6 月 11 日）描述了 20 世纪 60 年代初期的一项主要道路建设工作："目前的道路建设工作旨在开辟通往村庄的商业路线，以便利当地生产的货物运输，这是作为扶持农业发展政策的一部分。省政府正在修建更好的道路，但大多数都是由地方政府主动修建的。它们很少适合汽车通行；在更好的道路上，马车和牛车可以行驶；在另一些道路上，手推车可以由人推或拉。"（Lippit，1966：115）。

综上所述，1962 年的公路网不适合具备 20 世纪末技术的制成品的运输或人口的流动。此外，它的组织是为了实现将农产品从农村转移到邻近城市中心的历史目标，而不是为了便利具有现代工业经济特征的货物和人员的流动。尽管如此，历史道路（至少）提供了通行的可能性，有助于人们在旧路的基础上或沿线建设成本较低的公路，所有这些都是自 1990 年以来发生的。因此，我们预计 1962 年的公路网意味着道路可以以较低成本修建，但它不会反映 20 世纪末的通行和运输需求。

我们用 1962 年的道路网计算了两个工具变量：第一个是 1962 年道路公里数——其在每个地市的 450 千米范围内，但位于这些地市的边界以外。第二个是通行时间——以每小时 90 千米的速度沿着 1962 年的公路网到最近的主要国际港口。上述这些工具变量的合理性想法是：1962 年修建公路是出于其他原因，但即使是低质量的公路，相对于建立新的通行道路而言，也可以花费更低的所需成本升级改造为现代公路。由于成本较低，其余条件不变时，在 1962 年有更多道路的地市在 2010 年也将有更多的公路。我们排除了 1962 年地市内的道路，因为我们担心连续相关的不可观测变量可能会与预测该地区在 1962 年的公路和 2010 年的地市结果时有关系。例如，连续相关的未观察到的地市生产力组成部分可能推动了 1962 年以前的公路建设和随后的增长。

这些工具变量只有在当它们是 2010 年区域和国际市场可达性的有力预测量，且和能够预测结果变量的不可观测因素无关时才有效。因此，控制 2010 年 GDP 和人口的外生预测量是十分重要的，这些变量可能与 1962 年的道路有关。由于 1962 年的道路在农业导向型和人口稠密的地区更为普遍，因此我们在整个分析过程中控制了 1982 年的工业结构、教育和人口。由于 1962 年的道路主要服务于连接农业区和附近地市，我们还控制了 1982 年的城镇化水平，即地区地市人口数。我们控制地市和中心城市的路面平整度来代表农业生产力。为了估计 2010 年通往 9 个沿海港口中最近港口的最短行驶时间的影响，我们计算了沿着 1962 年道路通往各个沿海港口的行驶时间。这需要控制到海岸最近点的距离。通往海岸的距离控制了很多事情，包括东部非港口地市的可达性，这些地市具有很重要的政治意义，例如北京。然而，我们注意到，如果我们控制了到这 9 个主要港口中最近的港口的距离，而不是到海岸的距离，那么相关工具变量将失效。因此，我们主要关注讨论国内道路联系的影响。最后，对省会地位的控制说明了这些地市有着不同的社会风俗和产业历史。

表 1 的第 (1) 列显示了运用我们的两个工具和控制变量对 2010 年距地市 450 千米范围内道路效率千米的对数进行回归的结果。除了可以看作第一阶段的回归，我们还可以把这个回归方程视为一个公路供给函数。固定控制变量不变，我们看到 1962 年的道路和 2010 年的道路之间存在着紧密的联系，两者估计的弹性系数显著地为 1.05。固定地市面积不变，人口较多的地市附近修建了更多的公路。正如预期，地市面积的相关系数为负，较大的地市留下了相对较少的剩余面积，这一面积度量了公路的长度。有趣的是，面积更大且更多地以制造业为导向的地市附近修建的高速公路的里程较短，这可能是因为传统上来说，制造业主要通过铁路运输。西部地市附近的公路里程较短，鉴于这些地区的经济发展规模较小，这是可以预期的。当使用大于或小于 450 千米的距离环时，结果同样相似。第 (3) 列中关于当地市场可达性、市场潜力的替代度量的回归结果依旧很显著，尽管该工具变量不包含其他地市的 GDP 信息。

表 1 第一阶段回归

	2010 年 450 千米内道路效率单位的对数 (1)	2010 年前往最近港口的通行时间的对数 (2)	2010 年市场潜力引力的对数 (3)
工具变量			
除本地市外，1962 年 450 千米内道路的对数	1.05*** (0.038)	-0.26** (0.13)	0.018*** (0.0017)
道路改建后，1962 年前往港口的最小通行时间的对数	-0.024*** (0.0080)	0.76*** (0.061)	-0.00036 (0.00030)
控制变量			
2005 年地市面积的对数	-0.052*** (0.019)	-0.053 (0.054)	-0.0029*** (0.00078)
1990 年中心城市面积的对数	0.0055 (0.012)	0.031 (0.051)	-0.000089 (0.00048)
1982 年中心城市人口的对数	-0.026* (0.015)	-0.0076 (0.071)	-0.0012** (0.00058)

续表

	2010 年 450 千米内道路效率单位的对数 （1）	2010 年前往最近港口的通行时间的对数 （2）	2010 年市场潜力引力的对数 （3）
中心城市路面平整度的对数	−0.0060	0.041	0.00011
	(0.0097)	(0.050)	(0.00036)
地市路面平整度的对数	−0.019**	−0.040	−0.00044
	(0.0093)	(0.036)	(0.00031)
省会地市	0.066*	0.048	0.0013
	(0.038)	(0.12)	(0.0013)
1982 年地市人口的对数	0.071***	0.017	0.0033***
	(0.023)	(0.081)	(0.00087)
1982 年地市高中学历人口份额	−0.78**	−1.27	−0.013
	(0.32)	(0.98)	(0.010)
1982 年地市制造业人口份额	−0.25	−0.52	0.0016
	(0.16)	(0.58)	(0.0047)
前往海岸的千米数的对数	0.0030	0.055*	−0.00053**
	(0.0068)	(0.028)	(0.00026)
西部地区	−0.25***	0.054	−0.0045***
	(0.031)	(0.087)	(0.0011)
东部地区	−0.014	−0.17	0.00091
	(0.023)	(0.11)	(0.00080)
常数项	1.03***	3.82**	12.8***
	(0.37)	(1.53)	(0.017)
R^2	0.90	0.88	0.74

注：每次回归有 285 个观察值。括号里为稳健性检验的标准误差。***表示 $p<0.01$，**表示 $p<0.05$，*表示 $p<0.1$。

表 1 第（2）列显示了在同一组变量上，对在 2010 年的道路上通往最近的国际港口的通行时间的回归结果。此回归中的关键预测量是 1962 年因变量的对应项，但假设在 1962 年路网上的通行速度为 90 千米/小时。该变量具有强的正相关关系，估计的弹性系数为 0.76。此外，1962 年距始发地 450 千米范围内的道路增加了 10%，使通往港口的时间减少了 3%。距离海岸较远的地市也有更长的通行时间，这取决于公路网和地市的特点，也是意料之中的。

表 1 中的第（1）~（3）列表明我们的工具变量很可靠。这些结果也证实了我们的预期，即 1962 年的区域道路工具变量预测了 2010 年的效率千米数，而 1962 年到港口的

通行时间预测了这一变量在现代的情况。

4 结果

4.1 450 千米内道路效率千米和到港时间的平均影响

表 2 报告了基于回归方程（3）的系数估计值，其中 1962 年的对应变量被作为 2010 年 450 千米内道路效率千米和通往最近的主要国际港口的通行时间的工具变量。我们有四个地市的结果：2010 年 GDP、2010 年人口、1990～2010 年人口增长和 2007 年私营工业企业工资。

表 2 基准基础设施回归

	2010 年地市 GDP 的对数 （1）	2010 年地市 人口的对数 （2）	1990～2010 年地市 人口增长速度 （3）	2007 年私营企业 工资的对数 （4）
基础设施变量				
2010 年 450 千米内道路 效率单位的对数	−0.032 (0.13)	−0.12** (0.059)	−0.13*** (0.045)	−0.11* (0.061)
2010 年通往港口的 最低通行时间的对数	−0.16** (0.066)	−0.098* (0.052)	−0.068** (0.028)	−0.042** (0.018)
控制变量				
2005 年地市面积的对数	−0.041 (0.061)	−0.059** (0.029)	−0.053** (0.026)	−0.065** (0.031)
1990 年中心城市面积的对数	−0.100** (0.049)	−0.032 (0.026)	−0.024 (0.016)	0.023 (0.019)
1982 年中心城市人口的对数	0.110** (0.054)	0.023 (0.025)	0.024 (0.018)	0.020 (0.028)
中心城市路面平整度的对数	−0.050 (0.033)	0.0013 (0.014)	0.0020 (0.010)	0.037** (0.015)
地市路面平整度的对数	−0.022 (0.028)	0.00026 (0.012)	0.0031 (0.0094)	0.013 (0.014)
省会地市	0.65*** (0.110)	0.35*** (0.051)	0.26*** (0.038)	0.16** (0.069)
1982 年地市人口的对数	0.560*** (0.090)	0.830*** (0.053)	−0.094*** (0.032)	0.041 (0.040)
1982 年地市高中学历人口份额	0.51 (0.92)	−0.19 (0.42)	−0.33 (0.34)	−0.58 (0.55)
1982 年地市制造业人口份额	1.980*** (0.22)	−0.380 (0.37)	−0.024 (0.54)	0.550** (0.23)

	2010 年地市GDP 的对数（1）	2010 年地市人口的对数（2）	1990~2010 年地市人口增长速度（3）	2007 年私营企业工资的对数（4）
通往海岸的千米数的对数	−0.0210 (0.034)	−0.0087 (0.013)	−0.0046 (0.011)	−0.014 (0.013)
西部地区	−0.0830 (0.10)	−0.0065 (0.043)	−0.0120 (0.035)	0.0077 (0.053)
东部地区	0.160* (0.083)	−0.045 (0.045)	−0.028 (0.030)	0.086* (0.045)
常数项	−0.59 (2.03)	5.25*** (1.40)	3.69*** (0.83)	10.60*** (0.78)

注：第（1）~（3）列中的回归有 285 个观测值，第（4）列中有 283 个观测值。表 1 为第一阶段回归结果。K-P 第一阶段 F 统计值为第（1）~（3）列中的 236 和第（4）列中的 237。括号里为稳健性检验的标准误差。***表示 $p<0.01$，**表示 $p<0.5$，*表示 $p<0.1$。

我们首先考虑到主要国际港口的通行时间的影响，见表 2 的第二行。正如预期的那样，平均来说，减少到港口的通行时间会增加 GDP、人口和工资。

第（1）列和第（2）列的结果表明，到国际港口的通行时间减少 10%使得 GDP 增加了 1.6%，人口增加了 1%。我们还发现其对私营部门工资有积极影响，弹性估计值为−0.04。

在表 2 的第一行，区域道路通行能力的估计影响可能令人惊讶，因为它们都是负的。虽然对 GDP 的影响不显著，但其他的影响都是显著。在第（2）列和第（3）列中，附近道路通行能力增加 10%，导致地市约 1.2%的人口减少，或者说具有较强的分散效应。不添加控制变量时，结果表明区域道路与人口和 GDP 之间的关系是正的，但对于指标的增长而言（在固定的历史条件可能被视为已经剔除时），系数仍然是负的且显著，变化不大，为−0.11。也就是说，1962 年和 2010 年，GDP 和人口数量较大的地区拥有更多的道路，但鉴于这些地区的其他特点，这些地区增长的人口比预期得要少。第（4）列显示了对工资的负面影响。附录表 A2 报告了相似的最小二乘法回归结果。最小二乘法回归结果相对工具变量回归结果在性质上相似，但具有较小的分散效应。第（1）列、第（2）列对相关系数影响最大的控制变量是 1982 年地市人口和是否为省会地市的哑变量。这两项控制变量在表 2 中的系数值很大且显著，历史证据表明，道路基础设施的建设是为了服务人口较多的地区的农业运输和优化与省会的联系。但是，在第（3）列中，剔除这些在人口差异设定中的控制变量后，对基础设施系数的影响却不大，区域道路和前往港口的通行时间的影响系数分别为−0.14 和−0.063。其余回归结果具有与表 2 中相同的控制变量。我们不报告它们的系数，因为其表现出的样式类似。

本文接下来的重点是讨论对道路予以改善后的负向的平均政策影响。我们注意到，如果在表 2 中，我们用市场潜力的对数这一度量替代 2010 年道路效率单位的对数，则第（1）~（4）列关于 GDP、人口、人口增长和工资的系数（和标准误差）分别为−1.88

（7.76）、-7.25^{*}（3.57）、-7.54^{***}（2.83）和 -6.66^{*}（3.62）。同样，我们可以从 Eaton-Kortum 或 NEG 的成体系的研究中找到度量市场可达性的方式，这些研究可以分为国内和国际两部分，如附录 A 所示。在表 A4 的 B 组中，虽然改善国际市场可达性有正面的影响，但国内市场可达性的改善有负面的效果，这些影响在除了 GDP 的其他各栏中以 5% 的水平显著，而在 GDP 上则为 10%。这些结果显然与这些模型的预测相矛盾。关键的收获是，平均来看，我们的道路效率单位度量并没有推动改善当地市场可达性的负向的政策影响。

4.2　主要结果：区域首位地市，它们的腹地和路网

现在，我们来说明改善区域道路基础设施的影响与一个地市的区域重要性程度有关。随着道路交通的改善，区域首位地市以牺牲附近地市为代价吸引了经济活动。我们的研究表明，首位地市的这些影响不是由其省会地位、绝对人口数或国家公路规划的中心地位所驱动的。它们在区域城市等级中的地位似乎是它们的关键属性。在 1962 年的公路上，以每小时 90 千米的速度行驶 360 分钟车程的范围内，我们以此把 1982 年 26 个最大的城市中心定义为首位地市。我们根据统计结果选择了 6 小时作为截止范围。为了选择这个时间，我们首先估计了一系列如表 2 第（1）列和第（2）列的回归，但是两个基础设施变量与地区首位性的哑变量相关联，地区首位性是根据备选的驾驶时间半径定义的。图 1（a）显示了两个联合显著性检验的 χ^2 统计值，以检验当作为区域首位性指标的驾驶时间半径在 $100\sim600$ 分钟内变化时，首位性的交互项是否等于 0。当我们试图预测地市人口时，若驾驶半径为 360 分钟将会产生最大的 χ^2 统计值，尽管在 $340\sim440$ 分钟的范围内，该统计值接近 12。当我们试图预测地区 GDP 时，χ^2 统计值并不随驾驶半径的变化而变化，而且都低于交互项统计上呈显著的水平。当定义首位性的半径为驾驶时间 360 分钟时，区域首位地市的交互影响是决定地市人口最重要的因素，而首位地市的地位对预测地市 GDP 从来都不重要。鉴于此，我们基于 360 分钟驾驶时间半径来定义"区域首位地市"，并围绕此进行分析。下面我们还将讨论对首位地市基于距离的度量。

我们注意到，定义首位地市的方法和结构性断点检验之间具有明显的相似性。随着半径的增加，遗漏实际首位地市的风险将降低，但更可能的是会错误地识别一个过分大的地区，造成距离太远而无法对腹地地区产生太大的影响。结构性断点检验便是在这两种风险中寻求平衡。

表 3 的 A 组报告的回归结果与表 2 类似，但基础设施变量与城市首位性相互影响。

表 3　首位地市交互项下的基础设施影响

	2010 年地市 GDP 的对数 （1）	2010 年地市 人口的对数 （2）	1990~2010 年地市 人口增长率的对数 （3）	2007 年私营企业 工资的对数 （4）
A 组：区域地市首位性的双重度量				
2010 年 450 千米内道路 效率单位的对数	-0.13 （0.140）	-0.17^{**} （0.071）	-0.17^{***} （0.051）	-0.16^{**} （0.065）

	2010 年地市 GDP 的对数 （1）	2010 年地市 人口的对数 （2）	1990~2010 年地市 人口增长率的对数 （3）	2007 年私营企业 工资的对数 （4）
与首位地市的 交互项	0.44 ** (0.180)	0.28 *** (0.089)	0.24 *** (0.072)	0.25 ** (0.120)
2010 年通往港口的最少 通行时间的对数	-0.180 ** (0.075)	-0.110 * (0.061)	-0.074 ** (0.033)	-0.033 * (0.020)
与首位地市的 交互项	0.079 (0.076)	0.033 (0.047)	0.010 (0.028)	-0.054 * (0.030)
首位地市	-5.13 ** (2.20)	-3.07 *** (1.13)	-2.60 *** (0.85)	-2.38 * (1.34)
B 组：区域地市首位性的连续型度量				
2010 年 450 千米内道路 效率单位的对数	-0.34 * (0.180)	-0.34 *** (0.100)	-0.29 *** (0.073)	-0.27 *** (0.093)
与首位地市的交互项	0.53 ** (0.230)	0.45 *** (0.120)	0.34 *** (0.091)	0.20 (0.120)
2010 年通往港口的最少 通行时间的对数	-0.31 ** (0.130)	-0.23 ** (0.110)	-0.15 *** (0.054)	-0.033 (0.034)
与首位地市的交互项	0.260 * (0.150)	0.220 * (0.120)	0.130 ** (0.059)	-0.010 (0.040)
首位地市	-7.35 *** (2.83)	-5.99 *** (1.80)	-4.31 *** (1.13)	-2.23 * (1.33)

注：每一次回归都有一组与表2相同的控制变量。第（1）~（3）列中的回归有 285 个观测值，第（4）列中的回归有 283 个观测值。Kleibergen-Paap 第一阶段 F 统计值在 A 组的每次回归中为 157，B 组的每次回归中为 147。地市总就业的结果与人口的结果相似。括号中是稳健性检验的标准误差。*** 表示 $p<0.01$，** 表示 $p<0.5$，* 表示 $p<0.1$。

表 2 所示的道路效率千米对人口、人口增长和工资的负面影响，相关系数在非首位地市中大了近 50%，对 GDP 的负面影响也更大。相比之下，在统计结果上，对于区域首位地市，在所有结果中都呈现显著的抵消后的积极作用。首先应注意的是，这两类地市的相对效应是非常不同的。其次，首位地市和非首位地市的系数之和是正的，且在所有情况下都十分大。区域首位地市的净边际效应是正的，尽管总和整体上只表现出微弱的显著性。与 450 千米内的道路效率千米相比，除私营企业工资外，我们没有发现区域首位地市的港口可达性有任何统计上显著的差异效应。

作为稳健性检验，我们还考虑了前文定义的对区域首位地位的连续型度量。回想一下，这个指标是根据该地市 1982 年的人口与其首位地市的人口的比例来定义的。表 3 的 B 组显示的结果与 A 组显示的区域首位指标的结果类似，因此这些结果是有说服力的。一个地市的人口数越接近它的地区首位地市的人口数，则作为一个腹地地市的负面影响就会被抵消掉更多。与其区域首位地市联系相对较弱的地市，则在所有规模和生产力指标上都有显著的负面影响。连续型首要性变量的交互项是正的，且对 GDP 和人口的关系都十分显著。

表 3 表明，区域道路对区域首位地市的影响不同于腹地地市。然而，在 A 组的 4 个情况中，有 3 个情况没有呈现出与港口的联系程度的差异效应的证据，尽管 B 组表现出一些弱显著的差异。综合来看，这表明与腹地地市相比，地区首位地市受国际市场货运成本的影响较小。第 4.4 节提供了一些确凿的证据。

表 3 中的结果是基于表 2 中我们首选的对交通的度量。我们在表 4 中提供了三个稳健性检查的结果。首先在 A 组中，我们使用市场潜力作为本地可达性的度量，给出相应的结果。区域首位地市的差异效应的结果与表 3 中的结果相似，但相关系数大小由于度量单位的差异发生了改变。特别地，由于市场潜力的标准差远小于效率道路的标准差，因此市场潜力度量的系数往往较大。接着，B 组继续采用 450 千米内的道路效率单位，但以离首位地市的某段距离作为首要性度量（而不是在 1962 年道路上的驾驶时间）。GDP 和人口的结构断点都在 420 千米左右，且只有 9 个区域首位地市出现。表 4 的 B 组中 GDP 和人口的结果都十分显著。对于腹地地市来说，效率单位越多，损失就越大，除 GDP 外，所有变量结果都十分显著。限制条件更严格下的这类首位地市在 GDP、人口和人口增长方面的差异性都非常大，且这三个方面的正的净边际效应同样很显著。在表 4 的 C 组中，我们将道路效率单位度量限制为 300 千米以内的道路，而不是 450 千米以内的道路。结果数值与表 3 的情况相似。

表 4　稳健性检验

	2010 年地市 GDP 的对数 （1）	2010 年地市 人口的对数 （2）	1990~2010 年地市 人口增长率 （3）	2007 年私营企业 工资的对数 （4）
A 组：市场潜力引力回归				
2010 年市场潜力引力的对数	-6.90 (8.39)	-9.58 ** (4.32)	-9.64 *** (3.32)	-9.14 ** (3.95)
与排名第一的地市的交互项	22.7 ** (10.70)	14.3 *** (4.78)	12.5 *** (3.77)	12.8 ** (6.42)
2010 年通往最近港口的时间的对数	-0.18 ** (0.076)	-0.110 * (0.062)	-0.074 ** (0.034)	-0.033 * (0.020)
与排名第一的地市的交互项	0.110 (0.087)	0.050 (0.052)	0.025 (0.031)	-0.039 (0.034)
排名第一的地市	-294 ** (138.0)	-185 *** (61.9)	-162 *** (48.8)	-165 ** (83.0)
B 组：基于距离的首位性度量				
2010 年 450 千米内道路效率单位的对数	-0.073 (0.13)	-0.13 ** (0.061)	-0.13 *** (0.046)	-0.11 * (0.062)

续表

	2010 年地市GDP 的对数（1）	2010 年地市人口的对数（2）	1990~2010 年地市人口增长率（3）	2007 年私营企业工资的对数（4）
与首位地市的交互项	1.12*** (0.29)	0.60*** (0.17)	0.47*** (0.14)	0.27 (0.21)
2010 年通往港口的最少通行时间的对数	−0.17** (0.067)	−0.098* (0.055)	−0.066** (0.029)	−0.038** (0.019)
与首位地市的交互项	0.18*** (0.055)	0.034 (0.039)	0.014 (0.023)	−0.032 (0.027)
首位地市	−12.9*** (3.07)	−6.49*** (1.80)	−5.14*** (1.53)	−2.81 (2.25)
C 组：300 千米内道路效率单位				
2010 年 300 千米内道路效率单位的对数	−0.33* (0.20)	−0.27*** (0.091)	−0.26*** (0.073)	−0.20** (0.094)
与首位地市的交互项	0.52*** (0.19)	0.31*** (0.098)	0.26*** (0.082)	0.25** (0.11)
2010 年通往港口的最少通行时间的对数	−0.19** (0.076)	−0.12* (0.061)	−0.079** (0.033)	−0.034* (0.020)
与首位地市的交互项	0.090 (0.078)	0.038 (0.049)	0.014 (0.029)	−0.052* (0.031)
首位地市	−5.69*** (2.14)	−3.21*** (1.17)	−2.59*** (0.90)	−2.30* (1.21)

注：第（1）~（3）列中的回归有 285 个观测值，第（4）列中的回归有 283 个观测值。括号中是稳健性检验的标准误差。*** 表示 $p<0.01$，** 表示 $p<0.5$，* 表示 $p<0.1$。

4.3 首位性与绝对规模的对比、政治地位和交通节点

我们对区域首位地市的定义是受中心地理论的思想所驱动的。在这里，我们表明了我们的定义中异质效应十分关键，其他关于区域重要性的定义并没有表现出类似的异质效应。表 5 报告了与表 3 类似的结果，但每组对首位性的定义不同。在 A 组中，我们研究了20 世纪 90 年代初在第 5 到第 7 次公路规划中的节点城市，这些城市覆盖了各条公路的交会处，因此在当时被中央政府视为全国范围内重要的城市。在我们的样本中有 38 个节点城市，其中 7 个也是区域首位地市。在 B 组中，我们研究了 1982 年人口最多的 29 个前十分位地市，其中 7 个符合我们对首位地市的定义。在 C 组中，我们研究了 24 个省会地市，其中 7 个也是地区首位地市（A~C 组中的这一系列 7 个区域首位地市在各组间并不相同）。在 D 组中，我们只研究了 17 个省会地市，它们不是区域首位地市。表 5 有力地证明了区域等级对区域基础设施的影响很重要，即使考虑到可能与首要性相关的其他变量。节点城市显示的交互影响都接近于 0（A 组）。若确实是有一些影响的话，较多人口的城

市由于区域道路容量的改善会比其他地市处于更不利的地位（B 组）。只有在 C 组中，才有迹象表明省会地市不同于其他地市。在 C 组中，省会地市的所有差异效应都是正向的，尽管只有在人口差异设定中的差异效应才稍显显著。D 组显示，这些对区域道路的正向交互影响，是由组中少数区域首位地市产生的。对于非首位的省会地市，我们没有发现区域道路的显著影响。我们的首要性定义是由考虑区域间贸易联系而非国际贸易联系的模型所驱动的。因此，区域首位地市对与港口的联系程度的影响结果不如对区域道路的影响结果那般清晰。表 5 中的证据一致地表明，通往港口的通行时间，与所考虑的各种区域地市重要性的度量方法之间存在较大的交互联系。根据我们的定义，这些交互系数对于不是首位地市的省会地市具有统计显著性。这表明，与其他地区相比，在国家范围上更重要的城市，国际市场的可达性也更优，而这一可达性并不太依赖于其道路系统的联结。因此，尚不清楚首位性或其他相关属性是否也正影响着港口可达性的差异效应。

表 5　对首要性变量采用替代定义时的影响

	2010 年地市 GDP 的对数 (1)	2010 年地市 人口的对数 (2)	1990~2010 年 地市人口增长率 (3)	2007 年私营企业 工资的对数 (4)
A 组：在第 5~7 次道路规划中的节点地市中考虑首位性				
2010 年 450 千米内道路 效率单位的对数	−0.059 (0.120)	−0.120** (0.055)	−0.14*** (0.045)	−0.14** (0.061)
与节点地市的交互项	−0.0013 (0.047)	0.0086 (0.031)	−0.0110 (0.021)	−0.0190 (0.015)
2010 年通往港口的 最少通行时间的对数	−0.190** (0.085)	−0.110** (0.048)	−0.097** (0.039)	−0.069** (0.029)
与节点地市的交互项	0.100 (0.090)	0.033 (0.055)	0.055 (0.040)	0.041 (0.029)
B 组：在 1982 年前 10% 人口的中心中考虑首位性				
2010 年 450 千米内道路 效率单位的对数	−0.085 (0.130)	−0.150** (0.070)	−0.150*** (0.048)	−0.150** (0.061)
与大型人口地市的 交互项	−0.047 (0.057)	−0.049 (0.044)	−0.026 (0.025)	−0.019 (0.016)
2010 年通往港口的 最少通行时间的对数	−0.220* (0.120)	−0.160* (0.096)	−0.100* (0.053)	−0.066** (0.029)
与大型人口地市的交互项	0.150 (0.100)	0.110 (0.080)	0.068 (0.045)	0.055* (0.030)
C 组：在省会地市中考虑首位性				
2010 年 450 千米内道路 效率单位的对数	−0.080 (0.130)	−0.140** (0.065)	−0.140*** (0.048)	−0.120* (0.063)

续表

	2010 年地市 GDP 的对数 (1)	2010 年地市 人口的对数 (2)	1990~2010 年 地市人口增长率 (3)	2007 年私营企业 工资的对数 (4)
与省会地市的交互项	0.250 (0.190)	0.110 (0.079)	0.120* (0.069)	0.098 (0.13)
2010 年通往港口的最少 通行时间的对数	-0.200** (0.081)	-0.110* (0.067)	-0.077** (0.036)	-0.040* (0.023)
与省会地市的交互项	0.150** (0.070)	0.051 (0.049)	0.028 (0.028)	-0.0057 (0.022)
D 组：在非首位的省会地市中考虑首位性				
2010 年 450 千米内道路 效率单位的对数	-0.022 (0.130)	-0.110* (0.058)	-0.120*** (0.045)	-0.130** (0.062)
与非排名第一的省会 地市的交互项	0.056 (0.230)	0.087 (0.069)	0.092 (0.066)	0.074 (0.140)
2010 年通往港口的 最少通行时间的对数	-0.170** (0.070)	-0.110* (0.057)	-0.076** (0.031)	-0.039** (0.020)
与非排名第一的省会 地市的交互项	0.150*** (0.053)	0.077** (0.034)	0.056*** (0.021)	0.016 (0.022)

注：第一阶段 F 统计值在 A 组为 8.3，B 组为 22，C 组为 34.9，D 组为 58.5。这三个备选首要性定义中的任何一个与 360 分钟驾驶行程内最大地市的充分交互，得到了第一阶段的 F 统计值，这些数据太小，导致回归结果无法提供有价值的信息。*** 表示 $p<0.01$，** 表示 $p<0.5$，* 表示 $p<0.1$。

4.4 城市等级下各部门的特定影响

我们期望各部门对改善后的区域路网的反应会有所不同。例如，对于土地份额低、固定成本高或从集聚经济中受益更多的腹地城市的贸易产品生产商而言，一旦腹地的对外联系度得到提升，他们将更有可能迁往更大的城市或停业。贸易性服务（金融、保险、房地产和商业服务）和许多产品制造业都具有这些特点，就像 Krugman（1991）模型中的那样。农业的土地占有率很高，因此似乎会以相反的方式做出反应。也就是说，随着区域公路网的改善，腹地地区应该会更加专业于农业。非贸易服务可能不会对区域道路网做出反应，除非通过对当地需求的一般均衡影响表现出来。固定国内联系程度不变，改善国际市场的联系可能产生更复杂的影响，这取决于这些不同部门的总体情况。利用各部门的就业数据，我们验证了这些反应的预期符号，并度量了这些反应的大小幅度。

使用与表 3 相同的回归设定和首位性定义，表 6 按行业估计了更大的区域道路容量和更好的港口可达性对地市就业的影响。第（1）列显示，对总就业（数据来源于 2010 年人口普查）的估计影响与表 3 第（2）列和第（3）列中报告的对人口的影响相似。随后的子栏将对总就业的影响分解为对农业、制造业、贸易服务业和非贸易服务业就业的影响。与对总就业率的影响相比，地区道路对农业就业率的影响在首位和非首位地市中都是正向的。新增10%的道路将增加4%的农业就业。此外，港口可达性与农业就业率呈负相关，港口通行时间增加10%，导致农业就业率增加1%。这反映了更多对贸易导向的产品的替代。在第（3）列中，我们看到，与总就业率一样，制造业就业率对道路有正向的反应，但更为敏感。区域非首位地市的就业负效应为-0.35，而首位地市的就业净正效应为0.22。虽然贸易服务业（金融、保险、房地产和商业服务）对道路的反应类似于制造业，但在首位和非首位地市中，非贸易服务的区域道路的影响估计皆为0。港口可达性仅对非区域首位地市的制造业就业产生正向影响。与非贸易服务业相比，贸易服务业受港口可达性的影响更大。表6中B组的结果与A组的结果在质量上相似，但有一个例外。当首要地位被连续型度量定义时，我们发现在区域首位地市中的贸易和非贸易服务业的就业机会并没有从更好的港口可达性中受益。国内和国际道路通行的可达性因地市在区域等级中的位置不同，而对除农业以外的所有部门的就业的影响也不同。

表6 对行业就业率的对数的影响

	总就业率 （1）	农业就业率 （2）	制造业就业率 （3）	消防及商业 服务业就业率 （4）	其他服务业 就业率 （5）
	A组：区域地市首位性的双重度量				
2010年450千米内道路效率单位的对数	-0.190** (0.089)	0.380*** (0.110)	-0.350* (0.190)	-0.290** (0.140)	-0.043 (0.072)
与首位地市的交互项	0.34*** (0.097)	0.22 (0.180)	0.57*** (0.220)	0.41** (0.190)	0.16 (0.100)
2010年通往港口的最少通行时间的对数	-0.130* (0.071)	0.087** (0.038)	-0.240*** (0.089)	-0.220** (0.094)	-0.110** (0.056)
与首位地市的交互项	0.020 (0.056)	0.081 (0.065)	0.210** (0.096)	0.100 (0.093)	0.054 (0.053)
	B组：对区域地市首位性的连续型度量				
2010年450千米内道路效率单位的对数	-0.41*** (0.13)	0.47*** (0.15)	-0.6*** (0.24)	-0.55*** (0.19)	-0.17 (0.11)
与首位地市的交互项	0.540*** (0.15)	0.012 (0.21)	0.890*** (0.31)	0.580** (0.25)	0.340** (0.14)
2010年通往港口的最少通行时间的对数	-0.27** (0.120)	0.14** (0.066)	-0.44*** (0.150)	-0.43*** (0.150)	-0.24** (0.094)
与首位地市的交互项	0.270** (0.140)	-0.073 (0.092)	0.430*** (0.160)	0.400** (0.170)	0.230** (0.100)

注：每一回归都有一组与表2相同的控制变量，共有285个观察值。第一阶段F统计值在A组每次回归中为157，在B组每次回归中为285。*** 表示 $p<0.01$，** 表示 $p<0.5$，* 表示 $p<0.1$。

4.5 贸易开放度和铁路

在我们的研究期间,中国对世界其他国家的贸易开放程度也显著提高。鉴于此,我们担心贸易开放程度的提高可能在一定程度上影响了我们的结果。为了解决这个问题,我们收集了 1995 年包含经济特区的所有地级市的数据。这些地区被指定为城市的一部分,享受宽松的监管环境,有时享受优惠的税收待遇。它们旨在吸引外国直接投资和刺激出口。简言之,包括特区在内的地级城市的贸易开放程度极高。

首位性定义如下:①在 1962 年公路网上以 90 千米/小时的速度,在给定的驾驶时间范围内拥有最多人口的地市;或②在给定的直线驾驶千米范围内人口最多的地市。

为了评估中国贸易开放度的提升对我们研究结果的作用,附录 A 中表 A5 重复了表 3 中 A 组的回归,同时增加了经济特区地位的指标,以及该指标与区域首位地市地位指标的交互项。经济特区指标具有很高的显著性,对产出和人口都有预期的正向影响,而经济特区地位和首位地区地位之间的交互作用不可识别(系数为零)。与表 3 的 A 组相比,我们发现包括这两项对经济特区地位的控制不会在质量上影响我们的主要结果。事实上,表 3 中 A 组的大多数系数在标准误差下随经济特区变量的增加而变化很小。这表明,我们的结果主要并不是受中国贸易开放程度的变化推动的。虽然我们目前还未讨论过,但铁路也是中国交通网络的重要组成部分。虽然我们也有对覆盖铁路的时间维度上的详细数据,但铁路的数据并不能很好地解释铁路的变化,比如双轨制的扩张,以及某些线路可能在事实上已关闭。我们对包括铁路网度量在内的设定模型进行了大量的试验,这些研究在很大程度上未能揭示数据中的较稳健的样式。我们认为,这反映了一个事实,即当用铁路数据对模型式子进行补充时,回归模型的设定将过于复杂,且铁路网和公路网的度量之间通常高度相关。这使一些结果可能会混淆公路和铁路的影响,尽管解决这个问题似乎超出了我们目前的数据和研究设计的范围。

5 无公路的反实际地市人口

我们的最后一项工作是研究没有 1990 年以来修建的公路基础设施时,人口的横截面分布。我们考虑将假设的公路驾驶速度降低到 25 千米/小时,并计算每个地区对此的隐含人口变化,然后通过一个常数来调整每个地市的人口,使初始和最终的总人口相等。由于在反实际道路网络下,总 GDP 不能假定为恒定,因此我们不考虑对 GDP 进行相应的研究。

结果如表 7 所示。第(1)列显示了实际人口减去将所有高速公路速度设置为 25 千米/小时所产生的反实际人口。实际上,这相当于在计算效率千米时,公路的权重为 1,而不是 90/25。第(2)列显示了将港口通行速度设置为 25 千米/小时的类似结果。第(3)列同时显示了这两类设定的结果,将由此产生的全国总人口变化标准化为 0。标准化程序是将每个地市的人口重新划分为 $\dfrac{\sum N_j^{2010}}{\sum N_j^p}$，其中 N_j^p 是 j 地区的回归预测人口，以最终保持全国总人口不变。列（1）和列（2）中的结果没有标准化为 0。在第二行我们可以看到，首位地市的人口由于区域公路驾驶速度的降低而下降。如果再加上降低港口可达性的预计损失，经验模型表明，如果公路系统从未建成，首位地区的人口损失将非常大。与此相反，经验模型在非首位地市生成的预测增长人口较少，区域公路降级的正面影响被国际港口可达性降低所带来的损失大大抵消。如果我们认为反事实提供了建设公路系统的影响，当其他条件不变时，我们便可以将数字与真实的人口变化进行比较，后者在标准化后就可与第（3）列进行比较。实际人口的标准化变化情况是：首位地市平均增加了 337500 名人口，非首位地市平均减少 34000 名人口。这种反事实的分析有着更大的意义：其他条件不变时，首位地市通过建立这个路网系统获得了 120 万元的收益，而非首位地市平均损失了 12.1 万元。这种差异表明，修建公路只是中国这 20 年动态变化中的众多变化之一，其他因素抵消了区域首位地市从高速公路发展中获得的一些相对收益。

表 7　从 2010 年回到 1990 年，公路降级对人口及人口增长的影响与道路基础设施相关

	公路通行速度降为 25 千米/小时 （1）	（通往）港口的通行速度降为 25 千米/小时 （2）	两类降级兼有 （3）
全样本	531676 （624731）	−538052 （396773）	0 （570695）
仅首位地市	−748171 （694986）	−640686 （572957）	−1206162 （947008）
仅非首位地市	660154 （448526）	−527749 （374587）	121082 （332091）

注：第（1）列和第（2）列中的每个条目均显示了所示道路影响减去 2010 年的地市人口后的 2010 年的平均净地市人口。第（3）列中的每个条目显示了所有道路影响调整至适应 2010 年地市人口总和，再减去 2010 年的地市人口后的平均净地市人口。估计值基于表 3 第（2）列中的回归模型。表中的每个单元格报告了各地市的平均值，括号中为标准误差。

6　结论

中国的国家公路系统对中国的经济地理产生了极大且复杂的影响。影响了区域国内市场可达性的公路，平均而言会减少地市内人口和经济活动。这些平均数反映了公路对地区等级中不同级别的地市的影响方式的异质性。在密集的区域公路网中心的区域首位地市，其体量更大，增长更快，产量更多，且私营部门的工资也更高。在密集的区域公路网中心的区域首位地市的商业服务业和制造业也变得相对专业化，并以牺牲农业为代价。

在密集的公路网中心的腹地地市的结果是相反的。它们规模较小，增长较慢，经济产出较少，私营部门工资较低。这些地市也相对地以牺牲制造业和贸易服务业为代价，更加专业化地从事农业。

国际市场可达性对首位和腹地地市的影响大致相同，尽管点估计表明，与腹地地市相比，首位地市通常受国际市场可达性的影响较小。

我们的结论在一个重要方面是存在局限性的。我们用简化方法识别了公路对一个地市相对于另一个地市的影响方式。就公路对所有地市的发展所起的作用而言，我们的回归结果是无法识别出来的。若目的是探究人口如何从一个地区转移到另一个地区，则上述问题可能并不重要。然而，在我们的研究期间，中国人均实际 GDP 增长了大约 4 倍。了解道路和公路在这一过程中发挥的作用仍然是一个重要的问题。对于这个问题，纯粹的经验方法可能需要公路和经济活动在国家层面上的变化，而收集这些数据和进行因果估计的障碍似乎是巨大的。鉴于此，我们对交通基础设施与全国范围尺度内的经济活动之间关系的理解，似乎最终将很大程度上依赖于理论。我们的研究结果也为这一理论的发展提供了一些启示。

我们在研究中注意到的一些发现和在附录中强调的部分表明，基于李嘉图或 NEG 基础的简单形式的标准模型可能无法提供关于交通基础设施如何影响经济地理的合理描述，因此不能为估计交通路网对中国总体经济活动的影响提供基础见解。特别地，国内和国际部分的市场可达性的影响符号相反（见附录 A 表 A4），这也似乎很难与基本理论达成一致，同样，市场可达性对首位地市和腹地地市影响的异质性也是如此。最后，我们研究的中心是准随机变化在建立因果效应中的作用。从根本上说，这反映了这样一个事实，即道路和公路是根据从这些联结中获得的收益而分配给这些配对联结的。这一重要关系在标准模型中是缺失的，且据我们所知，在所有现有的基于李嘉图或 NEG 基础的经济地理学模型中同样如此。

尽管如此，我们的研究结果表明，中国的高速公路确实推动各地区专业化发展，并寻求其比较优势。特别是土地丰富的腹地地市变得更专门地发展农业，而更中心化布局的地市则专门从事区域消费品的制造。城市等级似乎对理解交通基础设施如何影响经济地理十分重要。这表明，若一项研究试图在没有明确处理好城市等级、交通基础设施建设和土地禀赋重要性的模型基础上，对交通基础设施的影响进行评估，那么其应该受到质疑。这也表明，发展具有这些特征的模型应该会是一个成果颇丰的领域，值得进一步研究。

附录 A　以简化形式回归的结构性市场可达性

任何两个地市之间贸易成本的变化都可能影响其他两个地市之间的贸易流量。450 千米以内道路的效率千米和市场潜力都不会因这种间接影响而有所变化。这就增加了一种可能性，即基于道路效率千米或市场潜力的简化形式的估计，可能无法得到公路网重要的一般均衡影响。为了解决这一可能性，我们可以采用李嘉图和新经济地理（NEG）结构模型来恢复对"市场可达性"的经验度量。Donaldson 和 Hornbeck（2016）、Alder（2015）与 Bartelme（2015）中的李嘉图模型以及 Redding（2016）与 Balboni（2017）中的 NEG 模型都提供了这样的度量。我们在这里使用的市场可达性变量的完整推导可见 Baum-Snow 等（2016）。这一推导是在一个与 Donaldson 和 Hornbeck（2016）密切相关的标准化模型（Eaton and Kortum, 2002）的背景下进行的；我们还注意到，NEG 模型中出现了一个类似的结构方程。我们用这个模型来描述我们研究区域中的 285 个地市之间以及"世界其他地区"的贸易。下标 i 和 j 表示地市，而对于贸易流，i 通常表示产品来源地，j 则为目的地，下标 x 表示世界其他地区。Y_i 表示地市产出或 GDP，τ_{ij} 是如上定义的配对运输成本。最后，θ 是 Frechet 生产率分布抽样中的离散参数，它决定了地市之间的贸易收益，较大的值表示贸易收益较小（见表 A1～表 A3）。

表 A1 统计量均值和标准差的汇总

2010 年 450 千米内道路效率单位的对数	10.72 (0.40)
2010 年通往最近港口的时间的对数	5.87 (1.30)
2010 年市场潜力引力的对数	12.92 (0.01)
总市场可达性的对数	6.52 (0.05)
国内市场可达性的对数	6.23 (0.04)
国外市场可达性的对数	5.13 (0.06)
1962 年 450 千米内除了本地市外的道路的对数	9.39 (0.29)
道路升级后，1962 年通往最近港口的时间的对数	6.07 (1.42)
首位地市指标（1982 年 360 千米内人口最多的地市）	0.09 (0.29)

注：每个统计量由 285 个观测值计算而来。

表 A2 最小二乘法基础设施回归

	2010 年地市 GDP 的对数 (1)	2010 年地市人口的对数 (2)	1990~2010 年地市人口增长率 (3)	2007 年私营企业工资的对数 (4)
2010 年 450 千米内道路效率单位的对数	0.082 (0.130)	−0.077 (0.064)	−0.079* (0.043)	−0.14** (0.056)
2010 年通往港口的最低通行时间的对数	−0.140** (0.064)	−0.098* (0.051)	−0.067** (0.028)	−0.029* (0.016)

	2010 年地市 GDP 的对数 (1)	2010 年地市 人口的对数 (2)	1990~2010 年 地市人口增长率 (3)	2007 年私营企业 工资的对数 (4)
2005 年地市面积的对数	-0.016 (0.061)	-0.047 (0.029)	-0.041 (0.026)	-0.075 ** (0.032)
1990 年中心城市 面积的对数	-0.098 * (0.051)	0.031 (0.027)	-0.023 (0.017)	0.023 (0.020)
1982 年中心城市 人口的对数	0.120 ** (0.055)	0.025 (0.026)	0.026 (0.018)	0.018 (0.029)
中心城市路面 平整度的对数	-0.0510 (0.034)	0.0015 (0.015)	0.0022 (0.010)	0.036 ** (0.016)
地市路面平整度的对数	-0.0190 (0.0280)	0.0014 (0.0120)	0.0043 (0.0095)	0.0120 (0.0150)
省会地市	0.63 *** (0.110)	0.35 *** (0.053)	0.25 *** (0.038)	0.17 ** (0.071)
1982 年地市 人口的对数	0.540 *** (0.087)	0.820 *** (0.050)	-0.110 *** (0.031)	0.054 (0.041)
1982 年地市高中 学历人口的份额	0.68 (0.95)	-0.13 (0.44)	-0.27 (0.35)	-0.59 (0.56)
1982 年地市制造业 人口份额	2.160 *** (0.57)	-0.320 (0.38)	0.035 (0.23)	0.550 ** (0.24)
通往海岸的千米数的对数	-0.0340 (0.035)	-0.0120 (0.013)	-0.0086 (0.011)	-0.0140 (0.013)
西部地区	-0.041 (0.110)	0.012 (0.042)	0.0077 (0.034)	-0.0079 (0.053)
东部地区	0.180 ** (0.084)	-0.041 (0.046)	-0.020 (0.031)	0.092 * (0.044)
常数项	-1.85 (2.15)	4.79 *** (1.51)	3.20 *** (0.86)	10.80 *** (0.75)
R^2	0.78	0.89	0.43	0.33

注：回归与表 2 相似。 *** 表示 $p<0.01$， ** 表示 $p<0.5$， * 表示 $p<0.1$。

表 A3　带有首位地市的交互项时采用最小二乘法对基础设施回归

	2010 年地市 GDP 的对数 (1)	2010 年地市 人口的对数 (2)	1990~2010 年 地市人口增长率 (3)	2007 年私营企业 工资的对数 (4)
2010 年 450 千米内道路 效率单位的对数	0.022 (0.140)	-0.11 (0.072)	-0.11 ** (0.047)	-0.19 *** (0.061)

续表

	2010 年地市 GDP 的对数 (1)	2010 年地市 人口的对数 (2)	1990~2010 年 地市人口增长率 (3)	2007 年私营企业 工资的对数 (4)
与排名第一的 地市的交互项	0.39** (0.180)	0.26*** (0.092)	0.22*** (0.065)	0.25** (0.120)
2010 年通往港口的 最低通行时间的对数	−0.160** (0.073)	−0.110* (0.059)	−0.072** (0.032)	−0.025 (0.018)
与排名第一的 地市的交互项	0.095 (0.075)	0.045 (0.046)	0.020 (0.026)	−0.036 (0.024)
排名第一的地市	−4.72** (2.15)	−2.98** (1.17)	−2.41*** (0.77)	−2.51* (1.33)
R^2	0.78	0.89	0.45	0.35

注：回归与表 3 中 A 组相似。***表示 $p<0.01$，**表示 $p<0.5$，*表示 $p<0.1$。

为了达到本文简化经验分析的目的，每个地市的"市场可达性"MA_i 的以下表达式是关键：

$$MA_i = \sum_j \tau_{ij}^{-\theta} \frac{Y_j}{MA_j} + \frac{\tau_{ix}^{-\theta} E}{\sum_j \frac{Y_j}{MA_j} \tau_{jx}^{-\theta}}, \quad i=1, \cdots, 285 \tag{A.1}$$

其中，$E = \dfrac{Y_x}{MA_x} \sum \dfrac{Y_j}{MA_j \tau_j^{-\theta}}$ 是出口值。

式（A.1）用一个递归方程定义市场可达性，给定 Y_j、τ_{ij} 和 E 的数据及 θ 的标定，我们可以解出关于 MA 的方程组。我们将式（A.1）中的第一项称为"国内市场可达性"，第二项称为"国外市场可达性"，这些组成部分的总和称为"总市场可达性"或仅称为"市场可达性"。将 E 的定义代入式（A.1）表明，对世界其他地区的处理，与对 285 个贸易单位的处理是对称的，即"世界其他地区"与一个大型偏远的国内单位是不可区分的。这种市场可达性的概念涵盖了贸易、产出和距离之间关系的三个直观特征：第一，市场可达性正在增加潜在贸易伙伴的收入。第二，贸易伙伴之间的货物运输成本正在降低。第三，市场可达性的降低取决于潜在贸易伙伴在多大程度上能够更好地接触到竞争性贸易伙伴。

为了计算市场可达性，我们使用 2010 年中国出口额 E、GDP 的观测值 Y_j、配对运输成本 τ_{ij} 对式（A.1）进行了数值求解，并将 θ 设为 5，得到了 285 个 MA_i 和 MA_x 值。

在具有充分人口流动的李嘉图框架中，总市场可达性的提升会同时增加 GDP 和人口，因此，人口和 GDP 的 A 组回归方程中的市场可达性的符号应为正。在表 A4 的 B 组中，我们将总市场可达性划分为国内和国外部分，在给定具有统一市场可达性的结构方程的情况下，市场可达性构成要素的系数预计将按该构成要素在总市场可达性中所占的份额进行

区域经济学学科前沿研究报告

调整。根据表 A1 中的汇总统计，该模型预测，大约 70%市场可达性的影响来源于国内市场可达性，其余 30%则是国外的。① 表 A4 中 B 组的证据与这一预测相悖。国内市场可达性的影响为零到负，而国外市场可达性的影响却普遍为正。众所周知，在中国，户籍制度限制了流动性。在 Baum-Snow 等（2016）、Redding（2016）和 Balboni（2017）之后，我们通过采用标准的 NEG 基本模型，放松了完全竞争、规模收益不变和要素自由流动的假设。与我们的李嘉图模型一样，NEG 模型的消费侧也具有对各种产品有固定替代偏好的特征。但与李嘉图模型不同的是，NEG 模型具有内部规模收益递增特性，劳动是唯一的生产要素。此外，该模型的特点是垄断竞争和本地住房可作为消费要素。最后，该模型允许不充分的流动性。流动性摩擦来源于独立同分布的 Fréchet 提出的"便利设施"，这一变量在每个位置中抽样获得，其中地市的移位参数反映了便利设施层面分布的变化，如上述扩展后的李嘉图框架所示。这些 NEG 模型中的 θ 被替换为 $1-\sigma$，σ 即消费的替代弹性，这意味着与式（A.1）中的市场可达性有着相同的表述。它们还意味着工资（而不是人口或 GDP）与市场可达性之间存在着正的且不变的弹性关系。同样，表 A4 中关于工资的结果并没有产生关于市场可达性的预测结果。表 A5 为在与首位地区交互项和控制经济特区时基础设施的影响。

表 A4　市场潜力和市场可达性的工具变量的影响

	2010 年地市 GDP 的对数（1）	2010 年地市人口的对数（2）	1990~2010 年地市人口增长率的对数（3）	2007 年私营企业工资的对数（4）
A 组：市场可达性回归				
2010 年市场可达性的对数	2.88* (1.60)	0.53 (0.92)	-0.17 (0.61)	-0.52 (0.70)
第一阶段 F 统计值	69.2	69.2	69.2	68.8
B 组：国内和外部市场可达性回归				
2010 年国内市场可达性的对数	-8.58* (4.48)	-6.63** (3.34)	-5.08*** (1.84)	-3.56** (1.42)
2010 年国外市场可达性的对数	13.00** (5.57)	8.15* (4.49)	5.61** (2.41)	3.47** (1.49)
第一阶段 F 统计值	21.3	21.3	21.3	21.5

注：每一次回归都有一组与表 2 相同的控制变量。第（1）~（3）列中的回归有 285 个观测值，第（4）列中的回归有 283 个观测值。第一阶段回归使用与表 3 相同的工具变量。括号内为稳健性检验的标准误差。***表示 $p<0.01$，**表示 $p<0.5$，*表示 $p<0.1$。

———————

① 根据式（A.1），市场可达性是国内和国外部分的总和。对和的对数进行分解后，A 是 MA 的国内部分，B 是 MA 的国外部分，即有 dln（A+B）/dx=A/（A+B）·dlnA/dx+B/（A+B）·dlnB/dx。

144

表 A5　在与首位地区交互项和控制经济特区时基础设施的影响

	2010 年地市 GDP 的对数 （1）	2010 年地市 人口的对数 （2）	1990~2010 年地市 人口增长率的对数 （3）	2007 年私营 企业工资的对数 （4）
2010 年 450 千米内道路 效率单位的对数	−0.049 (0.140)	−0.140** (0.069)	−0.150*** (0.050)	−0.150** (0.066)
与首位地市的交互项	0.50** (0.23)	0.29*** (0.093)	0.25*** (0.065)	0.24** (0.120)
2010 年通往港口的 最少通行时间的对数	−0.140* (0.074)	−0.097 (0.061)	−0.063* (0.033)	−0.027 (0.020)
与首位地市的交互项	0.0180 (0.080)	0.0095 (0.051)	−0.0100 (0.029)	−0.0670** (0.033)
首位地市	−5.36* (2.77)	−3.08** (1.22)	−2.57*** (0.79)	−2.23 (1.38)
1995 年经济特区	0.400*** (0.089)	0.150*** (0.043)	0.120*** (0.037)	0.053 (0.041)
与首位地市的交互项	−0.054 (0.170)	−0.035 (0.074)	−0.038 (0.057)	−0.052 (0.110)

注：*** 表示 $p<0.01$，** 表示 $p<0.5$，* 表示 $p<0.1$。

第六章

现代城镇体系

一、城镇化与城市生态

1. 珠三角地区城镇化与生态韧性的耦合协调研究

作者：王少剑；崔子恬；林靖杰；谢金燕；苏坤
单位：中山大学地理科学与规划学院广东省城市化与地理环境空间模拟重点实验室

期刊：《地理学报》
关键词：城镇化；生态韧性；规模韧性；密度韧性；形态韧性；耦合协调度模型；珠三角

摘要：城市韧性是新兴的研究话题，其实质为城市面对不确定性扰动的抵抗、恢复及适应能力。本文构建"规模—密度—形态"三维城市生态韧性评价体系，借鉴物理学耦合模型测算 2000~2015 年珠三角城市城镇化与生态韧性的耦合协调度，并对其时空变化特征进行深入探讨。结果表明：2000~2015 年，珠三角各市的城镇化水平总体不断提升，生态韧性水平持续降低，两者耦合协调度总体由基本协调向基本失调下滑。在空间分布上，珠三角地区城镇化与生态韧性的耦合协调度呈现出以珠江入海口城市为中心、向外围递增的圈层式格局。从生态韧性子系统对城镇化与生态韧性耦合协调的作用来看，规模韧性主要起反向阻滞作用；形态韧性的协调影响力主要为正向，且随时间推移不断增强；密度韧性的正向协调影响力持续下降，且在低于零值后负向增长。以新型城镇化引领区域协调发展，并通过严守三区三线、适应生态承载力、合理布局城市绿地等方法提高生态韧性，是未来珠三角实现城镇化与生态韧性协调可持续发展的主要路径。

发表时间：2021-04-21

2. 城镇化是否带来了耕地压力的增加？——来自中国的经验证据

作者：高延雷；王志刚
单位：中国人民大学农业与农村发展学院

期刊：《中国农村经济》
关键词：城镇化；耕地压力；粮食安全；耕地保护；粮食功能区

摘要：本文基于 Gerbens-Leenes 提出的"虚拟土地"思想，从粮食安全的角度测算耕地压力指数，然后利用 2000~2017 年中国 31 个省（区、市）的面板数据，通过固定效应模型估计城镇化对耕地压力的影响效应，同时进行粮食功能区细分的分析。研究结果表明：①在考虑耕地质量的情况下，总体上中国的耕地面临着一定的压力，稳定在低水平的中度压力区。②耕地压力存在明显的区域差异，粮食主产区保持在安全压力区，主销区处在高度压力区且耕地压力不断上升,产销平衡区则稳定在较高水平的中度压力区。③从全国层面来看,人口城镇化的发展并没有带来耕地压力的增加,反而具有显著的缓解作用;从粮食功能区细分来看,在主销区和产销平衡区,人口城镇化对耕地压力均具有显著的负向影响,而在主产区则表现为显著的正向影响。④进一步地,通过对不同城镇化发展方式的考察发现,土地城镇化与就地城镇化均带来了耕地压力的显著增加。本文认为,应关注城镇化对耕地压力的影响,尤其是土地城镇化与就地城镇化带来的耕地压力增加以及随之而来的粮食安全问题。

发表时间:2020-09-28

3. "以地谋发展"模式的衰竭——基于门槛回归模型的实证研究

作者:刘守英;王志锋;张维凡;熊雪锋

单位:中国人民大学经济学院;中央财经大学管理科学与工程学院

期刊:《管理世界》

关键词:以地谋发展;经济发展;衰竭;门槛回归模型

摘要:20世纪90年代以来,地方政府利用土地制度的独特安排主导经济发展,一方面低价出让工业土地招商引资推进工业化,另一方面通过高价出让商住用地及土地抵押获取资金建设城市基础设施促进城市化,土地推动的快速结构变迁创造了中国的增长奇迹。但是,随着中国经济发展阶段转换以及"以地谋发展"模式潜在的诸多问题不断累积,以土地推动发展的效力减退、不可持续性显现。本文通过门槛回归研究表明,土地对经济的贡献存在倒U型的门槛特征,经济转型期土地对经济增长的发动机功能已经枯竭,不同地区存在的问题程度不一。在东部地区,过度的土地依赖导致了风险增加和低质量招商引资等问题,已对地方经济发展产生负面影响。而中西部地区复制东部地区的"以地谋发展"模式一直绩效不佳。

发表时间:2020-06-05

4. 城乡融合与城市化的水平与结构

作者:罗楚亮;董永良

单位:中国人民大学劳动人事学院;北京师范大学经济与工商管理学院

期刊:《经济学动态》

关键词:城乡融合;城市化;经济相似性

摘要:本文从城乡融合的角度,根据城镇社区非农户口和农村社区农业户口人群社会经济特征的差异(包括家庭的收入支出、就业特征、社会保障、住房及居住条件、耐用消费品、对生活状态的主观评价、个人与家庭的基本人口特征、区域分布八个方面)建立probit回归模型,以此为基础判断其他"中间状态"人群的城市化状态。本文的结果表明，从社会经济特征相似性角度而言，城市化水平总体上可能存在高估倾向。此外，分人群组的研究还发现，旨在取消户籍差异的居民户口制度推行并没有实质性地推进城市化水平；被征地人群的城市化水平也没有得到明显提高；并且在低收入人群中，城市化水平高估倾向更为严重。

发表时间：2020-11-18

5. 新时代中国国家创新体系建设：从工业化创新体系到城市化创新体系

作者：张鹏；袁富华
单位：中国社会科学院经济研究所；中国社会科学院上市公司研究中心

期刊：《经济学家》
关键词：工业化创新体系；知识生产与分配；互动式学习；城市化创新体系

摘要：国家创新体系是新时代中国建设创新驱动型国家和向高质量发展转型的重要手段。本文首先总结了中国工业化时期国家创新体系的特征，即以中等教育为主的中低层次人力资本投入体系、以银行间接融资为主的资金投入体系和以技术应用为主侧重于对技术二次开发的创新产出体系。随着中国从工业化时期向城市化和服务业时期转型，本文根据经济合作与发展组织（OECD）的研究提出了高质量发展时期国家创新体系的框架，即以知识生产和分配这一内核为中心，通过科研机构、企业、消费者和政府等创新主体的互动式学习进行知识生产和知识分配，外围则是国家创新体系建设的关键支撑部件（新基础设施、需求、技能、金融体系和制度）。本文最后对国家创新体系五大板块的建设重点和内容进行列述，这些内容基本反映了高质量发展和建设创新型国家的关键难点和重点。

发表时间：2020-10-05

二、城市空间格局

1. 城市等级、人口增长差异与城镇体系演变

作者：魏守华；杨阳；陈珑隆
单位：南京大学经济学院

期刊：《中国工业经济》
关键词：城市行政等级；政府偏爱；城镇体系；国家级开发区；撤县设区

摘要：针对近30年来中国不同（行政）等级城市人口增长的显著差异，本文从政府偏爱视角阐释城市发展政策对城市人口增长差异及城镇体系演变的影响。以1990~2015

年 423 个城市为样本，选取与城市等级紧密相关的行政审批制即国家级开发区和撤县设区为指标，运用 PSM-DID 方法进行实证研究。结果表明：设立国家级开发区或撤县设区的政府偏爱均有助于城市人口增长，兼有这两方面则效果更显著，有利于发挥产业政策和土地政策的协同效应；城市的市场潜力是政府偏爱效果的重要条件。实证结果还表明，政府偏爱高等级城市以及偏爱沿海而忽视内陆中低等级城市，使不同等级城市人口增长呈"两头高、中间低"的浅"U"型特征，加剧了中国城市规模分布不合理程度。为促进城镇体系协调发展、防止内陆中低等级城市相对"塌陷"，应打破对高等级城市的偏爱，产业政策和土地政策由"特惠制"转向"普惠制"，"双管齐下"，向具有一定市场潜力的内陆中低等级城市倾斜。

发表时间：2020-07-17

2. 可持续城市研究进展及其对国土空间规划的启示

作者：朱晓丹；叶超；李思梦
单位：华东师范大学地理科学学院
期刊：《自然资源学报》
关键词：可持续城市；城镇化；国土空间规划；城市治理；智慧城市；CiteSpace
摘要：可持续城市是很多学科和领域关注的焦点。智能化和网络社会的演进促进了技术与可持续发展的关系研究，可持续城市研究急需创新理论和方法。国内学界对可持续城市的前沿关注不够，结合国土空间规划的反思和探讨欠缺。因此，本文借助 CiteSpace 软件对国内外可持续城市研究进行系统评述，分析其演进脉络和研究热点，并探讨其对国土空间规划的启示。可持续城市研究主要经历了萌芽、兴起、增长、扩散四个阶段。可持续城市应当以自然、社会和技术三者的协调发展为核心。可持续城市的国际研究主要集中在气候变化、城市治理和智慧城市三个方面，并由"可持续"向"可持续智能"转变，大数据辅助城市规划成为趋势，社区多元主体共治逐渐增强。新可持续智能城市研究框架与国土空间规划的结合将是未来研究的关键。中国需要加强可持续智能城市的研究和实践，提出科学的可持续智能城市评价指标体系，结合国情重视城乡共治，并将这些理念渗透在国土空间规划中。

发表时间：2020-09-17

3. 长三角地区城市化空间关联特征及内在机制

作者：崔耀平；刘玄；李东阳；邓晴心；徐佳宁；石欣瑜；秦耀辰
单位：黄河中下游数字地理技术教育部重点实验室；河南大学环境与规划学院
期刊：《地理学报》
关键词：空间极化；空间扩散；时空演化；城市首位度；区域辐射

摘要：中国正处于城市化快速发展阶段，但当前研究在综合反映城市化的时空特征时，往往忽略区域城市间的空间关联及其演化过程，无法有效地揭示区域城市间的相互影响和内在机制。本文基于空间极化及扩散理论和系统分析方法，剖析了长三角地区城市化的空间演化过程。结果显示：①1995~2015年长三角地区城市化的规模等级特征明显，作为区域增长极，上海处于第一等级，南京、杭州、苏州为第二等级；城市化空间关联指数也表明，以上海、苏州、杭州等10个城市构成区域最为密集的空间联系网络。②研究时段内，城市化过程中空间极化和空间扩散同时存在，且空间极化的城市往往会进入新的扩散阶段，以南京、杭州等城市表现最为明显。该结果证实了各城市间在不同发展阶段具有不同的空间作用关系。本文还探讨了区域城市化的驱动机制，表明区域内产业升级和转移是形成空间极化或扩散作用的主要内生动力。本研究可为区域发展规划提供重要的科学支撑。

发表时间：2020-06-11

三、城市综合承载力、经济增长与可持续发展：以长江经济带为例

Comprehensive Carrying Capacity, Economic Growth and the Sustainable Development of Urban Areas: A Case Study of the Yangtze River Economic Belt

作者：Yuan Tian, Chuanwang Sun

期刊：*Journal of Cleaner Production*

摘要：The sustainable development of a city should occur via the harmonious development of the urban comprehensive carrying capacity (UCC) and economic growth. To study the 84 cities in the Yangtze River Economic Belt (YREB) from 2006 to 2014, this paper uses a spatial econometrics model to evaluate the relationship between the UCC and economic growth, and explore the sustainability of urban development. The results infer some novel findings. First, the impact of economic growth on the UCC has inverted "U"-type characteristics. The economic growth pattern of the urban agglomeration weakens the UCC. Second, the impact of the UCC on economic growth has "U"-type characteristics. The development of the UCC plays a significant supporting role in the economic growth of the YREB. In 2014, 84 cities stayed in the descending phase of the inverted "U" curve, and approximately 50 cities of them lied on the rising segment of the "U" curve. Therefore, reconstructing economic growth models to enhance the UCC represents an important method of realizing a city's sustainable development.

城市综合承载力、经济增长与可持续发展：以长江经济带为例

译者：易淑昶

摘要：城市可持续发展应通过城市综合承载力（UCC）与经济增长的协调发展来实

现。为了研究长江经济带（YREB）2006~2014 年的 84 个城市，本文采用空间计量模型对 UCC 与经济增长的关系进行了评价，探讨了城市发展的可持续性。结果推断出一些新发现。首先，经济增长对 UCC 的影响具有倒"U"型特征。城市群的经济增长方式弱化了 UCC。其次，UCC 对经济增长的影响具有"U"型特征，UCC 的提高对 YREB 的经济增长具有重要的支撑作用。2014 年，84 个城市处于倒"U"型曲线下降阶段，其中约 50 个城市位于"U"型曲线上升段。因此，调整经济增长模式，提高城市可持续发展水平，是实现城市可持续发展的重要途径。

1 引言

自实施改革开放政策以来，中国经济实现了快速增长。长期以来，GDP 增长是这些政策的主要目标，这导致高消费和高污染的发展模式。这些发展模式证明了自然资源短缺、环境污染加剧、基础设施滞后、公共服务供给短缺等和其他城市综合承载力要素是城市发展瓶颈之所在（Arrow et al.，1995）。这些问题导致社会经济和人与自然之间的关系缺乏协调，这限制了城市的可持续发展（Brock and Taylor，2010）。因此，一个重要的研究问题是：如果经济发展的目的是提高城市的综合承载能力和实现可持续发展，那么持续的经济增长能否推动城市的可持续发展？基于城市综合承载力的城市可持续发展能力与经济增长之间的关系是一个必须解决的重要而现实的问题（Graymore et al.，2010）。此外，我们必须认识到资源和环境是城市发展的支撑因素（Kyushik et al.，2005）。经济发展和城市化也与城市的发展模式直接相关，这些共同决定了城市是否能够实现可持续发展（Pearce and Warford，1993；Robert，1995；Wei et al.，2015）。因此，仅对资源、环境因素与经济增长之间的关系进行分析将不能提供全面的结果。我们必须在同一框架内分析促进经济增长和支持城市发展的要素，以厘清与城市发展系统的现状和潜在能力相关的生态环境、综合运输、市场因素和其他支持要素。这种行为揭示了城市综合承载力（UCC）和经济增长之间的双向影响和互动机制，这可以为实现可持续发展提供建议。

本文其他部分的结构如下：第 2 部分回顾了有关 UCC、经济增长和可持续发展的文献；第 3 部分讨论了研究方法和数据；第 4 部分分析了经验结果；第 5 部分提供了结论和建议。

2 文献回顾

关于 UCC、经济增长和可持续发展的研究可以追溯到 Kenneth Arrow（1995）发表在 *Ecological Economics* 上的《经济增长、能力和环境》一文。从那时起，美国生态学会就发表了一系列关于生态应用的文章，对这一问题的研究成为热点（Grossman and Krueger，1995；Brock and Aylor，2005；Chen，2015）。对经济增长和可持续发展的文献检索表明，当前的研究重点是能源消耗、环境污染和其他形式的经济增长（Kenneth et al.，1995；

Cohen，1997），包括城市承载力和可持续发展（Daily and Ehrlich，1996）、城市可持续性和经济增长（David et al.，1996；Liu and Borthwick，2011）。本文利用相关的研究成果探讨了经济增长与可持续发展的关系，以及 UCC 与可持续发展的关系。

2.1 经济增长与可持续发展的关系

20 世纪 90 年代初，格罗斯曼和克鲁格（1995）提出了环境污染与经济增长之间呈现倒 "U" 曲线的观点，即环境库兹涅茨曲线（EKC）。基于 EKC 假设，许多学者（Brock and Taylor，2010）对环境污染、能源消耗和经济增长进行了研究，以确定经济增长对城市可持续发展的影响；然而，只有环境污染才能充分体现城市可持续发展的内涵和要求（Sun et al.，2017）。对环境污染指数的实证研究往往产生较大偏差（Chen，2015），因为研究选择了不同的环境污染指标。快速的经济发展并不总是加剧环境污染，事实上，它可能会削弱环境污染压力（Xiao et al.，2017）。然而，城市是一个复杂的系统，由环境、经济、社会和其他相互作用的因素组成。在城市可持续发展过程中，必须找到改善生态环境和缓解人口压力的方法，包括环境、经济和社会发展问题（周等，2017）。因此，建立一个衡量城市可持续发展的综合指标体系，分析城市可持续发展与经济增长的关系，可以确定经济增长与城市可持续发展的动力机制，从而为城市可持续发展提供依据，促进城市可持续发展。

2.2 UCC 与可持续发展的关系

世界环境与发展委员会将可持续发展定义为 "在不牺牲子孙后代满足其需求的能力的情况下，满足当代人需求的发展"（WCED，1987：8）。随后，国内外学者对可持续发展进行了大量的研究。在分析可持续发展问题的研究中，一些机构，如经济合作与发展组织（OECD）、可持续发展委员会（UNCSD）和世界贸易组织（WTO），建立了基于环境的评价指标体系，包括大气、水、森林和生物多样性。可持续发展评价与测量方法包括环境可持续性指数法、DEX 系统综合评价法、生态足迹法、能量分析法、数据包络分析法等。相当多的学者已经研究了可持续发展。Carey（1993）认为，承载力研究是为衡量和评价可持续发展提供见解的主要方法之一。Daily 和 Ehrlich（1996）强调，实现可持续发展的充分必要条件是以承载能力为基础的。Graymore 等（2010）认为，承载力研究是实现可持续发展的基础和门槛。Liu 和 Borthwick（2011）认为，城市承载力的概念为准确评估一个城市的可持续发展能力提供了具体的评估方法和可衡量的指标体系。Sarma 等（2012）论证了承载力研究在城市可持续发展中的重要作用。可持续发展必须以承载力为基础，以实现资源、环境、人口和经济子系统之间的协调（Sun et al.，2017），并表明应用于可持续发展的承载力概念不易计算且缺乏准确性。Liu（2012）指出，研究城市承载力的目的是实现城市的可持续发展。Zhang 和 Li（2018）认为，经济的长期高速增长将导致中国环境和生态系统的压力增加，并表明，由于快速经济增长模式和城市地区的大规模扩张导致高能耗和高污染，城市化是不可持续的。

2.3 现有研究的缺陷

大量的文献集中论述了城市承载力、经济增长和可持续发展之间的关系，但仍存在以下不足：①城市可持续发展研究未分析环境污染、能源消费和经济增长之间的关系，也未证实 EKC 的发生。然而，在现实中，城市的可持续发展是建立在人口、环境、基础设施、经济增长等复杂系统协调发展的基础上的，因此，仅仅考虑单一因素与经济增长的关系来分析城市区域的可持续发展并不能提供全面的结果。UCC 的要素能够全面反映城市系统的可持续发展。②评估承载力和经济增长的研究主要利用了数学方法和空间测量方法来确定这种关系，很少有研究关注内部机制。③虽然城市可持续发展是通过 UCC 构建的评价指标体系来衡量的，但这些因素之间的相互关系还没有得到深入研究。Liu 和 Borthwick（2011）明确界定和确定了增长的极限，以准确评估城市可持续发展的问题。虽然 UCC 的值通常基于省级数据得出，但城市的可持续发展终究是一个城市层面的问题，因此从城市层面获取的数据中选取样本更为实际。

总之，本文的可能贡献如下：本文构建了城市可持续发展评价指标体系，并以此为基础对城市可持续发展进行全面、准确的评价，并将经济带建设作为经济发展布局的最佳选择（Huang，2016）。本文选取长江经济带 2006~2014 年的 84 个城市群为样本，既提高了结果的准确性，又反映了实际情况。在研究方法上，建立了 UCC 与经济增长的空间同步模型。运用空间统计学和空间计量学的方法，根据地理特征和社会经济特征进行了实证研究。为了克服以往研究的不足、双向影响以及各因素之间的动态关系，本文利用偏倚的地理权重来研究实现城市可持续发展，因为这种方法提供了更为准确的实证依据。UCC 代表一个经济增长的支持系统（见图 1），子系统是经济增长率和发展模型。此外，经济增长动态地支撑着城市的承载力，城市的发展速度、结构及其变化影响着城市的综合承载能力。城市的可持续发展应以人口、资源等因素的协调发展为基础。资源、环境和经济增长都是 UCC 的组成部分。

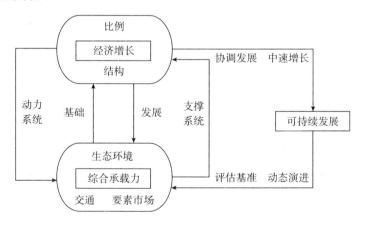

图 1 UCC 系统示意图

3 研究方法和数据

3.1 指标选择

根据上述定义，UCC 是一个由资源承载力（Onishi，1994；Zhang et al.，2016）、环境承载力、生态系统承载力（Kessler，1994；Yu and Mao，2002；Hui，2015）、城市基础设施承载力和其他社会资源承载能力（Shi et al.，2004；Oh et al.，2005；Liu and Borthwick，2011）组成的复杂系统（Hardin，1992；Sarma et al.，2012；Jiang et al.，2017），所有这些都对城市发展和共同决定城市可持续性具有协同效应（Ma et al.，2017）。基于层次分析法（AHP）和指标选择原则，运用生态环境要素（EE）、综合交通要素（CT）和城市发展三大领域要素市场要素（FM）生成指标体系（Tian and Sun，2018）。我们根据广泛而批判性的文献综述结果，采用频率统计和理论分析来选择我们的基本指标（见表 1）（Wei et al.，2016）。我们注意到以下几点：第一，为了突出 YREB 流域城市群的特殊性，建设指标规则时强调了水资源承载力（X1～X4）和水运输能力（X9～X10）。第二，由于相关数据统计年鉴中缺少航空运输的城市较多，在 CT 子系统方面，本文没有建立航空运输相关指标。第三，对于 FM 来说，本文包括人力资本（X23～X26）、技术资本（X27）和财务资本（X28～X29）。第四，基本指标对系统承载能力的影响有正（+）和负（-）的不同程度。正效应指标会随着其值的增加而提高承载力，负效应指标会随着其值的增加而对承载力产生压力，如人均工业烟气排放量、自然人口增长率等。第五，一项指标 EDS 系统是根据相应的上层结构的影响，产生承载力的正效应和负效应。

表 1　指标体系和基本指标的权重

子系统	指标和单位	权重	属性
生态环境 （0.27）	X1-人均供水量（吨）	0.05	+
	X2-污水处理率（%）	0.03	+
	X3-人均日生活用水量（吨）	0.02	-
	X4-人均工业废水排放量（立方米）	0.02	-
	X5-人均工业烟气排放量（吨）	0.04	-
	X6-人均格陵兰面积（平方千米）	0.03	+
	X7-建成区绿化覆盖率（%）	0.03	+
	X8-生活垃圾无害化处理率（%）	0.05	+
综合交通（0.22）	X9-水运货运量（吨）	0.01	-
	X10-水运客运量（人）	0.01	-
	X11-铁路货运量（吨）	0.01	-
	X12-铁路运输客运量（人）	0.01	-

续表

子系统	指标和单位	权重	属性
综合交通（0.22）	X13-公路货运量（吨）	0.01	-
	X14-公路运输客运量（人）	0.02	-
	X15-每万人私家车数量（辆）	0.05	-
	X16-每万人公交车数量（辆）	0.02	-
	X17-人均城市道路面积（平方米）	0.03	+
	X18-人均公路里程（千米）	0.05	+
要素市场（0.51）	X19-人口自然增长率（‰）	0.03	-
	X20-市辖区年平均人口（人）	0.01	-
	X21-每万人病床数（张）	0.02	+
	X22-每千人医生数（人）	0.02	+
	X23-普通学院数（个）	0.07	+
	X24-中小学数量（所）	0.03	+
	X25-师范院校平均数（所）	0.06	+
	X26-普通高校在校生人数（人）	0.06	+
	X27-人均国内专利许可数（个）	0.03	+
	X28-人均存款（元）	0.04	+
	X29-人均贷款（元）	0.07	+
	X30-人均土地面积（平方米）	0.03	+
	X31-人均建筑面积（平方米）	0.02	-
	X32-人均居住面积（平方米）	0.02	-

3.2 UCC 的测量方法

3.2.1 无量纲标准化

UCC 指数评估的第一步是进行无量纲标准化（Wei et al.，2016），以消除因不同有效基本指标而产生的理论数据污染问题。对于正指标组，数据通过式（1）转换：

$$x_{ij}^* = [x_{ij} - \min(x_j)] / [\max(x_j) - \min(x_j)] \quad (i=1, 2, \cdots, t; j=1, 2, \cdots, p) \quad (1)$$

对于负指标组，数据通过式（2）转换：

$$x_{ij}^* = [\max(x_j) - x_{ij}] / [\max(x_j) - \min(x_j)] \quad (i=1, 2, \cdots, t; j=1, 2, \cdots, p) \quad (2)$$

请注意，x_{ij}^* 表示城市 i 的指标 j 的标准化值；$\min(x_j)$ 和 $\max(x_j)$ 分别表示所有 UA 城市中指标 j 的最小值和最大值。经过无量纲标准化的过程，不同的基础指标具有一致性和可比性。

3.2.2 权重确定

本研究采用改良熵方法（IEM）（Chen et al.，2015）计算各指标的相对权重，基于信息熵理论，根据信息量提供的数据确定指标权重具有相对客观和预测性。由于传统的熵方法在计算中不考虑负值和极值，因此需要对传统的熵方法进行改进，以改善负指标值的影响。接下来，我们通过无量纲标准化来确定权重。分析程序包括以下四个步骤：

第 1 步，指标量化。我们计算城市 i 中指标 j 的比例 p_{ij}。

第 2 步，计算指标 j 的熵值 e_j。

第 3 步，计算指标 j 的差异系数 g_j。如果熵值越大，则差异越小，该指数越不重要。

第 4 步，计算所有指标权重为 1 的指标 j 的权重。

本文构建了 UCC 评价模型。用多目标线性求和法（Shao and Ehrgott，2016）计算 UCC 及其子系统的估计值（见表 2）。

表 2 长江经济带综合承载能力和子系统承载能力

系统	城市群	2006 年	2007 年	2008 年	2009 年	2010 年	2011 年	2012 年	2013 年	2014 年
UCC	长三角	11.8960	11.4260	11.3110	11.7400	10.5350	10.8230	10.8690	10.6020	11.2690
	长江中游	11.4870	10.8230	10.9470	11.4180	10.6820	11.3920	11.3030	10.6310	11.3940
	成渝	5.6434	5.4348	5.6571	5.693	5.4614	5.844	5.8517	5.2134	5.8692
	贵州	2.4952	2.3222	2.3093	2.3271	2.0362	2.4898	2.4161	2.1613	2.4063
	云南	1.5824	1.4846	1.4392	1.4346	1.3695	1.4493	1.4833	1.3948	1.5264
	均值	6.6208	6.2981	6.3327	6.5224	6.0167	6.3996	6.3846	6.0004	6.4930
	极差	10.3130	9.9414	9.8715	10.3050	9.3122	9.9430	9.8193	9.2360	9.8680
生态系统	长三角	3.6948	3.1451	2.9397	2.8350	2.2801	2.7525	2.9697	2.0756	3.3013
	长江中游	3.5563	3.0612	3.1607	3.0405	2.4818	2.9500	3.1587	2.1792	3.6906
	成渝	1.6300	1.4881	1.4983	1.4527	1.2111	1.4025	1.4894	1.0601	1.6181
	贵州	0.7779	0.6574	0.6279	0.5782	0.5325	0.6062	0.6416	0.4376	0.6862
	云南	0.5212	0.4265	0.4194	0.4070	0.3276	0.4011	0.4173	0.2649	0.4261
	均值	2.0360	1.7556	1.7292	1.6627	1.3666	1.6225	1.7353	1.2035	1.9445
	极差	3.1736	2.7185	2.7413	2.6335	2.1542	2.5489	2.7414	1.9144	3.2645
综合运输能力	长三角	2.7653	2.8055	2.9840	3.5037	3.7821	3.6338	3.0942	3.2779	2.9236
	长江中游	3.0546	2.9088	3.1055	3.6507	3.9742	3.9231	3.4031	3.5565	3.2342
	成渝	1.4760	1.4277	1.6153	1.8186	1.9266	2.0163	1.7455	1.7020	1.7213
	贵州	0.5839	0.5541	0.6305	0.7181	0.7634	0.8098	0.6982	0.7189	0.6746
	云南	0.3610	0.3402	0.3989	0.4283	0.4499	0.4260	0.3908	0.4373	0.4076
	均值	1.6482	1.6072	1.7468	2.0239	2.1792	2.1618	1.8664	1.9385	1.7923
	极差	2.6936	2.5686	2.7066	3.2224	3.5243	3.4971	3.0123	3.1192	2.8266

续表

系统	城市群	2006年	2007年	2008年	2009年	2010年	2011年	2012年	2013年	2014年
要素市场	长三角	3.0282	3.1935	2.9540	3.3147	3.0701	2.2811	2.4608	3.2220	3.0160
	长江中游	2.4750	2.5127	2.2305	2.6459	2.8161	2.2974	2.3609	2.8050	2.3938
	成渝	1.2506	1.2713	1.2160	1.2958	1.4657	1.1501	1.2261	1.3511	1.3963
	贵州	0.5905	0.6056	0.5223	0.5550	0.4917	0.5247	0.4788	0.5067	0.5704
	云南	0.4187	0.4521	0.3180	0.3641	0.4145	0.3376	0.3712	0.4247	0.4471
	均值	1.5526	1.6070	1.4482	1.6351	1.6516	1.3182	1.3796	1.6619	1.5647
	极差	2.6096	2.7413	2.6360	2.9506	2.6556	1.9598	2.0896	2.7973	2.5689

$$S_{is} = \sum_j^J x_{ij}^* w_j \qquad (3)$$

$$UCC_i = \sum_{s=1}^3 S_{is} (i = 1, 2, 3, \cdots, I; j = 1, 2, 3, \cdots, J) \qquad (4)$$

其中，S_{is} 是子系统的承载能力，UCC_i 是城市 i 承载能力的目标值。

3.3 经验模型

3.3.1 空间相关性检验

测试解释变量的空间相关性通常使用 Moran's I（Anselin，1988）检验空间统计，其计算如下：

$$Moran's\ I = \frac{\sum_{i=1}^n \sum_{j=1}^n w_{ij}(Y_i - \overline{Y})}{S^2 \sum_{i=1}^n \sum_{j=1}^n w_{ij}} \qquad (5)$$

在本文中，我们选择了最常用的邻接方法来建立地理特征下的空间权重矩阵。也就是说，当两个地区接近时，$w_{ij} = 1$，当地理特征不相邻时，$w_{ij} = 0$。全局莫兰指数揭示了区域活动的全局空间相关性。当莫兰指数大于 0 时，空间正相关；当莫兰指数小于 0 时，空间负相关。此外，绝对值越大，所检验变量的空间相关性越强。莫尔散点图用于识别空间单元的局部空间集聚特征。

3.3.2 常面板联立方程模型

基于 EKC 模型（Grossman and Krueger，1995），本文构建了包括 UCC 和经济增长在内的常面板协方差的基本模型。为了减少方差和异方差的影响程度，根据两个函数之间的关系使用了成对变量。

模型1：$\ln(UCC_{it}) = \alpha_{1i} + \gamma_{1t} + \beta_1 \ln(GDP_{it}) + \beta_2 [\ln(GDP_{it})]^2 + \varphi_{1i} \ln Z_{it} + \varepsilon_{it}$ 　　(6)

模型2：$\ln(GDP_{it}) = \alpha_{2i} + \gamma_{2t} + \theta_1 \ln(UCC_{it}) + \theta_2 [\ln(UCC_{it})]^2 + \varphi_{2i} \ln X_{it} + \mu_{it}$ 　　(7)

$i = 1, \cdots, N; t = 1, \cdots, T$

其中，i 代表横截面单位；t 代表年份；α_i 代表个体效应，γ_t 代表时间效应；β_1、β_2、

θ_1 和 θ_2 代表估计的参数；ε_{it}、μ_{it} 代表随机干扰项；UCC_{it} 代表城市综合承载能力；GDP_{it} 表示人均实际 GDP，使用 GDP 平减指数修正通胀（2006 年设定为 100）；Z_{it} 是一组影响 UCC 的控制变量，也是一组影响经济增长的控制变量。

3.3.3 空间联立方程模型

在空间相关性检验之后，本文介绍了建立空间面板数据模型的空间因素。Anselin（1988）对模型中经常被计量经济学忽略的空间因素进行了分类。根据观测值空间相关性的不同影响，空间计量模型分为空间滞后模型（SLM）和空间误差模型（SEM）（Anselin et al.，2004）。根据 Elhorst（2012），我们研究中的空间计量经济学模型的估计形式如下：对于上面建立的模型 1，相应的 SLM 等式（8）和 SEM 等式（9）如下：

$$\ln(UCC_{it}) = \alpha_{1i} + \gamma_{1t} + \rho_1 W_{kron}\ln(UCC_{it}) + \beta_1\ln(GDP_{it}) + \beta_2[\ln(GDP_{it})]^2 + \varphi_{1i}\ln Z_{it} + \varepsilon_{it} \quad (8)$$

$$\ln(UCC_{it}) = \alpha_{1i} + \gamma_{1t} + \beta_1\ln(GDP_{it}) + \beta_2[\ln(GDP_{it})]^2 + \varphi_{1i}\ln Z_{it} + \varepsilon_{it}$$

$$\varepsilon_{it} = \lambda W_{kron}\varepsilon_{it} + \mu_{it}, \quad \mu_{it} \sim N(0, \sigma_{it}^2) \quad (9)$$

模型 2 的分析与上述相同，具体的估算模型如下：

$$\ln(GDP_{it}) = \alpha_{2i} + \gamma_{2t} + \rho_2 W_{kron}\ln(GDP_{it}) + \theta_1\ln(UCC_{it}) + \theta_2[\ln(UCC_{it})]^2 + \varphi_{2i}\ln X_{it} + \mu_{it} \quad (10)$$

$$\ln(GDP_{it}) = \alpha_{2i} + \gamma_{2t} + \theta_1\ln(UCC_{it}) + \theta_2[\ln(UCC_{it})]^2 + \varphi_{2i}\ln X_{it} + \mu_{it}$$

$$\mu_{it} = \eta W_{kron}\mu_{it} + \delta_{it}, \quad \delta_{it} \sim N(0, \sigma_{it}^2) \quad (11)$$

在这些模型中，增加空间滞后因子，ρ 是空间误差因子。在空间面板数据模型中，我们使用克罗内克积（Kronecker product）代替横截面空间模型中的矩阵，即 W_N，其中 $W_{kron} = I_T \otimes W_N$，$W_N$ 是 n×n 空间权重矩阵；I_T 是 T×T 单位时间矩阵；$\otimes$ 是克罗内克乘积。ε_{it} 为随机扰动项，满足 $E\varepsilon_{it} = 0$ 和 $Cov\varepsilon_{it} = \sigma^2 I$。

对于模型 1，经济增长与 UCC 有以下可能的关系：①如果 $\beta_1 > 0$ 且 $\beta_2 < 0$，则两者之间出现倒 "U" 型关系，并且拐点的值为 $\exp(-0.5\hat{\beta}_1/\hat{\beta}_2)$；②如果 $\beta_1 > 0$ 且 $\beta_2 > 0$，那么随着经济增长的增加，UCC 单调增加；③如果 $\beta_1 < 0$ 且 $\beta_2 < 0$，则 UCC 在经济增长中单调递减；④如果 $\beta_1 < 0$ 且 $\beta_2 > 0$，则两者之间是 "U" 型关系。模型 2 的分析与上述相同。

上述模型包括两个关键变量。第一个是我们关注的内生变量，包括 UCC 和经济增长。第二个是我们关注的可能影响 UCC 和经济增长的以下控制变量：①能效等级（ee），用单位 GDP 功耗表示，对应不同水平的技术。②财政收入（fr）水平，用于衡量人均收入的使用。较高的财政收入水平对应于更好的区域经济发展和更安全的金融资金。③财政支出（fe）水平，用于衡量人均消费的使用。这个变量可以反映政府的投资和消费，或者公共卫生、基础教育、基础设施和其他投入水平领域的支出。④城市化（urb），用城市非农业人口占总人口的比例衡量。城市化率是衡量城市化水平的重要指标。⑤外商直接投资（fdi）水平，是城市外商直接投资额。外商直接投资是区域经济增长的主要驱动力之一。⑥产业结构（ind），其中二次产业增加值占 GDP 的比重用于反映经济发展结构特征。

此外，本文还引入 UCC 子系统和人均实际 GDP 的交互项作为控制变量，分析了这些变量对 UCC 的影响。当这两个变量与子系统匹配时，UCC 有正效应；反之则有负效应。

同样，在模型 2 中，我们引入了每个子系统的承载能力与城市综合承载力的交互项作为控制变量来分析这些变量对经济增长的影响。

3.4　样本和数据来源

长江经济带（YREB）包括三个中国空间区域：东部、中部和西部。该经济带目前占中国总面积的 21.27%，占中国人口的 40% 以上，约占 GDP 的 45%（Tian and Sun，2018）。YREB 的建设是中国区域发展的主要战略之一，YREB 是中国城市化的主要先锋区域（Chen et al.，2015）。此外，经济带的建设被认为是经济发展布局的最佳选择（Zhang and Li，2018）。因此，本文使用 2006~2014 年在 YREB 的 84 个城市的数据作为研究样本（见表 3、表 4）。大多数指标直接采用年鉴中的原始数据。年鉴中的一些缺失数据是通过移动平均填充的，城市数据主要来自以下几方面：

（1）32 项指标数据主要来自《中国城市建设统计年鉴》（X1~X18）、《中国区域经济统计年鉴》（X23~X29）、《中国城市统计年鉴》（X19~X22，X30~X32）以及相关省市的统计年鉴和社会发展公报。

（2）控制变量数据来自"中国城市统计数据"与"省市国民经济和社会发展公报"。

表 3　中国长江经济带 5 个主要城市群和 84 个主要城市

长三角城市群	上海、南京、无锡、常州、苏州、南通、盐城、扬州、镇江、台州、杭州、宁波、嘉兴、湖州、绍兴、金华、舟山、台州、合肥、芜湖、马鞍山、铜陵、安庆、滁州、池州、宣城。共 26 个城市
长江中游城市群	武汉、黄石、鄂州、皇岗、孝感、咸宁、仙桃、潜江、天门、襄阳、宜昌、荆州、荆门、长沙、株洲、湘潭、岳阳、益阳、常德、衡阳、娄底、南昌、九江、景德镇、银潭、新余、宜春、萍乡、上饶、福州、建安。共 31 个城市
成渝城市群	重庆、成都、自贡、泸州、德阳、绵阳、遂宁、内江、乐山、南充、眉山、宜宾、广安、达州、雅安、资阳。共 16 个城市
贵州城市群	贵阳、六盘水、遵义、安顺、毕节、凯里、都匀。共 7 个城市
云南城市群	昆明、曲靖、玉溪、楚雄。共 4 个城市

表 4　每个变量的统计特征

变量	样本量	均值	标准误	最小值	最大值
UCC	756	408.74	61.46	257.66	645.97
全市人均实际 GDP（元）	756	30904	36218	4528.5	541108
单位面积 GDP 用电量（千瓦时/万元）	756	569.33	558.7	13.87	3826.9
人均收入（元）	756	3418.2	5669.3	98.77	89792
人均财政支出（元）	756	5674.3	8206.7	458.7	116686
城镇化率（%）	756	30.91	18.14	3.92	99.79

续表

变量	样本量	均值	标准误	最小值	最大值
外商直接投资（万美元）	756	97909	205531	105	2E+06
第二产业比重（%）	756	51.20	7.87	20.71	74.73
生态环境子系统承载能力	756	146.88	26.93	72.31	238.21
综合交通子系统承载能力	756	142.57	23.50	68.72	220.32
要素市场子系统承载能力	756	119.29	60.02	48.05	408.81

4 实证检验和结果分析

4.1 空间自相关分析

首先，本文使用 ArcGIS 10.2 利用 YREB 和 GEODA 软件构建了 84 个城市 UCC 和经济增长的地理图，计算了莫兰指数（见表 5）。UCC 与经济增长呈显著的空间相关性，表明影响 UCC 和经济增长的变量可以通过空间溢出效应影响 UCC 和邻近地区的经济。经济增长和相关变量通过随机干扰对相邻区域产生影响。因此，OLS 估计是有偏差的，使用空间计量模型用于分析。

表 5　空间自相关检验结果

年份 变量	2006	2007	2008	2009	2010	2011	2012	2013	2014
UCC	0.133*** (3.208)	0.147*** (3.529)	0.146*** (3.510)	0.159*** (3.786)	0.101*** (2.490)	0.053* (1.439)	0.083*** (2.105)	0.067** (1.742)	0.060** (1.609)
人均实际GDP	0.548*** (7.321)	0.552*** (7.374)	0.553*** (7.384)	0.544*** (7.266)	0.532*** (7.111)	0.526*** (7.041)	0.430*** (5.846)	0.425*** (5.788)	0.505*** (6.766)

注：***、**、* 分别代表 1%、5%、10% 水平的显著性。

其次，Moran 散点图表明，YREB 中 UCC 的观测值与经济增长相比显示出更加分散的现象，不发生在完全随机分布状态，而是发生在低观察单位。此外，研究地区的经济增长呈现出一种更为明显的模式，即经济增长较快的地区城市经济增长率较高，经济增长较慢的地区城市经济增长率较低。观测值位于第三象限，扩散效应与经济增长相关性明显。

4.2 实证结果与分析

MATLAB 7.0 软件用于面板 SAR 和 SEM 模型估计。Hausman 检验用于选择固定效应模型。另外，要选择空间测量模型，使用空间相关和对数似然函数（LogL）的结果，这与 Anselin 等（2004）的研究一致。为了便于比较分析，我们讨论并研究了不同模型的估计结果。

4.2.1 经济增长对 UCC 影响的地理因素分析

选择 SEM 模型分析经济增长对 UCC 的影响，如表 6 所示。

表6 经济增长对 UCC 影响的地理因素加权估计结果

变量	OLS	SAR	SEM
lnGDP	0.7637*** (44.7572)	0.7583*** (45.2706)	0.7423*** (43.2965)
$[\ln\text{GDP}]^2$	−0.0581*** (−85.9052)	−0.0576*** (−85.9120)	−0.0570*** (−85.0537)
lntec	−0.0027 (−0.9009)	−0.0040 (−1.3688)	−0.0055* (−1.9072)
lnfr	−0.0092 (−1.4328)	−0.0100* (−1.6006)	−0.0252*** (−3.7599)
lnfe	0.0055 (0.8351)	0.0064 (0.9948)	0.0285*** (4.2961)
lnurb	0.0114*** (3.3625)	0.0111*** (3.3589)	0.0106*** (3.4057)
lnfid	−0.0076*** (−3.9132)	−0.0086*** (−4.5258)	−0.0049*** (−2.5824)
lnind	−0.1125*** (−7.2638)	−0.1209*** (−7.9106)	−0.1120*** (−7.1765)
lneco×lnGDP	0.0439*** (33.8408)	0.0442*** (34.7454)	0.0450*** (35.9109)
lntrans×lnGDP	0.0263*** (21.2591)	0.0260*** (21.3899)	0.0266*** (20.0601)
lnfac×lnGDP	0.0264*** (63.7468)	0.0263*** (64.7611)	0.0252*** (56.8139)
ρ	—	0.0107*** (4.5470)	—
φ	—	—	0.4050*** (9.8654)
R^2	0.8903	0.8932	0.8854
Sigma^2	0.0035	0.0033	0.003
LogL	—	1085.6	1112.2
空间依赖性	Statistics	—	P value
LM（lag）	20.071	—	0

续表

变量	OLS	SAR	SEM
R-LM（lag）	16.688	—	0
LM（error）	76.992	—	0
R-LM（error）	73.609	—	0

注：***、**、* 分别代表 1%、5%、10% 水平的显著性，括号内为渐进 t 统计量。

第一，与 OLS 结果相比，通过显著性检验的解释变量更多了，这表明对于空间溢出，解释变量具有更显著的影响。第二，UCC 的空间滞后因子系数 ρ 和空间误差因子 γ 显著为正，表明强空间联系和 UCC 依赖性的发生。此外，对于较大的空间，空间误差因子系数为 0.405。误差因子表明，空间外部性主要通过误差的空间传递来实现。第三，经济发展系数为 $\beta_1 > 0$ 和 $\beta_2 < 0$。这表明，随着经济增长，UCC 先增加后减小，呈倒"U"型曲线形式。模型的结果是一致的。在经济增长的早期阶段，UCC 将随着经济的发展而继续增长。然而，在加速经济增长的情况下，城市的发展承载能力会进入图表的中心区域。此外，基础设施约束和其他典型的城市发展瓶颈也会出现。因此，持续快速的经济增长可能使 UCC 呈现倒"U"型曲线拐点。此外，生态环境子系统、综合交通子系统、要素市场子系统和经济增长子系统之间的相互作用系数为正，表明各子系统的承载能力与经济增长具有高度的一致性。这一发现有助于解释 UCC 的空间溢出效应。

4.2.2　基于地理因子加权的 UCC 对经济增长影响分析

第一，选择 SEM 模型来分析 UCC 在地理权重下对经济增长的影响（见表 7）。第二，经济增长的空间误差因子为 0.556，表明区域经济增长与周边地区经济增长的随机影响密切相关，也就是说，影响一个地区经济增长的因素也会间接地影响周边地区的经济增长，这种现象称为扩散效应。第三，UCC 的系数显著为负，二次系数显著为正，在这种情况下，关系呈现"U"型曲线。这表明随着 UCC 的增加，在城市发展的早期阶段，支持经济增长的因素相对丰富，而 UCC 则相对较强，经济增长初始较强。随着城市的不断发展，虽然 UCC 的绝对值相对于经济的快速增长而增加，但 UCC 在经济增长中的支撑作用可能会呈弱势趋势。这一结果可能是由于城市人口的快速增长、能源资源的限制、生态承载能力的逐渐减弱以及经济增长引发的一系列城市发展问题所致，因此，经济增长趋势放缓。因此，在城市发展的早期阶段，UCC 的相对增长不足以支持长期快速的经济增长，这两个因素处于相对不协调的发展水平。经济增长最初在"U"型的拐点处放缓，这是当前中国经济进入新的正常时期的一个特征。除了一定的发展阶段，当 UCC 与经济增长之间发生协调发展时，UCC 对经济增长能力的支持作用相对积极。在"U"曲线拐点上，城市经济增长水平提高了 UCC，促进了可持续发展。此外，综合交通子系统与 UCC 之间的相互作用系数正相关，生态环境子系统、要素市场子系统和 UCC 之间的相互作用系数不显著。

表 7　地理因素加权的 UCC 对经济增长影响的估计结果

变量	OLS	SAR	SEM
lnUCC	0.3121 **	−10.3435 **	−9.0754 ***
	(1.9965)	(−2.5201)	(−2.7442)
$[\text{lnUCC}]^2$	0.1207 **	0.9856 ***	0.8047 ***
	(2.2117)	(3.0576)	(3.0853)
lntec	0.0469 ***	0.0364 **	0.0393 ***
	(3.0559)	(2.1943)	(2.7111)
lnfr	0.4185 ***	0.3917 ***	0.4190 ***
	(13.7883)	(12.0980)	(14.3437)
lnfe	0.0001	0.0647 *	0.0460
	(0.0005)	(1.6223)	(1.3590)
lnurb	0.0116	0.0069	−0.0031
	(0.6544)	(0.3928)	(−0.2137)
lnfid	0.1022 ***	0.1041 ***	0.0603 ***
	(9.9337)	(10.0508)	(6.2090)
lnind	0.5537 ***	0.6002 ***	0.7327 ***
	(7.3556)	(8.0073)	(10.6469)
lneco×lnUCC	−0.0646 **	−0.0623 *	−0.0183
	(−2.4892)	(−1.8525)	(−0.6391)
lntrans×lnUCC	0.0255	0.0612 ***	0.0645 ***
	(1.4964)	(3.1422)	(3.9269)
lnfac×lnUCC	−0.0580 ***	−0.0568 ***	−0.0231
	(−3.9216)	(−3.4306)	(−1.5862)
ρ	—	−0.0103	—
		(−0.3811)	
φ	—	—	0.5560 ***
			(16.1924)
R^2	0.8370	0.8432	0.8352
Sigma^2	0.0931	0.0893	0.0634
LogL	—	−160.5619	−58.1016
空间依赖性	Statistics	—	P value
LM（lag）	1.9262	—	0.165
R−LM（lag）	12.509	—	0
LM（error）	250.08	—	0
R−LM（error）	260.66	—	0

注：*** 、** 、*分别代表1%、5%、10%水平的显著性，括号内为渐进 t 统计量。

4.2.3　UCC与经济增长的关系

表6和表7中的估计用于描述UCC与经济增长之间的关系。由于人均实际GDP的范围为4528~541108元，相应的数值范围为（8.4，13.2），因此UCC相应值的范围为（5.5，6.5）。结果表明，关于UCC的"U"型曲线的拐点约为人均GDP 2980元，而经济增长"U"型曲线的拐点处UCC约为403。换句话说，当UCC跨越拐点，经济增长呈现增长趋势。对于观测样本值，84个城市的人均实际GDP水平超过了UCC的拐点，而大约50个城市的UCC已经超过了人均实际GDP的拐点。可以说，UCC的提升在YREB的经济增长中起着重要的支撑作用。

4.3　稳健性检验

虽然地理邻近是确定空间相关性的重要参考，但城市发展是一种受各种其他非地理邻近因素影响的系统活动。因此，必须从不同的角度构建其他类型的空间权重矩阵，以进一步提高结果的稳健性。基于研究结果，建立了基于区域差异的经济距离的空间权重矩阵 W_{ij}^E（Tian et al.，2010）。两个城市之间较低的经济发展与更高的权重相一致。该等式定义如下：

$$
\begin{cases}
W_{ij}^E = \dfrac{1}{|\overline{Y}_i - \overline{Y}_j|}, & i \neq j \\
W_{ij}^E = 0, & i = j
\end{cases}
\qquad (12)
$$

$$
\overline{Y}_i = \sum_{t=T_0}^{T} \frac{Y_{it}}{T - T_0}
$$

在这个等式中，$\overline{Y}_i$ 是2006~2014年某个城市GDP的平均值，Y_{it} 为该城市t年的地区GDP。在这里，我们规范化了 W_{ij}^E。

表8和表9显示了估计结果的社会经济特征，模型1~模型4显示了混合效应和区域固定效应的结果，时间固定效应模型和双向固定效应模型均是根据Anselin等（2004）提出的判决规则。我们使用SEM模型来确定经济增长对UCC的影响，并考虑到社会经济特征，使用SAR模型分析了UCC对经济增长的影响以及社会经济特征。

表8　社会经济特征下经济增长对UCC影响的估算结果

变量	模型1	模型2	模型3	模型4
lnGDP	0.7101 *** （44.0350）	-0.6122 *** （-8.6870）	-0.5546 *** （-12.7777）	-0.5428 *** （-6.7056）
[lnGDP]²	-0.0562 *** （-90.2926）	0.0067 ** （2.1456）	0.0049 ** （2.3973）	0.0040 （1.1612）
lntec	-0.0071 *** （-2.6890）	0.0049 （1.0285）	-0.0014 （-0.7655）	0.0029 （0.6094）

续表

变量	模型 1	模型 2	模型 3	模型 4
lnfr	0.0029	0.0056	0.0052	0.0067
	(0.4941)	(0.7955)	(1.2905)	(0.9177)
lnfe	0.0203***	0.0030	0.0016	0.0046
	(3.1911)	(0.5153)	(0.3375)	(0.7860)
lnurb	0.0107***	−0.0002	0.0029	−0.0004
	(3.5573)	(−0.0665)	(1.3889)	(−0.1567)
lnfid	−0.0052***	−0.0030	−0.0013	−0.0026
	(−2.9035)	(−1.1192)	(−1.1061)	(−0.9708)
lnind	−0.0691***	0.0079	−0.0108	−0.0089
	(−4.8215)	(0.4287)	(−1.0673)	(−0.4705)
lneco×lnGDP	0.0440***	0.0441***	0.0437***	0.0440***
	(37.3761)	(50.3615)	(53.2932)	(49.3305)
lntrans×lnGDP	0.0257***	0.0246***	0.0250***	0.0238***
	(20.5652)	(27.9706)	(28.4753)	(25.3504)
lnfac×lnGDP	0.0261***	0.0266***	0.0267***	0.0268***
	(63.6474)	(93.8749)	(98.0877)	(92.1331)
Φ	0.5720***	0.2340***	0.1160**	0.1522***
	(13.7180)	(4.1093)	(1.9279)	(2.5669)
R^2	0.8775	0.9611	0.9585	0.9632
$Sigma^2$	0.0028	0.0013	0.0013	0.0013
LogL	1117.6	1472.5	1444.9	1490.6

表 9　社会经济特征下 UCC 对经济增长影响的估算结果

变量	模型 1	模型 2	模型 3	模型 4
lnUCC	−0.3312**	4.0283**	−9.2611**	2.0711
	(−2.0793)	(1.7830)	(−2.4136)	(0.9304)
$[lnUCC]^2$	0.1811***	−0.3339**	0.9266***	−0.1555
	(3.4927)	(−1.8151)	(3.0767)	(−0.8619)
lntec	0.0570***	−0.0015	0.0335**	0.0077
	(3.8939)	(−0.1018)	(2.2268)	(0.5450)
lnfr	0.3032***	0.2806***	0.2431***	0.2392***
	(9.9168)	(14.1449)	(7.8208)	(12.4776)
lnfe	0.0211	0.1100***	0.1522***	0.0802***
	(0.6504)	(6.0629)	(4.0375)	(4.6450)

续表

变量	模型1	模型2	模型3	模型4
lnurb	0.0055 (0.3254)	0.0098 (1.2049)	−0.0052 (−0.3178)	0.0095 (1.2537)
lnfid	0.0931*** (9.4256)	0.0295*** (3.7044)	0.0957*** (9.9105)	0.0233*** (3.1116)
lnind	0.5612*** (7.8415)	−0.0825 (−1.5801)	0.6187*** (8.7864)	−0.0117 (−0.2344)
lneco×lnUCC	−0.0685*** (−2.7855)	−0.0037 (−0.2251)	−0.0854*** (−2.7032)	−0.0102 (−0.6073)
lntrans×lnUCC	0.0216 (1.3363)	−0.0068 (−0.5370)	0.0490*** (2.6961)	−0.0171 (−1.2823)
lnfac×lnUCC	−0.0560*** (−3.9867)	−0.0069 (−0.8439)	−0.0652*** (−4.2024)	−0.0051 (−0.6363)
P	0.2600*** (8.3627)	0.1970*** (6.1212)	0.3130*** (10.4620)	−0.4937*** (−9.0522)
R^2	0.8516	0.9802	0.8619	0.9832
$Sigma^2$	0.0835	0.0126	0.0787	0.0108
LogL	−138.7701	621.36	−117.223	674.47

4.3.1 分析经济增长对 UCC 下层经济特征的影响

第一，调整后的 R^2、$Sigma^2$ 和 LogL 值表明模型1~模型4是合适的（见表8）。

第二，基于空间相关系数，UCC 具有显著的空间正相关效应，也就是说，一个区域的 UCC 在一定程度上依赖于其他具有相似空间特征的区域。UCC 的空间相关系数，特别是混合效应模型的空间相关系数为0.572，明显高于其他模型。

第三，在四种效应下，人均实际 GDP 基本上通过了显著性检验。然而，在混合模型中，随着经济增长的变化，UCC 先增加后降低，呈倒"U"型曲线特征。该结果与地理权重下的测试结果一致。对于考虑区域或时间影响的模型，经济增长对 UCC 的影响以"U"型曲线为特征。事实上，时间的固定效应反映了经济周期和突发事件对经济结构稳定状态和自然禀赋的影响。混合效应模型假设区域之间具有相同的发展水平。如前面的分析所示，在 YREB 的84个城市群的经济增长水平上观察到显著差异。东部地区的经济增长水平普遍高于中西部地区。因此，虽然试验结果会有一定的偏差，但还是考虑了区域和时间效应。

第四，子系统与人均实际 GDP 交互项的系数显著为正，表明子系统与经济增长保持一致，对 UCC 有积极作用，这与地理权重下的分析是一致的。

4.3.2 分析 UCC 对经济增长影响的经济特征

第一，调整后的 R^2、$Sigma^2$ 和 LogL 等统计数据表明，模型 1～模型 4 具有较好的拟合度。

第二，对于 UCC，在时间固定效应模型下 UCC 对经济增长的影响表现为"U"型曲线，该结果与地理权重下的实证结果相一致。而对于区域固定效应模型，UCC 对经济增长的影响具有倒"U"型曲线特征。因此，利用这两个模型得出了相反的结论，可能是因为该地区 84 个城市的 UCC 相对较大，空间相关性较弱，因此各城市的经济结构与自然禀赋存在较大差距。因此，UCC 对经济增长的影响呈现出先增加后减弱的特征。如果考虑到经济周期的影响，而忽略区域差异的影响，那么 UCC 对经济增长的影响将首先是负的，其次是正的。

第三，两个模型的空间相关系数均为显著正相关关系，表明城市间经济增长存在正的空间相关效应。这进一步表明，具有相似社会经济特征的地区之间的经济发展具有积极的相互促进作用。

第四，生态环境子系统、要素市场子系统与 UCC 之间的相互作用系数具有显著的负相关关系，表明生态环境子系统的承载力和要素市场子系统的承载力相匹配；然而，对经济增长显示出负面影响。

5 结论和建议

经济增长是推动城市可持续发展的动力，城市协调发展是城市可持续发展的支撑体系。这两个系统的协调发展和动态演替是决定城市可持续发展的重要因素。本文以长江经济带 84 个城市为例，运用空间计量方法，研究了 UCC 与经济增长之间的双向影响及其动态关系。本研究为我国 84 个城市的城市承载力与经济增长之间的显著正空间自相关提供了新的证据。此外，还有如下一些新发现：

首先，经济增长对 UCC 的影响具有倒"U"型曲线特征。在经济增长初期，城市综合承载力将随着经济的发展而不断提高。然而，随着人口的普遍过剩、环境恶化以及缺乏与城市承载能力相关的基础设施，城市的发展出现问题。在城市发展瓶颈阶段，出现了早期倒"U"型拐点，快速的经济增长将削弱 UCC。

其次，UCC 对经济增长的影响表现为"U"型曲线特征。这可能是因为在城市发展初期，支撑经济增长的要素资源更为丰富，这意味着 UCC 相对更强。随着社会经济的发展，UCC 的绝对值不断提高。但是，城市承载力的相对增长不能支撑经济的长期快速增长，这影响到协调发展水平。

最后，经济增长呈现放缓趋势，呈现早期"U"型曲线拐点。这一趋势既体现了中国经济的现状，又体现了新阶段的新常态。当 UCC 与经济增长相协调时，即 UCC 对经济增长产生积极的支持作用时，经济增长将与 UCC 相协调，实现可持续发展。

根据研究结论，本文提出了如下政策建议：第一，充分发挥 UCC 和经济增长溢出效应，加强城际合作，初步完善制度设计、市场机制和效益补偿机制。此外，还应消除其他因区域行政差异而产生的障碍，促进城市间的联系和发展。第二，应当根据国民经济和社会发展水平来设定经济目标增长速度，因为长期的快速增长可能超出城市系统的 UCC，从而带来城市发展的结构性问题。但是，我们也应该建立与城市发展模式相适应的经济增长水平，以避免在 UCC 出现瓶颈和城市发展基础设施不足的情况下经济快速增长。城市发展应避免进入"U"型拐点。换言之，城市发展应避免由经济泡沫、过度的资源消耗等问题带来的大规模的城市化扩张。城市发展要跨越"U"型拐点，实现可持续发展。第三，UCC 的发展是以各子系统的协调发展为基础的。由于不同城市的资源禀赋和发展阶段不同，因此应充分考虑各子系统的承载能力阶段。应结合特性优化 UCC 的结构，还要制定实际的、切实可行的、有针对性的城市可持续发展政策。

第七章

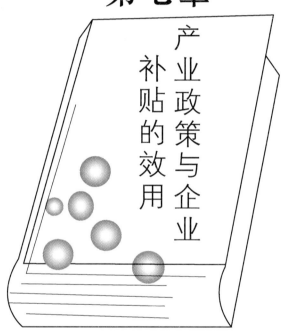

产业政策与企业补贴的效用

一、政府补贴的效应

1. 政府创新补贴对中国企业创新的激励效应——基于"U"型关系的一个解释

作者： 张杰
单位： 中国人民大学中国经济改革与发展研究院
期刊：《经济学动态》
关键词： 政府创新补贴政策；企业私人性质创新投入；激励效应；"U"型关系
摘要： 如何科学认识政府创新补贴政策对微观企业自主创新能力可能具有的激励效应，一直是该领域的重点和热点问题。本文运用 2008~2014 年全国企业创新调查数据库的微观企业数据，实证检验了政府创新补贴对企业私人性质创新投入可能具有的激励效应，发现政府创新扶持补贴政策对微观企业私人性质创新投入总体上呈现出显著的"U"型关系激励效应。这揭示了，只有当政府对企业创新补贴的规模达到一定临界值之后，方可对企业创新投入产生挤入效应；否则，其对企业创新投入造成的则是挤出效应。后续基于所有制类型异质性的分析发现，这种"U"型关系的激励效应主要发生在民营企业样本中，且在其他所有制类型企业中并不存在任何的显著激励效应。这些独特的经验发现，既为该前沿领域提供了来自类似中国这样的发展中国家的重要经验证据，也为今后政府创新补贴政策的调整和改革提供了有价值的参考依据。
发表时间：2020-06-18

2. 财政补贴的低效率之谜：税收超收的视角

作者： 范子英；王倩
单位： 上海财经大学公共经济与管理学院
期刊：《中国工业经济》
关键词： 税收超收；财政补贴；征税压力
摘要： 财政补贴是产业政策"工具箱"里的重要组成部分，既有研究大多认为中国财政补贴效率较低，但补贴规模却在快速上升。本文尝试从企业缴税与财政补贴"列收列支"的角度揭开这一谜题，发现这种"虚增"的财政补贴同时导致规模扩大和效率低下。基于 2008~2011 年全国税收调查的微观企业数据，本文从多个维度构建税收超收指标后发现，税收超收与财政补贴之间存在明显的"列收列支"关系，政府对企业的税收超收显著提高了企业下一期获得的财政补贴；"列收列支"与地方政府激励正相关，即相对征税压力越大的地区，政府对企业税收超收再以财政补贴返还的效应越明显；"列收列支"还与地方政府动员能力相关，地方税务局管辖企业、国有企业和现金流充裕企业配合税收超收的积极性更高；"列收列支"导致财政补贴的绩效被低估，扣除超收税后财政补贴对企业全要素生产率的提升作用明显增强。本文结论对理解屡禁不止的"过头税"以及中国财政补贴的真实性具有重要意义，同时意味着现有关于补贴效率的文献研究存在严重的低估。

发表时间：2019-12-20

3. 财政补贴与税收减免——交易费用视角下的新能源汽车产业政策分析

作者：周燕；潘遥

单位：中山大学中国公共管理研究中心；中山大学政治与公共事务管理学院；广州证券股份有限公司

期刊：《管理世界》

关键词：新能源汽车；产业政策；财政补贴；税收减免；交易费用

摘要：近年来，为了促进高新技术产业的发展，财政补贴与税收减免成为了常见的政策工具。本文从交易费用理论的视角为政策分析提供了一个一般性的分析框架，对财政补贴与税收减免这两项政策进行边际比较分析。研究发现，财政补贴会从两大方面增加交易费用，而税收减免所增加的交易费用则相对较少，其根本原因是财政补贴会在一定程度上扭曲市场的竞争准则，而税收减免则需要企业的产品先经过市场的检验，两种政策存在本质上的不同。本文还以新能源汽车产业上市公司及新三板挂牌公司作为研究样本，对该理论进行验证，提出包括新能源汽车在内的高新技术产业政策选择应由财政补贴转向行业性的税收减免。

发表时间：2019-10-15

4. 生产性补贴与企业进口行为：来自中国制造业企业的证据

作者：许家云；毛其淋

单位：南开大学 APEC 研究中心中国特色社会主义经济建设协同创新中心；南开大学经济学院国际经济研究所跨国公司研究中心中国特色社会主义经济建设协同创新中心

期刊：《世界经济》

关键词：生产性补贴；企业进口；倾向得分匹配；企业绩效

摘要：本文采用基于倾向得分匹配的倍差法系统评估了生产性补贴在微观企业进口中的作用。结果表明，生产性补贴不仅提高了企业进入进口市场的可能性，而且还显著促进了企业进口产品种类、进口额以及进口产品质量的提升。异质性检验发现，与外资和国有企业相比，生产性补贴对民营企业进口的积极影响最小；从进口类型来看，与纯资本品进口企业和混合型进口企业相比，生产性补贴对纯中间品进口企业的积极影响最大。作用机制检验表明，"融资约束缓解"是生产性补贴促进企业进口的一个重要渠道。此外，进一步考察生产性补贴通过进口对企业绩效的影响发现，该影响主要体现在进口的规模效应，进口的质量效应并不显著。

发表时间：2019-07-10

5. 转移支付的公共池效应、补贴与僵尸企业

作者：范子英；王倩
单位：上海财经大学公共经济与管理学院
期刊：《世界经济》
关键词：公共池效应；补贴；支出效率；僵尸企业

摘要：地方政府的无效财政补贴是僵尸企业的重要成因，这种财政资金的低效使用又与财政收入来源结构紧密相关。本文基于中国工业企业和县级层面转移支付数据，研究了转移支付的公共池效应对僵尸企业的影响。研究发现，财政补贴会导致僵尸企业的形成，来自上级政府的转移支付会加剧补贴的低效率，转移支付占财政收入的比例提高1单位，企业僵尸化的概率就增加10.9%；不同类别转移支付产生的公共池效应存在差异，一般性转移支付较专项补助作用更强，前者的成本转嫁和信息不对称问题更严重；进一步的机制分析发现，投资扭曲和费用化率增加是企业僵尸化的原因。

发表时间：2019-07-10

二、产业政策的效应

1. 重点产业政策与人才需求——来自企业招聘面试的微观证据

作者：刘毓芸；程宇玮
单位：中山大学国际金融学院
期刊：《管理世界》
关键词：重点产业政策；人才需求；招聘面试

摘要：进入新时期，"人才为本"成为产业发展的基本方针，为促进人才政策与产业政策协调配合，本文尝试系统考察我国重点行业的人才需求。基于显示性偏好理论（Samuelson，1948），通过手工整理2010~2016年465家企业、2063位劳动力的24600场公开招聘数据，本文利用企业所显示出的招聘行为识别了重点行业和非重点行业的人才需求差异。研究发现，重点行业企业相比非重点行业有更强的人才需求，给定人才供给，前者提供工作岗位的概率比后者高出4.4%，工资高出6%；在结构上，对于本科以上学历

及毕业于 985/211 高校的劳动力，重点与非重点行业雇用概率的差距进一步提高到 6%~9%，工资差距提高到 9%~14.6%；当专业对口时，雇用概率差距提高到 5%，工资差距 12%。这一方面是由于产业政策挑选出的重点行业大多原本就处于成长或技术进步期，另一方面是由于产业政策的干预对部分行业产生了作用。这一发现是稳健的，为促进政策间协调、优化就业结构和引导劳动力行业间配置提供了一种可行的帕累托改进。

发表时间：2020-06-05

2. 制造业服务化抑或空心化——产业政策的去工业化效应研究

作者：聂飞

单位：华中农业大学经济管理学院

期刊：《经济学家》

关键词：产业政策；去工业化；要素配置；市场竞争

摘要：本文构建了一个动态方程，结合 2003~2017 年省级面板数据，实证检验了产业政策在地方政府去工业化过程中的驱动作用，并考察了产业政策与供给侧的要素配置协同路径以及需求侧的市场竞争协同路径对地区去工业化的影响。研究结果显示：①产业政策能够有效地促进制造业服务化和抑制制造业空心化，总体上具有良性去工业化效应。②中西部地区产业政策将会引起当地去工业化进程明显加速。③产业政策的去工业化效应具有明显的结构性特征，表现为技术密集型制造业更倾向于与服务业融合，尤其是与技术密集型服务业融合。④产业政策对去工业化的影响还具有非线性特征，表现为产业政策对制造业服务化的影响具有"U"型规律，而对制造业空心化的影响则具有倒"U"型规律。⑤对供给侧和需求侧的影响路径的考察发现，产业政策将会促进生产要素向制造业与服务业协同集聚，有利于制造业服务化；产业政策还会加剧制造业市场竞争，在创新倒逼作用之下，产业政策具有制造业服务化效应。

发表时间：2020-05-05

3. 中国技术创新激励政策：激励了数量还是质量

作者：陈强远；林思彤；张醒

单位：中国人民大学国家发展与战略研究院；上海大学经济学院

期刊：《中国工业经济》

关键词：创新激励政策；技术创新质量；企业创新；机器学习；语义引用

摘要：中国创新驱动发展战略的实施助推了整体科技创新水平的提升，但也带来了微观层面策略性创新和宏观层面"数量长足、质量跛脚"的创新困境。在迈向创新强国之路上，作为创新驱动发展战略的核心内涵和重要工具，以税收优惠、创新补贴为核心的一揽子技术创新激励政策是否导致了中国技术创新上述困境？基于对这一问题的回答，本文利用中国企业授权发明专利数据，以及机器学习和语义引用方法，测度了企业技术创新质量；在此基础上，利用中国税收调查数据、中国工业企业科技活动调查数据和中国高新技术企业名录等，实证检验了中国技术创新主要激励政策对企业技术创新质量和数量的影响。研究发现：①以"研发费用加计扣除"为代表的普适型政策仅促使了企业增加技术创新数量，对企业技术创新质量的影响不显著；②以"高新技术企业认定"以及"高新技术企业所得税减免"为代表的选择支持型政策，同时激励了企业提升技术创新质量和创新数量；③以"政府科技活动资金投入"为代表的自由裁量型政策，则对企业技术创新数量和质量都无影响。本文为企业技术创新质量提供了新的测度方法，更为合理评估中国技术创新激励政策提供了重要依据。

发表时间：2020-04-22

4. 比较优势与产业政策效果：区域差异及制度成因

作者：赵婷；陈钊
单位：复旦大学经济学院中国社会主义市场经济研究中心
期刊：《经济学（季刊）》
关键词：产业政策；比较优势；制度条件
摘要：本研究发现，遵循地区潜在比较优势的产业政策会使所扶持的产业有更快的发展或更可能培育出显性比较优势，但这一规律表现出明显的区域差异，只存在于中国的东部地区。进一步的证据表明，产业政策效果的区域差异背后有其制度成因，东部地区有更高的市场化程度和政府效率，这些制度条件是比较优势发挥作用的重要前提。

发表时间：2020-04-15

5. 经济增长和环境质量相容性政策条件——环境技术进步方向视角下的政策偏向效应检验

作者：王林辉；王辉；董直庆
单位：华东师范大学经济与管理学部
期刊：《管理世界》
关键词：环境技术进步方向；环境政策；经济增长；环境质量
摘要：现有文献关注政策规制的经济与环境绩效，却并未重视不同类型政策的技术偏向，以及技术偏态情境中经济增长和环境质量相容发展的政策条件。本文扩展 Acemoglu 等（2012）的环境技术进步方向模型，数理演绎不同性质政策的技术偏向，以及技术进步方向转变时经济增长和环境质量的动态演化过程，再结合我国经济数据进行政策效果评价。研究结果发现：①环境技术进步方向是技术研发效率和环境政策累积作用的结果，环境政策会通过影响不同类型技术创新激励的方式，改变环境技术进步方向。②异质性政策转变技术进步方向，影响经济增长和环境质量，其作用存在不同的着力点和偏向性。其中，研发补贴政策的清洁技术偏向和产出激励效果明显，而规制类政策的环境质量效应优于研发补贴，但其对经济增长的作用表现出非线性"U"型特征。③单一政策干预往往难以破除经济增长和环境质量的两难困境，而政策组合的效果明显优于单一政策，特别是在碳排放权交易试点地区实施研发补贴政策，以及在碳排放权交易试点地区同时实行环境税与研发补贴，效果明显优于实施单一政策。但最优的政策组合并非固定不变，而往往处于动态变化过程中。

发表时间：2020-03-05

6. 政府推广政策与新能源汽车需求：来自上海的证据

作者：李国栋；罗瑞琦；谷永芬

单位：上海对外经贸大学国际经贸学院；上海对外经贸大学产业经济研究所

期刊：《中国工业经济》

关键词：新能源汽车；政府推广；补贴；牌照；需求估计

摘要：本文采用上海市 2016 年 1 月至 2018 年 5 月 125 个新能源乘用车车型的月度销量数据，研究财政补贴和免费专用牌照两项政策对新能源汽车需求的影响。使用嵌套 Logit 需求模型估计得到两个政策变量在效用函数中的参数，并通过反事实分析推断不同的政策组合对新能源汽车需求的影响。研究发现：样本期内新能源乘用车 45.57% 的销量由两项推广政策同时作用所致；若仅使用一项政策，免费专用牌照政策可贡献样本期内 43.09% 的销量，而财政补贴政策仅贡献 4.85% 的销量；两项推广政策贡献了插电式混合动力乘用车以及纯电动乘用车各自 50% 以上的销量，但对其他类型新能源乘用车的影响很小。以上结果表明，政府推广政策的完全退出很可能导致需求的大幅下降。本文建议包括上海市在内的限牌限行城市在调整推广政策时，应继续保持免费专用牌照对新能源汽车需求的拉动作用，在此前提下，可以考虑财政补贴的加速退坡或完全退出；此外，应推动动力电池和充电桩行业的加速发展，通过降低新能源汽车的生产成本及使用成本，最终突破新能源汽车推广应用的"瓶颈"。

发表时间：2019-04-19

三、企业补贴的均衡效应

Equilibrium Effects of Firm Subsidies

作者：Martin Rotemberg

期刊：*American Economic Review*

摘要： Subsidy programs have two countervailing effects on firms: direct gains for eligible firms and indirect losses for those whose competitors are eligible. In 2006, India changed the eligibility criteria for small-firm subsidies, and the sales of newly eligible firms grew by roughly 35 percent. Competitors of the newly eligible firms were affected, with almost complete crowd-out within products that were less internationally traded, but little crowd-out for more-traded products. The newly eligible firms had relatively high marginal products, so relaxing the eligibility criteria for subsidies increased aggregate productivity by around 1-2 percent. Targeting different firms could have led to similar gains.

企业补贴的均衡效应

译者： 苏玺鉴

摘要： 补贴项目对企业有正负两个作用：被补贴企业的直接收益和参与补贴资格竞争企业的间接损失。2006年，印度改变了小企业补贴的资格标准，新接受补贴企业的销售增长了大约35%。新近符合条件的企业的竞争对手受到了影响，在国际贸易较少的产品内几乎完全挤出，但在贸易较多的产品内几乎没有挤出。新接受补贴的企业具有相对较高的边际产出，因此放宽补贴的资格标准使总生产率提高了1%~2%。以不同的企业为目标可以获得类似的结果。

许多国家政府利用各种机制，包括定向贷款、投资补贴、出口援助、技术培训和优惠采购，支持小型企业。这些类型的产业政策往往以提高总产量和生产率为总目标，并能大大有利于目标企业。然而，这些类型的计划对总产量的影响取决于符合资格企业的扩张程度，而竞争对手却为此付出代价。这些均衡效应也将取决于目标企业的特征，因为生产全球贸易货物的企业可能对其（国内）竞争者产生不同于在当地小市场竞争的企业的影响。

在本文中，作者研究了印度的小型企业（优先部门）的补贴，利用2006年的政策变化，放宽了对各种政府项目的限制。新的合格企业约占正规制造业企业的15%。大多数部门都有一些新的合格企业，不同部门受到政策变化影响的程度有很大的异质性。

这些项目的综合效果将取决于直接补贴的企业的边际产出和通过产品市场竞争间接受到影响的企业的产出。越来越多的工作表明，部门内资源分配不当是各国生产效率差异的一个重要来源（Hsieh and Klenow，2009；Hopenhayn，2014），这意味着可以从重新分配产出中提高总体收益。支持小型企业的项目可能是已经存在的扭曲的次优解决方案，例如信贷市场中的扭曲（Banerjee and Duflo，2014）。然而，如果符合条件的企业的生产率低于其竞争对手的边际生产率，那么这些类型的项目可能是生产要素分配不当的原因。这些类型的项目对生产率的影响取决于直接导致增长的企业是否比间接导致萎缩的竞争对手具有更高的边际产出。在这种情况下，忽略溢出会使计算得出的补贴项目收益扩大3倍。

可以使用相对标准的工具估计政策的直接影响。这些工具不适用于直接了解间接影响，因为在企业调查中没有明确记录。作者开发了一个多产品企业的 Melitz 式框架，将企业的报告（他们的产品组合）转化为一个估计方程，用于评估补贴一些企业如何直接和间接影响所有企业的投入和产出。框架生成直观和简单的预测：对每个企业的间接影响将是程序直接影响的加权平均值。项目对企业的影响程度的计算包括：①该企业的产品组合；②新补贴企业生产的每种产品的份额；③产品特征，例如产品的生产或销售地点。获得企业生产产品的一种常用替代方法（通常用于数据限制）是使用企业报告的行业重叠度。然而，即使在相对狭窄的行业内，同一行业的企业往往生产不同的产品，而生产相同产品的企业往往在不同的行业。根据行业聚集水平（尽管对于一些聚集，估计的间接影响相似），使用产品与行业的重叠测量的相关性仅为 0.3~0.4。

模型既不能预测溢出的符号，也不能预测溢出的大小，其取决于参数的值，与包括完全挤出和聚集在内的一系列平衡效应相一致。因此，了解资格扩展的总体效应需要进行一次实证分析。

实证分析在企业水平展开，但模型的结构允许作者使用估计值来计算项目的总体效应：估计的间接效应是关于私人增长的总体增长弹性的充分统计量。使用代表印度所有生产活动的数据，作者利用时间和企业特征的变化来分别确定政策变化的直接和间接影响。

作者发现，新的合格的企业增加了大约 35% 的销售额。虽然政策的时机和合格性标准都不是随机的，但作者认为新合格的企业在政策改变之前的表现与同行相似。程度和缺少平行趋势与 Banerjee 和 Duflo（2014）、Sharma（2005）及 Kapoor 等（2012）一致，后者研究了印度类似项目的早期资格变更。

这产生了巨大的间接影响，大约 2/3 的企业补贴增长是以牺牲州内竞争者为代价的。然而，对于贸易的产品，没有负面的竞争影响，估计与正溢出一致。该结果支持当地需求冲击将对当地贸易产品生产产生有限影响的论点（Matsuyama，1992；Magruder，2013）。对于非贸易产品，补贴项目带来的直接产量增长被间接效应完全抵消。

尽管很难测量，但平衡效应的事实并不令人惊讶（McKenzie and Fiwoodruff，2014）。然而，对总生产率的最终影响是事先不明确的。作者估计，优先部门的扩大使制造业总生产率提高了约 1%。测得的增益来自重新分配：没有证据表明程序直接或间接增加企业 TFPQ。然而，也有许多企业具有同样高的边际产品：如果政府随机选择了企业，作者的估计表明，总体生产率增长将至少达到 20% 左右。

与本文最相似的论文是研究企业获得信贷和资本的直接影响（Banerjee et al.，2015）和有利于小型企业的差异项目的政策效应（Birch，1979；Hanlon，Jarmin and Miranda，2013；Brown and Earle，2017）。一个相关的文献研究贸易冲击导致的企业间溢出（Sivadasan，2006；De Loecker et al.，2016；Bollard，Klenow and Sharma，2013）、FDI（Aitken and Harrison，1999）和研发（Jaffe，1986；Bloom，2013）。Acemoglu 等（2012）讨论了行业特异性冲击如何通过投入产出网络影响整个经济。理解企业之间相互竞争的模型行业产生的预测与用于理解跨行业溢出效应的预测类似。更广泛地说，这个项目符合 Abbring 和 Heckman（2007）的精神，他们认为，一个有很大直接影响的项目会激发测试其平衡效应。

1 制度背景

印度政府自 1954 年以来设立了一个专门资助小型企业的部门。在模型部分，作者描述了它所运行的程序，它们可能降低投入成本（劳动力、资本和材料）并提高生产率。在这一节中，作者描述了教育部及其最大项目的历史。

项目资格完全由企业名义累计资本投资的截止点决定。多工厂企业可以有合格和不合格工厂。首先，只有固定资产低于 500000 卢比的企业才有资格。固定资产大约每 6 年变化一次（见图 1），尽管直到 20 世纪 90 年代末的大部分政策变化都是为了与通胀保持同步而实施的。Banerjee 和 Dufo（2014）、Sharma（2005）以及 Kapoor、Ranjan 和 Firaychaudhuri（2017）研究 1999 年的政策变更，创建了小规模工业和农业与农村工业部，并降低了资格标准。2001 年，该部分为两个不同的单位，即小规模工业部与农业和农村工业部。作者从那一年开始做实证分析。当时，在工厂和机械方面的名义投资价值在 1000 万卢比以下的制造企业是合格的。

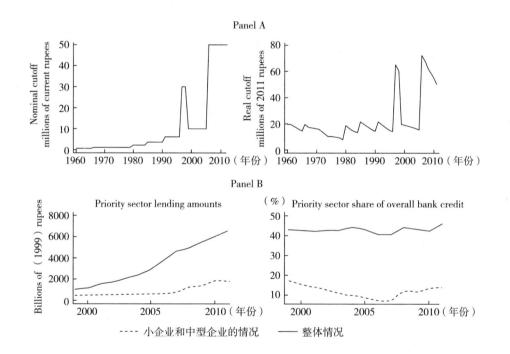

图 1 印度的小企业补贴情况

注：Panel A：印度小型企业获益资格要求变更图。对于左图，所有工厂和机器（名义上）存量低于该线的企业均有资格。右侧面板使用来自 WDI 的 GDP 平减对临界值进行平减。本文中的生产数据涵盖 2001~2011 年，在第一次加标后，涵盖第二次加标。Panel B：优先部门借款人与微型、小型和中型企业（MSE）借款人的总价值及总体银行信贷份额图。

资料来源：印度储备银行的各种通知。与印度银行有关的印度储备银行统计表。

随着 2006 年《微型、小型和中型企业发展法》的通过，联邦政府的小型企业方案重新并入微型、小型和中型企业部。该法案将规模限制提高到 5000 万卢比，并引入了几个新项目，包括一个帮助小型企业得到及时支付的项目。当时，新的合格企业约占所有正式制造业产出的 15%，大多数企业的竞争者的合格状态发生了变化。

符合条件的机构可以使用由 MSME 运行的各种程序。若干方案通过培训和工人补贴（例如雇用诸如在册种姓/在册部落等特殊类别的成员）促进创造就业机会，这些方案占中小企业预算（超过 1 亿美元）的 20% 左右。唯一更大的项目类别是信用担保和支持（约占预算的 70%），这些项目帮助企业获得短期和长期贷款。其他项目包括质量和安全控制、管理发展和营销协助培训（微型、小型和中型企业部，2011）。

其他政府项目也支持小型企业，如从地方政府优先采购。此外，印度储备银行管理优先部门贷款，指示银行以公平的利率向小客户提供贷款组合的 40%。

历史上，印度还严格管制资产高于截止值的企业生产某些产品（如塑料纽扣），该制度称为小规模保留法（Mohan，2002；Tewari and Wilde，2017）。Martin、Nathan 和 Harrison（2017）与 Balasundharam（2019）研究了去除该调控的直接和间接影响，该调控在过去 20 年偶有发生。其余产品的合格性截止日期在 2006 年也发生了变化，如果作者去掉生产储备产品的企业（到 2000 年，储备产品在总体正式生产产出中所占的比例相对较小），作者的结果也是类似的。

2　分析框架

作者将总生产效率定义为总产出减去总投入成本（Solow，1957；Hulten，1978；Basu and Fernald，2002；Petrin and Sivadasan，2013），即 Jorgenson 等（1967）描述的常规分解。机制上，总生产效率是企业投入和产出的函数。为了了解政策变化对总生产率的影响，作者需要衡量每个企业投入和产出的影响，既包括政策变化直接针对的企业，也包括可能间接影响的企业。虽然已经很好地确立了确定这些类型的方案的直接影响的工具，但仍需要一个模型来衡量竞争如何导致外溢，特别是由于企业生产具有多种特征的多种产品。

作者使用消费者行为模型开发估计方程，以预测企业如何受到补贴项目的影响。特别地，作者开发了一个具有多种产品的企业（Melitz，2003）的部分平衡模型，可生产多种产品（Beard，Redding and Schott，2011），指定企业扭曲了资本和劳动力成本（Hsieh and Klenow，2009）。

通过附加假设（估计生产函数所需的假设），总生产率增长可进一步分解为：①企业内生产效率的改进；②在具有潜在不同边际产品的企业之间重新分配。该框架也抓住了这些部分：作者将该计划建模为潜在影响企业生产效率和扭曲，扭曲可能阻止企业将其边际产品等同于其边际成本。越来越多的文献试图从微观发现这些扭曲，如定价或信贷约束（Buera，Kaboski and Shin，2011；Peters，2018）；在本文中，作者重点关注改变既存扭曲的政策。

2.1　总生产率增长和公司行为

在本节中，作者描述了 Petrin（2012）的总生产率增长分解。通过分解，总生产率的变化是产出和投入成本之间的差异：

$$dAP \equiv \sum_{j=1}^{N} p_j dY_j - \sum_{j=1}^{N} \sum_{Input \in K, M, L} p_{Input} dlnInput_j$$

其中，Y_j 是公司 j 的总产出，p_s 为实际价格，M 为材料投入。

由于采用了重复横断面抽样框架，在某一年中，仅有约 1/3 的被调查机构在下一年接受了调查（存在时间一致性的企业），因此难以全面表征进入和退出对总生产率增长（APG）的贡献。不考虑企业进出，一些代数（Petrin and Levinsohn，2012）将 APG 分解为企业级增长率的加权和。

$$APG = \sum_{j=1}^{N} D_j \left[p_j dlnY_j - \sum_{Input \in K, M, L} s_{Input} dlnInput_j \right] \tag{1}$$

其中，s_{Input} 是投入的企业收益份额，$D_j \equiv y_j / \sum_j VA_j$ 是 Domar（1962）权重。

$$AP = \sum_{j=1}^{N} D_j \left[p_j lnY_j - \sum_{Input \in K, M, L} s_{Input} lnInput_j \right] \tag{2}$$

Domar 权重和收入份额可以直接在数据中计算。使用下一小节开发的框架推导补贴如何影响企业产出和投入。因为这些企业不影响总生产率，所以作者将估计的系数描述为百分比变化，以便于注释。

估算项目对总体生产率增长的影响不需要估算生产函数，考虑到数据，这是很困难的。估计生产函数的价值在于，APG 可以分解成两个部分，一个是技术效率项，捕获企业内的生产效率改进；另一个是再分配项，当企业投入使用发生变化，并且该投入的边际产品（使用其生产函数弹性衡量）不等于其边际成本［使用其收入份额，如 Hall（1988）那样衡量］时，可以出现该再分配项：

$$APG = \sum_{j} (D_j dlnA_j) + \sum_{j=1}^{N} \sum_{Input \in K, M, L} D_j (\alpha_{Input_j} - s_{Input_j}) dlnInput_j \tag{3}$$

其中，A_j 是企业的生产率，α_{Input} 是企业的产出投入弹性，两者之差为企业投入的边际产出：产出的边际变化减去成本的边际变化。Nishida 等（2017）估计，在本文研究期间，印度的年均生产率增长率约为 6.7%，主要受再分配的驱动。

在下一个小节中，作者推导出目标补贴项目如何影响企业的投入和产出。在部分平衡中，补贴影响企业生产率，降低企业指定投入扭曲，进而影响投入收入份额（增加）和使用量（也增加）。这种行为变化也可能通过竞争力量影响其他企业，导致它们收缩。在下一小节中，作者将描述模型的一个简单版本，并在随后的小节中显示，当包括多工厂企业、可交易产品和运输成本等更现实的特征时，模型的直觉将贯穿始终。

2.2　单一产品的直接和间接影响

作者首先证明直接和间接的影响在一个单一的产品之间的关系，然后推导出静态均衡，并讨论了各企业增长率与补贴增长之间的关系。每个部门的代表性企业生产一个单一的商品 Q_s，消费者消费 S 部门的效用函数为 $U = \sum\limits_{s=1}^{S} Q_s^{\varphi} + c$，$\varphi > 0$，$c$ 是消费的其他部门产品。消费者的税后收入为 I。最终消费者的一阶条件得出 s 部门的收入为：

$$Y_s = P_s Q_s = \left(\frac{P_s}{\text{ø}}\right)^{\frac{\text{ø}}{\text{ø}-1}} \tag{4}$$

在每个部门中，企业使用 N 个中间产品生产者产出的中间品 q_{js} 进行生产，其生产函数为不变替代弹性（CES），即 $Q_s = \left[\sum\limits_{j=1}^{N} q_{js}^{(\delta-1)/\delta}\right]^{\delta/(\delta-1)}$。最终产品生产者利润最大化确保每个部门的最终产品的价格将是中间产品生产者价格的 CES 总和。

$$P_s = \left(\sum\limits_{j=1}^{N} p_{js}^{1-\delta}\right)^{\frac{1}{1-\delta}} \tag{5}$$

每个中间产品生产者的资本、劳动和材料投入符合柯布—道格拉斯生产函数：

$$Q_{js} = A_j K_j^{\alpha K_j} K_{js}^{\alpha L_j} K_{js}^{\alpha M_j} \tag{6}$$

其中，A_{js} 是指定部门企业所有工厂总生产率（TFP）。柯布—道格拉斯函数的假设比更灵活的方法（如 translog）的限制更强，但可以更直接适用于多产品企业的情况，计算所有产品的加总。

当允许扭曲存在时，它改变了每个企业的资本（K_j）、劳动（L_j）和材料（M_j）的边际产出。这些扭曲反映了阻碍企业均衡边际成本和边际产品（如信贷约束）的摩擦。作者将潜在输出楔形归一化为 1，以保持与方程（1）的相似性。

在扭曲存在的情况下，中间品 j 公司在 s 部门的生产利润为：

$$\pi_{js} = p_{js} q_{js} - \sum\limits_{\text{Input} \in K, M, L} (1 + \pi_{\text{Input}_j}) p_{\text{input}}^{\text{Input}_{js}}$$

其中，π_{Input_j} 为各要素的扭曲成本，p_{input} 为投入要素的价格，对要素的使用为价格接受者。则利润最大化的价格即边际成本为：

$$p_{js} = \frac{1}{1-\delta}\left[\prod\limits_{\text{Input} \in K, M, L}\left(\frac{p_{\text{Input}}}{\alpha_{\text{Input}_j}}\right)^{\alpha_{\text{Input}_j}}\right]\frac{\prod\limits_{\text{Input} \in K, M, L}(1 + \pi_{\text{Input}_j})^{\alpha_{\text{Input}_j}}}{A_{js}} \tag{7}$$

如果企业报告中不包括扭曲的投入成本，则：

$$s_{\text{Input}_j} = \alpha_{\text{Input}_j}\frac{1}{(1+\pi_{\text{Input}_j})} \tag{8}$$

每个中间产品生产者的收入将是以下方面的函数：①他们自己的价格；②他们在该部门的竞争者的价格；③该部门的总收入。则每个企业的产出可以写作：

$$y_s = p_s q_s = (p_{js}^{1-\sigma})(P_s^{\sigma-1})\left(\frac{P_s}{\text{ø}}\right)^{\frac{\text{ø}}{\text{ø}-1}} \tag{9}$$

公司规模由每个企业约束和潜在生产率共同决定：生产率的增加和约束的减少都将增加企业规模。保持 P_s 固定，并结合式（7）和式（9），企业规模相对于生产率和投入扭

曲的增长为 $d\ln\left(y_{js}\right)/dA_{js}=\delta-1$ 和 $d\ln\left(y_{js}\right)/d\,\tau_{input_j}=\alpha_{input_j}\left(1-\delta\right)$。在下面的小节中，作者展示了企业规模作为所有企业补贴的函数是如何变化的（作者在这里不严格地使用"补贴"一词，因为企业生产率也可能受到资格的影响）。

2.3 补贴改变的影响

在本小节中，作者根据式（9）推导出企业增长与增加补贴之间的关系式。作者认为，在整个过程中，扩大有资格的企业数量将直接改变这些企业的相对投入价格和潜在增加其技术效率。对企业的任何其他影响是由于价格指数的变化（例如，作者假设不合格的企业不会经历投入价格的变化）。虽然这是一个强有力的假设，但随后的章节为以下重要假设提供了两个实证理由：优先部门只直接影响符合条件的企业。首先，在所有回归分析中，作者纳入了每个行业/年和州/年的固定效应，吸收了因项目变更（例如，当地工资和利率变化）导致的当地和行业扭曲的常见变化。其次，作者发现新的合格企业表现得好像它们的相对投入价格发生了变化，但没有证据表明它们的竞争者也这样做。为了使回归中的误差合理化，作者假设企业生产率的增长是有规律的。

$$\hat{A}_{js}=\zeta_{js}-\varepsilon_{js} \tag{10}$$

其中，ε_{js} 符合均值为零的正态分布，在企业或行业内可能自相关；ζ_{js} 是获补贴资格对企业 TFPQ 的潜在直接影响，并且仅企业的补贴变更时才是非零。结合式（5）、式（7）、式（9）和式（10），每个企业收入变化为约束函数。

$$\widehat{y_{js}}=\left(1-\sigma\right)\Big[\sum_{Input\in K,\,M,\,L}\alpha_{Input}\left(1+\widehat{\tau_{Input_j}}\right)-\zeta_{js}+\varepsilon_{js}\Big]+$$
$$\left(\sigma-\frac{1}{1-\phi}\right)\sum_{j=1}^{N_s}\Big[\sum_{Input\in K,\,M,\,L}\alpha_{Input}\left(1+\widehat{\tau_{Input_j}}\right)-\zeta_{js}+\varepsilon_{js}\Big]\frac{y_{js}}{Y_s} \tag{11}$$

第一部分反映了该项目的直接影响：由于投入相对得到更多的补贴（降低约束），收入将增加。作为补贴增长的函数，每个企业增长独立于企业既存生产效率或约束。第二部分反映了项目的间接效果，它捕获了价格中每个企业变化如何改变整体价格指数。直接效应的估计值违反了比较处理组和对照组通常需要的稳定单位处理假设（Rubin，2005）。这是因为随着其他企业的处理状态改变，企业 j 的潜在结局并不稳定。然而，该模型生成了满足稳定单位处理值假设（SUTVA）的估计方程；而企业对其竞争对手获得访问权并非无关紧要，条件是具有访问权的竞争者企业的份额与竞争对手获得访问权无关。每个部门的所有企业加总为：

$$\hat{Y}_s=\left(\frac{1-\dfrac{\sigma-\dfrac{1}{1-\phi}}{\sigma-1}}{}\right)\left(\sigma-1\right)\sum_{j=1}^{N_s}\left\{-\Big[\sum_{Input\in K,\,M,\,L}\alpha_{Input}\left(1+\widehat{\tau_{Input_j}}\right)-\zeta_{js}+\varepsilon_{js}\Big]\frac{y_{js}}{Y_s}\right\} \tag{12}$$

一个部门的总收入变动将是直接和间接影响的加权平均数。

为了简化，如果企业 j 因政策变更而获得补贴 $e_j=1$，进一步地，定义 $\mu_s\equiv\left(1-\delta\right)\left(\sum_{j=1}^{N_s}e_j\times y_{js}\right)Y_s$，$\theta\equiv\left(\delta-\dfrac{1}{1-\varphi}\right)/\left(\delta-1\right)\beta\equiv\left(1-\sigma\right)\Big[\sum_{Input\in K,\,M,\,L}\alpha_{Input}\left(1+\widehat{\tau_{Input}}\right)-\zeta\Big]$。

β 反映了补贴带来的私人增长，θ 反映了从增长中被挤出的程度，μ_s 反映了新获得补贴的企业生产的 s 部门产出的份额。则式（12）简化为：

$$\hat{Y}_s = \beta\mu_s - \theta\beta\mu_s + \theta\beta\sum_{j=1}^{N_s}\frac{y_{js}}{Y_s} \equiv (1-\theta)\beta\mu_s + \varepsilon_s \tag{13}$$

由于补贴而产生的一个部门的总增长是总直接影响（私人增长乘以新合格企业的份额）减去总间接影响（总直接影响乘以基础参数）。补贴计划变化而带来的私人增长为 $\hat{Y}_{Ps} = \beta\mu_s$，预期总增长的私人增长的弹性为 $(\hat{Y}_s - \varepsilon_s)/\hat{Y}_{Ps} = (1-\theta)$，估计这种弹性是本文的主要经验目标之一。

φ 为跨部门替代弹性，δ 为部门内弹性，当 φ→0 或者 δ→1 时，间接效应接近 1，即完全挤出。随着 φ 的增加，间接影响缩小，因此如果 $\varphi = (\delta-1)\delta$，则不存在间接影响。如果 φ 较大，则存在正溢出。而在模型中，φ 代表偏好，在数据中正向溢出也可以反映生产侧的集聚溢出。

此外，随着 δ 的增加（产品变得更可替代），直接效应增加。

2.4 多产品企业

前一小节分别考虑了每个部门的情况，但在数据中，大多数工厂生产多个产品。在本小节中，作者修改了式（11），以说明受多个产品影响的企业。作者假设式（6）中的生产函数适用于每个部门。定义 $w_{js} = y_{js}/y_j$ 为公司 j 生产部门 s 产品获得的收益比重。补贴项目后的多产品企业增长为：

$$\hat{y}_j = \beta e_j - \theta\beta\left(\sum_{s=1}^{S}\omega_{js}\mu_s\right) + \sum_{s=1}^{S}\omega_{js}(\varepsilon_{js} - \theta\beta\varepsilon_s) \tag{14}$$

如式（11）所示，引入补贴后的每个公司的增长可线性分解为直接效应（如果企业是新被补贴的）、间接效应（每个企业的间接效应是其通过所有部门的受补贴影响的程度的加权平均值，其中权重由每个企业产品组合决定）和均值为零的正态分布扰动项。实证分析主要是估计企业资格状态发生改变，以及获得补贴竞争者的加权平均比例。

企业生产效率。对于多产品企业（具有潜在的特定产品生产效率），企业级的 TFPQ 可能存在众所周知的加总偏差（Leontief，1947；Felipe and Fisher，2003）。然而，柯布—道格拉斯生产函数的假设和常数——企业内生产函数的弹性、扭曲和投入价格允许我们将企业/部门 TFPQ 汇总到一个总体企业层面度量。企业生产为 $q_{js} = A_{js}K_{js}^{\alpha K_j}L_{js}^{\alpha L_j}M_{js}^{\alpha M_j}$，最优化意味着投入按其收入份额分配（例如，$K_{js} = w_{js}K_j$）。因此，我们可以删除一些下标，即：

$$q_{js} = A_jK_j^{\alpha K_j}L_j^{\alpha L_j}M_j^{\alpha M_j}w_{js}^{\alpha K_j+\alpha L_j+\alpha M_j} \tag{15}$$

并且，

$$\sum_s q_{js} = \left[\sum_s(A_{js}\omega_{js}^{\alpha K_j+\alpha L_j+\alpha M_j})\right]K_j^{\alpha K_j}L_j^{\alpha L_j}M_j^{\alpha M_j}$$

令 Q_j 为企业 j 产量的加总，A_j 为全要素生产率的加总，有：

$$Q_j = A_jK_j^{\alpha K_j}L_j^{\alpha L_j}M_j^{\alpha M_j} \tag{16}$$

并且，在规模收益不变的情况下，企业 TFPQ 恰好是企业/部门 TFPQ 的收入加权平均值（规模收益增加，权重越大的部门也增加）。总体企业生产率的度量变化反映了一些产品生产率变化和生产重新分配到相对较多（或较少）的生产部门的组合。

贸易和异质性的产品特性。对于不同类型的部门，跨国挤出参数可能有所不同。因为真实的 y_s 是全球产出，而不仅仅是印度的产出，特别是对于交易较多的产品，挤出效应 θ 更小。为了说明对交易产品的竞争效应的抑制，如果 s 部门的生产在国际上进行，令 $x_s = 1$，d 是产品在国内生产和销售的部门的竞争效应，θ^x 是交易较多的部门与较少的部门的挤出效应的差异。加入贸易的影响后，式（14）拓展为：

$$\hat{y}_j = \beta e_j - \theta^d \beta \left(\sum_{s=1}^{S} \omega_{js} \mu_s \right) - \theta^x \beta \left(\sum_{s=1}^{S} \omega_{js} \mu_s x_s \right) + \varepsilon_{js}^x \qquad (17)$$

其中，$\varepsilon_{js}^x = \sum_{s=1}^{S} \omega_{js} \mu_s \left[\varepsilon_{js} - \beta (\theta^d + \theta^x x_s) \varepsilon_s \right]$。

当存在许多相关的部门特征时，也适用类似的逻辑。

销售地点和未观察到的异质性产品特征。在许多经验情况下，单独的地理区域被视为单独的市场（如在试图估计贸易冲击的影响时）。尤其是许多研究者认为印度各州的市场相对未整合（Topalova，2010；Hasan et al.，2012；Kothari，2013）。该假设是企业很少报告其销售位置，因此难以进行检验。

即使没有关于企业销售地点的信息，也有可能确定补贴项目的州内和州外间接影响。对国营市场可分性的一个潜在考验是，补贴的间接影响是否因州界而异。如果州是相对独立的市场，那么企业增长将排挤州内竞争对手，但不显著影响位于该州以外的生产商。定义 ζ_{jk} 代表企业 j 和 k 在同一州，θ^ζ 为州内竞争的挤出效应，θ^o 为州外竞争的竞争效应。定义 $\mu_{js}^\zeta \equiv \left(\sum_{j=1}^{N_s} \zeta_{jk} \times e_j \times y_{js} \right) / \left(\sum_{k=1}^{N_s} \zeta_{jk} \times y_{ks} \right)$ 为非本州份额。纳入企业的销售区位时，式（14）调整为：

$$\hat{y}_j = \beta e_j - \theta^\zeta \beta \left(\sum_{s=1}^{S} \omega_{js} \mu_{js}^\zeta \right) - \theta^o \beta \left(\sum_{s=1}^{S} \omega_{js} \mu_{js}^o \right) + \varepsilon_{js}^o \qquad (18)$$

其中，$\varepsilon_{js}^x = \sum_{s=1}^{S} \omega_{js} \left[\varepsilon_{js} - \beta \theta^o \dfrac{\sum_{j=1}^{N_j} (1 - \zeta_{jk}) \times e_j \times y_{js}}{\sum_{k=1}^{N_k} (1 - \zeta_{jk}) \times k_{js}} \right]$。

这类似于式（17），但有一个关键的区别：作者没有计算间接影响对贸易产品和非贸易产品的不同，而是必须分别计算国家内部和外部销售的影响。θ^ζ 和 θ^o 之间的差异反映了州内和州外竞争对企业的影响程度。由于更有可能在国际市场上交易的产品也更有可能跨州交易，作者还考虑国际贸易如何调解地理因素的影响。

3 数据与识别策略

实证分析的依据是印度规划和统计部（MOPSI）编制的 2001～2010 年印度工业年度

调查。ASI 抽样框架是正式机构的代表，按 4 位数行业和州进行划分。抽样框架的设计如下：在 2003～2004 年，对拥有 200 名或 200 名以上工人的大型企业进行调查，在 2004 年之后，对拥有 100 名或 100 名以上工人的大型企业进行调查（每年约有 10% 的企业未报告）。调查较小机构的概率取决于其特定状态和行业，最小抽样概率为 15%。MOPSI 最近允许研究人员跟踪多次取样的机构，这就是所谓的 ASI 小组版本。

ASI 要求企业不仅提供所拥有的固定资产的净值，而且提供历史价值，并将其分为几类。因此，作者每年都观察每个机构是否有资格获得小额资金补贴。ASI 没有询问企业是否具体利用了任何小企业特定（补贴）项目的优势，因此作者无法提供任何结果显示合格企业实际利用这些项目的百分比的结果。尽管 ASI 包含的有关各工厂母公司企业的信息很少，但大多数工厂是企业中的唯一工厂。印度所有小型企业项目的资格均在企业层面，尽管采访表明，在这一点上一直存在一些困惑。财政项目前一年的企业汇总统计见表1。

表 1　数据描述与统计

	未加权情况		小企业回归系数	
	均值	标准误	系数 β	标准误
调查权重	3.17	0.040	−0.61	0.024
调查次数	4.65	0.014	0.84	0.034
小企业	0.15	0.002		
实际产出（对数值）	5.59	0.009	1.24	0.021
实际工资（对数值）	11.29	0.012	1.98	0.027
实际流动资本（对数值）	12.70	0.011	1.56	0.026
实际中间产品（对数值）	13.22	0.010	1.53	0.026
实际总投入成本（对数值）	13.06	0.010	1.64	0.024
劳动收入份额	0.10	0.001	−0.03	0.002
资本收入份额	0.04	0.000	0.01	0.001
中间产品收入份额	0.71	0.001	0.00	0.003
总投入收入份额	0.86	0.001	−0.02	0.003
州内影响力	0.16	0.001	0.27	0.003
州内贸易影响力	0.04	0.001	0.07	0.002
州外影响力	0.05	0.001	0.01	0.001
产品贸易份额	0.26	0.002	−0.01	0.005

注：表 1 为 ASI 数据中所有工厂的汇总统计。示例是在政策更改前后出现在数据中的企业（以及在政策更改前报告资产的企业）。企业"值"是指归类为"小"或"非"的年份（2006 年之前）的标准，货币价值以 2004 年的卢比值表示。调查权重为逆抽样概率。根据 Nishida 等（2017），资本流动成本使用资本存量（和租赁）进行插补，总投入成本为工资账单、中间费用和资本流动成本之和。产出测量的构建在第 4 节中讨论，对应于新合格的企业竞争者的（加权平均）份额。

2006 年全国抽样调查组织（NSS）的无组织制造企业（明确为印度的非 ASI 企业）数据对 ASI 进行了补充。NSS 被设计为非正式企业的代表性横截面，NSS 和 ASI 的结合允许对印度的所有生产活动进行代表性抽样。

与 ASI 不同，NSS 仅每 5 年进行一次，并且不能随时间进行跟踪。因此，作者使用 NSS 中的信息来衡量政策变更的风险暴露，但不了解政策变更的影响。虽然非正式企业在印度制造业机构中占有巨大的份额（约 99%），但其就业份额（80%）和收入（16%）较低。当计算暴露于策略更改而忽略非正式企业时，结果不会发生显著变化：对于销售加权平均产品生产的正式企业，只有 3% 的生产来自非正规部门。

由于本文的一个主要目标是估计小企业补贴对总生产率的影响 ［见式（1）］，感兴趣的主要结果是对总生产率有影响的结果：销售和劳动力、材料和资本成本（如果工厂继续存在）。作者还显示了根据 Nishida 等（2017）插补的企业总费用，并插补资本价值等于 0.15 倍固定资产的结果。公司还报告了数量和尽可能低的价格。然而，从 2005 年开始，价格（因此数量）有时被填补（没有编辑标记），使无法使用数据来研究补贴方案是否直接（或间接）影响价格。

从模型的角度来看，ASI 和 NSS 中的企业不仅报告了总销售额，而且还按产品划分了销售额。因此，通过提供的抽样权重，可以计算每个产品的总收入以及来自新合格企业的收入，这对于通过产品市场构建每个企业受政策影响的程度至关重要。

由于 ASI 的抽样框架是随机横截面，不幸的是，它不太适合研究投入（因为可能需要很多年才能在数据中显示新的建立）。同样，很难确定工厂关闭的确切年份。然而，对于任何特定的部门/年，可以计算来自新的企业的产量份额。

3.1 测量受补贴影响程度方法的构建

为了分析政策变化，作者对政策变化前出现在 ASI 中的最近一年的企业资产进行分类。这相当于对小额供资机制补贴的效果进行了意向处理估计，并避免了小额企业可能因政策而自行调整其规模的潜在问题（例如，因为具有资格而扩大规模，或为了获得准入而故意缩减）。在该年，低于最初的 1000 万卢比的公司，无论其过去或将来的实际规模如何，都被认为有资格获得针对小规模企业的政府补贴。当年资产超过 5000 万卢比的公司也被认为没有资格。从 2007 年开始，其余企业被视为合格，且事先不合格。为了定义一致，作者将小企业定义为新合格的企业。企业类别随着时间的推移相当稳定：对于在政策变更前在样本中至少出现两次的企业，95% 在第二至最近一年与最近一年处于同一类别。在样本中出现四次的企业，90% 在第四年到最近一年有相同的分类。

最重要的是，从每个产品的角度来看，数据提供了关于受影响程度的信息，因为真实的受影响程度测量可以使用抽样权重进行近似。两项指标的相关性为 0.19，表明与新合格企业生产相同类型产品的企业不具有某些奇特的特征（尽管表 1 显示新合格企业面临着更高的州外影响）。

3.2 行业与产品代码

对于类似的问题，行业编码通常用于衡量市场的广度。这可能是由于数据限制，因为产品级数据通常不被报告。不幸的是，由于行业代码不是产品代码的超集，因此使用行业代码衡量竞争可能导致结果偏差。比较起来，有 5000 个左右的产品代码，700 个 5 位数的行业代码，130 个 4 位数的行业代码，50 个 3 位数的行业代码。企业级的数据在其最终程序前被观测（并删除非特定代码，如其他基本项目），产品内的行业和行业内的产品存在大量重叠。中位数为 3 个 4 位数的行业生产的每个 5 位数产品代码。不出所料，5 位数行业的重叠加剧（产品平均在 5 位数行业中生产），3 位数行业的重叠有所减轻。考虑到每个行业生产的每种产品的份额，4 位数部门的中位数（高于产品）约为 7500，5 位数部门约为 6000，3 位数部门约为 8500。就企业平均水平而言，企业的 4 位数行业约 90%的产出是不生产的产品，5 位数行业约为 75%，3 位数行业约为 95%。

由多行业生产的产品比重很大。例如，通过销售加权，中间产品在 8 个 4 位数行业中生产。总体而言，在不考虑行业聚集情况下，约 95%的产量来自多个行业。

图 2 显示了生产每种产品的行业数量和生产产品的数量占该类产品的产出份额。虽然与一种产品相关的行业数量在模型中为 1（均为 4 位数和 3 位数的行业），但这些产品相对较小；对于这两种总量而言，两产业产品的产出多于单产业产品。虽然多个行业中的许多产品可能是次级产品，其他产品有些含糊，但许多产品似乎可以通过许多不同类型的企业生产。

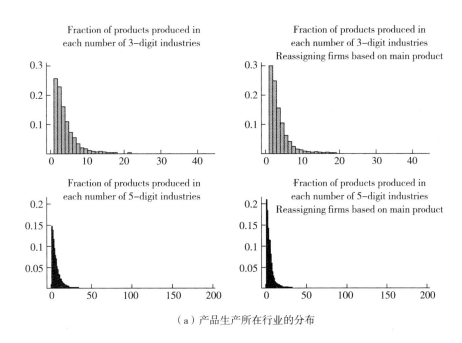

（a）产品生产所在行业的分布

图 2 产品生产所在行业与不同行业产品占总产量份额分布

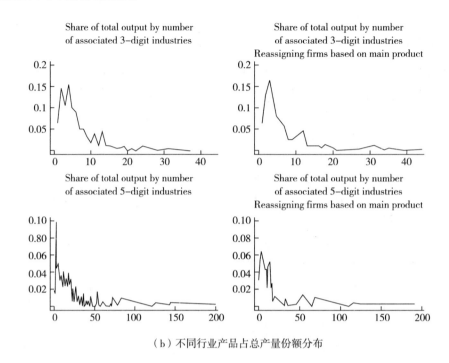

（b）不同行业产品占总产量份额分布

图2 产品生产所在行业与不同行业产品占总产量份额分布（续图）

注：图（a）使用的行业分类为3位数和5位数，左列为企业自我识别的行业，右列为根据其主要产品重新分配的企业。此时企业未被纳入财政项目。图（b）使用的行业分类为3位数和5位数，左列为企业自我识别的行业，右列为根据其主要产品重新分配的企业。此时企业未被纳入财政项目。

资料来源：ASI。

行业代码体现在报告中；存在生产相同产品但报告不同行业代码的企业对。除了使用每个企业自我报告的行业外，作者还根据其主要产品为企业插补新的行业代码。如果报告错误是唯一的问题，那么研究人员可以建立一个新的行业分类，每个行业包含它的编码：如果一个给定的企业在一个给定的新的行业，所有的生产与该企业相同产品的公司也在这个新行业中。作者为印度创建了最大可能的此类行业分类系统（包括所有正在接受考察可能会纳入补贴项目的企业），并生成了与4位数分类中大致相同数量的新行业。然而，超过99%的收入集中在其中的一个行业，而大多数其他行业只包含一种产品。即使作者在删除了NSS企业和在其描述中不包含其他分类或报废的产品后构建了新行业，但仍存在极高的集中度。

为了避免这些问题，作者构建了产品级的受影响程度衡量。在在线附录第2节中，作者推导了当使用行业代码而不是产品来估计竞争影响时的偏差来源，并实证表明使用行业代码而不是实际生产的产品来衡量竞争可以低估间接影响的程度。

3.3 产品特征

如上一节所述，受项目影响的竞争效应可能因产品特性而异。作者关注的主要特征是贸易产品的情况，因为出口（或进口）的产品可能不会对国内价格指数造成太大压力。为了检验这一点，作者构建了一种衡量每种产品交易情况的方法。对于每种产品，作者计算了政策改变前一年的出口额占国内总产量的比例，并除以中位数。

作者还计算了（产品级）资本强度（平均资本/劳动比率）、贷款强度（平均负债除以主要投入的成本）和规模（平均资产）的衡量标准，这些度量是在企业级别生成的。然后计算每个产品的所有生产者的加权平均值，以生成关于生产者预期特征的产品级别信息。最后，作者使用 Broda 和 Weinstein（2006）的跨产品替代弹性指标。

3.4 识别策略

识别策略的第一部分是使用双重差分法估计 ASI 中的相对效应。作者优先考虑企业 i，t 年得到小企业补贴，遵循式（14）（目前忽略间接影响）：

$$\ln(y_{jt}) = \beta \widetilde{\text{priority}}_{it} + \sum \gamma_t X_j + \eta_j + \varepsilon_{jt}$$

$\widetilde{\text{priority}}_{it}$ 代表企业 i 在 t 年受到小企业补贴，其中 X_j 为前定的特征变量，γ_t 随时间变化。除了州/年固定效应之外，作者还加入了行业/年的固定效应（大约 130 个一致的行业），以及企业固定效应。但是，$\widetilde{\text{priority}}_{it}$ 未被观测到，并且有资格实际利用补贴的企业可能与没有资格的企业不同。由此，可以计算：

$$\ln(y_{jt}) = \beta \text{Post}_t \times \text{Small}_j + \sum \gamma_t X_j + \eta_j + \varepsilon_{jt} \tag{19}$$

Small_j 由政策变更前工厂最后一次观测到的规模决定，作为政策冲击观测值按其抽样概率的倒数加权。由于每个企业的规模尚未对政策变化做出回应，因此使用项目资格要求中的变更允许对直接影响进行更合理的外部测量。Post 是一个虚拟变量，表示在政策变更后进行的调查。观测值按其抽样概率的倒数加权。在企业水平和年份/行业水平对标准误差进行聚类，以调整前一节所述误差中的企业内和企业间相关性。

一个企业的竞争对手获得被补贴的机会也可能对增长产生影响。为了了解通过竞争渠道参与该计划的重要性，作者利用了新的合格企业在产品层面的生产份额差异巨大的事实，如图 3 所示。

主回归为：

$$\ln(y_{jt}) = \beta \text{Post}_t \times \text{Small}_j + \sum_k \theta^k \theta \text{Post}_t \times \text{Exposure}_j^k + \sum \gamma_t X_j + \eta_j + \varepsilon_{jt} \tag{20}$$

例如，如果仅仅考虑所有类型挤出程度，回归公式为 $\ln(y_{it}) = \beta \text{Post}_t \times \text{Small}_j + \theta \text{Post}_t \times (\sum_s w_{js}\mu_s) + \sum \gamma_{jt} X_j + \eta_{js} + \varepsilon_{jt}$，与式（11）形式一致：

$$\ln(\hat{y_{jt}})_j = \beta e_j - \theta\beta \sum (\omega_{js}\mu_s) + \sum (\varepsilon_{js} + \varepsilon_s)$$

估计值 β 对应于模型中的 β，估计值 θ 对应于 $-\theta\beta$。与直接影响一样，作者使用政策变更前的产品组合来代理每个企业对政策变更的受影响程度。

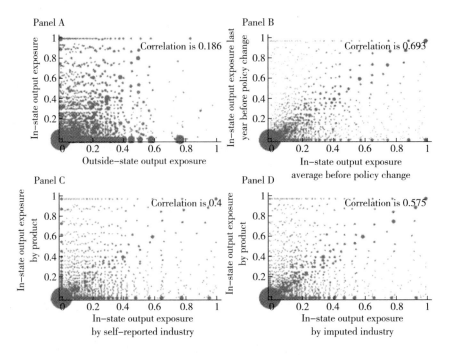

图 3　企业受影响程度与政策关系散点图

注：上图绘制了产品市场企业受影响程度与政策变更之间的关系，比较了州内受影响程度（在财政计划前年份中测量）与外州（A 组）、计划前平均值（B 组）、（自我报告）5 位数行业受影响程度（C 组）和插补的 5 位数行业受影响程度（D 组）。为了制作图表，作者生成了 50 对内部状态和替代影响措施。每个点代表一个组合，面积对应组中企业的数量，位置对应组中受影响程度的中位值。度量受影响程度的构建见正文。

资料来源：ASI。

4　评估企业资格合格的直接影响

在本节中，作者首先展示了相对于经济中其他正式企业，获得资格拓展的企业。合格性的变化来自政策变更前每个企业的资本历史价值。该策略的一个关注点是，不同规模的企业是否会操纵其规模，从而政策变更的部分效应将来自特定企业的较不扭曲行为，而不是政策变更本身（McCrary，2008；Cattaneo，Jansson and Ma，to be Published）。在线附录表 1 的 A 组，在 Cattaneo、Jansson 和 Ma（to be Published）之后，正式对截断值附近进行测试。比较政策变更前后新旧标准截止时的企业规模分布。在政策改变之前（企业为了保持其资格而扭曲其大小），操纵的证据很少，但在其他年份则没有。表 1 显示了论文中每个企业在其最近的项目前观察中的主要结局和解释变量的概括性统计。如果进入优先部门有利于企业，那么他们应该愿意扭曲他们的资本存量，以便利用优势。然而，鉴于难以验证该方案的确切合格性，定性访谈表明，在合格性截止点附近，企业获得资格的能力没有离散变化，所以不使用不连续回归。

4.1　补贴效果图

首先，作者估计了预测企业销量的回归：

$$\ln(y_{jt}) = \sum_{t=2001}^{2010} \beta_t Small + \sum \gamma_t X_j + \eta_j + \varepsilon_{jt} \tag{21}$$

作者在图 4 中绘制了 β_s，表现小企业相对于其余部分的增长趋势。与同行相比，新合格的企业似乎没有明显的正前期趋势。此外，该方案在 2007 年对企业结果的相对影响相当小，这并不意外，因为政策变化是在 2006 年财政季度颁布的，而调查仅覆盖 2007 年第一季度。系数随后均显著大于零（以及 2006 年前的最大系数）。与同行相比，新合格的企业不仅从政策变更中获益，而且获益是持续的。除了提供中期动态的证据外，相对较长的方案组还允许作者对相当数量的变化进行平均（Rosenzweig and fiudry commending）：F 检验拒绝政策变更前后系数的等同性〔对于销售额，分别为 F（3，1，321）= 2.76 和 F（4，1，321）= 5.68〕。

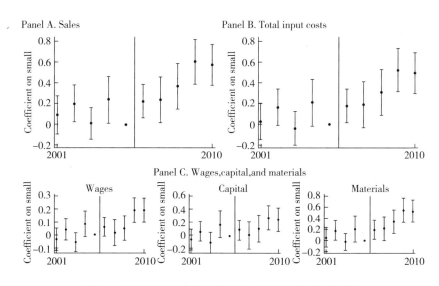

图 4　小型（2007 年新合格）企业相对于同行的产出

注：每个点来自一个时间和企业固定效应的合并回归。使用企业和行业/年聚集的稳健标准误差构建 95% 置信区间。2005 年和 2006 年之间的垂直线表示政策变化，2005 年是回归中省略的年份。

资料来源：ASI。

4.2　补贴对公司经济产出的影响

表 2 为式（19）估计的投入和产出，即 $\ln(y_{jt}) = \beta Post \times Small_i + \sum \gamma_t X_j + \eta_j + \varepsilon_{jt}$。

表 2　直接和间接受补贴企业的双重差分回归结果

	ln（sales）	企业存续	ln（total liabilities）	ln（total costs）
Post Reform×Small Firm	0. 273 *** （0. 072）	0. 030 *** （0. 004）	0. 290 *** （0. 067）	0. 294 *** （0. 071）
Post Reform× In-stata Exposure	0. 057 （0. 172）	0. 020 * （0. 011）	0. 209 （0. 162）	0. 067 （0. 17）
样本数	298043	298043	293257	297122
R^2	0. 778	0. 719	0. 797	0. 785
控制 Post Reform×Assets	是	是	是	是
Post Reform×3-digit Industry 的固定效应	否	否	否	否

表 2 的第 1 列显示，获得补贴企业销售额增长 25% ~ 35%。如果补贴项目的主要效果是政府从合格的企业以累进价格购买少量商品，那么这些企业的收入可能会增加，而不会增加相应的费用，因为该方案的效果将是超边际的。但是，第 4 列显示，投入的流动成本与销售同等增加。这种效应主要是由中间商品驱动的，但是在获得补贴后，企业人力和资本使用也有显著增加。

Banerjee 和 Dufo（2014）认为，印度最有效的支持小额信贷配给机制的项目是优先贷款部门（由印度储备银行管理），增加借款可以扩大小额信贷配给机制。在在线附录（ht-tp：//www. aeaweb. org/articles？id = 10. 1257/aer. 20171840）表 2 第 3 列中发现支持该论点的证据，因为新合格企业一旦被纳入项目，其负债显著增加。

5　通过产出市场的竞争估计资格的间接影响

首先，作者估计产出竞争对所有产品的影响。根据式（20），运行以下形式的企业水平回归：

$$\ln（y_{jt}） = \beta Post_t \times Small_j + \sum_k \theta^k \theta Post_t \times Exposure_j^k + \sum \gamma_t X_j + \eta_j + \varepsilon_{jt}$$

将第三章中生成的加权竞争影响程度测量值添加到上一节的双重差分回归中。表 3 显示了产出的受影响程度对企业的影响。第（1）列和第（2）列展示了将每个州/产品组合作为单独市场处理的影响。对于销售，州内输出受影响的系数约为新合格系数的 75%（数量级），具有相反的符号。由式（14）可得：

$$E(\hat{y}_j) = \beta e_j - \theta\beta\left(\sum_{s=1}^{S} \omega_{js}\mu_s\right)$$

表3 直接和间接受补贴企业的双重差分回归结果（用本地投入衡量间接影响）

	ln（sales）				企业存续			
	（1）	（2）	（3）	（4）	（1）	（2）	（3）	（4）
Post Reform×Small Firm	0.021*** (0.08)	0.254*** (0.081)	0.254*** (0.089)	0.278*** (0.09)	0.033*** (0.072)	0.037*** (0.073)	0.294*** (0.005)	0.333*** (0.005)
Post Reform× In-District Exposure	-0.011	-0.391	0.04 (0.244)	-0.374 (0.281)	0.002 (0.015)	-0.017 (0.017)	-0.013 (0.006)	-0.029* (0.007)
Post Reform×In-stata			-0.208* (0.111)	-0.217* (0.114)			-0.016*** (0.006)	-0.013* (0.007)
样本数	271921	271921	270088	270088			293257	297122
R^2	0.729	0.725	0.729	0.725	0.729	0.725	0.729	0.725
	ln（total liabilities）				ln（total costs）			
Post Reform×Small Firm	0.237*** (0.072)	0.285*** (0.073)	0.294*** (0.081)	0.333*** (0.082)	0.261*** (0.073)	0.306*** (0.074)	0.303*** (0.086)	0.330*** (0.087)
Post Reform× In-stata Exposure	0.015 (0.216)	-0.408* (0.25)	0.046 (0.224)	-0.426 (0.257)	0.114 (0.244)	-0.346 (0.276)	0.046 (0.256)	-0.426 (0.289)
Post Reform×In-stata			-0.255*** (0.102)	-0.282*** (0.104)			-0.221** (0.104)	-0.236** (0.106)
样本数	274724	274724	272843	272843	280741	280741	278811	278811
R^2	0.729	0.725	0.729	0.725	0.729	0.725	0.729	0.725
Post Reform×Assets 立方项	是	是	是	是	是	是	是	是
Post Reform×3-digit Industry 的固定效应	否	否	否	否	否	否	否	否

综合收益可以通过直接和间接效应的系数（1-θ）β来计算。因此，表3第（1）列表明，方案的25%的私人收益转化为总收益（例如，回归预测，如果每个企业获得补贴，每个企业将扩张25%）。投入成本的每个组成部分的相对大小相似。当包括间接影响的措施时，直接影响的程度略有增加。这与遗漏变量的直觉一致，即间接暴露与直接暴露呈正相关（因为企业在其所在部门），这应该会使直接受影响的企业在直接影响回归中的效应产生偏差。这来自在线附录第4节。

产出受影响程度的差异效应可以通过绘制每年受影响测量的系数来作图。鉴于每个企业的州内产出受影响程度小于小企业，作者估计了式（20）：

$$\ln（y_{jt}）= \sum_{t=2001}^{2010} \beta_t Small_j + \sum_{t=2001}^{2010} \theta_t Exposure_j + \sum \gamma_t X_j + \eta_j + \varepsilon_{jt}$$

在图5的面板A中，作者绘制了影响程度系数和95%置信区间，反映了补贴对交易较少的商品的影响。与图5中很像的是，在受补贴项目影响效果分析中，似乎不存在补贴前趋势。但是，在实现之后，受影响的企业会缩减其产出和投入。在图6中，作者绘制了一个类似的回归，其中，x 轴是对项目的影响程度（乘以 $Post_t$）。与理论一致的是，受政策影响的企业收缩得更多。

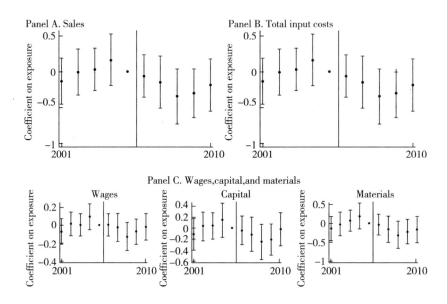

图 5　市场竞争的影响系数

注：图 5 绘制了相对于同行的间接受影响企业随时间变化的结果（受影响测量值的计算如正文所述）。每个点来自一个时间和企业固定效应的汇总回归，以及直接受影响的度量。使用企业行业/年聚集的稳健标准误差构建 95%置信区间。2005~2006 年的垂直线表示政策变化，2005 年是回归中省略的年份。五个图分别为对销售额、总投入成本、工资、资本和原材料的影响。

资料来源：ASI。

在在线附录表 3 中，作者使用行业代码而不是产品代码计算受影响程度。从性质上讲，受影响（销售）系数相似，但对于大多数行业而言，总量较小，精度较低。这一发现与以下论点一致，即用行业代码测量企业间的竞争误差比用实际产品测量的结果更大。在线附录表 16 显示了使用产品代码与行业的相关性约为 0.4。

模型中影响企业规模的三种机制是价格指数（无法被直接观测）、投入扭曲和企业生产率。在表 4 中，作者测试了第二种机制，研究了政策对收入分成的直接和间接影响。与该模型一致，获得该计划的企业发现，其投入的收入份额增加了约 1 个百分点，主要由劳动力推动（资本份额的变化为负，但并不显著，资本和材料收入份额的系数均小于劳动力的系数）。这一发现与降低企业雇用工人的障碍和额外培训成本的项目资格相一致。与销售和投入不同，没有相应地显著降低间接受影响的企业的收入份额，投入的总体收入份额随着受影响程度的增大而小幅增长。

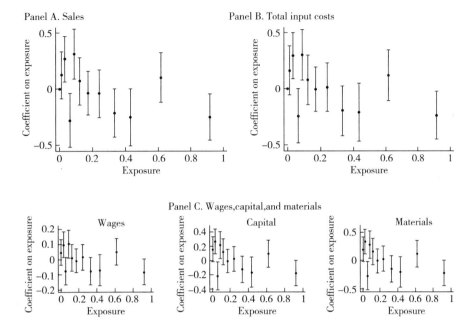

图 6 产品变化情况下市场竞争的影响系数

注：图 6 绘制了相对于同行的间接受影响企业随时间变化的结果（受影响测量值的计算如正文所述）。每个点来自一个时间和企业固定效应的汇总回归，以及直接受影响的度量。五个图分别为对销售额、总投入成本、工资、资本和原材料的影响。

资料来源：ASI。

表 4 机制：优先部门的影响

	工资份额	资本份额	材料（值）份额	总流动资产份额
Post×Small	0.007	−0.001	0.002	0.008
	（0.002）	（0.002）	（0.003）	（0.004）
Post×Within-stata Exposure	−0.003	0.002	0.004	0.003
	（0.002）	（0.002）	（0.004）	（0.005）
企业固定效应	是	是	是	是
省/年度固定效应	是	是	是	是
行业/年度固定效应	是	是	是	是
企业数	46773	47014	39496	39192
样本数	201459	202930	163537	164065

影响生产力总量的不是收入份额，而是生产函数弹性与收入份额之间的差距。在实际中，如果每项投入的结果都有差距，则估计数是相同的。传统柯布—道格拉斯生产函数估计值处于行业水平（或偶尔处于行业/年），因此，该估计值在行业水平保持恒定（因此，

将被行业/年固定效应吸收）。企业固定效应将吸收企业特定生产函数估计值。

估计生产函数允许作者测试第三种机制，即补贴对企业生产效率本身的影响。企业生产函数的设定与前文中模型的设定保持一致，在允许补贴对企业生产扭曲存在的情况下，作者假设美国的数据不存在失真，并使用 Becker、Gray 和 Marvakov（2013）的方法计算成本。出于完整性考虑，作者还使用了多种印度数据测量指标：Levinsohn 和 Petrin（2003）与 Wooldridge（2009）（通俗称为 W-LP）的成本分摊，以及 Defi Loecker 等（2016）使用 Prowess 数据和 Balasundharam（2019）使用 ASI 数据估算的测量指标。方法产生相当相关的 TFPQ 估计值（见在线附录表 17）。表 5 表明，在所有五种措施中，没有证据表明该项目通过提高生产率增加了企业规模（也没有对竞争对手产生外溢）。

表 5　影响企业资格的机制（TFPQ）

	成本份额（美国）	成本份额（印度）	W-LP	加权 W-LP	DGKP（prowess）	DGKP（ASI）
Post×Small	0.027 (0.025)	0.011 (0.016)	0.010 (0.018)	0.021 (0.017)	0.021 (0.028)	0.017 (0.019)
Post×Within-stata Exposure	−0.020 (0.036)	0.011 (0.020)	0.020 (0.022)	0.007 (0.022)	0.039 (0.038)	0.030 (0.025)
企业固定效应	是	是	是	是	是	是
省/年度固定效应	是	是	是	是	是	是
行业/年度固定效应	是	是	是	是	是	是
企业数	35335	47211	47211	47211	35245	35245
样本数	134988	204103	204103	204103	137658	137658

5.1　贸易和产出竞争

对于进行贸易的产品来说，竞争加剧可能无关紧要。作者通过估算扩充方程式（20）得出：

$$\ln(y_{jt}) = \beta Post_t \times Small_j + \sum_k \theta^k Post_t \times Exposure_j^k + \sum \gamma_j X_j + \eta_j + \varepsilon_{jt} \qquad (22)$$

现在使用的间接测量是在国家产出市场内外，以及贸易产品市场。这种回归对三重相互作用有类似的动机，因为其目标是检验产出受影响的差异效应是否对交易和非交易的产品不同。然而，由于企业不能分为只生产贸易货物和只生产非贸易货物，它不能估计使用标准的三重差分的方法。为了与三重差异回归的精神保持一致，以及控制产生更多交易产品的企业和产生较少交易产品的企业之间的差异，作者为每个企业制定了一种措施，以获取（在政策变更之前）交易的产出份额。然后作者将上市后股票作为对照。

表 6　考虑贸易异质性的总效应

	销售	工资	资本	材料	流动资产
Post×Small	0.37	0.11	0.17	0.35	0.33
	(0.07)	(0.03)	(0.06)	(0.07)	(0.07)
Post×Within- Stata Exposure	−0.40	−0.13	−0.30	−0.37	−0.36
	(0.12)	(0.05)	(0.10)	(0.11)	(0.12)
Post×within- Stata Traded Exposure	0.56	0.22	0.46	0.50	0.49
	(0.19)	(0.08)	(0.16)	(0.18)	(0.19)
产品贸易份额×Post	是	是	是	是	是
企业固定效应	是	是	是	是	是
省/年度固定效应	是	是	是	是	是
行业/年度固定效应	是	是	是	是	是
企业数	51549	47014	39496	39192	46773
样本数	218086	204103	204103	204103	137658

表 6 显示了企业结果估计方程式（22）的系数，包括针对交易产品的州内产出竞争和州内产出竞争的受影响程度。对于销售而言，两种受影响程度系数之和接近（且从未在统计学上等于）0，表明对于交易较多的产品而言，不存在拥挤情况。相反，完全受影响的系数几乎与直接效应相同（其总和在统计学上与 0 没有区别），这意味着交易较少的商品几乎完全拥挤。同样，对于总体投入成本以及按投入种类细分的成本，结果相似。图 7 绘制了相应的事件研究系数，这些系数在政策变更前是不重要的，接近于 0，之后为正值。在表 6 和表 3 中，合格性直接影响的系数（无意义）大于作者只考虑表 2 中的直接影响时的系数。这也可以通过模型预测：当企业降低其价格时，它通过影响部门价格指数部分蚕食其自身销售，并在线附录 D 中正式推导。

在在线附录表 5 中，作者考虑了替代产品特征，这些特征也可以调节产品市场竞争对销售的影响。虽然点估计与以下论点一致，即对于由具有较高资本/销售额和负债/资产比率的企业生产的产品而言，产品市场竞争较弱，但这种相互作用并不精确，也不严重。关于替代弹性的点估计值与 Broda 和 Weinstein（2006）中校准替代弹性较低的行业的预期一致，产品市场竞争较弱，但也不重要，标准误大于点估计值。在在线附录第 3 节中，作者采取了一种补充方法，着眼于产品水平的总量，尽管结果在质量上存在不足：补贴项目使交易产品的产出增加了更多，并且具有更多新合格企业的部门增长并不更快。

表 7 对分析进行了扩充，以包括州内和州外竞争的测量，遵循式（18）。直接影响系数和州内受影响的系数与之前相似。外部受影响系数表明，如果企业的潜在竞争者能够进入该计划，则企业会受到（显著）积极影响，非贸易产品和贸易产品均是如此。因此，没有证据表明印度各州之间存在强大的产品市场竞争。

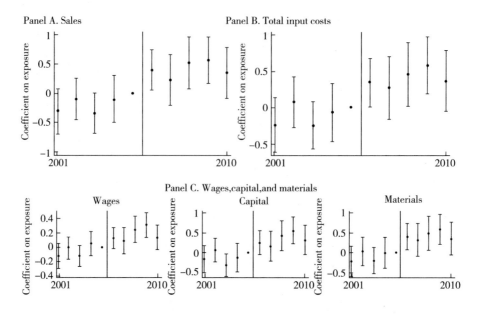

图7　贸易的中介总效应

注：图5绘制了相对于同行的间接受影响企业随时间变化的结果（受影响测量值的计算如正文所述）。每个点来自一个时间和企业固定效应的汇总回归，以及直接受影响的度量。使用企业行业/年聚集的稳健标准误差构建95%置信区间。2005～2006年的垂直线表示政策变化，2005年是回归中省略的年份。五个图分别为对销售额、总投入成本、工资、资本和原材料的影响。

资料来源：ASI。

表7　考虑地理异质性的总效应

	销售	工资	资本	材料	流动资产
Post×Small	0.37 (0.07)	0.11 (0.03)	0.17 (0.06)	0.35 (0.07)	0.33 (0.07)
Post×Within- Stata Exposure	-0.40 (0.12)	-0.13 (0.05)	-0.30 (0.10)	-0.37 (0.11)	-0.36 (0.12)
Post×within-Stata Traded Exposure	0.56 (0.19)	0.22 (0.08)	0.46 (0.16)	0.50 (0.18)	0.49 (0.19)
Post×Outside- Stata Exposure	0.16 (0.17)	0.01 (0.07)	0.13 (0.16)	0.18 (0.16)	0.18 (0.16)
Post×outside- Stata Traded Exposure	0.32 (0.17)	0.02 (0.07)	0.22 (0.14)	0.27 (0.16)	0.27 (0.16)
控制产品贸易份额×Post	是	是	是	是	是
企业固定效应	是	是	是	是	是
省/年度固定效应	是	是	是	是	是

续表

	销售	工资	资本	材料	流动资产
行业/年度固定效应	是	是	是	是	是
企业数	51549	47014	39496	39192	46773
样本数	218086	204103	204103	204103	137658

在线附录表 4 显示了不同行业的企业在考虑贸易影响的情况下，补贴政策的直接和间接效应。如在线附录表 3 所示，估计的行业影响比使用产品的影响更小、更不精确（此处存在行业包含交易和非交易产品的额外影响，因此分类更嘈杂）。

5.2　替换检验

本着 Fisher（1935）与 Ho 和 Imai（2006）的精神，作者进行了三种不同的排列检验，以检验如果程序没有真正的效果，回归结果的可能性有多大。对等效应是使用排列测试的一个自然的设置，因为我们可以替换冲击的来源、网络的连接和网络的特征。使用蒙特卡罗模拟 500 次迭代，这些测试围绕零假设构建安慰剂估计值，即补贴不重要，产出竞争不重要，贸易不重要。作者在表 8 中报告了预测销量的结果，其中第 1 列重现了表 6 第 1 列的结果。

表 8　替换检验

	已获得资格的企业	正在获得资格的企业		
		新获得资格的	生产受补贴产品的	特许生产的
Post×Small	0.37 (0.07)	−0.02 (0.07)	0.31 (0.00)	0.38 (0.00)
Post×within- Stata Exposure	−0.40 (0.12)	0.08 (0.14)	0.06 (0.13)	−0.24 (0.08)
Post×within-Stata Traded Exposure	0.56 (0.19)	0.15 (0.24)	0.15 (0.24)	0.15 (0.24)
控制产品贸易份额×Post	是	是	是	是
企业固定效应	是	是	是	是
省/年度固定效应	是	是	是	是
行业/年度固定效应	是	是	是	是
企业数	51549	47014	39496	39192
样本数	218086	204103	204103	204103

在第一组测试中，每个迭代机构被随机分配到新合格组，无论其 2006 年的真实资产如何，在数据中观察到的每个州内保持相同比例的新合格企业。鉴于安慰剂合格性变更，

作者通过产出竞争构建每个企业（安慰剂）受影响程度，保持企业在数据中实际生产的产品以及这些产品是否交易。然后，作者使用前一小节中的式（22）重新估计合格性 $\hat{\beta}^{\text{placebo}}$ 以及 $\hat{\theta}^{d^{\text{placebo}}}$ 和 $\hat{\theta}^{x^{\text{placebo}}}$ 的影响。结果显示在第 2 列中。估计值均较小，接近 0；安慰剂合格性或安慰剂合格企业受影响程度均不能预测企业行为的变化。在（反事实）竞争对交易产品的影响上，系数有点更正，但大约是观察到的对应值的 20%。

第二组试验采用相似的程序，但在保持真实合格性变化的同时，构建安慰剂间接效应。具体而言，在使用企业实际合格性来估计直接影响时，作者使用了前一列的置换影响程度度量。同时，作者保持生产的特点。结果列于第 3 列。估计的直接效应与表 2 相似，与维持真实的合格性变化一致。与第 2 列一样，新合格企业的安慰剂受影响程度估计系数接近于 0。

第三组测试是类似的，但不是测试对网络的节点的冲击或网络的连接的影响，而是测试异构网络连接的影响。特别是，在每个排列中，生成每个产品交易状态的安慰剂，同时保持真实的资格变更和每个企业产品组合。结果显示在第 4 列中。估计的直接和间接影响与表 3 相似，与维持真实合格性变更和产品混合一致。安慰剂产品特征如何与间接暴露相互作用的估计系数接近于 0。在所有情况下，超过 95% 的迭代中，来自置换数据的系数都比其实际对应值更接近 0。

6　经济活动再分配的影响

小型企业补贴的一个共同论点是，它们提高了总生产率（反对它们的一个共同论点是，它们降低了总生产率），这一政策争论与关于部门内因素配置不当和总生产率作用的学术争论相吻合。在本节中，作者展示了如何使用缩减形式的估计和式（1）来计算目标补贴项目的收益（或损失）。作者通过提前实施项目（采用在每个企业最终获得项目前的观测值）和随后删除它（在数据中的每个企业观测值）来估计程序的效果。从本质上讲，这种做法是认真地看待产品市场竞争的估计效果，并探究被诱导成长的企业是否比被诱导缩小的企业有更大或更小的差距。引入补贴政策可能通过直接和间接影响改变产出和投入。作者改写了式（1），以说明企业产出和投入是政策变化的函数。具体而言，作者使用企业测量的补贴项目的直接（e_j）和间接影响（μ_s）、交易产品的间接影响（x_s）以及表 6 中项目的估计直接和间接（θ^d，θ^x）影响：

$$\text{APG (Subsidies)} = \sum_j \left[D_j d\ln Y_j(e_j, \mu_s, x_s, \beta, \theta^d, \theta^x) \right] - \sum_{j=1}^{N_s} \sum_{\text{Input} \in K, M, L}$$
$$D_j \left[\sum_k (s_{\text{Input}_j}) d\ln \text{Input}_j(e_j, \mu_s, x_s, \beta, \theta^d, \theta^x) \right] \quad (23)$$

直接在数据中计算 Domar 权重和收入份额。作者报告了对式（23）的评价。第一行显示，该计划使印度制造业的综合生产率提高了 1%~2%。为了证明计算产品市场挤出对了解补贴项目对总生产率的影响的重要性，作者进一步做了两项反事实工作。在第二行中，作者忽略了贸易的影响，使用表 3 中的估计值来估计程序（θ）的一个间接影响，将估计值插入下式：

$$APG\ (Subsidies\ in\ autarky)=\sum_j\left[D_j dln Y_j(e_j,\ \mu_s,\ \beta,\ \theta)\right]-\sum_{j=1}^{N_s}\sum_{Input\in K,\ M,\ L}$$
$$D_j\left[\sum_k(s_{Input_j})dln Input_j(e_j,\ \mu_s,\ \beta,\ \theta)\right]$$

在这里，如第二行所报告的那样，衡量的总生产率增长要低一个数量级。然而，估计的生产率增益是正的，部分原因是 θ 意味着不完全挤出，因为它是交易产品（可忽略）挤出的和国内市场（完全）挤出的加权平均数，部分原因是新合格的企业具有相对较高的边际产品。在第三行中，作者完全忽略竞争的影响，并使用下式中的估计值：

$$APG\ (Subsidies\ in\ autarky)=\sum_j\left[D_j dln Y_j(e_j,\ \beta\right]-\sum_{j=1}^{N_s}\sum_{Input\in K,\ M,\ L}$$
$$D_j\left[\sum_k(s_{Input_j})dln Input_j(e_j,\ \beta)\right]$$

如果不考虑竞争，该计划的实测收益将为 3% ~ 4%，比考虑竞争的估计收益高出数倍。

为了评估该计划的针对性，作者估算了印度政府补贴环境下不同企业的综合生产率收益。特别是如第五章第 2 节所述，作者分析了一组新合格的企业，保存了企业制造的产品（以及这些产品的特征）和项目的估计效果。该计划是相当有针对性的，因为它通常会导致比随机选择的企业更高的综合生产率的增益。然而，超过 10% ~ 20% 的排列导致更大的收益比在数据中观察到。

项目对总生产效率的影响可以分解为企业内技术效率分量和企业间再分配份额，如式（3）所示。企业内组分为：

$$TE=\sum_j\left[D_j dln A_j(e_j,\ \mu_s,\ \zeta)\right]$$

其中，作者按照第二章第 1 小节中的描述估计了 A_j。表 5 中的点估计值始终较小并且不重要。如果我们把技术效率分量取为零，那么综合生产力的所有收益都源于再分配。

7 结论

在本文中，作者研究了补贴小企业的综合效果，这类补贴在世界各地非常流行。补贴计划对总生产率的影响取决于它在所有企业中重新分配活动的程度。作者的实证分析利用了印度企业补贴资格标准的大规模弱化，增加了合格的企业数。

作者在方法学上有三个贡献：第一，使用标准的假设，作者显示如何改变一些企业的投入价格导致总产出的变化。影响来自对受影响企业的直接影响，以及对他们的竞争对手以下方面的间接影响。企业销售通过间接效应的增长率是线性的：如果其部门的活动份额得到 2 倍的补贴，则增长率将是 2 倍（数量级）。使用企业级数据的间接效应估计值可用于计算总增长对私人增长的弹性。第二，作者展示了如何使用再分配的规范度量来估计这些类型的投入价格冲击的生产力效果。作者正式提出了这样的逻辑，即如果由于该方案而面临较低投入价格的企业是那些最初面临相对较高扭曲（与其所在部门相比）的企业，则部门内分配不当将减少。第三，说明如何解释异构的部门特征，特别是国际贸易的作用。对交易产品的间接影响在概念上可能很小，因为市场比印度的一个州大得多。

为了分析企业补贴的综合效应，作者将模型应用于详细的企业级数据。特别地，作者使用产品级信息来生成企业彼此如何受影响的度量，因此能够估计企业如何影响其竞争对手。根据经验，作者表明，在印度的情况下，行业代码可能无法单独回答这些类型的问题，因为它们测量企业生产的产品有大量的误差。大多数产品是在多个部门的企业中生产的，无法通过创建新的产品/行业协议解决该问题。

作者的实证结果对政策制定者产生了微妙的影响。获得小企业补贴的资格预示着企业产出的大幅增长。然而，挤出效应吸收了大约2/3的直接影响。非国际贸易产品的挤出程度取决于行业特点，作者认为完全挤出。因此，正确估计挤出效应对于理解企业水平冲击的总体效应至关重要。谨慎地估计完美的挤出效应将低估目标明确的项目所带来的好处，而完全忽视挤出效应将大大夸大这类政策所带来的好处。

作者估计，印度优先发展领域的扩张使制造业的总生产率提高了1%左右，其中大部分收益集中在那些几乎没有挤出市场的贸易领域。尽管这一估计比直接影响对增长的估计低2倍，但作者的经验表明，目标明确的产业政策仍有可能带来生产率方面的好处。

第八章

要素投入与企业生产效率

一、企业生产效率

1. 数字经济发展改善了生产效率吗

作者： 王开科；吴国兵；章贵军
单位： 山东财经大学统计学院经济统计系；中国人民银行广州分行；福建师范大学数信学院统计系

期刊：《经济学家》
关键词： 数字经济；生产效率；投入产出分析；效率系数

摘要： 我国数字经济与传统经济的融合发展程度如何，数字化技术应用是否改善了生产效率，这些问题有待讨论和进一步确认。本文设计了包含数字经济的五部门投入产出模型，引入数字经济效率系数，并将其作为判断数字经济是否改善生产效率的标准。基于投入产出数据的实证分析结果显示，近年来我国数字经济效率系数逐年上升，数字技术应用显著提升了社会生产效率。结合现实基础和理论机理的分析，本文认为数字技术通用性的提升是改善生产效率的关键，具体表现为数字经济基础设施建设的不断推进、数字技术与传统经济融合广度与深度的不断扩展、数字经济催生新产业新业态新商业模式的不断完善。

发表时间：2020-10-05

2. 污染企业选址与存续

作者： 徐志伟；殷晓蕴；王晓晨
单位： 天津财经大学商学院

期刊：《世界经济》
关键词： 选址位置；存续状态；生产效率；中心—外围空间结构

摘要： 本文在"中心—外围"空间结构下，考察了污染企业选址位置与存续状态的关系，并解释其背后的经济学动因。研究发现，中心城市环境规制强度的提升恶化了域内污染企业的存续状态。但在市场潜能的抵消作用下，选址位置与存续状态的关系非单调。随着污染企业到中心城市空间距离的增加，污染企业存续状态呈倒"U"型变化。生产效率提升有助于降低污染企业退出风险，并引致倒"U"型曲线的拐点向中心城市方向偏移。本研究对更好地理解和把握污染企业空间分布的演进规律，有的放矢地协调城市间环境规制政策具有参考意义。

发表时间：2020-07-10

3. 生产性服务业集聚如何影响制造业结构升级？——一个集聚经济与熊彼特内生增长理论的综合框架

作者：韩峰；阳立高

单位：南京审计大学政治与经济研究院；长沙理工大学经济与管理学院

期刊：《管理世界》

关键词：生产性服务业；专业化集聚；多样化集聚；制造业结构升级；动态空间杜宾模型

摘要：本文在集聚经济和熊彼特内生增长理论基础上构建理论分析框架，并采用动态空间杜宾模型探讨了生产性服务业集聚对制造业结构升级的影响机制。结果显示，生产性服务业专业化集聚通过发挥规模经济效应和技术外溢效应，对本地和周边地区制造业结构升级均产生了显著促进作用，而多样化集聚仅通过规模经济效应促进了本地区制造业结构升级，且长期效应大于短期。进一步研究发现，地方政府盲目跟进中央的相似产业政策是导致生产性服务业低质量多样化集聚，进而未对周边地区产生空间外溢效应的重要原因；生产性服务业在东部地区的专业化集聚和多样化集聚以及在中西部地区的专业化集聚，均显著促进了本地和周边地区制造业结构升级，而在中西部地区的多样化集聚则产生了极为有限，甚至不利的影响。在制造业结构升级过程中，金融、信息传输、计算机服务等高端生产性服务业更适合选择专业化集聚模式，而交通运输、商务服务、批发零售等中低端生产性服务业则在多样化集聚环境中更易于发挥结构升级效应。不同的是，金融业专业化集聚、批发零售业多样化集聚仅有短期影响，而无长期效应；而交通运输、租赁和商务服务业多样化集聚则仅有本地效应，无空间外溢效应。

发表时间：2020-02-05

4. 企业金融化与生产效率

作者：胡海峰；窦斌；王爱萍

单位：兰州财经大学金融学院；北京师范大学经济与工商管理学院；北京工商大学经济学院

期刊：《世界经济》

关键词：企业金融化；生产效率；适度金融化

摘要：金融发展和经济增长关系之辩归根结底在于探索金融和经济均衡协调的发展路径。本文围绕非金融企业的金融投资行为与其生产效率的关系展开研究，客观地探讨了企业金融化的经济效应以及潜在影响机制和传导路径。结果显示，企业金融化与生产效率存在显著的倒"U"型关系，适度金融化能够助推企业生产效率改进，而过度金融化则会阻碍企业生产效率的提升。中国上市公司金融资产的最优投资比重为13.1%，只有将企业金融化控制在适度的水平，规范金融投资行为，才能最大限度地发挥金融服务实体经济的职能，助力实体经济高质量发展。

发表时间：2020-01-10

二、内部劳动迁移的总生产率效应：来自印度尼西亚的证据

The Aggregate Productivity Effects of Internal Migration：Evidence from Indonesia

作者： Gharad Bryan，Melanie Morten

期刊： *Journal of Political Economy*

摘要： We estimate the aggregate productivity gains from reducing barriers to internal labor migration in Indonesia，accounting for worker selection and spatial differences in human capital. We distinguish between movement costs，which mean workers will only move if they expect higher wages，and amenity differences，which mean some locations must pay more to attract workers. We find modest but important aggregate impacts. We estimate a 22% increase in labor productivity from removing all barriers. Reducing migration costs to the US level，a high mobility benchmark，leads to an 8% productivity boost. These figures hides substantial heterogeneity. The origin population that benefits most sees an 104% increase in average earnings from a complete barrier removal，or a 37% increase from moving to the US benchmark.

内部劳动迁移的总生产率效应：来自印度尼西亚的证据

译者： 张翔

摘要： 本文估计了印度尼西亚减少内部劳动力迁移障碍的总收益，且考虑到工人的选择效应和空间人力资本的差异。本文区分了迁移成本和便利设施的差异，迁移成本意味着工人只会在他们期望更高的工资情况下迁移，便利设施差异意味着一些地方必须支付更多的工资以吸引工人。本文发现温和的但是很重要的劳动力自由流动的总效应，估计移除劳动力流动的障碍将增加 22% 的劳动生产率，相对于美国——一个劳动力高流动的基准，减少移民的成本，印度尼西亚将提升 8% 的劳动生产率。这些数据隐含了重大的异质性。迁移的人口中获利最多的将从彻底消除迁移障碍中得到 104% 的收入增加，或者流动性提高到美国的标准，将获得 37% 的收入增加。

1 引言

最近的证据显示，在发展中国家，鼓励内部劳动力流动的政策可能有很大的生产率效应。在宏观层面上，Gollin 等（2014）研究发现，非农（城市）的工人生产率是农业（农村）人口的 4 倍。在微观层面上，Bryan 等（2014）研究发现，实验诱导的季节性迁

移会增加 33% 的消费。然而这些结果都不是明确的，宏观的估计不能说明未观测到的选择效应（Young，2013），而且只适用于城市到农村地区的迁移。

本文将使用来自印度尼西亚的微观数据定量分析增加劳动流动性的总效应。两项观察足以促使我们行动。首先，劳动迁移能够增加生产率，如果满足条件：①允许个体群分到一个他们认为更有生产效率的地方（sorting）；②允许更多人居住在更有生产率的地方（集聚）；③以上两者都有①。其次，没有流动的约束和摩擦，人们将最大化他们的生产，因此，如果没有劳动力流动的约束，鼓励劳动力迁移的政策对产出是没有作用的②。

本文构建了一个工人有着独特的针对特定地点才有的生产率，在不同的地方，他们的整体生产率是不同的模型。这样的设置考虑到了群分效应和集聚效应。在这个框架下，我们纳入了两种流动性限制。如果工人必须被支付更高的工资才会促使他们离开原有工作的地方会产生移动成本。存在补偿工资的差异，因为工人必须被支付更高的工资才会去生活品质较低的地方。这是一个工人在各个具有异质性劳动生产率和生活品质的地方群分的Roy 模型一般均衡的结果③，这个模型类似于 Hsieh 等（2016）使用的模型。本文的方法也与 Hsieh 和 Klenow（2009）开创性的文献高度相关④，我们使用这个结构框架定量估计来自劳动力迁移成本和生活品质差异均等化的成本对总生产率变化的影响。与 Hsieh 和 Klenow（2009）及 Caselli（2005）相似，我们不考虑具体的政策，但是尝试分析一系列政策的潜在影响⑤。

在转向我们的结构分析之前，我们研究了五个动机事实，他们说明移动成本和补偿差异的存在，数据显示选择效应是重要的。印度尼西亚的数据记录了出生的地点，当前的居住地和收入使我们能够展示出这些事实，在存在劳动力流动成本的情况下，我们首先说明在数据中存在重力关系。在两个地点之间的距离减少了 10%，导致在这两个地点之间流动的移民比例增加了 7%⑥。我们的研究也表明，人们离他们的出生地越远，工资水平就越高。距离增加 1 倍导致平均工资增加 3%，这表明人们需要得到补偿才能促使他们离开家。在进行这些回归时，我们将距离看作移动成本的代理，这可能不包括所有与政策相关

---

① 众所周知，选择在移民中很重要（如 Borjas，1987；Young，2013；Lagakos and Waugh，2013）。许多文献将选择视为一个计量经济学问题。在我们的模型中，排序既是必须考虑的因素，也是劳动力市场整合的收益来源。

② 我们的观点是，如果无法找到约束的证据，那么宏观文献（如 Gollin et al.，2014）中发现的生产率差距可能是由选择造成的。我们的方法类似于 Lagakos 和 Waugh（2013），他们观察到粮食问题限制了跨部门的流动。像我们一样，他们考虑在工人选择的存在下，这种约束如何影响总生产率。

③ 我们还允许一些地区的工人拥有较低的人力资本。在流动性有限的情况下，这种异质性会导致空间工资差距。

④ 我们的框架与最近的经济地理定量模型也有很多共同之处，如 Allen 和 Arkolakis（2014）、Redding（2016）以及 Desmet 等（2016）。该框架与 Tombe 和 Zhu（2015）在工作中使用的框架类似。相对于那篇论文，我们使用了更详细的微观数据，这使我们能够直接估计选择的程度，我们对一组不同的问题感兴趣。

⑤ 降低交通成本的政策可能包括道路建设（如 Morten and Oliveira，2016）、宗教建设、语言培训、移民补贴（如 Bryan et al.，2014）或电信改善。减少补偿差异的政策可能包括减少工业污染、修建医院或取消建筑高度限制（如 Harari，2016）。后一种政策将降低租金。在我们的计算中，高租金意味着低便利设施，减少了劳动力流动。

⑥ 我们认为所有的运动成本都是相对于一个人的出生地点，我们称之为其出生地。因此，一个人在墨尔本出生，在纽约住了 10 年，然后又搬到伦敦，他在伦敦的生活费用是相对于墨尔本而不是纽约的。

的约束。为了补偿差异，我们假设，在可观察的范围内低生活品质的工人获得更高的工资。同样，我们测量的生活品质最好是一个代理。此外，选择效果似乎是数据中的一个重要因素：在原籍地 o 出生的人的份额越大，移动到目的地 d，他们的平均工资就越低。平均工资与各个地区份额的弹性大约是 -0.004，更重要的是，由于我们的模型是迁移成本降低，迁移并导致选择效应，我们认为一旦控制了目的地原籍人口的比例，距离对平均工资几乎没有影响。所有的这些效应都被我们的模型所预测。

为了估算政策的潜在影响，本文转向了我们的结构模型。在估计模型时，我们将迁移成本和生活品质差异作为非参数对象从数据中推断出来。这反映了我们的观点，即便生活品质难以衡量，距离不太可能捕捉到所有政策相关维度的迁移成本。本文的模型能够直接定量分析迁移成本减少或因生活品质变化的工资差异的效应①，得出的结果是符合经济直觉的，我们首先根据人们的原地址，确定了他们的居住地，然后构建了他们搬离原住地和不具备向高生产率地区迁移的反事实人口分布。② 接下来，我们会问，如果人们像我们的反事实所建议的那样移动，生产率会如何变化？本文模型的选择效应意味着每增加一名移民的收入将少于上一名。为了说明这个，我们需要理解工资是如何随着工人移动变化的，在我们的模型里，由于选择效应，相对于原籍点而言，重要的是居住在某一特定目的地的某一特定来源的人的平均工资。我们的数据是独特的，它既包括原籍点，也包括当前工作地点，并结合识别策略启发了我们的模型，使我们能够估计相关的弹性③。

本文的结果显示出适度的总收益，但重要的是异质性。移除所有的摩擦预计可使总生产率提高 22%。相对于 Gollin 等（2014）研究提出的潜在收益而言，这些收益并不大，但这与人们对其他微观经济研究的预期是一致的。然而，对于出生在某些地方的人来说，结果要大得多，预计收益将达到 104% 的峰值。因为完全清除障碍可能是不可能的，我们还计算了流动性提高到美国水平的迁移成本下降所带来的收益，我们认为这是一个高流动性基准④，我们预测总生产率将提高 8%，增长最多的地区将增长 37%。我们的结论是，除非动态影响很大，否则鼓励移民不太可能产生非常大的生产率影响或者群分，即使群分效应被考虑，或者像 Hsieh 和 Klenow（2009）所估计的那样。然而，有针对性的政策可能会对一些社区的生活产生重大影响⑤。

---

① 虽然这里给出的直觉是准确的，但分析需要函数形式的假设。例如，我们在很大程度上依赖于这样一种假设，即个人生产率是从弗雷切特分布中提取出来的。在此，我们遵循伊顿和科图姆（2002）以及谢等（2016）的开创性工作。

② 如第 4 节所述，生产力估计为固定地点后评估的效应，在调整特定地点工人的选择后仍然存在。

③ 我们还利用文献中可以借鉴的估计，解释了区位生产率（由于集聚效应和价格效应）和区位舒适度（由于拥挤效应）的潜在内生性。

④ 这一反事实使印度尼西亚的舒适度差异保持不变，只是将移动成本降低到接近美国的水平。根据谢和莫雷蒂（2017）的一般观点，我们发现美国的舒适度分散度高于印度尼西亚。

⑤ 最后一个观察结果与 Lagakos 等（2015）一致，他们发现总体福利效应较小，但移民补贴很可能针对特别贫困的家庭。相对于那篇论文，我们关注的是永久性移民而不是季节性移民，在这样一个环境中，我们观察到的是积极的排序，而不是消极的排序。

本文与现有的方法有三个不同之处。首先，我们考虑的是区域之间的流动，而不是农村到城市的流动。自从 Lewis（1954）及 Harris 和 Todaro（1970）的研究以来，从农村到城市的发展和流动一直占据主导地位。在本文的模型中这种设定有潜在的不合适。图 1 展示了每月平均工资的核密度。按地区一级计算，并按农村/城市地位细分①，图 1 表明，虽然各地区之间存在很大的差异，但农村和城市之间的差异很小。表 1 说明，主要的劳动力流动也在同一类别内部，而不是跨类别：75%~85%的人口从城市地区迁移到另一个城市地区，25%~30%的人从农村地区迁移到另一个农村地区。只关注农村到城市移民，忽视了农村内部和城市内部的迁移②。

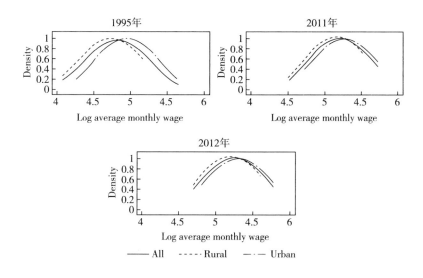

图 1　工资核密度分布

注：地区被划分为城市地区和农村地区以匹配国家层面的份额分布，实线为全部水平，短虚线为农村地区月平均工资分布，长虚线为城市地区月平均工资分布。

表 1　印度尼西亚的初始地迁移率

	农村	城市	全样本
1995 年			
迁移率	32.3	35.8	33.7

① 我们的数据记录了个人当前居住的地方，以及他们的位置是城市还是农村。这些数据还记录了他们的出生地，但没有记录他们的出生地是否在城市。为了填补这一数据缺口，我们将农村人口比例超过中值的地区编码为农村，其余的地区编码为城市。用已经标注了城市/农村的数据检验，该模式同样适用。

② 我们发现，Young（2013）使用 DHS 数据估算城市和农村移民率的前后移民率大致相似。DHS 数据将受访者的出生地编码为首都/其他城市/城镇/农村，但未给出实际出生地点。Young（2013）对男性的估计是，63%的城市居民迁移，其中41%迁往农村地区。1976 年，我们发现移民率为54%，其中20%移民到农村地区。相对于 DHS 数据，我们的数据给出了出生的实际位置，因此我们能够根据该特定位置的特征定义农村和城市移民。

续表

	农村	城市	全样本
同类型区内迁移	31.1	74.6	49.4
2011 年			
迁移率	38.7	33.7	35.7
同类型区内迁移	24.4	84.2	58.7
2012 年			
迁移率	38.9	34.1	35.8
同类型区内迁移	25.4	83.8	60.7

其次，我们着重于反事实的估计，预测去除约束的效果。虽然我们可以从以往的文献中知道很多关于劳动力流动的内容①，但是从这些估计中预测未来劳动力流动的回报还是有挑战。一方面，选择效应意味着未来移民的收入可能低于过去的迁移者；另一方面，移民政策通过减少约束发挥作用，因此，在过去的迁移最少的地方，往往会鼓励移民。正因如此，过去的回报可能很少包含关于未来政策可能产生的影响的信息。对于我们的分析，我们直接估计去除约束的影响。我们只使用过去迁移的数据估计选择效应的强度。然而，这种方法类似于宏观经济学中基于生产率差异的估计（见 Gollin et al.，2014），它说明了选择效应可能是很重要的。

最后，本文考虑了一般均衡效应。第一，通过纳入群分效应，我们考虑了在没有净人口流入的情况下总生产率的提升。第二，我们校准了使用统计数据估计的集聚、拥堵效应和价格弹性，之后我们评估了本文的结果是如何依赖于这些参数的。

本文的结果有三方面的限制：首先，我们只看静态增益，将动态效果的检查留给以后的工作②。其次，本文只关注了生产率和收益，不考虑迁移对福利的影响，也不考虑政策的代价。要充分考虑成本是很困难的，如果效益很小，也是可以避免的。最后，我们不考虑具体的政策，而是对可能取得的总收益做出估计。因此，我们的方法类似于发展会计和宏观资源错配的文献（Caselli，2005；Hsieh and Klenow，2009）。

本文首先阐述五大动机事实，这些事实有力地表明，印度尼西亚的劳动力市场空间特征是流动成本、补偿工资差异和作用于生产率的选择效应。这些事实表明，增加流动性可能提高生产率。然后，我们提供一个简单的有两个地方的例子，解释我们如何量化可能的收益。随后，我们简要地描述了本文的正式模型，讨论识别与估计策略，并证明了我们的结构估计参数与代理变量测度的真实世界有着很好的相关性。最后，我们介绍了反事实推演的结果。

---

① Kleemans 和 Magruder（2017）、希克斯等（2017）、比格尔等（2011）、Garlick 等（2016）最近的工作对印度尼西亚、肯尼亚、坦桑尼亚和南非过去移民的回报和影响进行了重要估计。

② 有几个潜在的动态收益来源。例如，迁移成本可能是内生的（Carrington et al.，1996），公司的职位空缺可能取决于可用的移民劳动力库，或两者兼而有之。

2　数据、动机和两区位的例子

2.1　数据

本文的方法有特定的数据要求。在我们看来，只有当人们的收入增加到足以补偿他们离家在外（我们认为这是他们的原籍）时，他们才会迁移。因此，我们需要记录个人原籍点、当前工作地点和收入的数据。我们对总回报的兴趣意味着数据必须在地理上具有代表性。因为本文想要非参数地估计迁移成本，所以数据集必须足够大，以记录所有位置之间的流动。只有极少数地方有这类数据，印度尼西亚是符合这些要求的唯一国家，其位置记录在低于等价国家的水平。

本文的数据来源于 1995 年、2011 年和 2013 年印度尼西亚人口普查（全社会经济调查），这些数据集记录了大量有代表性的人的原籍地 o、当前工作目的地 d（可能与原籍地相同）和月收入（我们称之为工资）[1]。

我们还使用来自美国的数据，既表明我们的劳动力迁移事实更普遍地成立，也为高流动性经济产生一个合适的反事实。我们使用 1990 年 5% 人口普查样本和 2010 年美国社区调查数据，因为这些日期与印度尼西亚日期高度重合。

我们将样本限制为 15~65 岁的男性户主。印度尼西亚和美国样本的统计摘要见附录 1。在美国，我们在国家一级记录了出生和工作的地点；在印度尼西亚，我们有选区或省的出生和工作记录[2]。由于统计数据的性质，本文衡量迁移的标准是永久迁移[3]。所有的收入变量都是按月汇报的。

我们使用 2005 年和 2011 年乡村潜在统计（PODES）数据库来获得生活品质的衡量标准。从村级数据来看，我们使用人口权重，将数据降到区域级别。

---

①　在除 2011 年 SUSENAS 调查外的所有调查中，收入信息仅记录为受雇于其他人的人。这意味着我们缺少自营职业者的收入信息，其中包括从事农业工作的人。为了了解这是否包括偏见，我们偶尔用 1993 年、1997 年、2000 年和 2007 年印度尼西亚家庭生活调查（IFLS）的数据补充人口普查数据。这一数据的样本要小得多，而且根据设计，仅涵盖 25 个省份中的 13 个，但确实收集了更详细的收入信息。

②　本文所指的地区是省以下、区以上的二级行政分区。在所有的调查中，我们都把巴布亚和西巴布亚省排除在外。我们创建了一组地区，这些地区在 1995~2010 年保持了恒定的地理边界。这主要涉及合并 2001 年分裂的地区。这给我们留下了 281 个地区的样本，其中 2011 年调查的平均摄政区人口为 3700 人。之后，对于结构估计，我们将地区汇总到省一级，其中有 25 个。

③　大量移民是暂时性的，而不是永久性的（Bryan et al.，2014；Morten，2017）。此外，我们无法在人口普查浪潮中追踪人口，因此没有关于多次搬家或搬回家的人的信息。为了确定这些问题的范围，我们查看了 IFLS 中收集的详细迁移历史。我们发现，在我们的环境中，多次和多次迁移并不是一个大问题。以迁出生育区为条件，49% 的移民只进行了一次移民；27% 的人做了两次动作（其中 30% 的第二次动作是回家）；只有 12% 的人进行了 4 次或 4 次以上的移动（可根据要求提供表格）。这些数字与美国大致相似：平均男性移民搬迁 1.98 次，50.2% 的搬家者搬回家（Kennan and Walker，2011）。

2.2 五个关于移民的经验事实

根据本文的数据，可以计算出从每个原籍地到每个目的地 d 的人口比例，以表示 π_{do}，以及原籍目的地内的平均工资 $\overline{wage}_{do}$。根据这些数据，我们研究了关于迁移的五个经验事实。我们在地区一级提出这五个事实。对于模型的后期估计，将地区汇总到省级[①]。

事实一（重心：迁移成本影响区位选择）：控制了出生地和目的地的固定效应，出生地 o 人口迁移到目的地 d 所占的份额随着 o 到 d 距离的增大而减小。

为了研究事实一，我们做如下回归：

$$\ln \pi_{dot} = \delta_{dt} + \delta_{ot} + \beta \ln dist_{do} + \varepsilon_{dot}$$

其中，δ_{dt} 和 δ_{ot} 是目的地和原籍地年份固定效应，$dist_{do}$ 是两地之间的直线距离[②]，目的地效应控制着不同目的地之间的任何生产率或生活品质差异，而出生地效应从出生地居民的角度控制其他可能地点的收益（这个术语类似于贸易文献中的多边阻力术语）。

我们将距离解释为迁移成本的代理变量。结果如表2第（1）列所示。我们估计 π_{dot} 相对于 $dist_{do}$ 的弹性是负的，非常显著，并且是相当大的。距离增加10%会导致迁移比例降低7%。这些结果强烈地表明，劳动力在空间流动是有成本的。

表2　5个关于印度尼西亚迁移的事实

变量	调动成本		选择效应		补偿差异
	（1） $\log \pi_{odt}$	（2） $\log w_{odt}$	（3） $\log w_{odt}$	（4） $\log w_{odt}$	（5） $\log w_{odt}$
距离对数	-0.717 (0.009)***	0.029 (0.001)***		0.007 (0.002)***	
迁移份额对数			-0.039 (0.001)***	-0.031 (0.003)***	
生活品质					-0.023 (0.010)***
目的地×年份固定效应	Yes	Yes	Yes	Yes	No
出发地×年份固定效应	Yes	Yes	Yes	Yes	Yes
目的地固定效应					Yes
观测值	25540	25244	25244	25244	25050

---

① 我们在这里集中讨论印度尼西亚的数据。我们没有记录美国的事实，因为我们没有州一级的舒适度数据。印度尼西亚的结果也很可靠，可以汇总到省一级（附录表4）并使用 IFLS 数据（附录表5）。

② $dist_{do}$ 是地区中心 o 和地区中心 d 之间的直线距离，单位为千米。我们使用 Dykstra 算法和关于不同类型交通时间成本的假设，对迁移时间进行了试验。这对结果没有重大影响。

事实二（迁移成本创造生产力楔形）：考虑到原产地和目的地的固定效应，出生在地点 o 和居住在目的地 d 的人的平均工资随着 o 和 d 之间距离的增加而增加。

为了建立事实二，我们进行了回归：

$$\ln \overline{wage}_{dot} = \delta_{dt} + \delta_{ot} + \beta \ln dist_{dot} + \varepsilon_{dot}$$

结果如表 2 第（2）列所示，我们估计平均工资相对于距离的弹性是正的、显著的和足够大的。将原籍地与目的地之间的距离扩大 1 倍，平均工资将增加 3%。这些影响可能非常大。例如，爪哇西端从登巴萨到雅加达的直线距离约为 1000 千米。而从登巴萨到爪哇东端 Banyuwangi 的距离约为 100 千米。我们的估计表明，从登巴萨到雅加达的移民的平均工资将比到 Banyuwangi 的移民高出 30%。

正如我们在下面的两区位例子中详细解释的那样，这一事实表明迁移成本降低了生产率。为了方便地说明这一点，考虑两个位置 d 和 d′ 是相同的，但 d 更接近 o。事实二说明那些选择迁移到 d′ 地区的人比迁移到 d 地区的人拥有更高的工资，在假设两个地区完全相同、工人是理性的并获得劳动边际产品价值工资的情况下，唯一在 d′ 的工人能够获得较高工资就是因为迁移成本抑制了有正向生产率迁移者，使他们获得的收入更少了。

事实三（选择效应）：控制了原籍地和目的地的固定效应，平均工资对各原籍地人口占比弹性是负的。

事实三通过以下回归研究：

$$\ln \overline{wage}_{dot} = \delta_{dt} + \delta_{ot} + \beta \ln \pi_{dt} + \varepsilon_{dot} \tag{1}$$

从这个回归得到的估计列在表 2 第（3）列中。我们的估计具有很强的统计学意义，表明平均工资的弹性是负的。印度尼西亚迁移到某一特定目的地的人口比例增加 1 倍导致平均工资下降 4%。

这一事实有潜在的内生性问题：对目的地 d 的生产率的任何冲击，如果对不同出生地的人产生不同的影响，都将倾向于改变 π_{do}。下面，我们使用完整的理论模型生成一个工具变量来纠正这一问题。工具变量改变定量结果，但不改变定性事实。

事实四（迁移成本通过选择效应降低生产率）：平均工资对距离的弹性在控制移民的原籍人口比例后几乎为零。

我们通过以下事实研究特征事实四：

$$\ln \overline{wage}_{dot} = \delta_{dt} + \delta_{ot} + \beta \ln \pi_{dt} + \gamma \ln didt_{do} + \varepsilon_{dot} \tag{2}$$

结果如表 2 第（4）列所示。当控制距离变量时，$\ln \pi_{dt}$ 的系数变化不大，但估计距离效应的仍为正和统计显著的，相对于第（2）列中的结果，下降到了经济意义不显著的程度。

事实三和事实四共同提出了一个框架，在这个框架中，增加的迁移成本在此由距离作为代理变量，导致迁移的人口比例减少（事实一），这又导致了工资增加（事实二），但对工资的影响是由减少的迁移人口比例产生的选择效应产生的（事实三和事实四）。这与我们对事实二的讨论是一致的。假设工人获得劳动边际产品价值的工资，因此一旦目的地和原籍地固定效应被控制，则工资差异反映了选择。重要的是，事实四表明本文使用工资对各原籍地人口比例的弹性的结构性方法估计迁移成本减小的效应将捕捉到绝大部分移除迁移成本的效应。

事实五（补偿性的工资差异）：控制了原籍地的固定效应，有更高生活品质的地区工资较低。

我们使用以下回归研究事实五：

$$\overline{\ln \text{wage}_{dot}} = \delta_{dt} + \delta_{ot} + \beta \text{amen}_{dt} + \varepsilon_{dot}$$

其中，amen_{dt} 是目的地 d 在 t 年可测度的生活品质，为了决定生活品质，我们采用了印度尼西亚 PODES 调查中的六种不同生活品质衡量标准，并通过第一主成分转换为一种单一的尺度。然后标准化，使变量是零均值和单位标准差。表 2 第（5）列显示了这个结果，估计数字显示，生活品质增加一个标准差，导致平均工资下降 2.3%。这是公司支付补偿工资差异，以吸引工人到较低的生活品质地区的直接证据。更重要的是，这种结果几乎没有内生问题。而人们可能担心的是更高的工资能够支撑更高的生活品质，使结果正好相反。

2.3 两区位的例子

在本节中，我们简要地讨论了本文的模型的两区位的例子。我们强调迁移成本和生活品质差异降低生产率的机制。我们还展示了如何评估减少移民摩擦的政策对生产率的影响。由于两区位模型的简单性，可以给出直观的图形分析。

我们认为每个工作地点或目的地 d，都是以生产率 ω_d 和生活品质 α_d 为特征的。我们还假设每个地点生产不同的商品，人们的生产率取决于他们所在的地理位置。特别地，我们假设一个生活在目的地 d 的人 i 的工资为 $\omega_d s_{id}$，其中 s_{id} 为在目的地 d 的个人 i 的技能水平，决定从区位 o 迁移到目的地 d 的是 $\alpha_d \omega_d s_{id} (1-\tau_{do})$，其中 τ_{do} 是一个人从原籍地 o 迁移到目的地 d 的成本。我们推断，τ_{do} 要么是一种迁移成本，要么是一种移民成本，假设 $\tau_{do} \in [0, 1]$，$\tau_{oo} = 0$，且 $\tau_{do} = \tau_{oo}$，在我们的经验研究中，我们将 α_d 和 τ_{do} 作为剩余提出来，并且用这种方法设定效用函数，可以标准化相对于工资的生活品质和迁移成本的度量。

图 2 显示了技能（s_{id}）在两个地点的分布情况，两地称为 A 和 B；这张图是从 B 地为原籍地人的角度得出的。如果没有摩擦，人们就会住在获得收入的地方，即 $\omega_d s_{id}$ 最高的地方，如图 2 所示，位置 A 具有较高的生产率，所有这些都在线 OE 之上，线 OE 的斜率为 W_B/W_A，应该迁移到 A 位置（应该迁移到Ⅰ、Ⅱ和Ⅲ区域），如果两个地点的生产率相等，则为 45 度线以上的地点（区域Ⅰ和Ⅱ），这样才能最大化生产率。

由于迁移成本，从 B 来的人必须为他们搬到 A 而得到补偿，这意味着 A 地点的收益实际上不那么有价值，只有那些高于斜率为 $W_B/W_A (1-\tau_{AB})$ 的线 OC 的点才有价值，工人才会迁移。我们可以把出生在 B 地的人分成四组，低于射线 OE（区域Ⅳ中的正方形）不会迁移，因为他们留在 B 的回报最高，那些在 OE 以上和低于 45 度线的（区域Ⅲ中的菱形）应该迁移，因为 A 具有比 B 更高的生产率。A 的较高生产率补偿了这些人在 B 的比

216

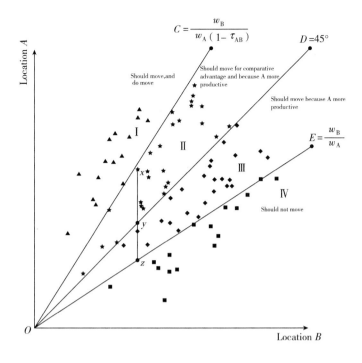

图2 生产率和出生于 B 地的工人的地区选择

较优势，但是由于迁移成本的存在，这些人也就没有迁移。45 度线上方和线 OC 以下（区域Ⅱ的五角星）应该迁移，有两个原因：首先，它们在 A 地具有比较优势；其次，A 是一个更有生产率的地方。假设个人 x：由于她在 A 地点有比较优势，但不迁移，所以她失去的生产率相当于 xy 的距离，而额外的 yz 则是因为 A 的生产率更高。这两个渠道意味着迁移成本通过减少群分和减少高生产率地点的集聚来降低生产率。最后，那些在地区Ⅰ在 OC 线以上的应该迁移，而且他们总是这样做。

事实二和它的解释可以在这张图中看到，随着迁移成本的增加，移居到 A 地点的人越来越少，而流动的人的工资也增加了，这一增长的发生是因为一些原本在 A 工作效率更高的人现在选择留在 B[①]。

生活品质也会使工人的位置远离生产率最大化的分配，存在生活品质，但没有迁移成本，工人最大化 $\alpha_d \omega_d s_{id}$，这种效应可以用同样的图表来理解，如果没有迁移成本和 B 有较高的相对生活品质，射线 OC 将有斜率 $\dfrac{\alpha_B W_B}{\alpha_A W_A}$。同样的影响——没有群分效应和太少的聚集——也是存在的，只要 A 中的生活品质水平与 B 生产率中的生活品质水平不同，就不会最大限度地提高其生产率。生活品质差异与迁移成本之间的主要区别在于，迁移成本

---

① 这一事实取决于技能分布的比例。用 Lagakos 和 Waugh（2013）的话说，比较优势和绝对优势必须保持一致。我们的事实二和事实三也证明了这一推论。Adao（2016）的讨论也说明了这一点。

将减少相对于原籍地的迁移，而生活品质差异则会减少相对于另一个的位置居住在本地的人。

值得注意的是，在本文的模型中，选择效应有两种作用：一方面，工人的异质性和选择效应是收益的来源。迁移成本使工人无法转移到具有相对优势的地点，从而降低了生产率。另一方面，选择效应限制了将更多工人转移到生产率较高的地方的潜在收益。在没有选择效应对生产率影响的情况下，所有流动的工人都有相同的工资，因此消除生活品质差别的综合影响可能会更大。

我们的经验研究的任务是评估从分配工人到他们的生产率最大化位置的生产率的收益。这个问题可以被分成两个部分：首先，我们评估迁移的影响，这相当于估计有多少人位于三角形 OCE 中，这在概念上是简单明了的。在不同地点之间没有生产率差异的情况下，生产率最大化的选择效应是半数来自 B 的人将留在 B，另一半将住在 A。其次，我们估计这一变动将如何影响我们的数据中这四个群体的平均工资：从 A 搬到 B 的人，住在 A 的来自 B 的人，住在 A 或 B 的人。下面列出的函数形式假设意味着这些群体的平均工资是居住在目的地的原籍人口占比的恒定弹性函数。根据我们的数据，这种弹性是可以估计的，它记录了来源和目的地，实际上显示在事实三[①]。因为我们的数据记录了生活在每一个目的地的不同来源的人口比例 π_{do}，反事实的人口分布可以用同样的方式表达，这种弹性足以估计反事实的总体生产率。在接下来的两节中，我们将介绍这些思想如何扩展到两个以上的位置，如何解释异质位置的生产率，以及如何将一般的均衡效应结合起来。

3　模型

在本节中，我们提出了一个简单的迁移一般均衡模型。这是对 Hsieh 等（2016）模型的劳动力群分的扩展，它来源于 Eaton 和 Kortum（2002）的模型，这个模型与最近在定量经济地理学方面的文献也有相似之处。每个地点都可以是给定移民的"o"或目的地"d"，经济由 N 个地方组成，工人出生在一个特定的地方，每个目的地都有自己的技能，并根据工资、福利和迁移成本对不同的目的地进行群分。工资和福利是内生的，并进行调整以确保均衡。本文首先讨论在给定的工资和生活品质下，工人如何对区位进行选择。

3.1　效用和群分

L_o 是出生在原籍地 o 的个体，每个个体 i 从目的地 d∈N 获得技能 s_{id}，个体也从原籍地获得技能。所以技能是一个并不取决于出生地的多变量 F 分布[②]：

---

① 我们的数据记录了出生地、当前位置，最重要的是，记录了个人层面的当前收入。因为我们有个人级别的工资数据，所以我们可以估计排序参数。这一额外的信息与 Tombe 和 Zhu（2015）的估计不同，他们无法直接根据自己的数据估计这种弹性。

② 除非有强有力的证据表明技能的选择和遗传性，否则固有技能不取决于出生地点的假设似乎是一个合理的起点。

$$F(s_1, \cdots, s_N) = \exp\left[-\left(\sum_{d=1}^{N} s_d^{-\frac{\widetilde{\theta}}{1-\rho}}\right)^{1-\rho}\right]$$

在这里，$\widetilde{\theta}$ 测度的是技能分散程度或比较优势的重要性。随着 $\widetilde{\theta}$ 下降，不同地点的技能之间有更大的差异。ρ 测量不同地点的技能之间的相关性。随着 ρ 的增加，在目的地 d 中具有高吸引力的个人也很可能对目的地 d′ 具有很高的吸引力。含义是每个不同的地点都有不同的所需技能。在 $\widetilde{\theta}$ 估计很高的范围内，区位在技能要求上没有很大的差别。我们考虑到技能吸引之间的关联，以允许一般天赋，而天赋是一维的情况，是一个限制情况，如 $\rho \to 1$。在整个过程中设定 $\theta = \widetilde{\theta}/(1-\rho)$ 是很有用的，而不是 $\widetilde{\theta}$。

先天的技能与原籍地的学校教育相结合，成为人力资本。在地点 o 出生的个人 i，来到目的地 d 的人力资本是通过以下公式给出的：

$$h_{ido} = s_{id}q_o$$

在整个过程中，q_o 表示在原籍地的教育，但是它可能反映了更广泛的一系列对人力资本有贡献的因素。原籍地为 o 的人在目的地 d 的每有效劳动单位的工资由以下公式给出：$w_d \in_{do}^{w}$。其中，w_d 是目的地 d 的生产率，$\in_d^w$ 是均值为 1 的对数正态分布误差项，它捕捉了来自原籍地 o 的人在目的地 d 可能更有生产力的任何原因。因此，来自原籍地 o 的个体 i 的工资为：

$$wage_{ido} = w_d \in_{do} h_{ido} = w_d \in_{do} s_{id} q_o$$

个体 i 从原籍地 o 来到目的地 d 的效应为：

$$U_{ido} = \partial_d \in_{do}^{\partial} (1-\tau_{do}) w_d \in_{do}^{w} s_{id} q_o \equiv \overline{w_{do}} s_{id} \tag{3}$$

$w_d \in_{do} s_{id}$ 捕捉到消费，它等于工资。α_d 是目的地的生活品质，因此捕捉到需要补偿的工资差异，搬到一个生活品质只有一半的地方，收入将增加一倍的补偿。生活品质可以包括自然环境、服务的可获得性或租金①。$\in_{do}^{\alpha}$ 假设均值为零，并假定为对数正态分布；它描述了取决于原籍地生活品质的差异②，τ_{do} 捕捉到离开原籍地的效应成本，在这里特指迁移成本。我们假设 $\tau_{oo}=0$，因此从家搬到目的地 d 需要个人得到 $(1-\tau_{do})$ 收入的补偿。例如，与原籍地 o 的消费相比，在目的地 d 处的相同的消费水平可能获得更少效应，因为它不是与家人和朋友一起进行的。本文假设在这整个过程中移动成本是对称的，即 $\tau_{do} = \tau_{od}$，在此背景下，F 分布暗示了以下结果：

首先，用 π_{do} 表示从原籍地 o 迁移到目的地 d 人口所占的比例，我们将有：

$$\pi_{do} = \frac{\widetilde{w}_{do}^{\theta}}{\sum_{j=1}^{N} \widetilde{w}_{jo}^{\theta}} \tag{4}$$

其中，$\widetilde{w}_{do} = \partial_d \in_{do}^{\partial} (1-\tau_{do}) w_d \in_{do}^{w}$，$\widetilde{w}_{do}$ 度量地区 d 对于 o 地区的人的吸引力，方程

---

① 基于罗森（1979）和罗巴克（1982）的许多研究将传统工作租金与其他设施分开。在考虑福利时，这一点很重要，因为租金是从一个人转移到另一个人，不能被视为损失。鉴于我们强调生产力，租金和便利设施之间的差异并不重要。

② 误差项 $\in_{do}^{\alpha}$ 和 $\in_{do}^{w}$ 意味着模型并不完全符合数据，并且使我们讨论内生性问题具有意义。

（4）是关键的群分方程，它说明群分取决于相对回报、相对生活品质和相对流动成本；它不取决于原籍地人力资本形成的质量 q_o。群分不依赖于 q_o 是本文反事实推演的关键：我们希望区分导致更高生产率的人力资本或学校教育效应和作为移民障碍的人力资本效应。由于人力资本的差异而产生的移民壁垒，在对称的维度上，是在 τ_{do} 中体现出来的[①]。在一定程度上，人力资本差异是移民的障碍，但不是对称的，它们将包含在 ε_{do} 中，也不会成为我们反事实的一部分。

其次，我们可以利用这个特性来确定在 d 工作的 o 原籍工人的平均技能，方法是：

$$E\left(s_d \mid \text{choosed}\right) = \pi_{do}^{-\frac{1}{\theta}}\tilde{\mathcal{T}} \tag{5}$$

其中，$\tilde{\mathcal{T}}=\mathcal{T}\left(\tilde{1}-\dfrac{1}{\theta(1-\rho)}\right)$ 和 $\mathcal{T}(\cdot)$ 是伽玛函数，这个等式意味着从 o 到 d 的人越多，他们的平均技能就越低。这是符合直觉的，因为它意味着有较少的选择：边际移民是从天赋的左尾分布的更远的地方来的。最后，我们可以计算出来自某一特定地区的人的平均工资：

$$\overline{wage}_{do} = w_d \in {}_{do} q_o E(s_d \mid \text{choosed})$$
$$= w_d \in {}_{do} q_o \pi_{do}^{-\frac{1}{\theta}}\tilde{\mathcal{T}} \tag{6}$$

方程（4）和方程（6）是本文的主要估计方程。通过对这两个方程进行研究发现，该模型与前面讨论的简化事实是一致的。事实一，重力是方程（4）的一个估计，其中距离代替迁移成本。事实二来自方程（6），由方程（4）代替 π_{do}。事实三到事实五直接源于方程（6）。

本文模型选择的一个重要含义是值得注意的。当我们观察到不同地点或部门之间的平均工资差距很大时，人们很容易认为劳动迁移会有很大的生产率提升。本文的模型强调了为什么不一定会发生上述情况的两个理由：首先，这种工资差异反映了选择效应，正如 Young（2013）。其次，在低生产率地点的人可能只是拥有低人力资本的总和，这被我们的模型中的低质量（q_o）所捕获。在本文的实证工作中，考虑到不可观测的人力资本生产的异质性，我们将非参数地估计 q_o。

3.2 生产和一般均衡

许多企业在每个地点根据线性生产技术生产一个无差别的产品。地点 d 的 j 公司的利润由下面的公式决定：

$$\prod\nolimits_{jd} = p_d A_d h_{jd} - w_{jd} h_{jd}$$

其中，A_d 是 d 地区的劳动生产率，p_d 是企业接受的一般价格水平，w_{jd} 是 j 企业支付的工资，h_{jd} 是企业 j 雇用的人力资本总额，企业 w_{jd} 通过设定工资来争夺劳动力，这意味着均衡的时候：

---

① 参见 Bazzi 等（2016）。

$w_{jd} = w_d$ 和 $\prod_{jd} = 0 \; \forall j$，还有 $w_d = A_d p_d$。

经济总量是由加总 CES 函数决定的：

$$Y = \left(\sum_{d=1}^{N} y_d^{\frac{\sigma-1}{\sigma}} \right)^{\frac{\sigma}{\sigma-1}}$$

其中，y_d 是地区 d 总的产出，σ 捕捉不同地点生产的产品之间的可替代性程度[①]。产品 d 的产出取决于地区 d 中人力资本的数量：

$$y_d = A_d H_d$$

其中，H_d 是地区 d 可获得的总的人力资本（或者有效的劳动力单元）。

$$A_d = \overline{A}_d H_d^{\gamma}$$

其中，A_d 是 d 地区的劳动生产率，在这个公式中，$\overline{A}_d$ 可以被认为是复杂的生产率参数——一个可能随时间变化的外生参数。例如，由于靠近港口，纽约目前的生产率可能很高，但这可能在 100 年前就变得更加重要了。当前劳动生产率 A_d 取决于内部生产力和区位 d 中人力资本总量，γ 参数化了人力资本溢出的程度或生产性集聚外部性。

最后，生活品质也是内生决定的。我们假设：

$$\partial_d = \overline{\partial}_d \hat{L}_d^{\lambda}$$

其中，$\overline{\partial}_d$ 是基准的生活品质，例如自然环境；λ 是衡量拥塞影响的指标，很可能小于零；$\hat{L}_d$ 是地点 d 的（内生决定的）人口。

在进行识别之前，我们注意到模型的一个关键特征。除以方程（4）和方程（6）很容易显示：

$$\frac{\overline{wage}_{do}}{\overline{wage}_{d'o}} = \left(\frac{\alpha_{d'}}{\alpha_d} \right) \left(\frac{1-\tau_{d'o}}{1-\tau_{do}} \right)$$

因此，在根源上，没有摩擦就没有工资差距。因此，我们排除了 Young（2013）中讨论的那种行为——只有选择才会导致工资差距。我们的模型介于 Young（2013）的研究（其中的选择是平均工资差异的唯一驱动因素）以及 Gollin 等（2014）的研究之间，其中使用原始工资缺口来推断出迁移带来的潜在收益。

4 识别和估计

在本节中，我们将讨论如何识别和估计模型的外生参数 $\{\theta, \rho, q_o, w_d, \alpha_d, \tau_{do}\}$。我们还注意到，我们不需要对参数（$\gamma$，$\lambda$，$\sigma$）采取一般均衡的角度来进行识别。我们进行了几项标准化：第一，我们假设 $\tau_{do} = \tau_{od}$ 和 $\tau_{oo} = 0$，迁移成本是对称的，且在家是没有迁

[①] 当 $\sigma \to \infty$ 时，所有产品都是完美的替代品，因此，所有地点生产相同产品的情况是我们模型的极限情况。另一种规范是允许生产地点生产完全可替代的商品，并具有规模收益递减的生产功能。谢和莫雷蒂（2017）表明，这两种方法是同构的。

移成本的。第二，我们将 $\alpha_1 = 1$ 标准化。因为我们没有观察效用水平，所以我们必须识别 α 的变化来自人们对位置的相对偏好。第三，我们标准化了 $q_1 = 1$，只识别了人力资本形成的相对质量，同时也标准化了生产率 $w_d = 1$，工资 w_d 是居住在地点 d、出生在地点 1、技能为 1 的人所赚取的工资。这意味着，人力资本的产生，任何平均改善都将反映在生产率 w 上，q 的变化捕捉到人力资本在空间配置变化的生产可能性。

4.1 识别和模型的参数

4.1.1 F 分布参数：$\{\theta, \rho\}$

取方程（6）的对数，我们有：

$$\ln(wage_{do}) = \ln(\overline{\overline{\Gamma}}) + \ln(w_d) - \frac{1}{\theta}\ln(\pi_{do}) + \ln(q_0) + \ln \in_{do}^{w} \tag{7}$$

也就是说，在控制了原籍地和目的地的固定效应之后，平均工资相对于移民比例的弹性确定了 F 分布参数 θ。直觉上，如果人们的技能非常相似（或者目的地在他们的技能需求上差别很小），那么 θ 就高了，所以边际移民的技能并不比以前的移民差很多，平均工资也不会随着迁移而变化。然而，如果人才的分散程度很大（或者不同目的地的技能需求有很大的差异），那么边际移民的技能要比以前的移民差得多，所以他们的工资要低得多。

对方程（4）的检验表明，误差项 $\in_{do}^{w}$ 也进入了 π_{do} 的定义，这是符合直觉的。任何随机变化，意味着原籍地 o 的工资相对高于目的地 d 将鼓励在这两个地方之间迁移。误差项与 π_{do} 之间的相关性确实造成了一个内生性问题，这将导致我们高估 θ，进而低估选择效应的大小。我们将使用基于模型设定的工具变量来解决这个问题。

我们希望分离变量 π_{do}，π_{do} 是由 d 的相对生活品质的变化和其他地点 d 的生产率驱动的。从其他原籍地 o 迁移到目的地 d 的人口比例受到这些因素的影响，但不受随机误差的影响。因此，这种设定的迁移比例 π_{d-o} 是 π_{do} 有效的工具变量，尽管第一阶段两个的关系是非线性的。因此，我们依据 Angrist 和 Pischke（2009）给出的建议，$\ln \pi_{do}$ 的工具变量来自"零阶段"回归的拟合值，即 $\ln \pi_{do}$ 回归到有 $\ln \pi_{d-o}$ 的多项式上，蒙特卡洛估计了基于模型的一个粗略校准版本，证实了这种策略导致了无偏的估计，并表明超越二次增加聚类的效率几乎没有提高[1]。

为了区分比较优势和绝对优势，我们使用了 F 分布的一个属性，这意味着：

$$\frac{var(w_{do})}{(\overline{wage_{do}})^2} = \frac{\Gamma\left(1 - \frac{2}{\theta(1-\rho)}\right)}{\Gamma\left(1 - \frac{2}{\theta(1-\rho)}\right)^2} - 1 \tag{8}$$

利用有关工资分配的数据，再加上上面确定的 θ，这个方程就可以识别出定义绝对优

---

[1] Monte Carlo 模拟结果可从作者处获得。

势的参数 ρ。直观地说，如果技能类型之间几乎没有关联，那么每个人都有自己擅长的目的地，那么目的地和原籍地之间的工资变化就很小。相反，如果 ρ 是很高的，那么许多不同技能水平的人将找到同样的位置是最好的，因此观察到的工资差异相对于平均值是高的。

4.1.2 区位特点影响工资：$\{w_d, q_o\}$

再一次考虑方程（7），在估计了 ρ 和 θ 的情况下，我们可以从已经识别的目的地固定效应 $\Gamma = \Gamma\left(1 - \dfrac{1}{\theta(1-\rho)}\right)$ 中识别 w_d。我们使用标准化 $q_1 = 1$ 来识别 w_d，从直觉上看，在通过 π_{do} 对选择效应进行控制之后，通过 q_1 控制人力资本的质量后，任何不同地点之间的工资差异都必须由生产率的差异驱动。人力资本环境 q_0 的质量同样可以被确定。在控制了目的地的生产率差异和选择效应之后，来自不同原籍地的工人在工资上的任何差异都必须由人力资本形成机会的相对质量来解释。

4.1.3 影响迁移的特质：$\{\pi_{do}, \alpha_d\}$

对重力方程（4）取对数得到：

$$\ln(\pi_{do}) = \theta\ln(\omega_d) + \theta\ln(\alpha_d) + \theta\ln(1-\tau_{do}) - \ln\left(\sum_j \tilde{w}_{jo}^{\theta}\right) + \theta\ln(\ln\epsilon_{do}^w) + \ln\epsilon_{do}^{\alpha} \quad (9)$$

这个方程能使我们识别迁移成本，直觉上，人口迁移可能是由于生活品质差异、工资差异和迁移成本导致的。其中，迁移成本是唯一的力量，导致了人们不愿意从 o 迁移到 d，或者从 d 迁移到 o。这种直觉的理解可以调整重力方程得到：

$$(\ln \pi_{do} - \ln \pi_{oo}) + (\ln \pi_{od} - \ln \pi_{dd}) = 2\theta\ln(1-\tau_{do}) + \eta_{do}$$

其中，η_{do} 是针对地区 d 和 o 的零均值冲击[①]。当人们倾向于待在家里时，迁移成本很高，如果给出 θ 的估计值（如上文所示），我们可以利用相对于待在家里的迁移差异来识别 τ_{do}。

重力方程还可以识别相关的生活品质，多重阻力项 $\ln\left(\sum_j \tilde{w}_{jo}^{\theta}\right)$ 是和误差项相关的，但是能被方程的差分移除。考虑到这点，和已经识别了的参数，方程（9）中唯一不知道的就是 α_d。生活品质是指在对选择效应进行控制后，会导致人口向某一特定方向的倾斜流动，但不会引起工资变化的因素。控制了选择效应以后，因为方程中的原籍地的固定效应，我们只能识别标准化的生活品质。

4.2 估计

我们利用泊松极大似然法（PPML）估计模型的参数，PPML 模型对于估计劳动力迁移有几个优点：首先，因为估计的是移民的水平而不是对数值，它能够将地区之间的劳动力流动标准化为零，这一点很重要，因为在本文中，与大多数关于迁移和贸易流动的研究

---

① $\eta_{do} = \theta(\ln\epsilon_{do}^w + \ln\epsilon_{do}^{\alpha} - \ln\epsilon_{oo}^w - \ln\epsilon_{oo}^{\alpha} + \ln\epsilon_{od}^w + \ln\epsilon_{od}^{\alpha} - \ln\epsilon_{dd}^{\alpha} - \ln\epsilon_{dd}^w)$。

一样，标准化为零的流动是常见的（Silva and Tenreyro，2006）。其次，PPML 模型能够兼容模型中隐含的总的一般均衡约束。

我们的两个估计方程，即方程（7）和方程（9）变为：

$$\ln(\overline{\overline{wage}}_{do}) = \ln(\overline{\Gamma}) + \ln(w_d) - \frac{1}{\theta}\ln(\pi_{do}) + \ln(q_0) + \ln\boldsymbol{\epsilon}_{do}^w \tag{7'}$$

$$\ln(\pi_{do}) = \theta\ln(\omega_d) + \theta\ln(\alpha_d) + \theta\ln(1 - \tau_{do}) - \ln\left(\sum_j \widetilde{w}_{jo}^{\theta}\right) + \theta(\ln(\ln\boldsymbol{\epsilon}_{do}^w) + \ln\boldsymbol{\epsilon}_{do}^{\alpha})$$

$$\tag{9'}$$

使用 PPML 估计方程（7′）和方程（9′）的识别假设是（水平）误差项的均值是 1，与指数回归项不相关。如上文所述，我们假设误差是平均的，我们通过 IV 和差分策略来处理与自变量的相关性。

我们按以下方式进行：首先使用 IV 方法来估计 θ，然后利用 θ 的这个估计，使用 GMM 估计了三个方程组〔方程（7′）、方程（9′）和方程（8）〕。在操作过程中，我们从工资数据中删除了观察到的少于 5 名移民的数据。尽管我们的估算方法使在任何两个位置之间观察到的迁移标准化为零是合理的，但我们担心的是小样本的规模影响工资估算的精确度。我们引导整个过程来为 θ 和 ρ 的估计值生成标准错误。

5　估计结果

本节介绍了我们的参数估计，我们的主要目标是显示结构估计参数与代理变量度量的相关性，因此它们度量了一些真实的世界。使用印度尼西亚和美国的数据来估计，我们使用美国模型来估计美国的迁移成本，从而为高流动性的经济体产生反事实的结果。因此，我们的模型在使用美国的数据时是否能很好地估计这些参数很重要。我们首选的迁移成本估算除了对称外，不使用任何结构的方法。我们证明了这种非参数估计与距离等可观测特性相关。作为一种稳健性检验，我们再次估计了模型和重复所有的反事实分析，加入了迁移成本是距离的线性函数[①]。回顾一下，这些估计我们并不需要估计一般均衡参数 {σ，γ，λ}。

5.1　F 分布参数

表 3 列出了印度尼西亚和美国的分布参数估计值。离散度和相关因子相结合的值 θ 能对技能分布进行整合。较高的 θ 值意味着比较优势的范围较小，这要么是因为技能不那么分散，要么是因为人与人之间的相关性更高。我们估计美国和印度尼西亚的 θ 值分别为 28 和 13[②]。

---

① 我们显示了所有估计参数的分布。

② 美国的技能分散程度略高，美国的 $\widetilde{\theta}$ 等于 2.7，印度尼西亚为 3.2。然而，美国的相关系数要高得多，为 0.9：0.7。高相关系数占主导地位，并导致技能的总分散度大大降低。

表3　F 分布参数的估计结果

	（1） 印度尼西亚	（2） 美国
ρ（相关系数）	0.74***	0.90***
	（0.031）	（0.017）
θ（分异系数）	12.5***	27.6***
$\widetilde{\theta}=\theta(1-\rho)$	3.18	2.69
平均迁移成本（冰山成本）	0.50	0.22

5.2　迁移成本

我们估计了重要的迁移成本，表3 报告了 τ_{do} 的均值，印度尼西亚为 0.56，美国为 0.22。平均而言，印度尼西亚的移民必须得到 56% 的收入补偿，而美国人则需要 22% 的收入补偿。从这个意义上说，根据我们的估计，美国是一个高度流动性的国家。

美国和印度尼西亚的迁移成本与距离有关。图3 估计了相对于距离对数的迁移成本 τ_{do}，尤其引人注目的是，在美国，距离与移动成本之间的相关性要低得多。在美国，成本对距离的弹性为 3%，而印度尼西亚为 15%。可能的原因有两种：一种是在美国交通成本可能更便宜，另一种是美国人可能更欢迎来自相距遥远的社区的移民或者说美国在文化上更加同质化。

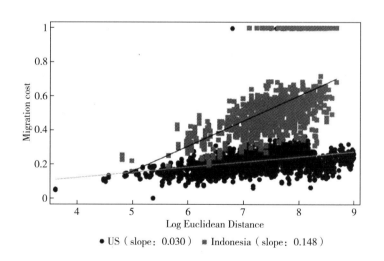

图3　美国和印度尼西亚的边际冰山成本

注：圆点代表美国的情况，方点代表印度尼西亚的情况，美国的数据选择了 1990~2010 年，印度尼西亚的数据选择了 1995 年、2011 年和 2012 年。横坐标为几何距离的对数，纵坐标为边际冰山成本。

衡量的迁移成本也与衡量社会距离有关。利用人口普查数据，我们构建了宗教和语言相似性指数①。图 4 在控制距离以后，绘制了这些指数与迁移成本之间的关系。迁移成本与宗教无关，但迁移成本与语言相似性在统计上显著相关。

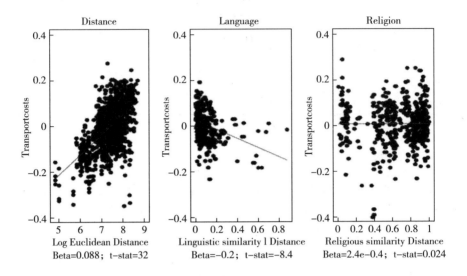

图 4　印度尼西亚冰山成本的相关系数

注：数据选取 1995 年、2011 年和 2012 年并以 1995 年为基期进行了平减。图片纵坐标为运输成本，横坐标从左到右分别为几何距离、语言相似度和地区相似度。

5.3　生活品质

估计与测量的生活品质相关。图 5 的左边显示，估计的生活品质与污染的生活品质第一主成分（标准化）呈负相关。右边是估计的生活品质与健康和市场准入的第一主成分正相关②。

5.4　人力资本形成的质量

对 q_0（教育质量）的估计与平均教育程度相关。如果人们选择在回报较高的地方接受更多的教育，这是意料之中的。

---

①　该指数是通过计算从始发地随机选择的人与从目的地随机选择的人具有相同特征（宗教或语言）的概率来构建的。例如，如果来源地是 50% 的印度教徒和 50% 的穆斯林，目的地是 100% 的印度教徒，那么宗教相似性指数将为 0.5。如果目的地也有 50% 的印度教徒和 50% 的穆斯林，那么该指数也将为 0.5。

②　将估计的便利设施与观察到的便利设施逐一关联起来。由于我们只有 25 个估计参数，我们并不期望个别迹象在统计上具有显著性，但我们注意到这些结果中的一般模式：总体而言，污染指标与便利设施呈负相关；疟疾、肺结核和呕吐等疾病暴发的衡量指标也与便利设施呈负相关，尽管获得医疗设施的机会似乎也呈负相关，但村庄照明和商业银行呈正相关，我们看到洪水和地震等自然灾害的混合模式。

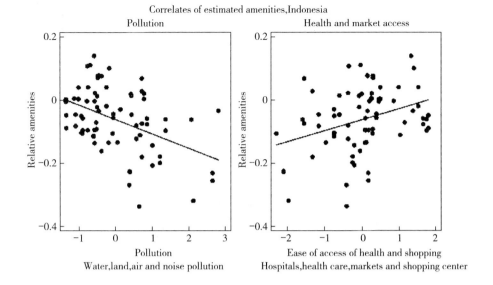

图5 印度尼西亚相对便利度的影响

注：数据来源于印度尼西亚1995年、2011年和2012年的数据，纵坐标为相对便利度，横坐标从左到右分别为污染（包括水、土地、大气和噪声污染），医疗购物的便利度（医院、诊所、市场和购物中心的数量）。

6 反事实

我们现在研究在本文开始时提出的政策问题：取消流动限制是否会提高生产率？为了产生反事实，我们需要对一般均衡参数进行估计。使用文献中的估计值来设置这些值，然后评估我们的发现对不同选择的稳健性。

大量文献估计了聚集参数（γ），文献参见 Rosenthal 和 Strange（2004）及 Combes 和 Gobillon（2015）。最近的一致估计显示，发达国家的 γ 介于 0.01 和 0.02 之间，尽管有些研究表明数值要大得多（如 Greenstone et al.，2010）。对于发展中国家估计的文献比较少，得出的结论为 γ 可能达到 1。我们给出了 γ = 0.05 的主要估计，但也考虑了 0~0.08 的稳健性。

我们预计，当 γ 高时，空间集成将产生更大的影响。

较少的文献试图估计拥堵参数 λ。Albouy（2012）的研究表明，美国的 λ = 0。相反，Combees 和 Gobillon（2015）的工作表明，λ 约为-0.04。我们采纳 0 作为我们的起点，并考虑 0~0.08 区间的值。随着 λ 的减少（而且拥堵变得更重要），我们预计减少摩擦的影响会更小。即使迁移成本很低，也很难促使人们迁移到更有生产率的地方。

很难准确估计各地区的替代弹性。Allen 和 Arkolakis（2014）使用 8 的数值，我们遵循他们的主要结果。我们还考虑了介于 2 和 8 之间的情况。我们预计，随着 σ 的增加，空间集成将带来更大的好处：高的替代弹性意味着来自不同地点的产品的可替代性降低，并且因此，降低某些商品的生产成本会带来更大的成本。

6.1 减少迁移成本

我们考虑的第一项政策是消除迁移成本，在实际基础上，可以通过一套政策来实现，这取决于后续的情况和未来研究的结果。现有包括迁移补贴政策的例子（Bryan et al.，2014）如移民接待中心、语言培训和道路建设（Morten and Oliveira，2016）。为了估计可能的影响，我们用一个降低因子 κ 来衡量我们的估计成本，其中 κ 在 0 到 1 之间取值。当 κ=0 时对应着我们估计的基准情形。当 κ=1 时对应着完全消除迁移成本的情况[1]。

我们发现获益不大，我们预测，将移民成本降至美国水平将带来 8% 的产出收益，而将移民成本降至零将带来 12% 的收益。美国通常被认为是空间移动经济的标准，因此 8% 可能是可以达到的最大值。这些结果可以用图 6 中一系列 κ 值说明。

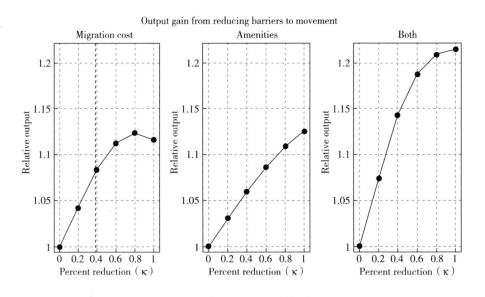

图 6　迁移障碍降低后对产出的促进

注：数据选择了 1995 年、2011 年和 2012 年的平均数据，左图黑色虚线标注的是美国的移民成本，纵坐标为相对产出，横坐标为下降百分比，三个图从左到右依次考察的为迁移成本、便利度以两者共同作用的影响。

这些不大的收益掩盖了不同原籍地人口之间的巨大异质性。虽然消除所有迁移成本的平均增幅为 12%，但这种效应的范围为 -12%~79%[2]。也就是说，在某些省份出生的人可能会看到 79% 的平均工资增长。以美国为基准，获益的范围为 5%~37%。图 7 的左图中

---

①　美国冰山成本的均值 $\tau_{us}=0.22$，印度尼西亚冰山成本的均值 $\tau_{ind}=0.56$，所以，在印度尼西亚把冰山成本降低到美国水平的实验是，其结果等同于视作 κ=0.3。

②　回想一下，降低迁移成本将导致产出增加并没有限制。降低迁移成本可能会导致人们从高生产率、低舒适度的地点迁移到低生产率、高舒适度的地点。这确实是我们在这些反事实中看到的。

描述了完全移除迁移成本收益的分布，图 8 中给出了以美国为基准的情况。

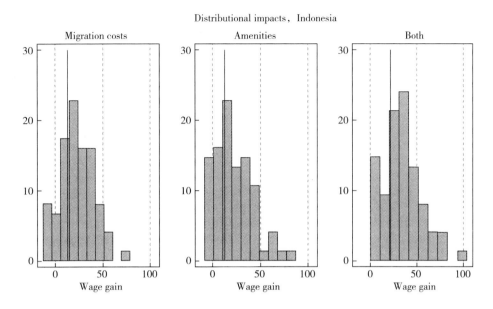

图 7　印度尼西亚完全降低迁移成本后对工资的影响

注：选用了 1995 年、2011 年和 2012 年的数据，表示完全移除迁移成本后的工资收入，从左到右分别为迁移成本、舒适度和同时考虑两种影响的情况，黑色实线为人口加权后的全国平均水平。

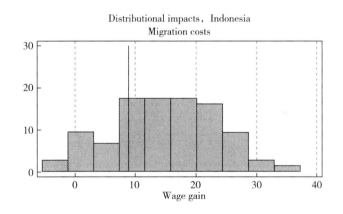

图 8　印度尼西亚迁移成本降低到美国水平后对工资的影响

注：选用了 1995 年、2011 年和 2012 年的数据，表示印度尼西亚迁移成本降低到美国水平后的工资收入，黑色实线为人口加权后的全国平均水平。

　　如上所述，选择效应在我们的模型中扮演两个角色：一方面，技能的异质性意味着从群分中获得好处。异质性越大，群分效应的回报就越大。另一方面，如果每增加一名移民的收入低于前一名移民的收入,那么选择效应将大大减少预期的来自集聚的收益。这两种对立的机制意味着忽视选择效应可能导致我们高估或低估政策收益。为了理解选择效应的重要性,我们控制了选择效应,重新计算生产率变化[①]。群分效应是从移除迁移成本中获得产出收益的主要来源。

表4中的第(1)列显示,所有估计的收益都来自改进工人群分(我们估计群分的增益为12%,而不进行群分的损失为3%)。忽视选择效应会导致我们低估移除迁移成本所带来的收益。

表4 减少迁移障碍的收益

	(1) 迁移成本	(2) 生活品质	(3) 全部
印度尼西亚			
基准线	1. 117	1. 126	1. 215
没有选择效应	0. 970	1. 125	1. 132

6.2 减低生活品质分散

我们考虑的第二个反事实是减少了生活品质的分散性,同样,这与一组可能的政策的总效应相对应。例如,鼓励在住房需求高的地区兴建房屋(Harari,2016;Hsieh and Moretti,2017)、减少城市污染、提供平等就学和就医的机会。生活品质可以根据规模被估计出来,与迁移成本一样,我们还通过降低因数 κ 来增加生活品质。即 $\frac{\widetilde{\alpha}_i}{\alpha_1} = \left(\frac{\alpha_i}{\alpha_1}\right)^{1-\kappa}$,其中 κ 取值为 0~1。当 κ=0 时,对应着我们估计的基准情形。当 κ=1 时,对应着所有地点的生活品质均等化。

这里我们不计算以美国为基准的情形,有两个原因:第一,我们认为,具有零舒适性差异是合理的,没有明显的理由认为为什么有些地方的服务较少,污染较多。第二,根据 Hsieh 和 Moretti(2017)的论点,我们发现生活品质在美国比印度尼西亚分散。Hsieh 和 Moretti 认为,限制住房政策会导致一些非常富有生产率的地方的高租金;作为高的生活品质分散,这将体现在我们的估算中。我们发现,均衡的生活品质将导致产出增加12.6%。这些收益如图7的中图所示。与迁移成本一样,我们发现了巨大的异质性,一些原籍地的工资涨幅高达88%。

如前所述,我们探寻这些结果如何受到选择效应的影响。我们在表4列(2)中发现,与迁移成本相比,删除边际选择效应对预测的收益影响很小。如前所述,忽略选择效

---

① 为此,我们将人力资本的内生成分设置为1。这映射到一个模型,其中人们基于偏好冲击进行迁移,如 Allen 和 Arkolakis(2014)所述。

应，我们高估了集聚带来的收益。

6.3　移民成本和生活品质差异同时都降低

最后，我们考虑同时消除这两种障碍——迁移成本和生活品质补偿差异。这样做可以获得 21.5% 的产出增益。减少这两种障碍的效果不大，小于它们的各自的效应之和。在减少流动的所有障碍的政策下，受益最多的源头将面临 104% 的工资增长。对于这一综合政策，考虑到选择也很重要。表 4 显示，如果我们不考虑选择效应，我们低估了 40% 的收益。

6.4　一般均衡效应

本文主要结果使用的基准参数是集聚、拥堵和替代，并使用这些参数进行了稳健性检验。如预期的那样，当集聚高时，拥挤低，替代弹性高，消除流动障碍的收益增加。在降低迁移成本和生活品质的反事实中，我们的基准估计是产出增加了 21.5%。结果范围为 13.4%~23.8%。

7　结论

巨大的空间工资差距和最近的经验证据表明，鼓励发展中国家的人口迁移可能会提高生产率。我们估计了印度尼西亚获得这种总收益的大小。我们的方法需要使用迁移数据来识别迁移的限制，并考虑消除这些限制将如何影响地点选择和工资。再考虑选择效应和一般均衡效应。总产出增长不大，约为 20%，但很重要。这些估计隐藏了大量的异质性，较多的限制区域收益超过 100%。如果没有考虑到选择效应，就会导致这些收益的低估；考虑了选择效应对工人集聚收益的降低和通过群分大幅提高的收益，我们发现后者是起主要作用的。

未来的研究可能主要集中于深化移民对生产率提高机制的理解。理论和宏观的研究可能集中在鼓励移民的动态效应上。微观上一定程度的实验证据、内部迁移选择效应的性质和比较优势效应的力量也都能增加本文的理解。目前，在 Bryan（2014）等的推动下，这些实验研究正在作为广泛研究议题的一部分进行。

三、结构变化的主体：企业和企业家在区域多样化中的作用

Agents of Structural Change：The Role of Firms and Entrepreneurs in Regional Diversification

作者：Frank Neffke, MattéHartog, Ron Boschma, Martin Henning

期刊：*Economic Geography*

摘要：Who introduces structural change in regional economies: Entrepreneurs or existing firms? And do local or nonlocal establishment founders create most novelty in a region? We develop a theoretical framework that focuses on the roles different agents play in regional transformation. We then apply this framework, using Swedish matched employer-employee data, to determine how novel the activities of new establishments are to a region. Incumbents mainly reinforce a region's current specialization: incumbent's growth, decline, and industry switching further align them with the rest of the local economy. The unrelated diversification required for structural change mostly originates via new establishments, especially via those with nonlocal roots. Interestingly, although entrepreneurs often introduce novel activities to a local economy, when they do so, their ventures have higher failure rates compared to new subsidiaries of existing firms. Consequently, new subsidiaries manage to create longer-lasting change in regions.

结构变化的主体：企业和企业家在区域多样化中的作用

译者：张皓译①

摘要：谁在区域经济中引起了结构变化：是企业家还是现有企业？本地或非本地机构创建者创造了一个区域中的大多数的新奇吗？我们建立一个理论框架来重点研究不同主体在区域转型中所扮演的角色。之后，我们把瑞典匹配的雇主—雇员数据应用于此框架中，以确定新机构的活动对区域的新奇性。现有机构主要是加强区域当前的专业化：现有机构的增长、衰退和产业转换进一步使其与当地经济其他部分保持一致。结构变化所需的不关联多样化主要来源于新机构，特别是那些非起源于本地的机构。有趣的是，虽然企业家们经常将新的活动引入地区经济，但当他们这样做时，他们的企业的失败率高于现有企业的新分支机构。因此，新分支机构设法在区域内创造更持久的变化。

关键词：结构变化；企业家精神；多样化；关联性；区域；资源基础观；能力基础

致谢：我们感谢 Karl-Johan Lundquist 在整个项目研究过程中的帮助，也感谢 Sarah Hopkinson 和 Daniel Kang 出色的研究协助。我们感谢 Mercedes Delgado、Dario Diodato、Michael Fritsch、Ricardo Hausmann、William Kerr，以及 CID-LEP 研讨会、EMAEE、Schumpeter 和 DRUID 会议所提供的宝贵意见。Frank Neffke 和 MattéHartog 感谢来自万事达的包容性增长与金融包容性中心的财政支持，Ron Boschma 感谢来自欧盟第七框架计划 FP7/2007~2013 年的财政支持，资助协议编号为 SSH-CT-2010-266959。本文在瑞典隆德大学人文地理系的"关联性和长期结构变化"研究基础上撰写而成。

我们的远古祖先并没有仅通过做更多他们已经在做的事来扩大他们的经济：堆积更多的野生种子和坚果，宰杀更多的野牛和鹅，制造更多的矛头、项链、凿刀以及火。相反，

① 特别感谢张可云教授对本文翻译所提出的指导与建议。

他们通过增加各种新的工作来扩大经济，我们也是（Jacobs，1969：49）。

Penrose（1959）有句名言——"企业只有扩张才能维持增长，不仅扩大生产规模，还包括扩大生产范围。"企业的真实情况在城市经济的总体层面也是适用的（Jacobs，1969）：除非它们多样化发展新活动，否则城市将无法在不断变化的竞争格局中蓬勃发展。但是，不同于企业，城市及其周边区域并不能自行其是，而是最终依靠企业和企业家来推动新的活动。[①] 同时，一个区域的能力基础，即从该地区的资源中产生并维持其经济活动的能力，将影响本地企业未来的发展活动类型。据此，本文研究区域能力基础是如何演变的，并提出以下问题：谁引发了区域内最显著的结构变化？特别是，企业家或现有企业是这一变化的最重要推动者吗？新奇是源自本地企业家和企业，还是由区域外的行为人推动的？

为了回答这些问题，首先，我们提出一个理论框架来说明机构在区域多样化中的作用，这是迄今为止在有关该主题的新经验文献中研究尚不充分的问题（Hidalgo et al.，2007；Neffke，Henning and Boschma，2011）。该框架建立在区域资源基础观（RBV）基础上，这一理论认为区域赋有能力基础（Lawson，1999；Boschma，2004），而且只有本地企业才能获得这种能力基础并随着其使用而增长（Penrose，1959）。尽管与溢出、集聚外部性和集群这些经典概念在很大程度上是相容的，但该方法具有两个独有的特征：第一，资源基础观明确承认，许多战略资源本质上对经济活动是特有的，从而将重点从一个地区产出多少转移到了其产出了什么。第二，虽然资源基础观侧重于企业拥有的资源的租金，似乎排除了将其应用于没有资源的区域，但租金的概念有助于理解哪些主体将最有可能改变地区能力基础。这在上述分析区域关联多样化的文献中增加了迄今尚未理论化的主体问题。

其次，我们知道了这一理论框架后，要构建一种衡量结构变化的定量方法。在这一经验方法中，我们认为结构变化不仅仅是产业变化，因为它意味着一种转型，不仅包括本地产业结构的转型，而且也包括支持这种结构的地方能力基础的转型。该方法的关键观点是，可以从与现有活动无关的新活动中推断出结构变化。

再次，我们将此定量框架应用于1994～2010年涵盖瑞典经济中每位工人的雇主—雇员关联数据，以探讨哪种类型的经济主体会导致最大的区域结构变化。我们发现，现有机构强化了区域的现有能力基础，而新机构往往会引发结构变化。此外，虽然多数短期结构变化可归因于初创企业（即企业家拥有的机构）的活动，但这些企业家发现，这些初创活动难以在与该区域的核心活动无关的产业中生存。因此从长远来看，现有企业的新分支机构越来越多地承担主要变革推动者的角色。

最后，我们观察到，虽然非本地创始人仅创造了所有新机构就业量的1/3，但他们在与现有地区经济最不关联的产业中创造了56%的就业。因此，根本性结构变化主要取决

---

① 这并不是说只有私营部门的参与者重要。地方企业的行为通常受制度和政治家的影响。但是，考虑到我们对私营部门的关注，私营部门组成的任何变化最终都将取决于企业的行为。

于非本地企业和企业家。

1 理论：区域资源基础观

企业的资源基础观（RBV）（Wernerfelt，1984；Barney，1991）将企业概念化为资源束。RBV 识别了对我们理论框架特别有意义的资源的四个特征：第一，如果资源是有价值的、稀缺的、独特的和不可替代的（VRIN），它们就会给其所有者带来持续的竞争优势（Barney，1991）。第二，资源通常是非常特有的，因为它们产生的生产服务（Penrose，1959）只能用于数量有限的活动中。第三，随着企业越来越善于利用它们所使用的资源，更多的资源被闲置了。这就产生了动机去寻找这些资源的其他用途（Montgomery and Wernerfelt，1988；Peteraf，1993），因而为关联多样化提供了理由（Penrose，1959；Teece，1982）。第四，长期生存要求企业通过动态能力更新其资源基础（Teece，Pisano and Shuen，1997）。

依据 Lawson（1999）的研究，我们认为资源基础的概念至少可部分地从企业运用到区域，因为上述四个资源特征中的每一个都有区域对应特征，例如：①企业内部资源、区域资源（例如基础设施、知识机构和专业劳动力市场）可以体现 VRIN 特性；②这种地区资源通常是特定于一个经济活动的；③一些资源会创造随其使用而提升的地区能力；④由于某些能力不可避免地随着技术和最终需求的变化而过时，因此，如果不更新其能力基础，区域就会衰退。观点①~③的含义是区域多样化可能和企业多样化一样是一个路径依赖的过程，而观点④认为区域为了避免衰退，必须更新其能力基础，就像企业不得不不时重塑自我一样。

但是，与企业不同，区域不会自行其是。相反，区域经济是因其创办的企业的行为而改变的。同时，企业的发展路径受区域环境所带来的机遇和挑战的制约。企业与当地经济共进退的观点并不新鲜。那么，我们把资源基础思维带入区域环境中，能获得什么好处呢？在下文中，我们认为，RBV 提供了一种将区域多样化理论化的方式，这是当前城市经济理论尚待完善的一个主题。实际上，虽然集聚文献区分了地区专业化［MAR（马歇尔—阿罗—罗默）外部性］和地区多样性（雅各布外部性）的利益，但由于缺少其他假设，这些文献仍不知道在一个区域中会何时以及出现哪些新活动。因此，与战略管理相比，多样化主题在经济地理学和城市经济学中的作用相对较小。①

但是最近，这些问题引起了更多关注。例如，Frenken 和 Boschma（2007）以及 Boschma 和 Frenken（2011）认为，区域按一个派生过程而发展，在这个过程中新活动脱胎于现有活动。对这一猜想的经验支持越来越多。在国家层面，Hidalgo 等（2007）发现，各国根据这种派生逻辑多样化其出口组合，而 Neffke、Henning 和 Boschma（2011）表明，

---

① 关联产业本身的重要性并没有被忽视，这体现在集群研究（Porter，2003；Maskell，2005；Delgado，Porter and Stern，2014）和城市经济学（Dauth，2010；Ellison，Glaeser and Kerr，2010）中。

在瑞典的各个区域中相似的过程正在进行，这一发现已在众多研究中被复制（Boschma，Minondo and Navarro，2013；Colombelli，Krafft and Quataro，2014；Essletzbichler，2015；Rigby，2015；Tanner，2016）。虽然这些文章通常含蓄地承认区域能力的重要性，[①] 但基本上没有为地区能力如何约束企业生产选择提供一个完整的理论框架。

1.1　区域能力基础

我们认为，区域能力来自可以被多家企业利用的资源，但是只能在该区域内部（轻易）取得，典型的例子是有机会使用地区的熟练劳动市场、专业供应商和地区知识（Glaeser et al.，1992；Henderson，Kuncoro and Turner，1995；Almeida and Kogut，1999；McCann and Simonen，2005；Faggian and McCann，2006）、波特（1990）钻石理论的要素、非贸易性相互依赖（Storper，1995）、地区化能力（Maskell and Malmberg，1999）、地区知识基础以及机构与网络（Cooke and Morgan，1998；Boschma，2004；Asheim and Gertler，2005）。

区域能力是否有助于本地企业参与全球市场竞争？从资源基础视角看，这些资源需要是有价值的、稀缺的、独特的和不可替代的。上述许多区域资源都符合此定义。

首先，区域资源通常是有价值的且不是无处不在，这是毫无争议的。

其次，类似于不可模仿的要求，区域资源通常高度地区化，因为它们不能在区域间交易（Markusen，1996）。但是，区域资源并不一定是不可替代的，特别是当机构可以使用企业内部资源时就不是不可替代的，我们稍后将回到这一特殊性。

除了满足 VRIN 条件外，区域资源通常还特定于使用它们的经济活动。例如，汽车零件供应商对制药企业的用处很小，如同熟练的精算师对水疗中心的经营者用处不大。但是，就像企业内部资源一样，区域资源通常在某种程度上是可替代的（Teece，1982）。例如，虽然熟练的机械工程师可能并非对所有经济活动都有用，但他们在各种制造业和商业服务中的服务是重要的。

再次，企业不仅仅是区域能力的被动消费者。一些企业积极尝试促进或遏制地区能力的出现。例如，一些企业试图通过在劳动合同中执行非竞争条款来限制本地溢出（Marx，Singh and Fleming，2015）。一些技术先进的跨国企业（MNEs）所采取的另一种策略是完全避免与竞争者接近（Alcácer and Chung，2007）。相反，正如在关于非贸易性相互依赖和区域创新体系的文献中所证明的那样（Cooke and Morgan，1998），其他企业在高度信任的环境中茁壮成长，并有目的地参与地区能力的创造。因此，在一个地区出现的能力组成将最终取决于制度和经济因素的复杂相互作用。换言之，区域的能力基础来自地区经济活动但也制约着地区经济活动。

最后，随着时间的推移，企业用同样的方式学会从其资源中获取更多的服务，产生于区域资源的一些能力也随着更多企业开始使用它们而增长。这种潜在的累积因果过程在集

---

① Boschma 和 Frenken（2011）提到了区域知识基础，Hidalgo 等（2007）提到了国家能力。

聚文献中都得到了充分证明（Duranton and Puga，2004），例如，专业工人与需要他们技能的企业、专业供应商与客户的自我强化的集聚趋势。

综上所述，这些特点表明，区域增长的原因与企业相似：区域拥有资源，就会产生随其使用而扩展的能力，这对经济活动是有价值、稀缺和特定的，并且难以从区域外部获取。因此，区域倾向于通过增量，即关联的多样化来增长。

1.2　产业变化与结构变化

经济环境不是一成不变的，技术和需求的变化会使现有能力过时并削弱现有企业的竞争优势（Tushman and Anderson，1986）。这引起了人们对所谓的动态能力的兴趣，这种能力不仅可以帮助企业多样化发展新产品，还可以重新安排其基本能力构成（Henderson and Cockburn，1994；Teece，Pisano and Shuen，1997；Eisenhardt and Martin，2000）。

这种能力的过时也会影响到区域（Grabher，1993；Pouder and St. John，1996；Galeser，2005）。一旦现有的区域能力不足以使本地企业在全球市场上竞争，就必须更新区域能力基础，否则会失去其吸引力。就像新的资源配置（Eisenhardt and Martin，2000）不局限于改变企业的产品组合一样，区域能力基础的更新也不仅仅是改变该地区产业结构。因此，我们区分了仅改变地区产业构成的区域多样化（也称为产业变化）与需要地区能力基础转型的不关联区域多样化。正是后一种类型的多样化我们称之为结构变化。

1.3　对区域能力的依靠和获取

尽管具有共同点，但是区域和企业能力基础在两个重要方面有所不同：第一，区域能力基础不是按中央参与者的意志建立的。相反，一个区域是依靠企业和企业家来引进新的生产能力并淘汰旧的。其他参与者，例如大学和政府对这一推动很重要。但是，最终是企业引入新的和淘汰旧产业。第二，由于企业控制其内部资源基础，它们通常可以从中获取租金。相反，尚不明确是由谁来占用区域资源的租金，原则上所有本地企业都可得到区域资源租金。因此，尽管本地企业可能比区域外的企业获得一种竞争优势，但按理说位于同一区域的企业应处于"竞争对等"地位（Pouder and St. John，1996：1203）。因此，如果企业可以自由进入某个区域以获得区域能力基础，那么优越的区域能力基础的租金并不一定会流向本地企业。相反，他们最终可能会成为当地生产要素的所有者，而这些生产要素的供给相对缺乏弹性，例如劳动力或土地。①

但是，竞争对等的假设不太可能完全成立。特别是，经济主体在某种程度上有所不同，首先他们获取区域资源的程度不同，其次他们必须依赖区域资源的程度也不同。

区域资源的获取取决于一个主体在地区经济中的根植程度。也就是说，它取决于与该区域内的政府、机构和其他企业的经济、社会和信任关系（Grabher，1993；Storper，

---

① 的确，城市经济学家经常寻找集聚外部性的证据来证明工资或房价的上涨，而不是本地企业的利润（Rosenthal and Strange 2004；Glaeser，2005）。

1995；Cooke and Morgan，1998；Saxenian，2007）。而这些关系通常需要时间才能建立起来。例如，与地区供应商的良好接近通常需要长期的关系（Ghemawat，1986），如同进入地区知识网络（Giuliani and Bell，2005；Boschma and TerWal，2007；Giuliani，2007）。同样，为了利用地区劳动力的能力，企业经常使用地区的社交网络（Sorenson and Audia，2000），而这需要时间才能形成。因此，企业在一个区域扎根越深，区域资源往往变得越易利用（Pouder and St. John，1996；Storper and Venables，2004）。

一个主体对区域资源的依赖取决于主体利用其他资源的机会。例如，大型企业的分支结构可以利用企业内部的各种资源，如内部知识基础、供应链和劳动力市场。在其他情况下，机构可以获得其他地区的资源，例如依靠流散人口（Saxenian，2007）和社交网络（Breschi and Lissoni，2005；Agrawal，Cockburn and McHale，2006）。事实上，成功的跨国企业从其自身能力到通过其分支机构的网络来整合不同地区的区域资源而获得了一定的竞争优势（Alcácer and Chung，2007；Iammarino and McCann，2013）。

1.4　结构变化的主体

经济主体越能获得并依赖区域能力，就越有可能根据其使用的能力创造与现有活动关联的经济活动。但是，结构变化要求地区经济开发利用新能力的活动，随着时间的推移这些新能力也可为其他地区企业使用。[1] 因此，一个主体对区域能力的获取和依赖将影响其在区域内引起结构变化的能力（或意愿）。

这种见解使我们能够提出许多假设。为此，我们选择主体，这些主体首先在获取和依赖区域能力上存在差异。其次，由于我们关注地区经济的私营部门的变化，因此，这些主体应该直接影响私营部门就业的构成。最后，出于实用主义的原因，我们选择在瑞典行政记录中明确分类的主体。给定这些假设，我们区分区域的现有机构与新机构，区分现有企业（分支机构）的新机构和属于企业家（初创企业）的新机构，以及把新机构划分为创始人源于本地与外地。

我们的第一个假设涉及现有机构。由于此类现有机构必须长期发展与当地的联系，因此平均而言，现有机构会比新进入该区域发展的企业在融入地方经济方面具有更好的根植性。这种根植性奖励使企业更容易获得地区能力基础，从而使现有机构偏离当前经济结构的可能性较小，因而可提出以下假设[2]：

H1：现有机构在该区域引起结构变化的可能性要小于新机构。

我们的第二个假设涉及现有企业的新分支机构。与初创企业不同，分支机构可以用母企业的能力代替区域能力。因此，分支机构可以较少依赖区域资源，[3] 这使它们能够更轻

---

①　例如，如果一家企业雇用了该地区迄今不具备这一技能的工人，有时，这些工人（或他们培训的工人）可能会被其他当地企业挖走。

②　根据组织生态学文献的观点（Hannan and Freeman，1984），现有机构不愿进行重大变革的现象更为严重，即由于根深蒂固的例行公事使在职者具有了惰性（Nelson and Winter 1982）。

③　亨德森（2003）对此主张提供了经验支持，表明分支机构从本地环境中吸引的外部性要少于独立机构。

松地开展需要该区域所不具备的能力的活动。如果这些能力在区域内扩散，则区域能力基础将扩大。然而，随之而来的推测是，分支机构比起初创企业会引发更多的结构变化，这与熊彼特（1934）的思想背道而驰，后者将企业家精神与新的组合、创新和经济更新联系在一起。例如，一些学者发现，企业家通常比普通人更有冒险精神（Cramer et al.，2002）和创造力（Zhao and Seibert，2006）。综合考虑上述因素，这两个（矛盾的）假设是有道理的。

H2a：与现有企业的新分支机构相比，企业家的新机构在地区内引发结构变化的可能性小一些。

H2b：与企业家的新机构相比，现有企业的新分支机构在地区内引发结构变化的可能性小一些。

我们的第三个和第四个假设都与本地和非本地主体之间的差异有关。一些学者（Storper，1995；Pouder and St. John，1996；Lawson and Lorenz，1999；Gertler，2003；Boschma，2004）认为，本地企业通常遵循相同的主导逻辑，甚至被锁定在本地的集体思维中（Grabher，1993）。这意味着本地主体是结构变化的弱推动者。

但是，按照上一节中提出的论点，本地和非本地主体在获得区域能力的程度上也有所不同。特别是，来自该区域之外的主体可能至少暂时无法获得其在新区域的地区能力。而且，这些主体与其原区域的社会和经济网络之间的联系可能使它们能够利用其原区域的能力基础，开展原本难以在其新入驻区域维持的活动。所有这些考虑因素使非本地主体不可能永久保留现有能力基础。因此提出以下假设：

H3：与非本地主体的新机构相比，本地主体的新机构在地区内引发结构变化的可能性小一些。

实际上，当非本地主体向新区域注入来自其他区域的思想和技能时，这些主体就会从其原所在区域移植这些能力并形成能力扩散的渠道。为了检验这个猜想，我们提出以下假设：

H4：非本地主体通过引入与（新）入驻区域的活动较不关联但与（旧）原区域的活动密切关联的活动，来促进能力从原区域扩散到入驻区域。

2　数据

我们使用1994~2010年的瑞典行政记录中的数据来检验这些假设[①]。这些记录包含有关在瑞典工作的所有个人的工资和私营企业收入的信息。个人与机构相连，而机构与其母企业相连。对于机构而言，我们知道它们的产业关系以及它们处在瑞典的110个劳动力市场中的哪个区域。我们是在欧洲经济活动名录（Nomenclature of Economic Activities）分类

---

① 瑞典统计局（SCB）提供了对这些数据的访问。有关这些文件的详细文档数据，请访问SCB网站（瑞典统计局，2011）。

的四位数层面（可区分 700 多个不同产业）下定义产业的。

本文的一个重要假设是地区能力会影响企业的布局策略。但是，在某些产业中，由于需要靠近自然资源或城市群中的大量客户，所以区位选择受到严格限制。因此，在定义一个地区的产业结构时，我们将非贸易服务（例如零售店和饭店）、政府活动和基于自然资源的活动（例如采矿和农业）排除在外。[①] 这使我们剩下 259 个产业，在我们的研究期内，这些产业平均占瑞典所有私营部门就业的 29.8%。

3　测度

在评估一个地区的多样化轨迹时，重要的是解释我们所说的多样化到底是什么。首先，多样化可以是静态的（区域的多样化程度如何）或动态的（地区经济活动的组合变化了多少）。其次，多样化可以发生在经济活动层面，也可以发生在更深的能力层面。这产生了两个要量化的概念（见表 1）。第一，产业多样性的静态概念可以通过例如计算一个区域中存在多少个不同产业或评估就业在各个产业分布的均等程度来测度。后者可以通过如熵或赫芬达尔指数来评估。第二，作为产业变化的动态多样化概念是指区域产业构成的变化，如区域产业进入和退出率，或者区域产业就业向量在两个不同时点的余弦距离。从产业转向能力，静态的多样化概念是指在共有能力需求方面缺乏经济活动的一致性。同样，它的动态对应概念（我们称之为结构变化）是指随着经济活动的变化（即作为工业变化的基础）而引起的能力需求的变化。

表 1　多样化、产业变化、一致性和结构变化

	静态的	动态的
产业领域	多样化 测度方式：熵 基本问题：有多少个不同的产业？其规模分布相等吗？	产业变化 测度方式：余弦距离 基本问题：引入新产业的速度有多快？活动的规模分布变化了多少？
能力	一致性 测度方式：见图 1 基本问题：该区域各个产业使用的能力有多相似？也就是说，一个区域的产业之间怎样关联？	结构变化 测度方式：见图 1 基本问题：由于该区域产业的变化，能力基础在多大程度上发生了变化？也就是说，当前产业与基年中的产业结构之间怎样关联？

量化多样化的能力基础概念是一个挑战，因为我们通常无法全面和可靠地观察区域的能力基础，更不用说其中的变化了。但是，来自 RBV 的一个重要观点是，产品组合可视为其所需能力的一种表达。因此，一个区域很容易被观察到的产业结构应该反映出该区域经济中被使用的能力。此外，尽管尚不清楚这些能力的确切性质，但通过测度产业间的关

[①]　有关详细信息，请参见在线材料中的附录 A。

联性，我们可以评估哪些产业需要类似的能力。[1] 相反，通过评估与该区域当前产业组合不关联的新活动，我们可以估计本地企业在多大程度上需要获得新能力。只要这些新能力通过区域能力基础那部分中所讨论的累积因果关系过程扩散到地区经济中，它们的引入将扩大区域能力基础。也就是说，即使没有关于能力的具体信息，我们也可以间接地将结构变化量化为不关联多样化。同样，区域一致性可以量化为一个区域的活动之间的关联程度。

这种间接测度方法包括以下步骤：根据能力需求确定关联产业之间如何关联。然后，这种产业间的关联性可用来计算一个产业与该区域的整体产业结构之间如何关联。我们称其为产业的区域能力匹配，或简称为与一个区域的匹配。接下来，区域一致性被量化为一个区域内所有产业的平均能力匹配，而结构变化被定义为区域当前产业结构与其过去能力基础的匹配。

3.1 产业间关联性

产业间的关联性可以通过多种方式进行测度（Neffke and Henning，2013）。在正文中，我们将说明用技能需求或技能关联性表示的基于关联性的结果。我们侧重于技能有两个原因：第一，人力资本是一个企业最有价值的资源之一（Grant，1996），而根植于企业劳动力中的技能已被证明可以决定企业的多样化路径（Porter，1987；Neffke and Henning，2013）。第二，因为人力资本可以或正在区域企业间共享，所以它是知识交流和地区外部性的一个重要渠道（Almeida and Kogut，1999）。

为了量化产业技能需求的相似性，我们采用 Neffke 和 Henning（2013）的方法。这种方法背后的逻辑是，由于工人不愿接受其技能无价值的工作（并且企业不愿雇用没有相关工作经验的工人），因此最大的劳动力流动应该发生在重视类似技能的产业间。使用 Neffke、Otto 和 Weyh（2017）提出的一个简化指数，我们测度两个产业（i 和 j）之间的技能关联性，以此作为观察到的预期劳动力流动的比率，其中期望是基于产业 i 和 j 的总流动率：

$$SR_{ij} = \frac{F_{ij}}{(F_{i.}F_{.j})/F_{..}} \tag{1}$$

F_{ij} 表示从产业 i 到 j 所观察到的劳动力流动。当 i 或 j 用点替换时，流就是在此省略的类别上的流求和，如 $F_{i.} = \sum_{j} F_{ij}$、$F_{.j} = \sum_{i} F_{ij}$ 和 $F_{..} = \sum_{i,j} F_{ij}$。[2] 该技能关联性指数已在经济地理领域的最新文章中使用（Boschma，Eriksson and Lindgren，2014；Timmermans and Boschma，2014；Diodato and Weterings，2015）。事实证明，它可以很好地预测企业的多样化（Neffke and Henning，2013），且在不同时间段是稳定的，用不同工资类别和职业的工人进行测试结果是相似的（Neffke，Otto and Weyh，2017）。但是，我们的所有

---

① 的确，如果需要类似的资源，许多作者就将产业定义为关联产业（Farjoun，1994；Teece et al.，1994；Bryce and Winter，2009）。

② 我们平均 1994~2010 年的年度技能关联性矩阵以减少测量误差。

发现也可以从其他关联测度方法中得出。

3.2　产业—区域能力匹配

下一步使用产业—产业配对间的技能关联性的联系来表征通过产业与地区整体产业结构的关联度表示的产业—地区配对。有几种方法可以做到这一点。Hidalgo 等（2007）计算了一种产品对该国出口篮子中占比过高的产品的平均关联性。Teece 等（1994）计算了一种活动对一个企业的所有其他活动的就业加权平均关联度。相反，我们依据区域多样化的文章（Neffke，Henning and Boschma，2011；德尔加多，Porter and Stern，2014），并将这种关系量化为一个区域的全部就业量与某个产业的关联程度。特别是，令 E_{irt}^{rel} 为 t 年区域 r 中与产业 i 关联的产业的全部就业[1]：

$$E_{irt}^{rel} = \sum_j I(SR_{ij} > 1) E_{jrt} \tag{2}$$

其中，E_{jrt} 表示在 t 年区域 r 中的产业 j 的就业，I（SR_{ij}>1）是一个指标函数，如果其理由为真则值取 1，否则为 0。在第 t 年，产业 i 与区域 r 的匹配度被定义为该区域在与产业 i 关联的产业中过度专业化的程度。也就是说，它是基于关联就业的区位商：

$$LQ_{irt}^{rel} = \frac{E_{irt}^{rel}/E_{.rt}}{E_{i.t}^{rel}/E_{..t}} \tag{3}$$

其中，$E_{.rt}$ 是区域 r 在 t 年的总就业人数，$E_{i.t}^{rel}$ 是瑞典关联产业的总就业人数，$E_{..t}$ 是全国总就业量。

但是，LQ_{irt}^{rel} 有强烈的不对称分布：关联产业的比例过高可能导致区位商从 1 到无限大，而关联产业的比例过低导致区位商只能在 0 到 1 之间变化。为了防止这种不对称性进一步影响导出量，我们使用以下单调变换计算了某个产业与某个区域的匹配度：

$$M_{irt} = \frac{LQ_{irt}^{rel} - 1}{LQ_{irt}^{rel} + 1} \tag{4}$$

其在 0 附近对称地表示关联活动占比高与低，从而 M_{irt} 的范围从 −1（没有关联就业）到 +1（所有关联就业集中在 r 区域）变化。[2]

3.3　区域一致性与结构变化

能力匹配是地区产业（即一个产业—区域配对）的一个特征，而一致性则反映了一

---

① 关联就业包括相关非贸易、公共部门和自然资源基础产业的就业。此外，尽管这不会影响我们的发现，但我们认为在相同产业的就业是关联就业（但在相关的情况下，不包括主体自己的机构）。

② 注意 $\dfrac{LQ_{irt}^{rel} - 1}{LQ_{irt}^{rel} + 1} = -\dfrac{\left(\dfrac{1}{LQ_{irt}^{rel}}\right) - 1}{\left(\dfrac{1}{LQ_{irt}^{rel}}\right) + 1}$。因此，关联就业比例过高的给定水平具有相同的幅度，但符号却与比例过低同一

水平相反。例如，如果 $LQ_{irt}^{rel} = 2$，$M_{irt} = \dfrac{1}{3}$，而 $LQ_{irt}^{rel} = \dfrac{1}{2}$ 相当于 $M_{irt} = \dfrac{1}{3}$。

个区域所有产业的融合程度，即一致性是一个区域特性。因此，我们把一致性定义为区域产业间的就业加权平均能力的匹配度：

$$C_{rt} = \sum_i \frac{E_{irt}}{E_{.rt}} M_{irt} \tag{5}$$

一致性反映了一个区域的产业彼此关联的程度。作为基准，我们还计算一个假定区域的产业结构与区域 r 的能力基础的匹配情况，假定区域中每个产业的就业与该产业全国规模的比例一致：

$$C_{rt}^{base} = \sum_i \frac{E_{i.t}}{E_{..t}} M_{irt} \tag{6}$$

权重 $\frac{E_{i.t}}{E_{..t}}$ 代表产业 i 在全国就业中所占的份额。

测度结构变化与此类似。但是，我们不是研究一个地区的现有产业与当前地方产业结构间的关系，而是研究这些产业与基准年 T 的产业结构之间的关系：

$$S_{rt,\ T} = \sum_i \frac{E_{irt}}{E_{.rt}} M_{irT} \tag{7}$$

3.4 主体类型的结构变化

当地区经济主体创造或破坏就业时，一个区域产业结构就会发生变化。这是否转化为基本区域能力基础的变化，取决于这种情况发生的具体产业。与地区经济广泛强匹配的本地产业创造的就业机会强化了那种能力基础的重点，而此类产业中就业的破坏削弱了中心能力并转移了能力基础的重点。相反，对于与其他本地产业关联不大的本地产业，则创造就业并扩大了能力基础，而就业破坏通过削弱外围能力缩小了能力基础。

主体类型引起的结构变化程度取决于主体类型活跃于该地区原始（即基准年）产业结构的产业平均能力匹配度。也就是说，由在基年 T 和当年 t 间区域 r 中的主体 a 引起的结构变化被定义为以下加权平均值：

$$A_{rt,\ T}^a = \sum_i \frac{\Delta E_{irt,\ T}^a}{\Delta E_{.rt,\ T}^a} M_{irT} \tag{8}$$

权重 $\frac{\Delta E_{irt,T}^a}{\Delta E_{.rt,T}^a}$ 是在区域 r 中由主体类型 a 创造或破坏的产业 i 就业占所有就业的份额，M_{irT} 是基年 T 该产业 i 对 r 区域经济的能力匹配度。换句话说，$A_{rt,T}^a$ 量化一个主体类型的新（或破坏的）就业与过去地区经济的匹配度。此外，我们从中减去 T 年（即一个区域基准年的一致性）中现有本地产业的平均匹配度：

$$\tilde{A}_{rt,\ T}^a = A_{rt,\ T}^a - C_{rT} \tag{9}$$

因为创造就业和破坏就业有不同的影响，所以我们将现有机构（即 1994 年已经存在的）分为三类：成长型、衰退型和退出型。成长型机构创造就业，而其余两类则破坏就业。此外，将产业转移的现有机构人为分为两种类型：向外转移型机构，这会破坏旧产业的就业；向内转移型机构，这在新产业中创造了就业①。

此外，新机构分为四类：①本地企业的新分支机构；②非本地企业的新分支机构；③本地企业家设立的新机构；④非本地企业家设立的新机构。相同（多机构）企业的分支机构通过其通用企业标识符进行标识。此外，在上一年中，如果分支机构的母企业在新分支机构的劳动力市场雇用了大量员工，则该分支机构也属于本地企业，而在所有其他情况下，它都属于非本地企业。创新型初创企业是指不仅机构标识符而且企业标识符在数据上都是新的企业。在此类机构中的企业家被认为是从私营企业中获取收入的工人。同样，本地创业企业是指那些以前曾在地区劳动力市场工作过的企业家，而如果创业企业的企业家来自本地劳动力市场以外的地区，则它们是非本地的。这一过程使我们可以识别所有新分支机构的来源，以及大约 60000 个中的 35000 个企业家所有的机构的来源。而来源不明的机构在此后则被舍弃。②

4 结果

4.1 瑞典各区域的多样性和产业变化

瑞典的区域系统包括三个大都市区域（斯德哥尔摩、哥德堡和马尔默）以及一系列中型和小型区域。主要的城市群位于瑞典中部与南部。在斯德哥尔摩以北区域，人口中心之间的地理距离通常较大，人口密度较低。近几十年来，大都市区域已成功过渡到新产业。例如，马尔默在历史上曾经是制造中心，在 20 世纪 80 年代和 20 世纪 90 年代初其制造基地（尤其是造船厂）倒闭，遭受了重创。但是，在瑞典于 20 世纪 90 年代初发生金融危机之后，这座城市成功改造自己，并创办了许多现代化、知识基础型的制造和服务活动。相反，许多外围和半外围区域从未从其自身的结构衰退中恢复过来（Svensson Henning，2009；Holm et al.，2013）。

我们的分析是在制造业下滑之后开始的。图 1 描绘了 1994～2010 年区域产业结构的平均就业熵，以此显示自那以来瑞典地区的多样性是如何演变的。在整个时期，多样性保持不变，这意味着平均而言，瑞典各区域既没有变得越来越专业化，也没有变得不那么专业化。但是，如图 2 所示，这种明显的稳定性掩盖了各区域产业结构的重大变化：到 2010 年，1994 年存在的 27% 的本地产业已经消失，而在 2010 年存在的所有本地产业的 23% 只是在 1994 年之后创建。这种较高的更替率伴随着区域就业构成的逐渐但持续的变化（见图 3）。

---

① 由于机构很少迁移到另一个区域，因此我们忽略了此类事件。
② 这些机构的单独分析显示它们在结构变化中不起任何作用；它们既不产生结构性变化，也不会加深该区域重点。

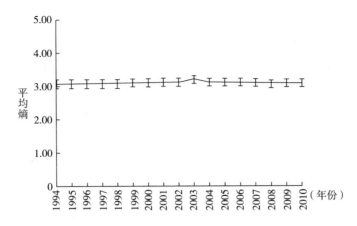

图1 区域劳动力市场就业构成的平均熵

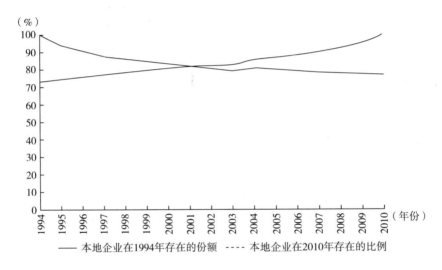

—— 本地企业在1994年存在的份额 ---- 本地企业在2010年存在的比例

图2 地区产业的转变

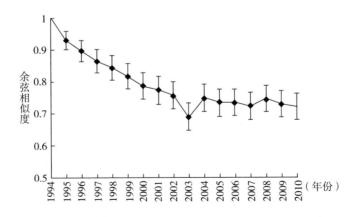

图3 对基年地区产业构成的平均余弦相似度

4.2　一致性与结构变化

由于不同的产业可以依靠相似的能力，因此这些产业构成的变化可能对区域能力基础的影响不大。图 4 描述了区域的平均一致性。

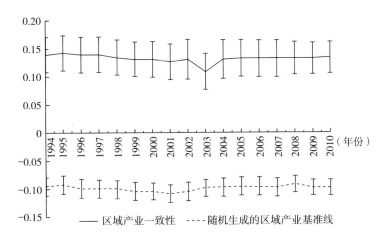

图 4　劳动力市场区域能力基础的一致性

区域一致性远远超过随机基准，表明一个区域的产业之间密切关联。这表明这些产业共享相对小的区域能力集，就像企业的产品组合通常是围绕某些核心能力来组织。然而，尽管本地产业大量进入和退出，但是平均区域一致性并没有很大的变化。此外，图 5 中向下倾斜的线显示了瑞典区域的平均结构变化。这意味着尽管地区经济确实偏离了其最初的能力基础，但这一过程进展得非常缓慢。该图的斜率的点估计值为 -0.0029（t 统计值为 -3.76），表明区域平均需用 50 年的时间将一个标准偏差偏离其基准年位置。如果一个区域要以这种速度向全国产业结构趋同，平均需要 50 年以上的时间。

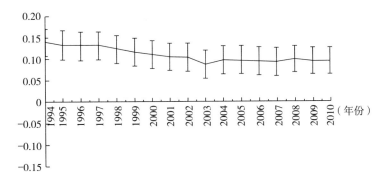

图 5　瑞典劳动力市场区域的结构变化

这些发现表明，区域能力基础的变化远比其支持的产业结构变化慢得多。但是，必须指出，区域一致性和结构变化都不一定是令人满意的。例如，一致区域的紧凑性能力基础可能更易于维持，但是这种紧凑性也限制了多样化选择。因此，从长远来看，中等水平的一致性可能是最佳的，就像企业有一个最优的多样化水平一样（Palich，Cardinal and Miller，2000）。同样，在某些区域，快速的结构变化意味着获得了可用于进一步多样化和增长的新能力，而在其他区域，结构变化可能反映了对有价值能力的削弱。实际上，我们发现区域的结构变化与区域工资残差（可以将其视为劳动生产率的一个代理变量）的变化之间没有密切关系。

4.3 结构变化的主体

表2总结了每种主体类型创造或破坏的就业情况。为了增加新机构和产业转换的现有机构的样本，我们汇总了1994~2000年进入或转换产业的所有机构。现有机构是在1994年已经存在的机构。不断增长的现有机构每年创造约76000个工作岗位（即1994~1995年），而新机构在成立的第一年就创造了约17000个工作岗位。

表2　主体类型

主体类型	#机构			就业		创造的新本地产业%
	进入基年	1年后	10年后	1年后	10年后	
成长型、衰退型和退出型						
成长型机构		17507	9933	75851	122359	
衰退型机构		12494	8031	46577	77776	
退出型机构		10420	45268	29794	270030	
产业转移						
进入的产业		1708	3643	32629	107652	
退出的产业		1708	3643	30812	93492	
新机构						
所有企业	2249	1809	666	38419	21449	4.09
所有企业家	51806	35307	10206	63166	37992	2.38
本地企业	557	435	152	13263	7562	1.97
非本地企业	1692	1374	514	25156	13887	4.79
本地企业家	42993	29617	8644	53741	32798	2.01
非本地企业家	8813	5690	1562	9425	5194	4.20

注：新机构、产业转移机构及其雇员是指在1994~2000年创立或转移产业的机构的总和。现有机构是1994年已经存在的机构。

新机构很少向一个区域引进新产业，但是其具体的引进率因主体类型而显著不同。例如，新分支机构中有4%创造了新的本地产业，而企业家所有机构中只有2%左右。但是，产生这种差异主要是由于新分支机构更可能是非本地所有者。实际上，尽管本地企业和本地企业家的本地产业形成率非常相似（约2%），但非本地企业的新分支机构（4.8%）和非本地企业家的初创企业（4.2%）的这一比率要高得多。这些结果预示了我们对结构变化的发现，该发现将考虑到一些新产业意味着能力基础的转变比其他产业更大。

4.4 短期结构变化

图6总结了每种主体类型在一年期的结构变化程度。[①] 主体类型沿横轴列出，主体能力与其所在区域相匹配度（平均值 $\tilde{A}_{n,T}^{a}$）沿纵轴列出，垂直线代表95%的置信区间。创造就业的主体类型用向上箭头表示，而破坏就业的主体类型用向下箭头表示。箭头的大小随主体代表的总就业水平的变化而变化。正值 $\tilde{A}$ 表明主体活跃的本地产业与区域的匹配程度，平均而言比既有产业结构更好，负值则相反。为了帮助解释数值估计值，辅助轴表示 $\tilde{A}_{n,T}^{a}$，即在1994年的现有本地产业的整体能力匹配分布的百分位数。例如，非本地企业家的平均能力匹配为 $\tilde{A} = -0.10$，与22%的匹配百分比相对应。这意味着平均而言，这种主体类型在本地产业中创造了就业机会，而用其与地区经济的匹配程度表示处在底部22%。

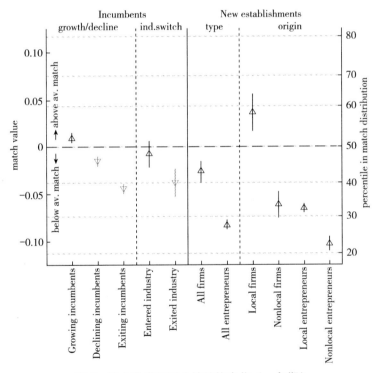

图6 按主体类型划分的结构变化（一年期）

注：每种主体类型在一年期的结构变化程度。主体类型沿横轴列出，分别为目前增长的企业、衰退的企业和正在推出的企业；行业进入者和行业退出者；所有的工厂、所有的企业；本地工厂、非本地工厂；本地企业和非本地企业。主体能力与其所在区域相匹配度（平均值 $\tilde{A}_{n,T}^{a}$）沿纵轴列出，垂直线代表95%的置信区间。

---

① 任职者的结构性变化是指1994~1995年产业转移者和新机构的结构性变化是指转换或机构成立年份的变化。

不同的主体以不同的方式改变着区域。例如，现有机构倾向于加强当前的专业化水平。它们主要在匹配良好的产业中增长，而在匹配相对较差的产业中衰退并倒闭。而且，当现有机构转换产业时，他们倾向于转向与所在地区更匹配的产业：平均而言，他们放弃了处在40%匹配度的产业，而进入拥有47%匹配度的产业。

相反，几乎所有新机构类型都显示低于平均的 $\tilde{A}$ 值，因此倾向于扩大区域能力基础。这支持了H1：现有机构比新机构引起的结构变化更少。唯一的例外是本地企业的新分支机构，它们往往会增强现有地区的能力。尽管从严格意义上讲与H1相矛盾，但这些分支机构仅代表在新设施中的现有机构增长。因此，毫不奇怪地发现，这些新分支机构与增长型机构一样，往往会增加区域的重点。

所有其他新机构都在不同程度上引起结构变化。例如，与企业家（29%的匹配度）相比，现有企业的新分支机构通常位于匹配程度更高的产业（40%的匹配度）。这支持H2b而不是H2a：与扩张型企业相比，企业家带来了更多的结构变化。此外，与H3（非本地主体比本地主体引起更多的结构变化）相一致，来自该区域以外的主体比来自该区域内部的主体所引发的结构变化要多得多：平均而言，本地企业家在32%匹配度上创造就业，不同于非本地企业家20%的水平，其在经济和统计学上具有显著差异。本地企业（59%的匹配度）和非本地企业（33%的匹配度）的新分支机构存在着很大的差异。[①]

4.5 通过企业和企业家的流动进行空间扩散

非本地主体是否有助于能力扩散？要做到这一点，仅使非本地主体的活动与其入驻区域的产业结构较不关联是不够的，还应与其原区域的产业结构关联。表3显示，情况确实如此：非本地企业家的产业，甚至非本地企业的产业，与原区域能力的匹配大大优于与入驻区域能力的匹配。这证实了H4，并表明企业和企业家的流动是能力空间扩散的重要工具。

表3 非本地主体对本地和主体区域的平均能力匹配度

主体类型	与某地的能力匹配程度		p 值
	本地	主体区域	
非本地扩张企业	0.072	-0.019	0.000
	(0.004)	(0.004)	
非本地企业家	0.001	-0.019	0.000
	(0.002)	(0.002)	

注：对本地和主体区域的平均能力匹配度（括号中为标准差）。等均值检验的 p 值用于判断与本地和主体区域的能力匹配情况。

---

① 图7是使用加权回归模型构建的。虽然我们对谁改变区域感兴趣，表明应该如图7比较无条件方法，但是添加控制变量较为简单。

4.6 长期结构变化

结构变化通常与时间范围相关，该时间跨度远远超过图6中描述的一年的变化。持久的结构变化要求在不关联产业中创建的机构能够生存和成长。因此，图7重复了图6的分析，说明了十年的变化。

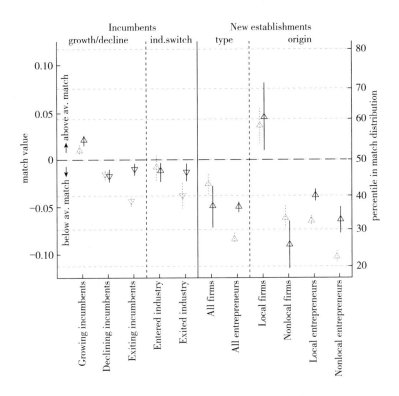

图7 按主体类型划分的结构变化（十年期）

注：每种主体类型在一年期的结构变化程度。主体类型沿横轴列出，分别为目前增长的企业、衰退的企业和正在推出的企业；行业进入者和行业退出者；所有的工厂、所有的企业；本地工厂、非本地工厂；本地企业和非本地企业。主体能力与其所在区域相匹配度（平均值 $\bar{A}_{n,T}^{a}$）沿纵轴列出，垂直线代表95%的置信区间。

在更长的时间，几乎所有的箭头都移动。这意味着，企业从附近的关联活动中受益（Delgado，Porter and Stern，2010；Neffke，Henning and Boschma，2012），机构在与区域经济匹配更好的地区产业中增长更快和/或生存时间更长。结果，结构变化减弱。但是，除了这种衰减之外，长期的结构变化格局与短期的结构变化格局非常相似。现有企业仍然（微弱地）增强了一个区域的重点，而新机构大多在不关联的产业中创造就业机会。主要的变化是，企业家所有的机构的匹配值向上移动，而现有企业的新分支机构要么保持相同的匹配值（本地企业），要么进一步下降（非本地企业）。显然，不同于企业家的新机构，非本地企业的分支机构在低匹配本地产业中增长更多和/或存活得更久。① 结果，非本地企业（虽然没有达到统计上显著的程度）正好超过企业家，成为结构变化的主要推动者。

4.7　总体结构变化

到目前为止，我们已经确定了一种主体类型引起结构变化的平均强度，而不是变化量。但是，本地企业家数量超过非本地企业家数量，比例为5∶1，而本地企业家数量超过非本地企业的新分支机构数量，比例为20∶1。因此，尽管就个别而言，本地企业家通常不是结构变化的重要贡献者，但他们很可能是一个整体。

为了分析这一内容，我们研究了是谁十年间在最不关联的本地产业（即底部5%匹配度）中创造的大部分就业发挥主要作用。尽管非本地企业创造了约23%的新机构的就业，但它们却在这些不关联产业中创造了27%的新就业。更令人吃惊的是，非本地企业家在5%匹配度下创造了29%的新分支机构就业，即使他们只创造了所有新机构就业岗位中的9%。将所有具有非本地来源的新机构合并在一起，这些外来机构创造了这些不关联的新机构就业中的56%，但仅占整个新机构就业的1/3。这再次证实了非本地主体在区域结构变化中的关键作用。

5　结论

我们勾勒出了一个理论框架，以帮助理解大量有关区域经济关联多样化的越来越多的证据。因此，区域富有从本地企业从事的活动中产生和并约束这些活动的能力。这说明，一个区域当前的产业结构只是与其基本能力基础相适应的众多产业构成之一。我们围绕主体的作用来进行这一理论讨论，认为经济主体获得的机会越少，对区域已有能力的依赖就越少，就越有可能引进不关联活动，这些活动会扩展该区域的能力基础，并因此引起结构变化。

基于这些理论考虑，我们构建了一种经验方法，通过将结构变化等同于不关联多样化来测度结构变化。尤其是，我们使用产业间关联性方法来评估谁在一个区域中引入了不关联活动并扩大了区域能力基础。

在应用于瑞典区域的研究中，我们发现，尽管本地产业的更替率大，但结构变化是一个缓慢的过程，且不同主体的影响各不相同。现有企业加强了当前区域能力基础的重点，而企业家则扩大了能力基础的重点。此外，大多数结构性变化是由该区域以外的企业和企业家的机构引起的。

区域更新在地区政策制定者的议程中排在前列，也是欧盟精明专业化议程的重要目标。此类政策框架通常对企业家寄予很高的期望，以发现可以在一个区域开展哪些新活动

---

① 分析证实了这一推测。而初创企业在没有关联就业的地区建立这些机构时，它们很难生存，这样的影响没有在新分支机构找到。

（Hausmann and Rodrik，2003；Foray and Goenaga，2013；McCann and Ortega - Argilés，2013）。但是，我们的研究结果质疑规范的想象，即将英雄式的熊彼特企业家作为地区经济主要变革力量。尽管毫无疑问，本地企业家动摇了该地区的现状，但我们发现他们是一个例外。相反，我们的分析指出，流动性是区域转型的一个重要因素：不关联活动通常是由区域外的经济主体从其他地区转移过来的，这意味着企业家和企业的流动性极大地促进了能力的扩散和区域多样化。

我们的研究有很多局限性。第一，我们没有直接观察能力，而是根据一个地区的多样化的不关联程度来推断结构变化。因此，根据对各区域的制度和经济安排的更详细分析来解释我们的结果将是有意义的。第二，我们研究了是谁在一个区域引入了不关联经济活动。这个问题是描述性的，不是因果关系的。因此，我们尚不知道，所报告的主体类型之间的差异是否反映出结构变化的不同内在能力，或区位选择和空间类分的差异（Combes，Duranton and Gobillon，2008）。第三，我们仅讨论私营部门主体的作用。尽管（私营部门）结构变化最终必须反映在企业创造的工作岗位上，但其他作者强调，我们所描述的结构性变化之路是如何由地区主体（私人和公共部门）铺平的，它们通过调动知识、资源和公众舆论的集体行动来改变制度（Strambach，2010；Sotarauta and Pulkkinen，2011）。此外，更丰富的数据集［如 Cantwell 和 Mudambi（2008）中的引用样式］可能提供更好的方法来评估哪些企业可以接近并依赖（本地）知识网络。第四，本文只是一种测度不关联多样化的方法。例如，还可以使用 Hidalgo 等（2007）的密度测度手段来评估本地产业的能力匹配度，并且可以用基于网络科学的其他方法来测度一致性和结构变化，例如区域产业之间和最小生成树之间的平均路径长度。在精神上类似，这样的改进将为将来的研究提供有趣的途径。

我们的研究还提出了许多新问题。例如，企业改变产业从属关系以使其更好地适应区域经济，这一事实表明，企业战略与区域能力之间的互动方式仍鲜为人知。此外，我们研究了瑞典这个富裕的工业化国家的区域，与新兴经济体相比，该地区的结构变化既不那么普遍，也没有那么紧迫。最后，我们的研究主要集中在结构变化的多样化问题。但是，结构性衰退带来了许多其他问题：当一个区域的核心产业崩溃且当地能力受到削弱时，结构变化是什么样的（Grabher，1993）？当主要的技术经济范式（Freeman and Perez，1988）日暮途穷时，谁会在区域中引入结构变化？我们希望我们在这里给出的理论和经验方法将对解决这些重要问题有用。

第九章

新型基础设施建设

一、交通基础设施建设

1. 交通基础设施对工业活动空间分布的影响研究

作者：谢呈阳；王明辉
单位：东南大学经济管理学院；国务院发展研究中心
期刊：《管理世界》
关键词：区内交通基础设施；区际交通基础设施；工业活动空间分布
摘要：我国工业活动的空间结构正经历深刻变化，探索交通基础设施与工业活动空间分布之间的关系具有重要的现实意义。本文采用中国 275 个城市 2004～2016 年的面板数据，通过门槛效应模型检验并讨论了区内和区际交通基础设施对工业活动空间分布的影响。研究表明：第一，无论经济发展程度如何，提高区内交通基础设施水平都能增加本地工业活动的集聚程度；第二，与自由资本模型的推论不同，本文发现提高区际交通基础设施水平能促进生产要素在全社会的优化配置，而非加深了发达城市对欠发达城市的"虹吸效应"。第三，自由资本模型在设置参数时未纳入经济发展的"分散力"，而这是影响工业活动空间分布的重要因素。依据研究结论，本文最后从资源优化配置的视角，就交通基础设施的发展方向提出启示性建议。
发表时间：2020-12-05

2. 高铁开通、地区特定要素与边缘地区的发展

作者：颜银根；倪鹏飞；刘学良
单位：南京审计大学经济学院；中国社会科学院财经战略研究院；中国社会科学院经济研究所
期刊：《中国工业经济》
关键词：地区特定要素；高铁开通效应；边缘地区经济增长；新经济地理
摘要：高铁的开通加速了区域一体化进程，促进了中心地区对边缘地区的正向溢出效应，同时也增加了中心地区对边缘地区的负向集聚阴影效应，因此学术界对高铁开通如何影响边缘地区经济发展一直存在着争议。本文从边缘地区是否拥有地区特定要素着手，构建空间一般均衡模型并提出理论假说，采用 2004～2016 年中国 259 个边缘地区的面板数据进行倾向值双重差分和三重差分法经验检验。研究发现，高铁开通加剧了地区特定要素贫瘠的边缘地区的衰落，同时也可能会促进地区特定要素丰裕的边缘地区的崛起；高铁开通只是边缘地区崛起的必要非充分条件，边缘地区相对规模越大、非农产业规模越高以及

距离核心城市越远,则高铁的开通就越有可能改变边缘地区的发展轨迹。政府应当结合地区特定要素资源空间分布来确定高铁空间布局,同时警惕高铁开通引起的边缘地区间或者城市群内边缘城市间收入差距扩大的新困境。对于地区特定要素丰裕的边缘地区,政府应当市场化配套相关基础设施以吸引流动性要素的流入来促进其崛起;对于地区特定要素缺乏的边缘地区,政府应当政策性配套相关基础设施以吸引流动性要素的柔性流入来避免其进一步衰落。

发表时间:2020-08-27

3. 全球经济大变局、中国潜在增长率与后疫情时期高质量发展

作者:汤铎铎;刘学良;倪红福;杨耀武;黄群慧;张晓晶

单位:中国社会科学院经济研究所;《中国经济报告(2020)》总报告组

期刊:《经济研究》

关键词:全球经济大变局;高质量发展;后疫情时期;潜在增长率;"十四五"时期

摘要:全球经济大变局意味着此前的生产和分工格局已经不可持续。新冠肺炎疫情增强和加速了这一变局。后疫情时期,全球经济将更加脆弱,全球价值链面临更加剧烈的调整,全球债务再创新高已成定局,全球宏观经济治理进入未知领域,社会分配呈现收入差距继续扩大之势,数字化、智能化技术正加速新工业革命的效果。面对后疫情时期的经济大变局,中国即将步入"十四五"时期,将在全面建成小康社会基础上全面开启中国特色社会主义现代化建设新征程。一个是中华民族伟大复兴的战略全局,另一个是世界百年未有之大变局,"十四五"时期的经济发展问题必须立足习近平总书记提出的"胸怀两个大局"来研究思考。中国经济从高速增长阶段进入高质量发展阶段,既是全球经济大变局的一个侧面,也反映出中国经济发展进入新阶段,还体现了中国经济政策的主动调整。2021~2025年,中国经济年潜在增长率预计平均为5.7%。在资本和劳动投入趋势性下降之际,经济增长要更多地依赖全要素生产率提升。后疫情时期的中国高质量发展,在政策导向上应该积极推进创新驱动高质量工业化战略,区域优势互补协调发展的新型城镇化战略,以畅通国内大循环为主体、国内国际双循环相互促进的新发展战略,以及以稳增长与防风险的平衡为主线的宏观调控战略。

发表时间:2020-08-20

4. 交通基础设施、市场可达性与企业生产率——基于竞争和资源配置的视角

作者:刘冲;吴群锋;刘青

单位:北京大学经济学院;中国人民大学国家发展与战略研究院

期刊:《经济研究》

关键词:交通基础设施;市场可达性;全要素生产率;资源配置

摘要： 中国的交通基础设施建设取得了举世瞩目的成就，其飞速发展有效降低了国内贸易成本，促进了国内市场一体化。本文实证检验了交通基础设施对中国企业生产率的影响，并从竞争与资源配置的视角探讨了影响机制。为了准确、全面地反映交通基础设施的直接和间接效应，我们采用 Donaldson 和 Hornbeck（2016）的方法，利用高度细化的交通路网分布图，估算了城市间的运输成本，并构建了每个城市的市场可达性（market access）指标。结合 1998~2007 年工业企业微观数据，本文发现：①交通基础设施通过提升市场可达性显著且稳健地提高了企业生产率。本文采用交通部路网规划时的"重要性得分"作为工具变量，证实了因果效应。②市场可达性的提升对具有初始比较优势的行业、初始生产率水平较高的企业作用更大。这些结果为异质性企业的比较优势理论提供了有力证据，即运输成本下降导致市场竞争加剧，带来产业间以及产业内的资源重新配置，使低生产率企业退出市场，将资源转移到更有竞争力的产业和企业。本研究对新常态下中国制造业转型升级具有重要的实践意义。

发表时间：2020-07-20

5. 交通基础设施如何促进资本流动——基于高铁开通和上市公司异地投资的研究

作者： 马光荣；程小萌；杨恩艳
单位： 中国人民大学中国财政金融政策研究中心；中国人民大学财政金融学院；中国邮政储蓄银行战略发展部

期刊：《中国工业经济》
关键词： 高铁；上市公司；异地投资；虹吸效应；卢卡斯之谜

摘要： 交通基础设施影响经济增长和地区经济差距的一个重要渠道是促进了跨地区的资本流动。本文基于 2006~2018 年高铁开通和上市公司异地投资数据，研究了交通基础设施对跨地区资本流动的影响。为了解决高铁开通的内生性问题，本文基于各城市地理位置构建了工具变量。实证结果表明，高铁联通之后，上市公司赴异地投资的数量明显增加。与此同时，高铁对城市间资本流动的促进作用具有方向上的不对称性，高铁开通导致资本从中小城市净流入大城市。机制分析表明，高铁开通降低资本流动障碍后，资本之所以会净流入大城市，是因为大城市有更大的本地市场规模，生产的规模报酬递增效应、产业集聚和技术溢出使企业在大城市有更高的生产率。这一结论从企业投资流向的角度验证了高铁开通存在"虹吸效应"，也为"卢卡斯之谜"提供了新的证据。

发表时间：2020-06-28

6. 公共品供给的微观主体及其比较——基于中国水运基建的长时段考察

作者： 龙登高；王明；黄玉玺
单位： 清华大学社会科学学院经济学研究所

期刊：《管理世界》

关键词：基础设施；公益法人；市场化；国营企业；现代公司治理

摘要：作为公共品的基础设施，对于政府、营利性主体、非政府性非营利性主体三种不同供给方式的比较似属空白。在中国水运基建纵贯 3 个世纪的原始档案与深度调研的基础上，本文考察和比较公益法人、国营企业、现代公司三种微观主体，以及社会、政府与市场三种机制在基础设施供给上的特点、约束条件与绩效。计划经济下，单一的政府所属企事业单位主导公共品供给难以克服根本性的制约，公益建造的局限性长远来说也很明显，现代公司提供基础设施则具有无可限量的拓展空间。能够更大程度激发微观主体活力的市场经济体制才能创造出更多更好的公共产品。公司治理下的竞争性中央企业脱胎换骨，在 21 世纪逐渐完善的市场经济制度下实现了自主创新，推动了中国水运基建的跨越式发展。三类微观主体在水运基建的历史与实践的比较研究中带来学术创新与理论拓展。

发表时间：2020-04-05

二、重大科技基础设施布局

1. 重大科技基础设施综合效益评估体系构建研究——兼论在 FAST 评估中的应用

作者：王婷；陈凯华；卢涛；穆荣平

单位：中国科学院科技战略咨询研究院；中国科学院大学公共政策与管理学院；中国科学院大学经济与管理学院

期刊：《管理世界》

关键词：重大科技基础设施；综合效益；多维评估；评估指标体系；FAST

摘要：重大科技基础设施（简称大设施）是建设世界科技强国的重要物质技术基础。为促进我国大设施的管理与发展，充分发挥大设施投资建设的价值，迫切需要开展综合效益评估，这也成为世界主要国家和管理机构普遍关注的重要问题。本文构建了一个覆盖大设施全生命周期的多维度综合效益评估指标体系，并进行实例应用研究。主要贡献为：一是在对大设施及其综合效益概念界定的基础上，揭示了大设施综合效益的实现过程和构成；二是构建了"评估阶段+评估目标+利益相关者"三维评估框架，可体现全生命周期不同阶段不同类型大设施的特点，可考虑对于科技效益、经济效益、社会效益和集群效益的评估目标，满足不同利益相关者的效益需求；三是建立了较完备的三级评估指标体系，为不同类型和不同阶段大设施综合效益的评估提供了系统性的多维评估维度和指标选择；四是以 FAST 为例进行了评估体系的实证应用研究，为全面评估和掌握 FAST 综合效益提供了系统性的证据，国内尚属首次。

发表时间：2020-06-05

2. 发展国家重大科技基础设施　引领国际科技创新

作者：王贻芳；白云翔

单位：中国科学院高能物理研究所

期刊：《管理世界》

关键词：大科学装置；大科学工程；重大科技基础设施；创新驱动发展战略；自主创新；科技创新中心；项目遴选；大科学；小科学

摘要：科学研究对仪器设备的依赖是逐步发展的。从放大镜、显微镜等简单扩展人的观察能力的小仪器到电子显微镜等大型仪器设备，一直到重大科技基础设施，这是科学发展的必然道路，世界科技强国都把重大科技基础设施的规划、设计、建设和运行放在科技发展战略非常重要的地位。在建设世界科技强国的新时代，我国经济实力已逐渐与发达国家相比肩，重大科技基础设施必然迎来一个新的发展机遇。如何聚焦重大科学前沿做出重大贡献，如何对我国的科技和其他各项事业的发展起到强有力的支撑作用，如何依托重大科技基础设施群建设科技创新中心，成为建设国家创新体系的核心引擎，都是事关国家长远发展的重大问题。本文介绍了重大科技基础设施国内外发展现状，分析了设施在重大科学突破、多学科发展、人才队伍培养、产业创新等方面的重要作用，尤其是对国家创新体系建设的深远影响，针对设施发展过程中存在的主要问题提出了对策，对我国在未来一段时间内的设施发展战略提出建议。

发表时间：2020-05-05

3. 新型基础设施投资与产业结构转型升级

作者：郭凯明；潘珊；颜色

单位：中山大学岭南学院；暨南大学产业经济研究院；北京大学光华管理学院

期刊：《中国工业经济》

关键词：新型基础设施；产业结构转型升级；制造业升级；服务业发展

摘要：中国在高速增长阶段的基础设施投资保持了快速增长，但进入高质量发展阶段，传统基础设施投资部分转向5G、人工智能、工业互联网和物联网等新型基础设施投资。本文提出，新型基础设施和传统基础设施在供给侧所影响的具体生产技术和在需求侧所涉及的投资的产业来源构成上均存在差别。当制造业的资本产出弹性较高且制造业和服务业的产品替代弹性较低，或者制造业的资本和劳动的替代弹性较高时，新型基础设施投资将在供给侧通过提高制造业资本密集程度和实际产出比重推动制造业升级，通过提高服务业就业比重和名义产出比重推动服务业发展；当生产来源上新型基础设施的服务业投入比重高于传统基础设施时，新型基础设施投资将在需求侧通过提高服务业就业比重和名义产出比重拉动服务业发展。本文关注到基础设施投资结构正在转型，从这一视角发展了结构转型和基础设施的理论研究。本文为新时代政府推动新型基础设施投资提供了理论依据，建议政府把握住新一轮科技革命和产业变革提供的新机遇，充分发挥新型举国体制优势，把加大新型基础设施投资作为稳定经济增长和优化经济结构的有效结合点，推动形成高质量发展新动能。

发表时间：2020-04-01

4. 数字经济驱动创新效应研究——基于省际面板数据的回归

作者： 温珺；阎志军；程愚

单位： 南京理工大学经济管理学院；厦门大学管理学院

期刊：《经济体制改革》

关键词： 数字经济；区域创新；发明创新

摘要： 基于2013~2018年中国省际面板数据构建数字经济发展水平评价体系，并采用固定效应模型对数字经济是否促进了创新进行回归估计。研究表明，数字经济发展促进了创新能力提升，但其潜力尚未充分发挥。在对数字经济不同发展阶段的分组回归中发现，数字经济水平越高的地区，创新所受影响也越大。鉴于此，应全面推动数字经济量质齐升，各区域应立足自身实际精准施策，在推进新型基础设施建设的同时，主攻新型数字技术与当地制造业的融合，缩小地区发展差异，最终建成创新型国家。

发表时间：2020-05-25

三、从边缘到核心：使用高铁衡量集聚效应

From Periphery to Core：Measuring Agglomeration Effects Using High-speed Rail

作者： Gabriel M. Ahlfeldt，Arne Feddersen

期刊： *Journal of Economic Geography*

摘要： We analyze the economic impact of the German high-speed rail（HSR）connecting Cologne and Frankfurt, which provides plausibly exogenous variation in access to surrounding economic mass. We find a causal effect of about 8.5% on average of the HSR on the GDP of three counties with intermediate stops. We make further use of the variation in bilateral transport costs between all counties in our study area induced by the HSR to identify the strength and spatial scope of agglomeration forces. Our most careful estimate points to an elasticity of output with respect to market potential of 12.5%. The strength of the spillover declines by 50% every 30 min of travel time, diminishing to 1% after about 200 min. Our results further imply an elasticity of per-worker output with respect to economic density of 3.8%, although the effects seem driven by worker and firm selection.

从边缘到核心：使用高铁衡量集聚效应

译者：高宇杰

摘要：本文研究了德国修建的连接科隆和法兰克福的高铁（HSR）的经济影响，这条高铁线的修建导致周围经济体的可达性可能发生了外生变化。研究发现，高铁对中途停靠站所在的三个县 GDP 的平均影响约为 8.5%。我们进一步利用高铁对其经过的县双边交通成本的变化识别集聚力的大小和空间范围。我们最谨慎的估计表明，产出相对市场潜力的弹性约为 12.5%。交通时间每增加 30 分钟，溢出效应减少 50%，交通时间达到 200 分钟后，溢出效应减少到 1%。我们的研究还表明，人均产出对经济密度的弹性为 3.8%，尽管该结果受工人和企业选择效应的影响。

关键词：可达性；集聚；密度；高铁；市场潜力；交通政策；生产力

1 引言

一条重要的新高铁线将在未来几年内创造成千上万的建筑工作岗位，以及铁路员工的永久就业机会，并促进高铁目的地的经济增长。

——美国总统巴拉克·奥巴马，2009 年 4 月 16 日

经济地理学和城市经济学中最基本和最无争议的观点之一是，由于各种形式的集聚经济，企业和家庭会因接近经济市场而受益（Marshall，1920）。空间密度和生产力的相互促进作用，可以从理论上解释区域之间和区域内部经济活动的高度不均匀分布。人们坚信经济主体会获益于宽松的互动。这一直促使大量（公共）支出投入到运输基础设施领域，例如港口、机场、高速公路和铁路。昂贵但日益流行的运输方式的一个典型例子便是高铁（HSR）。英国修建的从伦敦到伯明翰、利兹和曼彻斯特的 Y 形连接的高铁网络，全长约 500 千米，目前预计成本将高达 42 亿英镑（约 63 亿美元）（Storeygard，2012）。美国交通部 2009 年宣布的战略性计划提出建设全新的铁路路线，速度可能高达 400 千米/小时（250 英里/小时）。该计划已经在联邦预算中确定了 80 亿美元，并计划在未来 5 年中每年拨款 10 亿美元，以启动一项能与 20 世纪州际公路计划相媲美的计划。迄今为止最壮观的高铁可能是连接俄罗斯首都莫斯科和中国首都北京的高铁，全长 7000 千米，目前估计投资 1.5 万亿元人民币（2420 亿美元）（Phillips，2015）。为发展高铁投入大量公共资金的意愿表明，人们坚信高铁将带来巨大的经济影响。

然而，这些基础设施所带来的更广泛的经济影响自然取决于它们所能增强的集聚经济的大小和空间范围。[①] 估算这种集聚效应在经验研究中具有挑战性。给定区位的经济活动

---

① 评估交通的文献区分了用户效用（主要体现为较短旅行的时间价值）和更广泛的经济影响，例如由于有效密度较高而产生的集聚效应、转移到更具生产力的工作岗位和不完全竞争市场中的产出变化。

密度和生产率不仅可能相互依赖，而且还可能同时由区位基本因素决定，例如有利的地理位置或良好的制度。因此，估算集聚效应的强度和空间范围面临的主要挑战是寻找导致周围经济体可达性的外生变化。尽管诸如新建高铁之类的运输基础设施会导致经济体可达性的变化，但运输基础设施的分配通常是非随机的，因此会产生其他识别问题。

在本文中，我们使用市场潜力方法的一种变化形式，计算集聚效应的强度和空间范围的因果估计值，该方法通过交通网络把给定地区的经济产出与周围地区的经济活动联系起来。为了将市场潜力效应与经济结果的其他决定因素的影响区分开来，我们的识别方法仅基于运输技术的变化，该变化会影响一个区域内所有地点之间的有效距离。[①] 具体而言，我们利用科隆—法兰克福高铁经过的德国各地区之间双边运输成本的变化进行研究，包括北莱茵—威斯特法伦州、黑森州和莱茵兰—普法尔茨州的所有县。运用该研究设计，我们能够控制区位因素中未观察到的不随时间变化的变量，且避开了在估计空间密度对经济产出的影响方面的一些典型挑战。考虑到特殊的制度背景，我们认为本文研究的高铁导致了双边运输成本的变化，这种变化肯定是外生的，这就创造了一个自然实验，其中包括与随机变量一样好的待识别变化。[②]

科隆—法兰克福高铁于 2002 年建成。该线路是跨欧洲网络的一部分，火车速度最高可达 300 千米/小时。与旧的铁路相比，高铁将两个大都市之间的交通时间缩短了 55% 以上；与汽车相比，减少了 35% 以上。沿着高铁路线，在林堡（Limburg）、蒙塔鲍尔（Montabaur）和锡格堡（Siegburg）设立了中途停靠站。值得注意的是，林堡和蒙塔鲍尔的人口分别少于 25000 人和 15000 人，在德国甚至在欧洲 HSR 网络中这种站也是少见的。联通高铁后，这两个城镇到德国最大的两个集聚区的中心——科隆和法兰克福，均不到 40 分钟，两地之间的距离也不到 10 分钟。

该高铁的最终路线和中途停靠站所在位置是铁路运输公司、三个联邦州、商业游说团体和环保主义者持续近 40 年政治谈判的结果。制度的特殊性使我们能够做出有益的识别假设（本文第 2 部分进行了详细讨论），即林堡、蒙塔鲍尔和锡格堡的连接路线和时间以及所有其他车站的连接时间相对于经济发展水平和趋势是外生的。

基于所提供的外生变化，我们能够识别高铁对当地经济发展的因果影响，以及所促进的集聚经济的强度和空间范围。第一步，我们使用政策评估方法评估高铁对中途停靠站所在县经济的影响。第二步，我们把以市场潜力形式表示的有效密度的增长（Harris，1954）与研究区域内各县的经济增长相联系。市场潜力将有效密度表示为研究区域中所有县的 GDP 按照运输成本进行加权求和。该方法考虑了高铁对我们研究区域内所有县之间双边运输成本的影响。由于高铁仅用于客运服务，因此我们可以将便利的人际互动与可贸易货物运输成本（即贸易渠道）的影响分开。因此，我们揭示的溢出效应包括了与知

---

① Storeygard（2012）使用与静态距离测量相互作用的石油价格变化作为运输成本随时间变化的来源。

② 相关文献已经模拟了交通基础设施的需求和供应之间的相互依赖关系（Levinson，2008；Xie and Levinson，2010）。

识扩散、劳动力市场池有关的马歇尔外部性，以及由于与中间商品和消费市场接近性提高所产生的影响，充分接近中间品与消费者达到使沟通便利、降低交易成本（但不包括运费）的程度。

从理论上讲，高铁的作用之一是提高了以前外围地区的可达性，这类区域至少在过渡期提供了相对低廉的土地，因此可能对企业具有吸引力。实际上，我们的结果表明，高铁对经济产生了积极影响。该线路开通 6 年后，中途停靠站所在县的实际 GDP 比我们所构造的反事实县的 GDP 平均高出 8.5%。[①] 我们发现，在我们最保守的模型中，GDP 相对有效密度（即市场潜力）的弹性约为 12.5%，而工人人均产出相对有效密度的弹性略小一些，为 10%。由于我们对有效密度的度量在空间上是平滑的，因此各县之间的方差自然低于常用密度度量的结果。通过将有效密度标准差与实际密度的对数比进行标准化，我们的结果表明，生产率相对就业密度的弹性为 3.8%[②]，这与之前从截面研究设计得到的估计值接近（Ciccone and Hall，1996）。然而，这种效果似乎在很大程度上受到选择效应的驱动，即行业和工人能力的结构变化（Combes et al.，2011，2012）。我们进一步估计发现，交通时间每增加 30 分钟，经济溢出效应减少一半，当交通时间达到 200 分钟时，溢出效应接近于 0。相比前人研究结果，我们得到的溢出效应明显较少是本地化的，前人的研究是从城市内部变化识别溢出效应（Arzaghi and Henderson，2008；Ahlfeldt and Wendland，2013；Ahlfeldt et al.，2015），但比从强调贸易成本的经验 NEG 模型中得到的空间相互作用范围更加本地化（Hanson，2005）。[③]

我们的研究与 Duranton 和 Puga（2004）、Rosenthal 和 Strange（2004）的文章中详细回顾的有关集聚经济本质的大量且不断增长的文献相关。在这些文献中，一种标准方法是将经济结果指标（例如工资）对某些衡量集聚的指标（通常是就业或人口密度）进行回归。[④] 少部分文献大致利用了周围经济活动集中程度的外生变化。Rosenthal 和 Strange（2008）、Combes 等（2010）使用地质学测量密度。Greenstone 等（2010）分析了大型制造工厂的入驻对现有工厂的影响。另一个相关的分支分析了自然实验，例如贸易自由化（Hanson，1996，1997）、战时轰炸（Davis and Weinstein，2002）、运输站点经济重要性的下降（Bleakley and Lin，2014）以及田纳西河谷管理局（Kline and Moretti，2014）对经济活动空间分布的影响。

综合以上两种方法，Redding 和 Sturm（2008）探讨了德国的分裂和统一所导致的周边经济体可达性的变化对城市增长的影响。Ahlfeldt 等（2015）利用德国柏林的分裂和统一所引起的城市内部周边地区经济体的变化，来识别居民间和企业间溢出效应的强度和空

[①] 我们根据 Abadie 和 Gardeazabal（2003）为每个处理过的县创建一个合成等价物。

[②] 回顾 34 项研究中的 729 个估计结果，Melo 等（2009）发现平均弹性为 5.8%。

[③] 参见 Head 和 Mayer（2004）对此文献的评论。关于集聚、生产力和贸易的理论和经验文献的介绍，参见 Ottaviano 等（2002）、Behrens 等（2014）或 Sato 和 Zenou（2015）。

[④] 例如 Ciccone（2002），Ciccone 和 Hall（1996），Dekle 和 Eaton（1999），Glaeser 和 Mare（2001），Henderson、Kuncoro 和 Turner（1995），Moretti（2004）、Rauch（1993）以及 Sveikauskas（1975）。

间范围，以及用时间距离表示的通勤概率下降。本文的主要贡献有两方面：首先，我们根据新的运输基础设施所导致的周边经济体的变化来估算集聚效应，将溢出效应与未观察到的区位基本因素相对稳健地分开。其次，在研究相对较少的领域做出贡献，给出了溢出效应的空间衰减率的估计值。溢出效应较强的空间衰减性证实了"人员运输比货物运输的成本更高"的直觉。

与本文研究贡献相关的另一类日益增多的文献涉及运输基础设施的经济影响。总体而言，证据表明，发达的运输基础设施可以促进贸易（Duranton et al.，2014；Donaldson，2015，待刊出），促进经济增长（Banerjee et al.，2012；Duranton and Turner，2012），并且在更局部的范围内会提高房地产价格（Baum-Snow and Kahn，2000；Gibbons and Machin，2005）；也有证据表明会对劳动力市场造成非对称影响，特别是在技能丰富的地区对熟练工人的需求增加相对多一些（Michaels，2008）。对经济活动空间分布的影响方面，证据各种各样。在大都市区内，放射状连接倾向于促进郊区化，因此对周边地区有利（Baum-Snow，2007；Kopecky and Suen，2010；Baum-Snow et al.，2017）。[①] 然而，也有证据表明，对于较大的区域而言，由于公路网络的改善，区域间贸易成本的降低有利于核心区域，而牺牲了边缘区域（Faber，2014）。

从经验上看，评估运输基础设施对经济影响的文献一直关注非随机分布的运输基础设施，这些设施通常是为了满足现有或预期需求而建立的。基于历史交通网络（Duranton and Turner，2012）、反事实最低成本网络（Faber，2014）或区域中心之间的直线连接（Banerjee et al.，2012）构建的工具变量已经成为建立因果关系的标准方法。本文所采用的另外的可能具有互补性的策略是"不重要单元法"（Redding and Turner，2015）。该方法基于这样的假设：运输基础设施的主要目的通常是连接区域性集聚区，而沿途各地区的连接并不一定是有意的（Chandra and Thompson，2000；Michaels，2008）。同样，我们对这一研究领域的贡献也是两方面的：首先，高铁是一种日益重要但经验研究不足的运输方式，本文将高铁作为外生性变化的来源，研究了其对经济的影响。其次，本文研究表明，如果降低人与人之间的互动成本而贸易成本保持不变，则周边地区可以从与核心地区更好的连接中受益。[②] 现有文献通常认为高铁主要有利于大城市，不一定有利于偏远的县城（Zheng and Kahn，2013；Lin，2014；Qin，2016，待刊出），本文的研究证据对现有文献进行了补充。马歇尔外部性产生积极影响的证据，也对最近通过贸易渠道对周边区域产生负面影响的证据进行了补充（Faber，2014）。我们的研究结果还表明，高铁比高速公路更不可能将人口分散到郊区，这同样补充了现有文献关于郊区化的研究结果（Baum-Snow，2007；Garcia-Lopez，2012；Garcia-Lopez et al.，2015）。

下一节将更详细地介绍制度背景，并讨论所使用的数据。在第3节中，我们进行了一

---

① 这种为减少运输成本而分散的趋势与 Alonso（1964）、Mills（1967）和 Muth（1969）构建的标准城市模型是一致的。

② 这一发现与表明发达的交通基础设施与较低的空间集中度有关的证据是一致的（Ramcharan，2009）。

项政策评估，重点研究高铁对中途停靠站所在县经济的影响。在第 4 节中，我们将研究高铁引起的研究范围内所有县之间双边运输成本的变化，以估算集聚效应的强度和空间范围。第 5 节对外部有效性进行了进一步解释。第 6 节进行总结。

2　背景和数据

2.1　科隆—法兰克福高铁线

从科隆到法兰克福/美因河畔的高铁线路是巴黎—布鲁塞尔—科隆—阿姆斯特丹—伦敦（PBKAL）核心轴线的一部分，该轴线是 1994 年欧盟委员会批准的跨欧洲运输网络（TEN-T）的 14 个项目之一。与莱茵河沿岸的旧线路相比，新的高铁路线几乎直接将莱茵/鲁尔地区（包括科隆）和莱茵/美因河地区（包括法兰克福）连接起来，轨道长度从 222 千米减少到 177 千米。① 新线路专为客运设计，列车速度最高可达 300 千米/小时。考虑到这两个因素，两个主站之间的交通时间从 2 小时 13 分钟减少到 59 分钟（Brux，2002）。高铁的建设准备工作于 1995 年 12 月开始，主要的建设工作（各种隧道和桥梁）于 1998 年开始。高铁线于 2001 年底竣工。经过测试期后，高铁线于 2002 年投入运行。该项目的总成本为 60 亿欧元（欧盟委员会，2005：17）。

长期以来，莱茵—鲁尔（Rhine-Ruhr）和莱茵—美因河流域（Rhine-Main）的广阔地区被认为是德国最大的经济集聚区。沿莱茵河两岸连接两个中心铁路线是使用量最大的欧洲铁路走廊之一。自 20 世纪 70 年代初期使用量超出承载量以后，这条铁路线就一直陷入"瓶颈"状态。因此，在科隆和法兰克福之间建造高铁路线的最初计划可以追溯到 20 世纪 70 年代初。从那时起，该计划花了 30 多年的时间才开工。耗时长的原因之一是德国基础设施项目进展复杂。在数十年的谈判中，讨论了莱茵河左侧和右侧线路的几种情形。考虑到德国中部高原复杂的地理环境，最终决定建立一条右侧路线，该路线主要沿 A3 高速公路修建，以尽量减少施工和环境成本，以及主要中心之间的交通时间。这些好处是以牺牲诸如科布伦茨、黑森州的首府威斯巴登和莱茵兰普法尔茨州的首府美因茨之类的大城市为代价的。

考虑到德意志联邦共和国的联邦制，州对影响其领土的基础设施项目具有强大的影响力（Sartori，2008：3-8）。三个联邦州参与了该高铁修建项目：北莱茵—威斯特法伦州、莱茵兰—普法尔茨州和黑森州。考虑到科隆位于北莱茵—威斯特法伦州，法兰克福位于黑森州，在 1989 年决定放弃连接科布伦茨的计划后，并未计划在莱茵兰—普法尔茨州设立停靠站。然而，确切路线的突然宣布为沿线的社区提供了游说的机会。在黑森州的支持下，林堡是第一个提出论据的城市。此后，蒙塔鲍尔当地的政治和经济行为人也设法说服

---

① 科隆总站与法兰克福总站之间的直线距离为 152 千米。

了莱茵兰—普法尔茨州政府当局支持他们的主张。他们认为，从蒙塔鲍尔起，利用现有的区域路线，可以将该州的腹地连接起来。在埃施霍芬市东南部边缘建造新林堡车站的决定支持了蒙塔鲍尔的论据。由于最初提议的站点（林堡—斯塔费尔）比蒙塔鲍尔近得多，并且距离很短，在蒙塔鲍尔再停一站几乎是不可能的。但经过阻挠计划和政治决策的漫长游说过程后，三个联邦州最终决定在高铁沿线设立三个中间停靠站，每个州都设立一个站点。波恩/锡格堡和林堡分别代表北莱茵—威斯特法伦州和黑森州，而蒙塔鲍尔的新车站则确保了莱茵兰—普法尔茨州的连接。

在此之后，人口不到 20000 人的蒙塔鲍尔（德国高铁网络上最小的城市）与区域中心科隆和法兰克福车程不到 40 分钟，距法兰克福国际机场和科隆—波恩车程不到 20 分钟。事实证据表明，这种无与伦比的交通便利性提高了这座城市作为商业地点的吸引力。一个新的会议中心建立起来了，50 多家公司在毗邻车站的工业中心落户[①]；领先的通信服务提供商 1&1 公司甚至将总部迁至该地。面对交通便利性的提高，许多位于更大范围地区的当地制造公司扩大了生产能力（Egenolf，2008）。主流媒体早在 2007 年就报道了一个重大成功案例，市政府官员称，高铁为该镇带来了至少 600 个新就业机会（Sorge，2007）。自那时以来，该数字已攀升至 1800（Hergert，2015）。几家报纸报道了 1&1（电信）、Emc^2（咨询）、Friedhelm-Loh（电气工程）、ADG（会议中心）、Itac（软件）、MTE Deutschland（铣床）等各种本地公司的高管的看法，这些高管都认为高铁是他们决定在蒙塔鲍尔寻找或扩展业务活动的主要因素（Sorge，2007；Rhein-Zeitung，2012；Hergert，2015）。例如，ADG 公司的发言人强调说，如果不是因为能够与主要机场（法兰克福和科隆/波恩）建立快速连接（少于 30 分钟），不可能在此建立新的会议中心。这些新闻报道中，高铁的主要优势包括易于维持业务关系和提高获得高素质劳动力的机会。来自 Itac 和 1&1 等公司的许多发言人强调，高铁使他们能够从更大的劳动力市场中招聘人才，目前覆盖的范围包括城市主要集聚区科隆和法兰克福。在所选取的公司中，超过 80% 的通勤者拥有管理职位。例如，为 1&1 公司工作的 1600 名员工中，有 2/3 的员工来此地上班，其中大部分乘坐高铁（Hergert，2015）。这些报纸上的报道与市长的高铁影响总结相吻合。根据埃德·沙夫的说法，在过去 15 年中，就业岗位增加了 1400 个（需缴纳社会保险金），几乎是人口增长额（150 人）的 10 倍。

总之，事实证据表明，出乎意料的是，每天有 3000 名乘客乘坐高铁，大约是原始预测量的 10 倍（Muller，2012），而且这些人乘坐高铁主要是为了来这里上班，而非在这里居住。这样的情况与林堡的数字也是一致的，在同一时期，通勤者从 13000 人增加到 17500 人（Hergert，2015）。

尽管受当地政府的影响，但就其经济可行性而言，中间停靠站一直备受争议。蒙塔鲍尔和林堡这两个城市分别仅约 12500 名和 34000 名居民。此外，这两个小城市之间的距

---

① 其中包括：Landesbetrieb Mobilität RLP Autobahnamt，Unternehmensberatung Emc^2，Industrieund Handelskammer（IHK），Ingenieurgesellschaft Ruffert und Partner，Objektverwalter S. K. E. T，CaféLatino，Kantine Genuss & Harmonie。

离仅有 20 千米，而且两站之间的高速城际列车仅需 9 分钟，这与高速通行的概念（距离越远，比较优势越明显）形成了鲜明的对比。对于我们的经验研究而言，这种制度设置的优点在于，可以合理地假设高铁路线是外生的，是由地理约束、建筑成本和环境因素所决定的。与 3.3 节详细讨论的替代路线相比，居住在选定路线中间停靠站的人数不足替代路线人数的一半。[①] 最终选择的中间站的位置受到提议路线的限制，并且需要在三个不同的联邦州以合理的距离设置三个站点，从而使政治游说与其他区域政策相独立。最重要的是，中间站的位置不受现有或预期需求的驱动，实际上，这些站点遭到铁路运营公司德国铁路的强烈反对。

因此，我们认为由高速导致的可达性差异是我们观察到的经济结果的外生因素。此外，我们有理由认为，高铁开始运营的时间完全外生于整个路线覆盖区域当时的经济发展趋势。在 20 世纪 70 年代首次起草接通法兰克福和科隆的计划时，几乎不可能预测到 20 世纪 90 年代后期经济状况的变化。

2.2　数据和研究区域

我们研究的区域包括高铁联通的德国联邦州黑森州，北莱茵—威斯特法伦州和莱茵兰—普法尔茨州。1996 年，高铁启用的 6 年前，研究区域的总人口约为 2800 万人，比加利福尼亚略少一些，大约相当于比利时和荷兰人口总和，约占德国总人口的 34%。研究区域的地区生产总值占德国国内生产总值的数值较高，为 36%。对于 3 个联邦州的 115 个县（NUTS3 地区），我们从各种官方渠道收集如下数据：从德国联邦统计局收集 GDP、人口、按部门划分的各行业的增加值（GVA）；从德国联邦就业局收集进入和外出通勤者的数量、就业人数（工作场所和居住地）、拥有大学学位的工作人员比例（工作场所）。市级人口数据是从联邦建筑和区域规划办公室收集的。我们使用这些数据主要用来确定每个县内最重要的城市，我们将其定义为该县的经济中心。我们收集了 1992 年及 1995~2009 年的数据。我们研究区域的县 1996 年平均人口为 24.1 万人，明显高于全国其他县的人口数量（15.7 万人）。就工人平均产出而言，我们研究的区域与德国其他地区非常相似（E71.5K 与 E70.8K）。同样，各部门在区域 GVA 中所占份额也非常相似。

3　项目评估

正如我们所论证的那样，科隆—法兰克福高铁上的林堡、蒙塔鲍尔和锡格格堡中间站点是政治谈判的偶然结果，而不是合理交通规划的结果。因此，新站点提供了合理的运输服务外生变化，可以利用已建立的政策评估方法来研究这些外生变化对经济的影响。在本节中，我们分析了高铁开通（处理）对中间站所在县（受处理县）的经济影响。具体来说，

---

① 使用 GIS，我们发现 2002 年居住在距离林堡、蒙塔鲍尔和锡格格堡 10 千米以内地区的人口数为 438540 人，而居住在波恩、科布伦茨和威斯巴登的相同距离内的人口数为 1020474 人。所有距离均以市政中心之间的直线距离衡量。

我们比较处理县与提供反事实的控制县各种经济结果指标的变化。

3.1　处理县与合成县

值得注意的是，现阶段我们忽略了科隆和法兰克福，因为这些区域中心可以说是运输需求的主要产生者，因此高铁线路的布局不能被认为是其经济表现的外生因素。由于这些城市可能会从改善的交通服务中受益，我们也将它们排除在控制县之外。此外，在处理是外生的情况下，准实验比较的可信度基于以下假设：处理组和控制组在没有处理的情况下会遵循相同的趋势。为了确保能够进行有效的比较，我们构建了一个由 3 个合成县组成的控制组，每个合成县对应一个高铁停靠站（林堡、蒙塔鲍尔、锡格堡）。通过采用这种方法，我们可以避免传统双重差分法（DD）分析中，处理组数量相对控制组数量过少而产生的问题（Cameron and Miller，2015）。我们按照 Abadie 和 Gardeazabal（2003）的步骤进行操作，他们将合成区域定义为未受处理区域的加权组合，权重的最佳组合由以下两个目标决定。

首先，合成县应与对应的处理组尽量在以下经济增长预测指标上接近：人均 GDP，人口密度，外出通勤者与进入通勤者的比例，建筑业、采矿业、服务业、零售业、制造业和金融业的 GVA 份额①，以及工作场所中拥有大学学位的劳动力占比。形式上，该问题可表示为 $\min_{W \in W}$ $(X_1 - X_0 W)' V (X_1 - X_0 W)$。其中，$W$ 表示合成县中非处理县的非负权重向量，且权重必须相加为 1；X_1 是处理组 k 个经济增长预测指标高铁开通前数值的向量；X_0 是一个矩阵，包含了非处理组与 X_1 相同的信息；V 是元素非负的对角矩阵，确定增长指标的相对重要性。

其次，该问题的解，即非处理组最优权重向量 W^*，取决于 V，这就产生了第二个目标，即寻找最优的 V^* 使合成控制县与各自的处理县在高铁建设之前的增长趋势尽量相匹配。第二个问题在形式上可表示为 $V^* = \mathrm{argmin}_{V \in v}$ $[Z_1 - Z_0 W^*(V)]' [Z_1 - Z_0 W^*(V)]$。其中，$Z_1$ 是一个向量，表示处理组在高铁建设前所观测到的经济产出 Y，Z_0 是一个矩阵，包含非处理组具有的同样的信息。②

表 1 总结了高铁停靠站所在县、合成控制县和其他非处理县在处理之前的特征。分别实施上述方法得到每个县对应的合成县，用于求解最优权重矩阵 W 的经济结果衡量指标 Y 是 GDP 的对数值。处理之前的时期包括 1998 年之前的所有年份，1998 年大规模的建筑工程已经开始，并且经过超过 25 年的谈判，人们有信心相信高铁最终将会建成。对于给定的合成县，k 个增长预测指标的值由向量 $X_1^* = X_0 W^*$ 决定，即非处理县的加权组合。处理县以及合成县都具有以下特征：生产率低于平均水平、更易成为居住地、拥有大学学历的劳动力份额低。除了少数特例，合成县在观测指标上与对应的处理县非常相似，与非处理县的平均值相比也自然更接近。

---

① 数据可在网址 www.regionalstatistik.de 查询得到。

② 我们利用 Hainmueller、Abadie 和 Diamond 编写的 stata ado file 操作生成合成控制县。

表1　处理前特征：处理组 VS 合成控制组

预测变量	林堡—维尔堡（卢森堡）		韦斯特瓦尔德克雷斯（莱比锡）		莱茵·西格奎斯（西格伯格）		所有未经处理的县	
	处理组	合成控制组	处理组	合成控制组	处理组	合成控制组	均值	标准差
国内生产总值/工人（EK）	63.8	69	64.9	64.5	74.9	74.7	69.3	7.9
出/入通勤率	0.51	0.3	0.51	0.5	0.36	0.38	1.09	1
人口/平方千米土地面积	227	424	193	178	464	463	771	813
行业份额：建筑业（%）	4.6	4.6	4	4	2.9	2.9	2.8	1.1
行业份额：采矿业（%）	9.2	9.2	14.1	13.9	10.8	10.8	13.7	5.1
行业份额：服务业（%）	36.4	36.2	31.9	31.7	36.2	36.1	33.5	4.9
行业份额：零售业（%）	8	8.9	8.7	8.7	8.5	8.5	8.8	2.1
行业份额：制造业（%）	13.8	13.8	18.1	18	13.8	13.7	16.5	4.9
行业份额：金融业（%）	16.1	15.9	12.1	12	15.1	15	12.8	2.8
高等教育份额（%）	5.1	4.7	3.7	3.6	6.7	6.7	6.5	3.1

注：除工作场所大学以上学历劳动力占比外，表中数据均为1998年（高铁开始施工）之前的历年均值。考虑到数据的可得性，大学以上学历劳动力占比采用1999年数据（可得到的最早年份）。

　　加权处理方法已经达到了第一个目的，即构建可比县，构建的合成县比所有未经处理的县组成的原始控制组更加趋近于处理组。所有合成县都不仅取决于一个县，在溢出效应存在的范围内每个县的权重都不会太高。因此，现在我们可以使用权重矩阵（每个处理县各一个）来求合成县的反事实结果向量。首先从高铁停靠站蒙塔鲍尔所在的威斯特法伦州开始。正如本文第2部分所介绍的，蒙塔鲍尔作为社区如何能从高铁中受益的一个例子，在媒体报道上特别显眼。使用 log GDP 作为结果变量，图1左半部分对实际值（实线）与用合成县计算的反事实结果 $Y_1^* = Y_0 W^*$（虚线）进行了比较，其中 Y_0 包含了所有年份所有非处理县的经济结果矩阵，两个趋势线在第一阶段都标准化为0。在1998年之前，这两条线非常接近，意味着加权处理方法实现了第二个目标，即等趋势。在1998年之后，实际经济增长超出了反事实增长，建设期表现得尤为明显。这种样式说明其符合预期效果。一些企业在车站建成之前，可能为了寻求先发优势，或者占据车站接近商业园区的最佳位置，已经开始迁入蒙塔鲍尔或者扩大商业规模。

　　为了进一步深入了解其他方面的经济影响，我们使用上文的方法对3个处理县和许多其他结果都构建了合成控制县和反事实趋势。图1右半部分展示了威斯特法伦州进入通勤者对数的实际趋势线和反事实趋势线。这种比较进一步证实了我们的初始印象，即一旦宣布高铁线穿过该县，其经济吸引力就会提高。

　　图1所示的蒙塔鲍尔对经济活动的积极影响似乎也适用于其他两个中间站。我们发现，林堡在施工开始后，锡格堡在线路建成后，GDP 与前期趋势都出现了正向偏差。类

似的正向转变在进入通勤者的比例上趋势也很明显。其他结果指标产生了更多复杂的样式，并且整体表明，高铁增加了 3 个受影响县作为工作场所而非生活场所的吸引力。

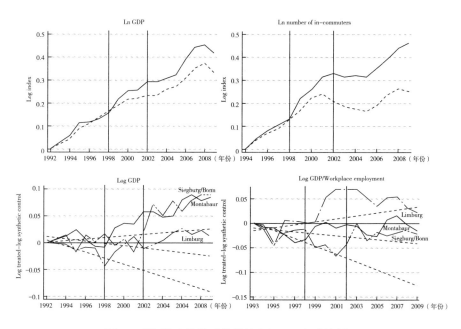

图 1 威斯特法伦州（蒙塔鲍尔）VS 合成控制县

注：实线（虚线）展示了蒙塔鲍尔所在地威斯特法伦州（合成控制县）。垂直线代表实际建设期。构建合成县的权重矩阵时使用了 1997 年及之前的数据。从左到右依次为 GDP 的自然对数、通勤人数自然对数、GDP 的对数、国内生产总值/工人的对数。

图 2 展示了我们对 3 个处理县和 6 个其他结果指标值所做的实际趋势和反事实趋势之间的各种比较。在每个子图中，我们绘制不同结果度量的趋势线（实际—反事实）之间的差异。我们进一步加入外推的线性趋势用以拟合 1998 年之前的观测值，以便直观地比较施工前后的相对趋势变化。

3.2 计量分析

为了更正式地检验高铁对处理县经济的影响，我们采用如下形式的双重差分：

$$\log(Y_{it}) = \theta\left[T_i \times (t > 2002)_t\right] + \sum_{n=1998}^{2002} \theta_n\left[T_i \times (t = n)\right] + \vartheta\left[T_i \times (t - 2003)_t\right] +$$

$$\vartheta^P\left[T_i \times (t - 2003)_t \times (t > 2002)_t\right] + \mu_i + \phi_t + \epsilon_{it} \tag{1}$$

其中，i 和 t 分别代表县（处理组和非处理组）和年份，T_i 是虚拟变量，处理县蒙塔鲍尔、林堡和锡格堡取 1，其他县取 0。（t>2002）代表 2002 年之后的年份，（t=n）也是虚拟变量，代表特定年份 n，（t-2003）代表年度趋势，2003 年取 0，μ_i 和 ϕ_t 分别代表县和年固定效应，ϵ_{it} 是随机误差项。这种设定通过控制处理县和控制县的前期异质性趋势

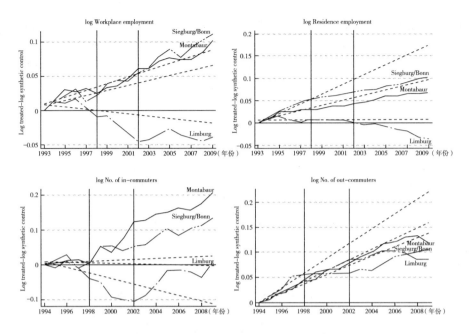

图2 处理县与合成控制县趋势对比

注：实线代表了处理县和合成控制县趋势线之差。垂直线代表高铁实际建设期。利用1997年之前的数据构建合成控制县的权重矩阵。虚线是外推趋势线，用以拟合1998年之前的观测值。

$\vartheta\left[T_i\times(t-2003)_t\right]$，可以考察对经济结果的短期影响$\theta\left[T_i\times(t>2002)_t\right]$以及长期趋势影响$\vartheta^P\left[T_i\times(t-2003)_t\times(t>2002)_t\right]$。对于给定（后期）年份累积影响为$\exp\left[\hat{\theta}+\hat{\vartheta}^P\times(t-2003)\right]-1$。① 新站点自2002年起开始提供运输服务，但自1998年大规模建设工程以来，人们对这条线路的最终完成一直抱有很强的信心。因此，我们加入了一些短期双重差分项$\sum_{n=1998}^{2002}\theta_n\left[T_i\times(t=n)\right]$来吸收建设期的影响，这样，我们的估计值就基于施工前（$t<1998$）和竣工后（$t>2002$）之间的比较。本质上，该模型会得到累积效应（及其显著性）的经验估计值，其对应于图2中后期实线与虚线之间的差异。按照Bertrand等（2004）的建议，标准误差按县进行聚类，以说明序列相关性。

我们首先在表2给出 log GDP 作为结果衡量指标的经验研究结果。我们使用所有非处理组（1）~（3）以及合成组（4）~（6）作为对照组，在每种情况下，都用模型的简化版本对完整模型列（3）和列（6）进行补充。列（1）和列（4）提供了处理组和未处理组在前期（2003年之前）和后期（2003年之后）log GDP 差分的均值比较（以县和年固定效应为条件）。列（2）和列（5）控制施工期的影响，但不控制趋势影响。

---

① 代表性的标准误差是$\exp\left[\mathrm{var}(\hat{\theta})+(t-2003)^2\times\mathrm{var}(\hat{\vartheta}^P)+2\times(t-2003)\times\mathrm{cov}(\hat{\theta},\hat{\vartheta}^P)\right]-1$。

表 2　GDP 的处理效应

组别	（1）	（2）	（3）	（4）	（5）	（6）
	ln GDP					
	处理组			合成控制组		
T× （Year>2002）［θ］	0.057*** （0.006）	0.072*** （0.008）	-0.002 （0.011）	0.049** （0.014）	0.051** （0.016）	0.046* （0.018）
T× （Year>2002）× （Year-2003）［ϑ^P］	—	—	-0.001 （0.003）	—	—	0.006 （0.003）
3 年后累积效应	—	—	-0.003 （0.017）	—	—	0.066* （0.027）
6 年后累积效应	—	—	-0.005 （0.024）	—	—	0.084* （0.036）
地区效应	Yes	Yes	Yes	Yes	Yes	Yes
时间效应	Yes	Yes	Yes	Yes	Yes	Yes
Constr. years×T	—	Yes	Yes	—	Yes	Yes
T× （Year-2003）	—	—	Yes	—	—	Yes
R^2	0.997	0.997	0.997	0.999	0.999	0.999
N	2034	2034	2034	108	108	108

注：括号中的标准误按照县聚类。T 是 0,1 虚拟变量，控制县取 1。累积效应按照 $\exp[\hat{\theta}+\hat{\vartheta}^P\times(t-2003)]-1$ 计算。累计标准误按照 $\exp[var(\hat{\theta})+(t-2003)^2\times var(\hat{\vartheta}^P)+2\times(t-2003)\times cov(\hat{\theta},\hat{\vartheta}^P)]-1$ 计算。Constr. years×T 代表 n 个 T×year 的交互项 $\sum_{n=1998}^{2002}\theta_n[T_i\times(t=n)]$。* 表示 p<0.1，** 表示 p<0.05，*** 表示 p<0.01。

结果比较一致地表明高铁会对 GDP 产生正向显著影响。列（2）表明，如果忽略趋势效应，将施工开始前和施工结束后的时期进行比较，处理县的 GDP 增长比其他县高出约 7%［见列（2）］。该效应略大于基准模型（1），这与直接观察趋势线发现的预期效果是一致的。该效应也大致与图 2 左上角子图中，实际相对趋势（实线）和依据前期趋势构建的线性外推趋势线（虚线）在后期的平均差一致。一旦我们控制了相对趋势，处理效应就消失了。由于对（后期）趋势没有正向影响，这意味着模型将前后时期之间的相对差异归因于处理之前存在的异质趋势。

在我们较为偏好的模型中，我们对处理县与合成县的趋势进行了比较，得出的结果略有不同。模型（4）~模型（6）都指出，短期内，处理县的 GDP 增长超过控制组约 5%。完整的模型（6）也表明，长期会对 GDP 趋势产生正向影响，但在统计上并不显著。3 年后（即 2006 年）和 6 年后（即 2009 年）的累积效应，即短期效应和长期趋势效应的组合，达到 6.5%~8.5% 的统计显著性影响，因而在表 2 列（2）和图 2（左上角）所表明的影响范围内。当使用不同的非处理县组合（可以从中提取算法的县）和预测变量（算法寻求平衡的协变量）时，表 2 中的估计值是稳健的。

在表 3 中，对每个处理县我们都估计了表 2 中最不严格的（1）和最严格的（6）这两个模型。我们发现每个县都存在正的处理效应，且大致在从混合模型得到的结果范围内。6 年之后，每个处理县都比对应的合成反事实县的 GDP 高 7%~10%。

表 3　处理效应对各受处理县 GDP 的影响

	（1）	（2）	（3）	（4）	（5）	（6）
	ln GDP					
	林堡—维尔堡（卢森堡）		韦斯特瓦尔德克雷斯（莱比锡）		莱茵·西格奎斯（西格伯格）	
	处理组	合成控制组	处理组	合成控制组	处理组	合成控制组
T×（Year>2002）[θ]	0.056*** (0.006)	0.033*** (0.010)	−0.058*** (0.006)	0.049** (0.030)	0.057** (0.006)	0.057** (0.023)
T×（Year>2002）×（Year−2003）[ϑ^P]	—	0.005* (0.002)	—	0.007* (0.004)	—	0.005 (0.003)
3 年后累积效应	—	0.050*** (0.009)	—	0.073* (0.039)	—	0.074** (0.026)
6 年后累积效应	—	0.067*** (0.013)	—	0.097* (0.049)	—	0.089** (0.031)
地区效应	Yes	Yes	Yes	Yes	Yes	Yes
时间效应	Yes	Yes	Yes	Yes	Yes	Yes
Constr. years×T	—	Yes	—	Yes	—	Yes
T×（Year−2003）	—	Yes	—	Yes	—	Yes
R^2	0.997	1.000	0.997	1.000	0.999	1.000
N	1998	36	1998	36	1998	36

注：列（2）、列（4）、列（6）中的标准误是稳健的，列（1）、列（3）、列（5）中的标准误按照县聚类。T 是 0，1 虚拟变量，控制县取 1。累积效应按照 $\exp[\hat{\theta}+\hat{\vartheta}^P\times(t-2003)]-1$ 计算。累计标准误按照 $\exp[\mathrm{var}(\hat{\theta})+(t-2003)^2\times\mathrm{var}(\hat{\vartheta}^P)+2\times(t-2003)\times\mathrm{cov}(\hat{\theta},\hat{\vartheta}^P)]-1$ 计算。Constr. years×T 代表 n 个 T×year 的交互项 $\sum_{n=1998}^{2002}\theta_n[T_i\times(t=n)]$。*表示 p<0.1，**表示 p<0.05，***表示 p<0.01。

表 4 展示了用最严格的设定（与控制趋势的合成控制县相比较）得到的不同结果测算值。我们发现对人均 GDP 有显著的正向影响，大致在刚刚讨论过的 GDP 影响的范围之内。因此，经济增长似乎至少部分（如果不是全部）是通过（劳动力）生产率的提高来实现的。然而，值得注意的是，原始的双重差分设定 [表 2 列（2）所采用的方法] 得到了对人均 GDP 和就业率产生积极影响的结果，且影响幅度大致相同。原始的双重差分设定也加入到表 4 列（5）得到的结果中，因为通勤效应的点估计值是正的且显著。这与图

3中展示的研究区域内双边通勤流量的补充性分析结果一致。与2.1部分所报告的经验证据相一致，分析表明，自从高铁开通以来，蒙塔鲍尔和林堡地区的企业便从更大范围的劳动力市场招聘员工。分析还表明，在强度边际（通勤时间减少的变化）上，似乎高铁对外出通勤存在影响。

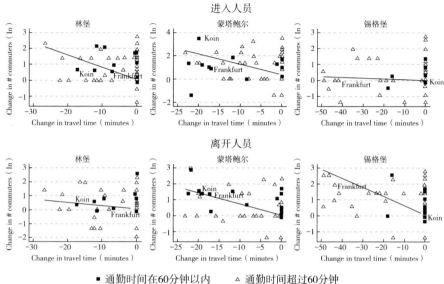

■ 通勤时间在60分钟以内　△ 通勤时间超过60分钟

图3　高铁对其经过城市双边交通流量的影响

注：进入通勤者模型使用了研究区域中所有流向高铁中间站所在地区的流量。外出通勤者模型使用了中间站所在地区流向所有研究区域中的流量。通勤人数的一阶差分是1992~1995年通勤人数平均值与2010~2012年通勤人数平均值之差。交通时间的一阶差分基于图5的交通成本矩阵计算。观测值按照平均通勤人数（所有时期）加权。

表4　对其他经济指标的处理效应

	（1） ln GDP/ workers	（2） ln workplace employment	（3） ln residence employment	（4） ln population	（5） ln no. of in-commuters	（6） ln no. of out-commuters
	合成控制组					
T× （Year>2002） ［θ］	0.056*** （0.010）	−0.020 （0.032）	−0.025 （0.014）	0.009 （0.030）	0.030 （0.086）	−0.015 （0.030）
T× （Year>2002） × （Year−2003） ［ϑ^P］	0.002 （0.004）	0.001 （0.006）	−0.005*** （0.001）	−0.004* （0.004）	0.010 （0.011）	−0.007 （0.004）
3年后累积效应	0.065** （0.021）	−0.023 （0.050）	−0.040** （0.014）	−0.022 （0.021）	0.062 （0.123）	−0.035 （0.039）

续表

	(1) ln GDP/ workers	(2) ln workplace employment	(3) ln residence employment	(4) ln population	(5) ln no. of in-commuters	(6) ln no. of out-commuters
	合成控制组					
6 年后累积效应	0.072* (0.034)	−0.025 (0.069)	−0.055* (0.015)	−0.034 (0.026)	0.095 (0.158)	−0.055 (0.049)
地区效应	Yes	Yes	Yes	Yes	Yes	Yes
时间效应	Yes	Yes	Yes	Yes	Yes	Yes
Constr. years×T	Yes	Yes	Yes	Yes	Yes	Yes
T×（Year−2003）	Yes	Yes	Yes	Yes	Yes	Yes
R^2	0.983	0.999	1.000	1.000	0.998	0.999
N	102	102	102	120	96	96

注：括号中的标准误按照县进行聚类。T 是 0，1 虚拟变量，控制县取 1。累积效应按照 $\exp[\hat{\theta}+\hat{\vartheta}^P\times(t-2003)]-1$ 计算。累计标准误按照 $\exp[var(\hat{\theta})+(t-2003)^2\times var(\hat{\vartheta}^P)+2\times(t-2003)\times cov(\hat{\theta},\hat{\vartheta}^P)]-1$ 计算。Constr. years×T 代表 n 个 T×year 的交互项 $\sum_{n=1998}^{2002}\theta_n[T_i\times(t=n)]$。

总而言之，计量分析结果与进行趋势观察得到的关键发现相同，即高铁会增加邻近中间停靠站区位作为工作地点的吸引力，而非生活地点的吸引力。通过对产业进行进一步分解研究，结果表明处理效应受金融服务业和其他非公共服务业的影响。这与所列举的一些事实证据相符，高铁会对专门从事咨询（EMC[2]）、电信（1&1）、软件（ITAC）或活动（ADG）行业的公司有积极影响。

3.3 证伪

与其他项目评估相同，我们经验工作中的关键识别挑战是为处理组找到可信的反事实。为了确保比较是有效的，我们构建了一个合成控制组，在可观测特征和处理前的趋势方面与处理县相似。此外，我们还利用计量模型进行分析，该模型控制了处理县和控制县在处理前的异质性趋势。我们认为，这样复杂的设定有助于降低风险，即错误地将处理县和控制县之间的宏观经济趋势差异归因于高铁。但我们承认，终究不存在正式的方法来确认已经建立真正的反事实趋势。我们可以做的是评估我们的经验设计反映在事实上不存在处理时的处理效应的可能性。我们在此对三个证伪检验结果进行总结。

我们首先进行了经典的安慰剂检验。我们将经验研究策略用于 HSR，可以假定高铁是在规划阶段但从不会建成，也可以认为这条线路在其穿过的联邦州中第一个州都设有三个中途停靠站，经过波恩（位于北莱茵—威斯特伐利亚的前联邦首府）、科布伦茨（北部莱茵兰—帕拉蒂纳的最大城市）和威斯巴登（黑森州首府）等经济和政治相关的城市。

结果很容易总结。用所有模型设定计算的 3 个城市 GDP 的平均处理效应都接近于零或与零没什么差别。使用原始双重差分设定得到各处理县的单独处理估计值，结果显著但符号不统一，但是当采用把合成县作为控制组的方法时，不存在显著的累积效应（尽管威斯巴登的长期效果在 10% 的水平上显著）。我们也没有发现对其他结果指标的任何显著影响，尽管劳均 GDP 存在较大的正向点估计值（但其标准误差更大）。

我们接下来按照 Abadie 等（2010）的做法，以 GDP 为结果指标，进行安慰剂检验。对于研究区域中的每个非处理县组合（非 HSR 县），我们使用与基准模型中相同的方法生成合成县来估计安慰剂处理的效果。我们发现，在安慰剂处理效应（1000 个随机组合的安慰剂处理县）的分布右尾，实际平均处理效应（三个中间城镇间）处于 90% 置信区间之外。从该安慰剂检验得到的关键结论是，我们采用的方法不可能产生与偶然情况下建造的高铁经过的县相同的处理效应。然而，该安慰剂检验可能对实际接受处理的县有利，因为这些县不是随机在空间中分布的。相反，这些县之间的距离很近（与研究范围内各县之间平均距离相比），且几乎沿着一条直线。因此，与随机选择的安慰剂处理县相比，未观察到的空间相关特征更有可能对实际接受处理县的经济趋势产生相似的影响。

为了解决这一问题，我们对安慰剂处理县的选择过程进行了完善，以进行更严格的检验。然后，我们运行了 1000 个类似的模型，然而，这次要求安慰剂处理县是通过安慰剂高铁连接起来的。在安慰剂检验的每次迭代过程中，第一，我们首先随机选择一个县作为安慰剂高铁（安慰剂科隆）的一个终点。第二，我们从所有县中选择另一个端点（安慰剂法兰克福），使两县之间的距离在 140~180 千米（直线距离，科隆到法兰克福的直线距离是 160 千米）。第三，我们选择 3 个县，使他们的经济中心（最大的城市）到连接两个端点的直线距离最近，将这 3 个县定义为受处理的县（安慰剂中间站）。第四，根据我们的标准做法，为每个接受安慰剂处理的县创建合成控制县。第五，我们利用原始双重差分模型［表 2 列（3）模型使用所有未处理的控制县，并且不控制趋势］和我们偏好的模型［表 2 列（6）模型采用合成控制县，并控制趋势］进行估计，并保存点估计值和显著性水平。在 1000 个检验中，对于偏好的和原始的双重差分模型，分别有 8.4% 和 24% 的结果表明处理效应显著，分别有 5.6% 和 8.2% 的处理效应在 10% 显著水平下显著且至少与基准模型估计值一样大。点估计值的均值非常接近于 0。值得注意的是，安慰剂处理组的标准差 8.6%（5.4%）高于实际处理组的标准差 8.4%（5.7%）。因此我们得出结论认为，我们的经验设定不可能产生虚假的显著处理效应。

4 集聚效应

给定目前得到的结果，我们似乎可以得出这样的结论，即高铁对中间停靠站所在县的经济产生了积极的影响。这种影响符合这样一种观点，即（市场）可达性的增加提高了一个区位作为生产地的吸引力。下一步，我们尝试更全面地用模型研究由高铁修建导致的可达性样式变化，以深入了解集聚力的强度和空间范围。

4.1 经验研究策略

在基准经验模型中，我们假定 i 县 t 年的产出为 Q_{it}，由有效密度 D_{it}、任意的县效应 c_i 和年效应 d_t 决定。

$$\ln(Q_{it}) = \delta_1 \ln(D_{it}) + c_i + d_t + \epsilon_{it} \tag{2}$$

其中，δ_1 是对 D 边际变化而言的有效密度产出弹性，ϵ_{it} 是随机误差项。我们假设，当其他条件相同时，接近更大的经济体会提高企业生产率，促使经济产出水平更高。我们将有效密度设定为所有可到达的县 j 的产出的函数，假定集聚力是个"黑箱"，由土地之外的投入要素的生产率决定。具体而言，我们考虑了所有县之间的双边生产率外部性，假定溢出效应随着地区 i 和 j 之间有效距离的增加呈指数下降，其中有效距离考虑了交通基础设施水平。对有效密度的衡量采用市场潜力的形式（Harris，1954），该方法在集聚经济学相关的理论文献（Fujita and Ogawa，1982；Lucas and Rossi-Hansberg，2002）和经验文献（Ahlfeldt et al.，2015；Ahlfeldt and Wendland，2013）中很流行。在 NEG 相关的经验文献中也采用了类似的方法。

$$D_{it} = \sum_j Q_j e^{-\delta_2 E_{ij}} \tag{3}$$

其中，$\delta_2 > 0$ 决定了区域 i 和 j 之间有效距离内生产率效应的空间衰减率。[①] 市场潜力方程的优点在于，在不强加任意离散分类的情况下，能有效地允许由空间外部性导致的生产率效应随与周围经济体有效距离的变化而变化。本文没有假定外部性在一个区域内或者连续性的区域组成的行政边界内发挥作用，对有效密度的衡量考虑到了外部性存在于这些边界之间。

出于各种原因，估计感兴趣的参数 δ_1 和 δ_2 具有挑战性：第一，很难控制包含于 c_i 中所有的区位因素，这些因素会对生产率造成影响，并且可能与集聚的测算值相关。第二，存在机械内生性问题，当 i=j 时，市场潜力中也会存在因变量产出（Q_{it}）。因此，未观测到的对产出的冲击可能会导致产出与有效密度之间存在伪相关。若内部有效距离 $E_{ij=i}$ 足够短以至于 $Q_{ij=i}$ 的权重十分大，则问题就不可小视。第三，对产出冲击可能存在空间相关性，因此 i 和 j 的相邻区域也会存在相同的问题。

第一个问题可以通过对方程（2）进行差分来解决，因为通过差分可以将不可观测到的不随时间变化的区位因素剔除，例如 Hanson（2005）的做法。从项目评估结果中可以得知，我们在基准模型中对 1998~2002 年的建设期进行长差分，但在另外的设定中我们考虑了其他的最终日期。第二个问题原则上可以通过将邻近区域 j 在更大空间单元上聚合（Hanson，2005）或者用推定值来代替 $Q_{ij=i}$（Ahlfeldt and Wendland，2013）得到解决。这两种策略都以丢失信息为代价。第三个问题更难以解决，因为对邻近区域产出的冲击可能不仅与水平相关，还可能与趋势相关。

[①] 我们的内部有效距离 $E_{ij=i}$ 取决于县 i 的土地面积，因此我们的测量对应于县内外部性的标准密度测量。

我们的经验研究策略通过利用高铁导致的双边运输时间的变化，可以解决以上提到的问题。我们将两个时期内所有区域 j 的产出水平都设置在 1998 年的水平上（$Q_{jt=1998}$），以便能够专门识别有效距离的变化。我们的估计方程采用如下形式：

$$\ln(Q_{i,\,t=2002}) - \ln(Q_{i,\,t=1998}) = \delta_0 + \delta_1 \left[\begin{array}{l} \ln\left(\sum_j Q_{j,\,t=1998} e^{-\delta_2 E_{ij},\,t=2002} \right) \\ - \ln\left(\sum_j Q_{j,\,t=1998} e^{-\delta_2 E_{ij},\,t=1998} \right) \end{array} \right] + \Delta \epsilon_i \qquad (4)$$

我们想强调的是，这种设定与传统的一阶差分方法不同，不同之处在于市场潜力的一阶差分是由交通时间的变化而非产出的变化导致的。式（4）的估计利用非线性最小二乘估计量以同时估计感兴趣的参数 δ_1 和 δ_2。有了估计出的参数，就可以将由 i 县一单位市场潜力引起的 j 地区经济量一单位增量对 i 县造成的影响表示成双边有效距离的函数。

$$\frac{\partial \log(Q_i)}{\partial Q_j} \times \left(\sum_j Q_j e^{-\varepsilon_2 E_{ij}} \right) = \hat{\delta}_1 \exp(-\hat{\delta}_2 E_{ij}) \qquad (5)$$

如果经济增长发生在一个有效距离短的县，则相同的经济增长会使这个县受益更多。

为了对稳健性进行证实、证伪与评估，我们对式（4）的设定进行了一些修改。我们利用不同产业部门的 GVA 作为结果变量对式（4）进行估计。我们在较大的参数范围内对（δ_1，δ_2）进行网格搜索，以评估集聚效应和溢出效应的参数是否能够可靠、独立地识别出来。我们将本文的结果与允许更加灵活的衰减形式的市场潜力模型得到的结果进行比较。

我们考虑与初始部门构成、工人能力和集聚效应相关的趋势。我们同样控制了高铁建设之前预先存在的趋势，并使用其他面板设定研究调整的时间样式。重要的是，我们利用工具变量来对识别变异加以限制，使不仅相对时间是外生的，而且相对高铁线路也是外生的。对于证伪，我们利用安慰剂——高铁（曾经考虑过但未建设），预期至少在短期内，公共部门的 GVA 不会受到高铁建设的影响。最后，我们将劳均 GDP 作为被解释变量，重复以上分析方法，研究密度对生产率的影响，以与研究生产率影响的相关文献衔接更紧密。在该替代性设定中，我们同样控制了行业部门的结构和工人能力的变化来解决选择效应问题。

4.2 有效距离的近似值

为了实施上文所列出的经验研究策略，我们需要计算研究区域内每两个县之间的双边交通成本，即有效距离的经验近似值。为了计算有效距离，我们使用地理信息系统（GIS）和交通基础设施信息。在连接两个县时，我们将每一对县中最大的城市作为各自的经济中心。在计算有效距离时，我们假设运输成本仅与交通时间有关，且路线是基于交通时间最小化选择的。识别变异完全来源于所讨论的高铁路线。我们将交通技术的其他方面变化全部抽象出来。

为了求解连接所有可能的出发点与目的地的最小成本矩阵，我们将交通时间分配到交通网络的每个部分，该方法基于网络距离和以下速度：高铁 160 千米/小时，大致与科隆—法兰克福高铁速度一致，全程180千米，用时70分钟；普通铁路80千米/小时，大致与普通铁路205千米路程140分钟的速度一致；高速公路100千米/小时，其他主要道路80千米/小时。我们采用不同的方法将这些运输模式组合起来。在基准成本矩阵中，我们允许乘客在任何城市从公路转换到铁路（每个城市都有火车站），在高铁可用时从任何交通运输方式转换为高铁。为了进行稳健性检验，我们用两种可选的决策规则计算交通时间。在其中一种规则下，乘客可以选择汽车、铁路或者高铁（可用时），但是在一段路程中不允许转换交通方式。在另一种规则下，我们完全剔除了汽车。由于汽车是更具竞争力的方式，因此交通时间的变化反映了真正的可达性改善的上限。

在每一种情况下，我们将区域i=j内的平均内部交通时间近似为沿相当于具有相同表面积的圆的半径的2/3的距离以80千米/小时的速度（主要公路）行驶的交通时间。

图4展示了在基准决策规则和只能选择铁路的决策规则下，在有高铁和没有高铁时（$115^2=$）13225个县对之间的交通时间分布。很明显，高铁的引入能明显提升铁路网络的竞争力，与公路交通时间分布相比，铁路交通时间分布变化明显。在没有高铁之前，公路网络几乎能够以最快速的方式将所有县对连接起来，因此公路交通时间矩阵有效地描述了最小成本矩阵。与预期相同，当高铁作为一种可与汽车结合起来的潜在模式时，可以减少许多路线上的交通时间，尤其是对那些时间在50分钟或以上的路线。

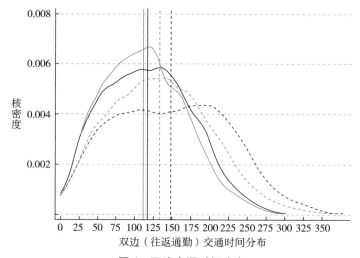

图4 双边交通时间分布

注：黑色（灰色）实线展示了双边公路交通时间分布（包括高铁在内汽车和铁路的最快组合）。黑色（灰色）虚线展示了在没有（包括）高铁情况下铁路双边交通时间分布。垂直线表示各分布的均值。

4.3 市场潜力对产出的影响：基准结果

表5列（1）总结了利用区域GDP的对数值作为经济结果的式（4）给出的模型的估计结果。估计结果表明，存在正向的溢出效应，并随着距离衰减。假定产出相对市场潜力

弹性为 18.5%，市场潜力增加 1 倍意味着使 GDP 增加 20% ［＝exp（0.185）－1］。交通时间每增加 1 分钟，溢出效应减少 2.3%，相当于半衰期交通时间为 30 分钟。当交通时间为 200 分钟时，溢出效应的强度会降低到 1% 左右。图 5 粗曲线说明了区位 i 市场潜力增加 1 个单位所导致的区位 j 经济总量增加所隐含的生产率效应。根据这一估算出的空间衰退，我们在图 1 中说明了市场潜力的变化。毫不奇怪，蒙塔鲍尔（所在县的主要城镇）受高铁影响可达性改善最大。将估计的市场潜力弹性系数与市场潜力增加 0.34 个对数点相结合，预计蒙塔鲍尔 GDP 将增加 6%，接近"项目评估"部分估计的 3 年后的累积效应。

表 5　不同部门市场潜力对产出的效应

部门	（1） $\Delta \ln$ GDP 1998~2002 年 所有部门	（2） $\Delta \ln$ GVA 1998~2002 年 建筑业	（3） $\Delta \ln$ GVA 1998~2002 年 采矿业	（4） $\Delta \ln$ GVA 1998~2002 年 制造业	（5） $\Delta \ln$ GVA 1998~2002 年 金融服务业	（6） $\Delta \ln$ GVA 1998~2002 年 其他服务业
$\Delta \ln$ Market potential（δ_1）	0.185 *** (0.051)	0.360 *** (0.167)	0.320 ** (0.124)	0.331 ** (0.118)	0.379 ** (0.116)	0.155 (0.094)
Decay（δ_2）	0.022 ** (0.011)	0.021 (0.014)	0.033 (0.022)	0.032 * (0.018)	0.014 (0.013)	0.010 (0.022)
R^2	0.054	0.036	0.030	0.037	0.050	0.021
N	115	115	115	115	115	115

注：所有模型的估计方法都是非线性最小二乘法。市场潜力系数 δ_1 的稳健标准误（括号内）是异方差稳健的，通过假定衰减系数 δ_2 为常数，等于非线性最小二乘法得到的估计结果，分别利用最小二乘法计算得到。区域 i 的市场潜力是所有区域 j 的产出的运输成本加权和。市场潜力的变化完全是由区域间交通成本的变化导致的。区域产出水平保持在 1998 年的水平不变。* 表示 p<0.1，** 表示 p<0.05，*** 表示 p<0.01。

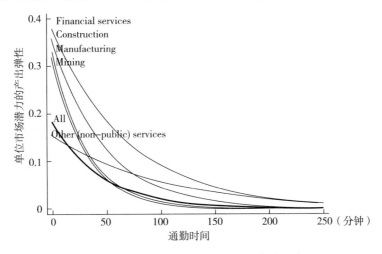

图 5　市场潜力通过有效距离对产出的影响

注：该图显示了当 j 县的产量增加使 i 县的初始市场潜力增加 1 个单位时，对 i 县产出的影响。该图说明了式（5）中所定义的集聚溢出效应。δ_1 和 δ_2 取自表 2 中的结果。

表 5 中其他列展示了将区域 GDP 替换为不同产业部门 GVA 作为结果变量时，根据式（4）估计得到的结果。所估计出的溢出效应在图 5 中以细曲线表示。估计值基本上在列（1）的范围之内。然而，对于一些部门来说，估计参数不太准确。结果还表明，列（1）中的市场潜力弹性估计值在一定程度上被对集聚效应不太敏感的部门拉低了，即除金融业外的其他服务业。对于建筑业、采矿业、制造业和金融服务业，产出对市场潜力的弹性相对较大。

由于高铁线专门用于客运，我们希望能够捕捉到与人类互动有关的马歇尔外部性。可能的外部性包括由正式和非正式会议引起的知识外溢、劳动力市场准入性和匹配性的改善，以及中间商品和消费市场接近性提高，充分接近中间品与消费者达到使沟通便利，降低交易成本（但不包括运费）的程度。

因此，我们的结果基本可以与 Ahlfeldt 等（2015）、Ahlfeldt 和 Wendland（2013）进行比较，他们从城市内部变化角度估计了溢出效应对生产率的影响。这些研究发现，溢出效应明显更加本地化。这些研究中的溢出效应在大约半千米内衰减至 0，与 Arzaghi 和 Henderson（2008）的结论一致，他们也关注城市内的变化。与这些研究相比，更小的空间衰减系数意味着我们捕捉到的是不同类型的空间外部性。虽然针对城市内部研究的急剧溢出衰减表明，在近邻中，频繁的有目的的或偶然的面对面接触起主导作用（Storper and Venables，2004）。我们的研究表明，高铁效应在中间范围内能通过以下途径发挥作用，从共享投入和劳动力池、提高劳动力市场匹配度，以及增加消费者和生产者市场可达性中获得利益。这种解释也与强调贸易成本的一项 NEG 经验研究结果一致，该研究也发现了显著较低的空间衰减结果（Hanson，2005）。

4.4 市场潜力对产出的影响：证实、稳健性和证伪

正如在任何市场潜力方程中一样，弹性和衰减参数并不一定都是分开识别的。实际上，只有在市场潜力方程中加入（特别的）空间衰减函数式才允许分别估计市场弹性系数 δ_1 和衰减系数 δ_2。一般而言，衰减系数 δ_2 越大意味着距离更远的区域以较低的权重纳入市场潜力中，降低了固有的空间平滑程度。由此产生的市场潜力的较大变化往往意味着弹性系数 δ_1 估计值偏低。

由于可能存在符合数据的多个关键参数的组合，我们对 δ_1 和 δ_2 可能的 500 个值（0.001-0.5）组成的 250000 个参数组合进行网格搜索，结果展示在表 5 中。对于每对参数组合，我们计算各区域产出的观测值和预测值之离差平方和的根值。如图 6 所示，我们找到了相对较为明显的全局最小值，其支持表 5 和图 5 中的参数估计值。使用另一种方法的稳健性检验来识别弹性系数和衰减参数，提高了用表 5 所报告的较大标准误所估计出的衰减参数点估计值的可信性。

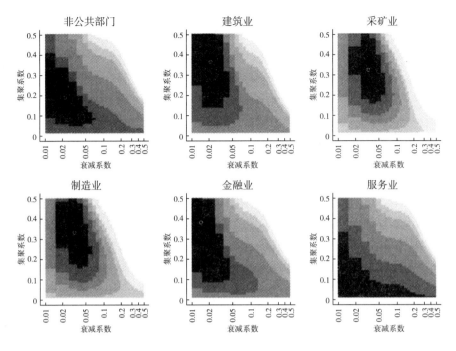

图 6　市场潜力对产出的影响：参数空间范围内的网格搜索

注：深色部分表示预测的产出对数值与实际产出对数值之间的误差平方根较小，其中预测产出对数值的变化量和实际产出对数值的变化量均标准化为均值为零。产出是按照所有非公共部门的 GDP 和所有其他部门的 GVA 来衡量的。服务业不包括金融业和公共服务业。类别阈值分别对应于二维参数空间 $\{0, 0.1\}$ 分布中第 1、第 5、第 10、第 25、第 50、第 75、第 90、第 95 和第 99 百分位数。白色圆圈表示表 5 中非线性最小二乘法的点估计值。横坐标的数值取自然对数。

在表 6 中，我们给出了对表 5 列（1）的基准模型进行一系列改变的形式。我们假定衰减参数等于基准模型［表 5 列（1）］中的估计值，使市场潜力弹性在不同形式的模型中是可比的。在列（1）~列（3）中，我们控制了可能与市场潜力变化相关但是在经济上与之无关，且有可能干扰估计结果的趋势。因而，设定这些模型的目的与对在"项目评估"部分构建合成县时纳入可观测值进行匹配的做法相同。在模型（4）中，我们还控制了 log GDP 在建设前（1992~1997 年）的时间趋势，以说明未观测到的县的特征决定长期增长趋势的可能性。① 该控制的目的类似于在构建合成县时匹配前期趋势以及在项目评估 DD 模型中控制前期异质性。市场潜力弹性虽略有下降，但仍然显著，且在基准模型估计值范围内。

---

① 我们采用 1992~1997 年而非 1992~1998 年的 GDP 对数值的长期差分，以避免等式两边都有 1998 年 GDP 对数值时出现的机械内生性问题。

表6　集聚效应：拓展模型

	（1）	（2）	（3）	（4）	（5）	（6）
			$\Delta\ln$ GDP all sectors 1998~2002			$\Delta\ln$ GV A public services 1998~2002
	OLS	OLS	OLS	OLS	2SLS	OLS
$\Delta\ln$ Market potential （δ_1）	0.0149*** (0.048)	0.154*** (0.046)	0.154*** (0.066)	0.138** (0.068)	0.057** (0.006)	−0.014 (0.081)
Industry shares	—	Yes	Yes	Yes	Yes	—
Degree share	—	Yes	Yes	Yes	Yes	—
集聚效应	—	—	Yes	Yes	Yes	—
$\Delta\ln$ GDP all sectors 1992−2007	—	—	—	Yes	Yes	—
F-stat （Cragg-Donald）	—	—	—	—	23.95	—
Hansen J （p-value）	—	—	—	—	0.33	—
R^2	0.123	0.145	0.220	0.235	0.235	0.000
N	115	115	115	115	115	115

注：括号中的稳健标准误差是异方差稳健的。$\Delta\ln$ 市场潜力（δ_1）基于式（3）和表5列（1）中的衰减参数（δ_1）得到。行业比例是1998年以下部门占GVA总额的比例：建筑业、制造业、采矿业、金融服务业及其他服务业。学位比例是1998年拥有大学学位的劳动力（在工作地点）的比例。集聚效应包括1998年的市场潜力、人口密度、1997年的log GDP 以及到法兰克福和科隆的直线距离。列（5）中的工具变量是三个指标变量，每个指标变量表示一个中途停靠站所在的县，即林堡、蒙塔鲍尔和锡格堡。* 表示 $p<0.1$，** 表示 $p<0.05$，*** 表示 $p<0.01$。

在模型（5）中，我们假定对于中间停靠站（林堡、蒙塔鲍尔、锡格堡）而言，高铁的时间和路线都是外生的，对于终点站科隆和法兰克福而言，只有时间是外生的。为了将市场潜力的变化范围限制在最合理的外生部分，我们用三个工具变量衡量市场潜力的变化，每个工具变量代表中间停靠站所在的一个县。市场潜力弹性仍然是显著的，但是进一步下降至12.5%左右。工具变量是显著（F-stat>10）的，然而我们更愿意从理论方面（将识别限制在可能的外生变化上）解释这些变量的合理性，我们注意到 Sargan-Hansen 检验并不拒绝有效性。

在模型（6）中，我们用公共部门的 GVA 而非总体 GDP 作为左侧产出的衡量标准。我们将该模型视为安慰剂检验，因为公共部门的空间分布至少在短期内不太可能由经济集聚力决定。与解释一致，我们发现集聚效应接近于0且不显著。

到目前为止，我们通过假定经济调整发生在1998~2002年，估计了高铁的集聚效应。这种选择是基于"项目评估"部分得到的结果，该部分研究表明，中途停靠站所在的每个县在这段时间内都受到了实质性的影响。为了评估调整的时间模式并在经验上证实所选的调整期，我们采用 Ahlfeldt 和 Maennig（2015）的类似做法，估计了处理效应随时间变化的模型，其中处理用表 6 中使用的市场潜力变化来衡量。利用该模型，我们估计了一系列市场弹性系数，每个弹性系数都是通过比较处理年份 n 和基准年份 1998 年的 GDP 对数值长期差分和市场潜力对数值来确定的。我们建立该模型以使识别变异对应于表 6 列（5）中我们最为保守的长期差分模型，即我们控制与可观测值相关的趋势，并使用工具变量将识别变异限制为中途停靠站。图 7 的注释有更明确的细节，提供了所得到的市场潜力弹性估计值。

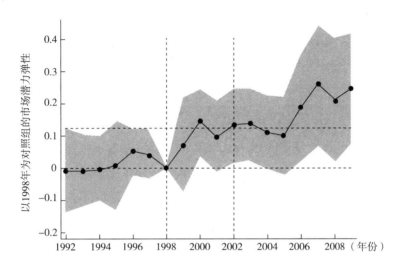

图 7　市场潜力系数：时间变动估计

注：本图基于以下面板设定：$\ln(Q_{it}) = \sum_{n \neq 1998} [\delta_{1,n} \Delta \ln(D_i) \times (t=n)] + X_{it} b_t + c_i + d_t + \epsilon_{it}$，其中，$Q_{it}$ 表示 i 县 t 年以 GDP 衡量的产出估计值，n 代表除基准年份 1998 年之外的，从 1992 年到 2009 年的受处理的年份，$\Delta \ln(D_i)$ 是根据表 5 列（1）中估计得到的衰减参数得到的市场潜力变化，X_{it} 是与以下变量的向量相互作用的年向量效应：1998 年各行业占总 GVA 的比例（建筑业、制造业、采矿业、金融服务业和其他非公共服务业）、1998 年拥有大学学历的劳动力（在工作场所）占比、1998 年的市场潜力、人口密度、1997 年的 GDP 对数值以及法兰克福到科隆的直线距离。b_t 是每个变量与年份组合的系数矩阵。c_i 和 d_t 与方程（2）含义相同，分别表示县效应和年效应。我们使用年效应和三个指标变量的所有交互项作为市场潜力变化与年份交互项 $\Delta \ln(D_i) \times (t=n)$ 的工具变量，该三个指标每个代表了中途停靠站所在的一个县（林堡、蒙塔鲍尔和锡格堡）。黑色点代表了 $\delta_{1,n}$ 的估计值，灰色区域代表了 95% 置信区间（标准误按照县聚类）。垂直虚线代表了表 5 和表 6 中长期差分的期间。上面的水平虚线表示表 6 列（5）模型中估计的市场潜力弹性，根据识别变化可以与此处的模型进行比较。

与预期相同，我们发现处理年份在 1998 年之前时，经济活动的空间分布对市场潜在冲击没有明显的反应，而对于处理年份在 1998 年之后的，市场潜力弹性估计系数与表 6 第（5）列中的估计值趋同且变化较快。直到 2000 年，由于仍然预期该线路将于 2002 年开通，空间经济活动似乎已经适应了市场潜力的冲击，随时间变化的弹性系数估计值在此后期间保持相对稳定。该样式表明，高铁的影响只存在于水平层面，并不会对经济活动的趋势造成影响。然而在 2006 年，我们观察到受益于高铁的地区经济活动发生了进一步转变。从经济调整的整体趋势来看，这一转变似乎与市场潜力的冲击有些脱节，然而最终仍难以判断这种转变是否与高铁有因果关系。

我们对基准模型进行了一些进一步的修改，本小节其余部分将对此进行简要讨论。

尽管溢出效应空间衰减的指数方程形式是动态的，在理论研究和经验研究中比较流行 (Fujita and Ogawa，1982；Lucas and Rossi-Hansberg，2002；Ahlfeldt et al.，2015），但从理论上仍然可以想到其他函数形式。我们利用另一种方法对基准模型进行估计，按照交通时间对地区进行划分，每隔20分钟为一组（例如，0~20分钟、20~40分钟），将市场潜力表示为每组包含地区的GDP之和。对每组地区分别估计市场潜力弹性，从而使空间衰减采取更为灵活的形式。将该替代模型得到的市场潜力变化对GDP的预测影响与基准模型结果进行比较，可以发现近乎呈线性关系，表明我们所采用的空间衰减的方程形式是恰当的。与此相关的是，我们解决了行业市场潜力衰减系数不显著的问题，通过估计市场潜力弹性，对所有行业的衰减系数进行了估计，得到的结果非常显著。除非公共服务业（该行业在表5中的估计结果就不显著）外，市场潜力估计值与表5中得到的范围非常接近。

我们已经研究了在不同交通决策规则下构建的以交通时间为基础的模型。在一个替代选择模型中，我们不允许在旅途中从火车换到汽车，反之亦然。在另一种选择模型中，我们完全不允许使用汽车。结果在性质上保持不变，估计值在此处提供的结果范围内。

此外，我们还研究了可选工具变量，以将识别限制为由于中间停靠站导致的市场潜力的变化。具体而言，我们考虑了蒙塔鲍尔直线距离的对数值、中间停靠站所在县的指示变量和邻近县的指示变量几种备选方法。结果仍然与表6中的结果接近。

最后，我们将实际的高铁替换为前文提到的考虑过但未建设的高铁，重复了分析主要阶段的步骤。在这个真实性检验中，我们没有发现高铁效应的有利证据。

4.5 市场潜力对生产率的影响

正如引言中所讨论的，大量文献通过将生产率对密度进行回归来分析集聚效应。为了与这些文献衔接，并评估前文讨论的市场潜力（有效密度）对GDP的影响在多大程度上可归因于劳动力生产率的提高（而不是劳动力的扩大），我们将GDP与总就业量（在工作场所）的比率作为被解释变量，重复前文步骤进行分析。经验设定使用了类似NEG文献中的名义工资方程（Hanson，2005）。表7展示了3个最小二乘方法［列（1）~列（3）］和3个两阶段最小二乘法［列（4）~列（6）］的估计结果。在每种情况下，我们给出了人均GDP增长和市场潜力对数值变化的相关性，一种使用与表6列（4）中相同的控制方法，另一种考虑了行业结构和劳动力技能构成的变化。所使用的工具变量与表6列（5）相同。

列（2）和列（5）是我们较为偏好的结果，表明GDP的增长是由工人生产率的提高，而非劳动力的增加导致的，估计弹性在表6模型得到的范围内。将这些结果与研究密度对生产率影响的文献进行比较，可以注意到，我们所采用的市场潜力考虑到了周围地区的经济活动，尽管这些地区的权重较低。因此，作为有效密度的度量，市场潜力引入了空间自相关，这减少了各个县之间有效密度的差异。事实证明，在我们的数据中，1998年

表 7　生产率效应

	（1）	（2）	（3）	（4）	（5）	（6）
	ΔLn ［GDP/Employment （workplace）］ 1998~2002					
	OLS	OLS	OLS	2SLS	2SLS	2SLS
Δln Market potential （δ_1）	0.066 (0.059)	0.132** (0.058)	0.009 (0.048)	0.170*** (0.055)	0.108* (0.062)	0.042 (0.059)
Industry shares	—	Yes	Yes	—	Yes	Yes
Degree share	—	Yes	Yes	—	Yes	Yes
集聚效应	—	Yes	Yes	—	Yes	Yes
Δln GDP/Employment （workplace） 1992~2007	—	Yes	Yes	—	Yes	Yes
复合效应	—	—	Yes	—	—	Yes
R^2	0.007	0.148	0.495	—	0.147	0.487
N	115	115	115	115	115	115

注：括号中的稳健标准误差是异方差稳健的。Δln 市场潜力（δ_1）基于式（3）和表 5 列（1）中的衰减参数（δ_1）计算得到。行业占比是 1998 年以下各部门占 GVA 总额的比例：建筑业、制造业、采矿业、金融服务业和其他服务业。学位比例是 1999 年拥有大学学位的劳动力（在工作地点）的比例。集聚效应包括 1998 年市场潜力、人口密度、1997 年 GDP 对数值和法兰克福到科隆的直线距离。结构效应是 1998~2002 年行业比例的变化和 1999~2002 年学位比例的变化。列（4）~列（6）的工具变量是三个指标变量，每个指标变量表示中间站林堡、蒙塔鲍尔和锡格堡所在的一个县。* 表示 p<0.1，** 表示 p<0.05，*** 表示 p<0.01。

各县市场潜力对数值的标准差几乎是各地区就业密度标准差的 3 倍。因此，我们得到的生产率对有效密度的弹性不能直接与大多数集聚经济学相关的文献得到的估计结果进行比较，因为市场潜力每增加 1% 意味着密度增加得更多。通过将有效密度（市场潜力）与密度（每个地区的就业量）的标准差的对数比进行标准化，我们的估计结果表明生产率对就业密度的弹性为 3.8%，该结果与横截面研究设计得到的结果非常接近。

一旦我们控制了工业部门和技能构成的变化，生产率效应就会明显减少，并且不再与 0 存在差异［列（3）和列（6）］。一种解释是，平均而言，人均产出的增长是由高生产率和技能密集型行业的扩张所导致的，这些行业尤其受益于高铁。这可能表明，经济调整主要是由于选择效应而不是集聚效应导致的（Combes et al.，2012）。另一种解释是，我们对部门和技能组成的控制是内生性的，可能存在过度控制，正如 Angrist 和 Pischke（2009）所认为的，这是一个糟糕的控制问题。

5　外部有效性

在得出下一部分的结论之前，我们需要对外部有效性进行进一步解释。正如许多提高识别的尝试一样，当我们估计小城镇受到较大可达性冲击的因果效用时，无关紧要单元法

（Redding and Turner，2015）提供了局部处理效应估计值。如果边际集聚效应相对城市规模是凹的，那么对于典型的互联大城市，高铁的效应会更小。由于我们所采用的无关紧要单元法不适用于有目的连接的大城市（意味着潜在的反向因果关系），因此我们无法检验两者之间的凹性关系。也就是说，生产率对密度的隐含弹性 3.8%（参见上文）接近于已有文献可比平均估计值这一事实，至少说明我们的结果具有一般性。

与每个案例研究一样，一些因素在本文中是特定的，在将结论应用到其他部分时需要进一步思考。如第 2.1 节所述，科隆—法兰克福高铁与高速公路（A3）是平行建造的，这种替代品的存在就像高铁本身的技术一样，可能会影响对高铁效应的估计。如果有人同意我们的估计参数具有一定的外部有效性，我们的市场潜力方法可以根据下式计算反事实结果：

$$\Delta \ln(\hat{Q}_i) = \hat{\delta}_1 \left[\ln \left(\sum_j Q_{j,\ t=1998} e^{-\hat{\delta}_2 E_{ij,\ t=post}} \right) - \ln \left(\sum_j Q_{j,\ t=1998} e^{-\hat{\delta}_2 E_{ij,\ t=prt}} \right) \right]$$

其中，$\hat{\delta}_1$ 是我们所偏好的产出对有效密度的估计值，$\hat{\delta}_2$ 是我们所偏好的空间衰减系数的估计值。所有的变量与方程（4）中定义的一样。通过对高铁开通前后交通矩阵 $E_{ij,\ t=post}$ 设定铁路和公路的不同速度，可以利用上式求解不同情况下的预测产出 $\Delta \ln \widehat{(Q_i)}$，并进行互相比较。表 8 中，我们分不同情况进行讨论，首先增加高铁的速度（如表 8 列（1）至列（4）所示），然后剔除高速公路（表 8 列（5））并提高高速公路的速度（表 8 列（6））。在没有高速公路的情况下，高铁对三个中间停靠站所在镇的影响甚至更大，而且几乎与将高铁速度增加 40 千米/小时（增加 25%，假定高铁和高速公路没有互补性）的效果相同。与直觉相同，将高速公路的速度增加 20 千米/小时与将高铁速度减少 20 千米/小时的效果大致相同。

表 8　反事实情景

	（1）	（2）	（3）	（4）	（5）	（6）
高速铁路速度（千米/小时）	140	160	180	200	160	160
高速公路速度（千米/小时）	100	100	100	100	0	120
对林堡 GDP 的影响（%）	3.16	4.55	5.73	6.75	6.62	2.37
对蒙塔鲍尔 GDP 的影响（%）	4.85	6.40	7.65	8.71	9.14	4.02
对锡格堡 GDP 的影响（%）	1.63	2.25	2.79	3.27	3.29	1.33
对 GDP 的总体影响（€，billion）	5.16	7.90	10.46	12.88	10.99	4.53
实际 GDP 的额外影响百分比（2）	-34.74	0	32.41	63.03	39.01	-42.67

注：该表展示了两种模式在不同的平均速度下，高铁对相对 GDP 和总体 GDP 的影响。反事实产出结果根据 $\Delta \ln (\hat{Q}_i) = \hat{\delta}_1 \Delta \hat{D}_i$ 计算得到，其中 $\hat{\delta}_1$ 是我们偏好的产出对有效密度的弹性估计值。对 $\Delta \hat{D}_i$ 中的交通矩阵计算时，我们严格假定个体通常会选择两个县之间最快的路线。个体可以在任何铁路站点自由转换铁路和汽车。

我们所分析的制度背景的另一个特征是对基础设施的补充投资。对锡格堡站（新的架空系统，可到达指定车站）以及波恩到锡格堡（中间停靠站之一）之间的轻轨进行了微小的升级。林堡、蒙塔鲍尔和锡格堡车站大楼是新建或扩建的，并对现有设施进行了改进，如公共汽车站（Roggendorf and Schmidt，1999）。第 2.1 节所讨论的许多新建或扩建的商业活动位于高铁站附近开发的商业园区内。很难构建包括高铁站而不包括补充投资的反事实情况，因为经验证据充分表明，如果没有高铁，也不会存在这些补充性投资。我们认为，最好的理解是，经济影响来自于大量可达性收益和对公司有利的补充性措施的结合。因此，考虑到补充性政策通常伴随着高铁的推出，我们可以将结果推广到其他情况。

最后再提及一下企业家拉尔夫·多默穆特，他在自己的家乡蒙塔鲍尔创立了世界上最大的网络托管公司之一 1&1，他也是蒙塔鲍尔高铁站附近商业园开发的重要投资者。与第 2 部分所列举的利益相关者一样，他强调高铁是经济发展的关键因素，特别是高铁使得能够接近更为广泛的劳动力池（Ferdinand，2015）。然而，拉尔夫·多默穆特之所以积极地参与投资，有可能是因为存在对家乡的个人依恋，这也就意味着如果不存在这样一个富有的积极的市民，高铁对蒙塔鲍尔的影响可能会更小，至少会存在迟延。

6　结论

我们分析了德国科隆—法兰克福高铁对经济的影响，该高铁连接了德国的两个主要经济核心区和沿途的一些边缘地区。出于制度设置的原因，高铁的建设是一种非常少见的情况，交通情况的改善会导致接近周边经济体的状况发生外生变化。我们发现，该线路开通 6 年后，中间停靠站所在县 GDP 的平均值比反事实情况下的结果增加了 8.5%。我们进一步利用高铁所提供的准实验变动，估计了集聚效应的强度和空间范围，对相关文献做出了一些贡献。在最为保守的模型中，我们发现产出对有效密度，即市场潜力的弹性大约为 12.5%。我们的结果还表明，生产率对密度的弹性为 3.8%，且在现有横截面估计的范围内。溢出效应的强度每 30 分钟减弱一半，大约在 200 分钟之后接近于 0。我们得到的溢出效应与以往对城市内部的研究相比明显更加非本地化，但是与强调贸易成本的经验 NEG 文献得到的结果相比更加本地化。高铁通过以下途径为边缘区域带来益处：知识扩散、劳动力池以及中间商品和消费市场接近性提高产生的效应。充分接近中间品与消费者使沟通便利，降低交易成本，因此产生马歇尔外部性（Marshall，1920）。现有证据认为，交通情况的改善会通过贸易渠道在牺牲边缘区域的情况下使核心区域受益（Faber，2014），我们得到了与之互补的结果。

第十章

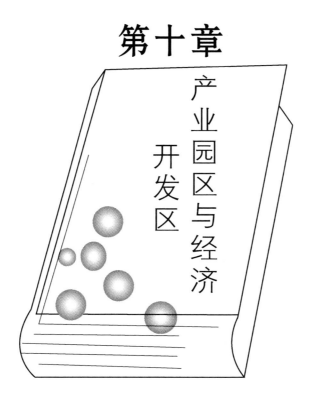

产业园区与经济开发区

一、园区效率与经济增长

1. 省级开发区升格改善了城市经济效率吗？——来自异质性开发区的准实验证据

作者： 孔令丞；柴泽阳
单位： 华东理工大学商学院
期刊： 《管理世界》
关键词： 开发区升格；经济效率；倍差法；开发区异质性

摘要： 2009 年重启的开发区升格标志着我国开发区的建设由数量扩增转为质量提升的新阶段。本文基于 2009 年省级开发区升格政策的准自然实验，利用 2004~2016 年 126 个城市的数据，考察了开发区升格对城市经济效率的影响。研究发现：①开发区升格政策有效推动了城市经济效率的提升，该结果通过了一系列稳健性检验；②机制分析表明，开发区升格通过企业进入机制显著推动了城市经济效率提升，但优惠政策机制和企业成长机制并不显著；③异质性分析表明，无论从升格数量还是升格规模来看，政策强度与城市经济效率均呈倒"U"型关系；从交通便利性差异来看，开发区交通越便利，越有利于升格政策发挥经济效应；从政府效率差异来看，低效率政府不利于升格政策效应的发挥；从发展水平来看，低水平开发区和高水平开发区的升格政策效应相差无几。

发表时间：2021-01-05

2. 开发区竞争如何影响企业出口产品质量——来自中国工业企业的证据

作者： 张先锋；刘佳佳；彭飞
单位： 合肥工业大学经济学院
期刊： 《产业经济研究》
关键词： 开发区竞争；出口产品质量；生产效率；过度竞争；开发区清理整顿

摘要： 本文以 Hallak 和 Sivadasan（2013）的企业产品质量异质性模型为基础，纳入中国特有的开发区竞争因素，探讨了开发区竞争影响出口产品质量的内在机制，并基于中国工业企业样本进行了实证检验。研究表明，2000~2007 年，开发区竞争显著抑制了企业出口产品质量提升，但对于国家级开发区内企业、加工贸易企业出口产品质量而言，该抑制作用并不显著，且高行政级别城市内的开发区竞争促进了企业出口产品质量提升。机制检验发现，开发区因过度竞争而抑制企业生产效率，进而对企业出口产品质量提升产生负面影响。进一步研究发现，全国开发区清理整顿之后，2007~2011 年开发区竞争对企业出口产品质量的促进作用逐渐显现；纵观 2000~2011 年的样本，开发区竞争与企业出口产品质量间存在显著的倒"U"型关系。此外，开发区清理整顿事件前，开发区竞争对企业的出口数量表现出显著的促进作用，而清理整顿之后，开发区竞争对出口数量表现出一定的抑制作用。总体而言，在开发区清理整顿前后，开发区竞争对企业出口产品的影响呈现出由"量"到"质"的转变。研究结论为以开发区为载体促进我国贸易高质量发展提供了重要的决策参考。

发表时间：2020-09-20

3. 开发区政策与中国企业"出口—生产率悖论"

作者： 李丽霞；李培鑫；张学良
单位： 上海理工大学管理学院；上海社会科学院经济研究所；上海财经大学城市与区域科学学院
期刊：《经济学动态》
关键词： 开发区政策；"出口—生产率悖论"；出口选择效应；出口学习效应
摘要： 开发区在我国改革开放进程中发挥着重要的平台和载体作用，本文重点分析开发区政策对企业出口和生产率关系的影响，既为解释我国"出口—生产率悖论"提供了新的视角，也丰富了对以开发区为代表的政府政策的实施效果评价。基于1998~2007年中国工业企业数据，研究发现，企业出口和生产率之间的关系在开发区内外呈现出显著的不同，从企业的出口选择效应来看，开发区降低了企业出口的生产率门槛，在开发区内出现了低生产率企业进入出口市场的悖论，而开发区外的样本则基本遵循了高生产率企业出口的自选择效应。此外，企业的出口学习效应在开发区内外都显著存在，但是开发区政策也对其产生了一定的负向影响，区内企业在出口后所获得的生产率提升要小于非开发区样本。通过考虑开发区的级别、采用匹配估计方法、控制开发区自身选择效应进行稳健性检验，以及对不同地区和时间、不同所有制和出口密集度的企业进行分样本估计，本文的主要结论仍然成立。

发表时间：2020-07-18

4. 国家级新区对区域经济增长的带动效应——基于70个大中城市的经验证据

作者： 曹清峰
单位： 天津财经大学现代经济管理研究院
期刊：《中国工业经济》
关键词： 国家级新区；区域经济增长；双重差分
摘要： 国家级新区对区域经济增长的带动效应是否具有持续性、是否符合区域协调发展与高质量增长要求以及空间布局是否合理，是长期以来困扰国家级新区建设的核心争论。本文利用双重差分方法系统评估了国家级新区对区域经济增长的带动效应，回答了上述争论。研究发现，国家级新区持续带动了区域经济增长，使所在城市年均 GDP 增长率显著提高了约 1.51 个百分点，且其带动效应可持续 7 年；国家级新区通过"空间溢出效应"促进了区域协调发展，对其 150 千米内城市的经济增长不存在显著负向"虹吸效应"的同时，显著带动了其周边 150~200 千米内城市的经济增长；国家级新区通过改变区域经济增长的不利初始条件、制度创新与要素数量扩张带动了区域经济增长，有利于缩小区域经济发展差距，但未能带动区域高质量增长；国家级新区规划面积的合理区间为 500~2000 平方千米，区域协同增长效应使双城布局的国家级新区对区域经济增长的带动效应更强。本文建议，应优先支持重要经济带中心城市设立新的国家级新区来应对当前经济下行压力；将经济增长质量约束纳入国家级新区发展规划与管理中；合理控制国家级新区的规划面积，支持城市群内不同城市联合申请设立国家级新区。

发表时间：2020-07-17

5. 开发区、资源配置与宏观经济效率——基于中国工业企业的实证研究

作者：张天华；邓宇铭
单位：华南师范大学经济管理学院；北京大学国家发展研究院；厦门大学经济学院
期刊：《经济学（季刊）》
关键词：开发区；要素投入扭曲；总量生产率
摘要：本文基于资源错配理论，实证检验中国开发区的设立对企业要素配置效率的影响，测算要素配置效率变化产生的宏观经济效应。研究发现，设立开发区的区县，企业资本投入不足的情况得到缓解，但企业劳动过度投入的情况更加严重。从单一投入要素来看，通过影响资本和劳动投入效率带来的总量经济效应分别为 1.5% 和 -1.24%。总体上，开发区通过企业资源配置改善了宏观经济效率，综合两者的影响，开发区的设立使总量生产率年均提升 1.52%。

发表时间：2020-07-15

6. 开发区设立与地区资源错配：理论机制与经验辨识

作者：白东北；张营营；唐青青
单位：安徽财经大学经济学院；西北大学经济管理学院
期刊：《财经研究》
关键词：开发区设立；市场配置扭曲；生产率离散度；双重差分方法
摘要：本文基于 2001~2009 年中国工业企业数据，从微观视角精准测度了地区资源错配程度，并以开发区的设立作为准自然实验来评估其与资源错配之间的因果关系，且对其内在机制进行了分析。研究发现，开发区设立通过扭曲市场配置加剧了地区资源错配程度，在考虑了识别假设条件和一系列其他可能干扰估计结果的因素后，这一结论依然成

立。进一步研究表明，市场化水平和制度效率缓解了开发区设立对地区资源错配的政策冲击，同时，"成熟型"开发区较"成长型"和"初创型"开发区对地区资源错配影响程度较小。影响机制检验表明，开发区设立会通过加剧地方政府竞争、延缓低效率企业退出市场以及扭曲投资结构而影响地区资源错配程度。据此，本文认为，构建统一市场以减少投资结构扭曲、有效提高市场化水平、提升公共产品供给与公共服务质量是缓解开发区设立对地区资源错配的政策冲击和推进中国经济向高质量发展的有效路径。

发表时间：2020-07-02

7. 开发区层级与域内企业并购

作者：蔡庆丰；陈熠辉
单位：厦门大学经济学院
期刊：《中国工业经济》
关键词：开发区层级；企业并购；技术并购；地区竞争；并购绩效
摘要：在全球经济和产业格局发生深刻变革的时代背景下，开发区建设能否形成新的集聚效应和增长动力对于引领中国经济高质量发展至关重要。本文利用中国上市公司2007~2018年发起的并购事件和手工收集整理的开发区域内企业信息，实证检验了不同层级开发区设立对企业并购行为的影响。研究发现，不同层级开发区的运行机制及其对域内企业并购行为的影响机理和结果存在明显差异。实证结果显示，国家级开发区设立会抑制企业的并购扩张行为，这一抑制效应在市场化程度较高地区和中央企业中更明显；而省级开发区设立对企业的并购行为起正向促进作用，并且在市场化程度较低地区和地方国有企业中促进效应更显著；进一步地，国家级开发区内企业的并购行为更多是基于内涵式的创新驱动，体现在增加企业的技术并购、高新技术企业并购、被并购方拥有更多专利、行业内横向并购，以及减少无关多元化并购、属地并购和纵向并购，这带来了更好的长期并购绩效；而省级开发区内企业的并购行为更多是基于地区经济竞争的规模扩张和产业链延伸，表现为更多的无关多元化并购、属地并购和纵向并购，而且降低了企业的长期并购绩效。

发表时间：2020-06-28

8. 开发区政策影响中国产业空间集聚吗——基于跨越行政边界的集聚视角

作者：孟美侠；曹希广；张学良
单位：上海财经大学城市与区域科学学院
期刊：《中国工业经济》
关键词：开发区政策；产业空间集聚DO指数；目标行业
摘要：本文从理论和实证两方面分析了以开发区为代表的区域导向性政策对整体产业

空间集聚的影响。理论模型表明，开发区的优惠政策使企业在中心区域与外围区域间转移，降低了产业整体空间的集聚程度。本文同时利用中国工业企业数据库和度量产业空间集聚的 DO 指数方法进行了实证分析。结果表明，成为开发区目标行业显著抑制了该行业在整体空间上的集聚；开发区政策对产业空间集聚的抑制作用主要在资本密集型行业和技术密集型行业中体现；地方保护主义倾向越强，地方政府竞争越激烈，开发区政策对产业空间集聚的抑制作用越明显，而对外贸易水平的提高会弱化开发区政策对产业空间集聚的抑制作用；开发区优惠政策降低企业开办成本从而导致外围地区企业数量增加是产业空间集聚程度下降的主要原因。

发表时间：2019-11-21

二、产业政策与园区经济效率

1. "经济飞地"政策与企业投资：同群效应还是追赶效应？

作者：肖怿昕；金雪军
单位：浙江大学经济学院
期刊：《产业经济研究》
关键词："经济飞地"开发区政策；企业投资；同群效应；追赶效应
摘要：企业是经济高质量发展的微观基础，以"经济飞地"政策驱动企业发展是实现经济高质量发展的关键路径，因此，研究"经济飞地"政策对企业投资的影响机制具有重要意义。本文基于 2007~2018 年中国 A 股上市公司的微观数据，通过双重差分模型，实证考察了"经济飞地"政策中的开发区政策对企业投资的影响。研究结果显示：第一，开发区政策能显著扩大企业的投资规模，缩小其与行业平均投资规模的差距。这说明企业投资存在显著的同群效应。第二，对于在位企业而言，开发区政策对企业投资规模与行业最高投资规模之间的差距没有影响。这说明，在位企业的投资不存在显著的追赶效应。第三，对于国有企业、位于政府干预程度较强地区的企业，或者位于国家级开发区的企业来说，开发区政策会使这些企业产生显著的投资同群效应。第四，开发区政策可能使开发区内的在位企业产生投资同群效应，同时也可能吸引更多的企业进入开发区，进而产生企业投资的追赶效应。

发表时间：2020-11-20

2. 比较优势与中央、地方的产业政策

作者：赵婷；陈钊

单位：复旦大学经济学院中国社会主义市场经济研究中心

　　期刊：《世界经济》

　　关键词：中央与地方；产业政策；比较优势；开发区

　　摘要：本文围绕比较优势分析了中央和地方出台产业政策的特征规律。我们发现，中央选择的重点产业仅在东部地区具备或能够培育起比较优势，在中西部则不然。与此同时，在地方尤其是中西部地区扶持的重点产业中，中央重点产业占比越来越高，这导致中西部地区在产业政策选择上越来越偏离自己的比较优势。进一步研究发现，偏离程度更大的中西部地区获批了更多的国家级开发区，这为我们理解地方在产业政策制定上为何紧跟中央重点产业而偏离自身比较优势提供了新的视角。

　　发表时间：2019-10-10

3. 国家高新区的设立能否推动城市产业结构优化升级？——基于 PSM-DID 方法的实证分析

　　作者：王鹏；吴思霖；李彦

　　单位：暨南大学经济学院

　　期刊：《经济社会体制比较》

　　关键词：国家高新区；产业结构优化升级；城市发展水平；倾向得分匹配双重差分法

　　摘要：国家高新区是推动高新技术产业发展和提升科技创新水平的重要载体，承载着促进产业结构优化升级的使命。基于当前我国依靠创新驱动的经济转型背景，本文采用 2007~2015 年 285 个地级及以上城市的面板数据，分别构建产业结构高级化和合理化指标，并运用倾向得分匹配双重差分法（PSM-DID）分析了国家高新区的设立对城市产业结构优化升级的影响。实证结果显示：第一，国家高新区显著推动了城市产业结构的高级化和合理化进程，该结果具有稳健性；第二，随着时间的推移，高新区对产业结构高级化的推动作用逐渐增强，对产业结构合理化的作用逐渐减弱；第三，城市发展水平会影响高新区设立对产业结构优化升级的政策效应，城市金融发展和财政支出水平的提高促进了高新区对产业结构高级化的影响，外商直接投资和第二产业发展水平的提高则促进了高新区对产业结构合理化的影响。因此，各地方政府可以通过加大对高新技术企业及其人才引进的支持力度，引导就业结构与产业结构相适应，以及增加财政支出、提升城市整体发展水平等途径，为国家高新区推动产业结构优化升级创造良好环境。

　　发表时间：2019-07-15

4. 中国省级以上开发区空间分布特征及影响因素

　　作者：胡森林；周亮；滕堂伟；庄良

　　单位：华东师范大学中国现代城市研究中心/城市与区域科学学院；中国科学院地理

科学与资源研究所；华东师范大学地理科学学院

期刊：《经济地理》

关键词： 开发区；空间集聚与优化；地理探测器；行政级别；产业规模；科技创新中国

摘要： 开发区作为塑造中国经济地理格局的重要力量，其空间布局的外部特征和内在机理亟待研究。本文运用最邻近点距离指数、核密度估计与地理探测器等方法，探究了中国 2527 个省级以上开发区空间分布规律及其影响因素。研究表明：①开发区总体上呈"东密西疏"的空间分布特征，与"胡焕庸线"和三大自然区划高度耦合。②开发区在空间上具有以"城市群—中心城市"为依托的多核心连片集聚特征，且存在着显著的级别、类型异质性。③开发区整体空间分布是自然本底、经济因素和政策因素综合作用的结果，影响开发区空间分布的因子因开发区级别、类型不同而表现出一定的共性和差异性。城市劳动力资源和行政级别是影响开发区分布最为重要的因素；城市经济实力、信息化、地方政府竞争是次级核心因子。

发表时间：2019-01-26

5. 外商投资开放政策、出口加工区与企业出口生存——基于产业关联视角的探究

作者： 孙浦阳；张龑

单位： 南开大学跨国公司研究中心；南开大学经济学院国际经济贸易系；南京大学社会学院

期刊：《经济学（季刊）》

关键词： 外商投资开放政策；产业关联效应；出口生存

摘要： 本文基于理论和实证两个方面的研究发现，不同的区域产业关联度影响外商投资开放政策对企业出口贸易关系生存的作用效果。出口加工区和保税区内较强的产业关联效应显著提升了上游的综合外商投资开放政策对下游企业出口生存的促进作用；上游制造业和服务业的外商投资开放政策对下游企业出口生存的影响存在差异；技术溢出和劳动力竞争是产业关联效应发挥作用的两个渠道，其相对强弱决定着上游外商投资开放政策对下游企业出口生存的作用方向。

发表时间：2019-01-15

6. 国家高新区如何影响城市群创新空间结构——基于单中心—多中心视角

作者： 张林；高安刚

单位： 广西大学商学院；北部湾大学经济管理学院

期刊：《经济学家》

关键词： 国家高新区；城市群；创新空间结构；多中心

摘要：国家高新区是国家制度力量嵌入城市空间的重要表现形式，但其对城市群创新空间结构演化究竟起到何种作用需要检验。本文运用 2003~2016 年中国 13 个城市群面板数据，基于单中心—多中心视角测度城市群创新空间结构，采用双重差分法考察国家高新区对城市群创新空间结构的影响。研究发现，国家高新区显著推动城市群向创新多中心空间结构模式演进，且显著通过缩小城市间知识密集型服务业发展水平差距强化了这一效应。进一步研究发现，国家高新区对城市群创新多中心空间结构的影响具有显著的区域异质性。在进行一系列稳健性检验后，这些结论依然成立。本文为国家制度与城市群创新空间结构研究领域提供了新的经验证据，对基于城市群创新空间结构的国家高新区战略优化具有重要政策含义。

发表时间：2019-01-05

三、出口加工区溢出效应研究

The Spillover Effect of Export Processing Zones

作者：Weixiao Wu，Chang Hong，Andrew Muhammad

期刊：*China Economic Review*

摘要：China has established many Export Processing Zones（EPZs）to support exports in a few industries with the support of local government. These industries can be defined as the pillar industries of an EPZ. We use a difference-in-difference approach to study the spillover effect of an EPZ on the adjacent firms outside the zone, using a sample of 42 Chinese cities with their first EPZs being founded during 2000-2005. We find that EPZs improve the performance of surrounding firms near the zone, with the impact being larger for firms in the pillar industries that the EPZs particularly favor. We also find that the magnitude of spillovers depends on the distance between a firm and the nearest EPZ：pillar-industry firms can receive higher premium by locating close to an EPZ, and this impact is the opposite for non-pillar industry firms. We examine the potential heterogeneous effects and find that the spillover effects are bigger for larger EPZs and EPZs designed to promote high-tech industries. We also find that domestic firms benefit more from the EPZ policy compared to their foreign counterparts.

出口加工区溢出效应研究

译者：高宇杰

摘要：在地方政府的支持下，我国建立了许多出口加工区（EPZ），以促进当地部分产业的出口。这些产业可以被定义为出口加工区的支柱产业。本文筛选出了 2000~2005 年首次建立出口加工区的 42 个城市，并以这些城市为样本，使用双重差分法研究了出口加工区对区外邻近企业的溢出效应。研究发现，出口加工区提升了园区附近企业的业绩，尤其是对从事支柱产业的企业影响更大。此外，本文还发现，溢出效应的大小取决于企业与最近的出口加工区之间的距离，从事支柱产业的区外企业可以通过靠近出口加工区获得更多的溢价，而从事非支柱产业的企业受到的影响则相反。本文检验了潜在的异质效应并发现，规模较大的出口加工区和旨在促进高新技术产业发展的出口加工区的溢出效应更大。此外，与国外同行相比，国内企业从出口加工区政策中获益更多。

1　引言

出口加工区（EPZ）是为了刺激出口而设立的特殊区域，享有其他区域所没有的特殊激励措施和政策（Neveling，2019）。地方政府通过提供优惠的税收和关税政策，吸引跨国公司来本地进行投资经营，从而刺激出口，促进基础设施建设。近年来，发展中国家出口加工区数量不断增加，尤其是2001年我国加入世界贸易组织以来，出口加工区的数量急剧增加。2000~2005年，我国共有22个省份的42个城市建立了57个出口加工区（见图1），这些出口加工区的建立符合我国出口导向型经济发展战略，与我国增加出口的总体目标一致。

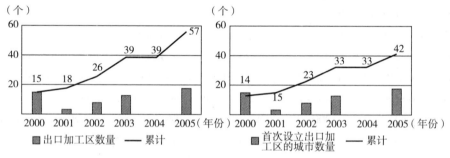

图1　中国出口加工区设立情况

自贸区的建立与增加出口的总体目标是一致的，这一目标是基于贸易对GDP增长的显著贡献这一理念。在政策优惠方面，我国出口加工区内的企业进口原材料免征关税，同时可以获得廉价的国内资源和劳动力。已有较多文献研究了出口加工区的有利影响，这种经济特区的建立和区域导向型政策有利于吸引外国直接投资和跨国公司的设立，加强区内企业与邻近地区之间的联系，促进地区经济的发展（Parente and Prescott，1994；Cheung and Ping，2004；Blomstrom and Kokko，1994）；通过供应链垂直技术转让促进产业发展（Cheung and Ping，2004；Jabbour and Mucchielli，2007；Pack and Saggi，2001）；促进园区内外低技能和高技能劳动力形成协同效应（Blomström and Kokko，1998；Cheung and Ping，2004；Glass and Saggi，2002）。此外，也有学者质疑出口加工区和区域导向型政策的正向促进作用。一些研究认为，这些政策的实施实际上可能会减少区外企业的资源，从而不利于地区整体经济发展（Aitken and Harrison，1999；Djankov and Hoekman，2000；Kathuria，2000）；其他研究认为，出口加工区的投资成本较高，可能给地方政府带来较沉重的财政负担（Lu，Wang and Zhu，2018；Wang，2013）。

本文研究了出口加工区对邻近企业的外部性和溢出效应。出口加工区对东道国经济体的外部效应包括学习效应、人力资本发展和示范效应（Johansson，1994；Johansson，1997；Cing，Razafindrakoto and Roubaud，2005）。Johansson（1994）认为，出口加工区对东道国具有催化作用，有利于启动出口导向型的工业化进程，并为东道国带来大量知识。Chen 等（2017）认为，出口加工区能够有效促进当地经济发展，尤其是当该政策和本地生产结构联系较强时促进效应更为显著。Johansson 和 Nilsson（1997）指出，出口加工区内的外国企业有利于形成示范效应，本地企业有机会学习如何在世界市场上生产、营销、销售和分销产品，从而促进本地企业的发展。然而，也有研究认为，考虑到出口加工区融入本地经济的程度较低，以及外国投资的波动性，溢出效应和外部性可能是有限的（Cling et al.，2005）。

总体而言，有关出口加工区和区域导向型政策对邻近地区的影响尚未取得一致结论。不同学者对这些政策的整体效果提出了不同的论点。2000 年以来，中国出口加工区的大量设立，为研究出口加工区的政策效应提供了现实基础，尤其是加入世界贸易组织（WTO）以来，自贸区数量的大幅增加为该问题的研究提供了一个理想的实验场景。已有大量文献研究了出口加工区和区域导向型政策对区域内企业和经济发展的影响。然而，对邻近地区溢出效应的研究相对较少，且大多数研究都使用了市级或县级的加总数据进行研究，忽略了微观层面（企业级）的影响，这很大程度上是由于企业层面经济活动和所处位置的数据较为匮乏，限制了对出口加工区邻近企业溢出效应的研究。

本文为研究出口加工区对区外邻近企业的溢出效应提供了微观层面的证据，构建了一个独特的数据集，将基于邮政编码的地图数据与出口加工区和中国工业企业调查数据库（ASIF）进行匹配，以 2000~2005 年设立出口加工区的 42 个城市为样本，检验了这些城市 1998~2009 年制造业企业的产出变动。该数据集提供了有关企业和出口加工区位置的详细信息，从而可以评估企业距离出口加工区的地理位置对溢出效应的影响。此外，本文还收集到了有关企业所有权（本国企业还是外国企业）的具体信息，并发现出口加工区对外国企业和本国企业都有相似的溢出效应。

本文的研究分为三个阶段：首先，我们使用双重差分法（DID）研究了出口加工区对目标行业（出口加工区支持的支柱行业）邻近企业的溢出效应，并加入年份效应研究了溢出效应的滞后性。其次，本文研究了不同类型的支柱行业和不同距离的企业溢出效应的异质性。最后，本文分析了企业所有权的不同（即外资与内资）对溢出效应的影响，研究了影响出口加工区设立的关键因素以及对邻近企业的影响，包括哪些企业受益于出口加工区政策、哪些因素（距离、所有权、行业类型等）能够影响这些政策的有效性、出口加工区是否只是简单地进行资源再分配、能否实际提高邻近地区的福利。

检验因果关系需要确定适当的处理组和控制组，以处理潜在的选择偏误（Angrist and

Krueger，1999；Meyer，1995；Moser and Voena，2012；Wong and Chu，1984）。本文研究出口加工区对区外企业的溢出效应，考虑到出口加工区支持特定行业（目标行业或支柱行业）的发展，我们将位于出口加工区以外且从事的行业属于该出口加工区支柱行业的企业定义为处理组，将位于出口加工区以外且从事的行业不属于该出口加工区支柱行业的企业定义为控制组，直接采用双重差分法研究出口加工区如何提高邻近企业（以下简称支柱企业或者支柱行业企业）的经济表现。为了排除选择偏误，本文采用双重差分法检验选择性偏误的经典做法，比较了出口加工区建立之前处理组（支柱企业）和对照组（非支柱企业）的趋势，然后利用没有出口加工区的城市的微观数据进行反事实检验，以进一步评估结果的稳健性。为了剔除同一城市存在多个出口加工区造成的潜在偏误，本文选择仅有一个出口加工区的城市子样本进行分析。

本文研究得到三个重要结论：第一，出口加工区政策对区外支柱行业企业的经济活动有显著正向影响。出口加工区设立之后，处理组的企业产量增加了9%，全要素生产率（TFP）增长了1.5%，但该效应存在滞后性，对产出的促进作用只有在第3年之后才显示出来，对全要素生产率的促进作用只有在第5年之后才显示出来。第二，溢出效应随着与出口加工区距离的增加而逐渐减小。也就是说，与出口加工区的距离越远，支柱企业的生产率增长就越慢。企业和出口加工区之间的距离每增加1千米，这种影响就会减少0.06%。第三，支柱产业为高科技行业的出口加工区对企业的影响较为显著。相比之下，支持劳动密集型产业的出口加工区对支柱企业的影响微乎其微。

本文的研究建立在已有有关工业园区和经济特区研究的基础上，并进行了进一步的探索。Bondonio 和 Greenbaum（2007）以及 Busso 和 Kline（2008）研究了工业园区对当地经济活动的影响。Wang（2013）的研究表明，与没有经济特区政策的城市相比，实施经济特区政策的城市的生产率增长率（市级）将高出0.6%。除 Schminke 和 Van Biesebroeck（2013）、Chen 等（2017），以及陈、鲁、蒂明斯和向（2019）外，较少的研究从微观层面考察了我国工业园区和区位导向型政策的影响。Schminke 和 Van Biesebroeck（2013）研究发现，区域导向型政策可以对企业层面的出口量和产品质量产生积极影响。Chen 等（2017）研究发现，出口加工区对邻近企业有积极影响，并认为原因在于溢出效应的存在。Chen 等（2019）的研究表明，经济开发区及其相关溢出效应取决于所处的区位，与内陆地区相比，沿海地区的正向效应更大。

本文也属于在地理框架下分析空间政策的准自然实验影响的文献。Zhang 等（2017）考虑了地理因素，发现靠近工业园区的公司的生产率受到的影响更大。Lu 等（2018）使用纳入地理编码的县级经济普查数据进行研究，发现经济特区可以促使当地资本投入增加58%，产出增加29%。

在这些研究的基础上，我们考察了出口加工区对邻近企业产出和生产率的溢出效应，并进一步研究了溢出效应如何随距离、出口加工区支持的行业类型以及企业所有权的类型不同而变化。

此外，针对 Neumark 和 Simpson（2015）指出的有关区域导向型政策的效率提升和资源再分配问题,本文也提供了一些证据。如前所述,以往研究认为现有资源的再分配降低了当地的生产率,从而挑战了区域导向型政策的效率(Kline and Moretti, 2013; Neumark and Kolko, 2010; Rossi-Hansberg et al., 2010)。本文通过检验企业到邻近的出口加工区的增量溢出效应,为资源再分配问题提供了一些见解。值得注意的是,无论距离远近,一个城市内的企业都将从当地所设立的出口加工区中受益,这意味着区域导向型政策所带来的收益并不仅来源于资源的再分配。

2 中国出口加工区建立背景

出口加工区在中国是一个相对封闭的区域,该区域进口原材料和出口享有经济激励,以此来吸引投资者和企业(Feenstra, Hong, Ma and Spencer, 2013)。由于出口加工区的企业进口原材料免征关税,并可以获得廉价劳动力,因此对出口导向型跨国公司极具吸引力。出口加工区可以通过吸引国外投资实现促进出口导向型经济增长的目标,对促进所在城市的综合发展发挥了重要作用,吸引了数十亿美元的外商直接投资,促进了不同地区的产业集群。

截至 2013 年,中国有 66 个出口加工区;而在 2000 年之前,中国只有 1 个出口加工区(见图 2)。随着中国加入世界贸易组织,2000~2005 年出口加工区的数量增加到 58 个,此后,由于政府补贴减少、人民币升值和劳动力成本上升,出口加工区的增长势头迅速放缓。2000~2005 年出口加工区的空间分布情况是:初始阶段,出口加工区数量较少,且大部分位于沿海地区;随着西部大开发战略和中部崛起战略的实施,出口加工区的设立范围逐步扩大到内陆地区。然而,考虑到出口加工区产业的出口导向性质,靠近港口和主要集散地具有较大优势,出口加工区仍然主要集中在沿海省份。

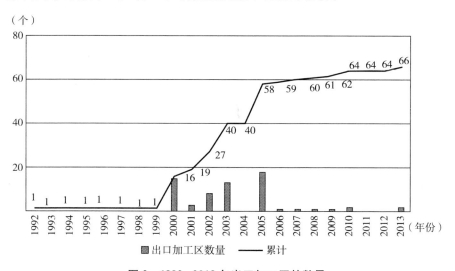

图 2　1992~2013 年出口加工区的数量

我国的出口加工区促进各地区的产业集群。每个出口加工区都支持特定的目标或支柱产业，并鼓励外商投资支柱产业，经批准后，可在开发区内建设组装厂和研发中心。

3 数据和趋势分析

3.1 数据说明

对地区导向型经济政策的评估涉及很多方面，包括政策如何通过创造就业机会、提高整体生产率和经济产出来激发当地经济活力。在本文的研究中，我们认为支柱行业企业的产量和生产率是衡量当地经济活动的关键指标。

本文的数据来源包括：工业企业年度调查、出口加工区的详细信息和邮政编码地图。企业层面数据来自中国国家统计局（NBSC）进行的工业企业年度调查（1998~2009 年）。本次调查提供了所有销售额在 500 万元人民币以上（规模以上企业）的制造业企业的财务报表和非财务指标数据，包括国有企业和非国有企业。关键变量包括所有权性质、就业人数、股本数量、总产值、附加值、工资、行业类型和联系信息等（例如公司名称、电话、邮政编码、联系人），产值使用物价指数换算成实际值。每家企业都可以根据地址对邮政编码进行地理编码。为了衡量企业绩效，本文参考 Olley 和 Pakes（1996）的方法计算全要素生产率（TFP），该方法能够解决 TFP 估计中存在的两个问题：①不可观测的生产率变量与停产决策之间的自选择偏误问题；②生产率和投入变量之间的反向因果问题。

本文以国家发展改革委（NDRC）公布的 57 个出口加工区的名单为标准，该名单包含每个出口加工区的编码、名称、成立年份、所在城市、邮政编码、土地面积以及开发区扶持的目标或支柱产业。结合出口加工区的信息和工业企业年度调查，可以区分出某企业是否位于出口加工区内，以及位于出口加工区之外的企业与出口加工区的距离。由于其中有 7 个城市有多个出口加工区，本文参考 Chen 等（2017）的做法，将本文的分析仅限于首次成立出口加工区的 42 个城市，以使本文能够准确分析初次建立的出口加工区的影响。

本文使用邮政编码数据来计算企业和最近的出口加工区之间的距离。中国的邮政编码地图可以提供每个邮政编码中心的经纬度数据，因而本文能够使用邮政编码之间的距离来近似衡量不同公司和出口加工区之间的距离。最后，本文将支柱企业定义为企业所处行业与距离最近的出口加工区的前三大支柱产业相同的企业，并删除缺少产值、邮政编码信息或位置信息错误的企业样本，最终形成由时间跨度为 11 年的 209742 家公司组成的非平衡面板数据。

3.2 数据描述性统计和双重差分结果

表 1 展示了同一城市内部位于出口加工区之外的企业的描述性统计数据，本文将企业分为两组：支柱企业和非支柱企业。表中 A 部分展示了两组企业在出口加工区建立前后实际年产量的变化；B 部分比较了两组企业的 TFP；C 部分展示了企业距离出口加工区的

平均距离；D 部分展示了支柱企业和非支柱企业的数量。每部分均按照所有权类型进行分组分析。"设立前"是指出口加工区设立前 5 年内的数据，"设立后"是指出口加工区设立后 9 年内的数据。表 1 的第（7）列展示了支柱企业和非支柱企业在出口加工区设立前后变动数值的差值。

表 1　出口加工区之外企业产出、生产率、距离、企业数量变动描述性统计

		平均值及标准差						
		支柱企业			非支柱企业			DID
		之前	之后	变动	之前	之后	变动	
		（1）	（2）	（3）	（4）	（5）	（6）	（7）
A. 产出	总体	32.70 (42.15)	46.97 (51.05)	14.27 (1.06)	32.09 (38.98)	41.44 (47.50)	9.35 (0.12)	4.92 (0.01)
	国外企业	40.97 (49.82)	55.16 (56.31)	14.18 (2.21)	39.42 (44.20)	51.07 (53.15)	11.65 (0.28)	2.53 (0.03)
	国内企业	27.07 (35.71)	42.86 (47.64)	15.79 (1.15)	27.83 (34.39)	37.60 (44.30)	9.77 (0.14)	6.02 (0.01)
B. TFP	总体	1.19 (0.27)	1.34 (0.26)	0.16 (0.01)	1.19 (0.31)	1.31 (0.28)	0.12 (0.00)	0.03 (0.00)
	国外企业	1.21 (0.22)	1.32 (0.28)	0.11 (0.01)	1.23 (0.31)	1.31 (0.29)	0.08 (0.00)	0.03 (0.00)
	国内企业	1.19 (0.27)	1.36 (0.24)	0.17 (0.01)	1.21 (0.28)	1.32 (0.27)	0.11 (0.00)	0.05 (0.00)
C. 距离	总体	38.30 (21.95)	35.87 (22.03)	−2.44 (0.54)	34.50 (27.21)	37.97 (28.77)	3.47 (0.30)	−5.91 (0.00)
	国外企业	33.10 (17.93)	30.66 (19.28)	−2.44 (0.79)	28.24 (19.55)	31.57 (22.37)	3.33 (0.12)	−5.77 (0.01)
	国内企业	40.69 (22.40)	38.13 (22.58)	−2.56 (0.69)	36.94 (27.26)	40.44 (29.95)	3.50 (0.11)	−6.05 (0.01)
D. 企业数量	总体	16.70 (95.48)	56.43 (174.45)	2.38 (2.63)	1076.26 (1367)	1849.98 (2078)	0.72 (4.54)	1.66 (0.02)
	国外企业	7.88 (28.39)	19.10 (70.07)	1.43 (1.57)	317.57 (713)	473.08 (666)	0.49 (4.26)	0.94 (0.02)
	国内企业	11.26 (65.04)	41.23 (152.62)	2.66 (2.45)	606.28 (568)	1314.65 (1660)	1.17 (3.38)	1.49 (0.02)

　　由表 1 第（1）列和第（4）列比较可以发现，在出口加工区建立之前支柱企业和非

支柱企业之间没有显著的差异，说明采用 DID 方法是有效的（Meyer，1995）。

从表 1 中可以得到以下结论。第一，处理组和控制组在出口加工区设立之后存在显著差异。出口加工区的设立提高了支柱企业和非支柱企业的实际产出和全要素生产率，但支柱企业的增幅更大。与国外公司相比，国内公司往往从出口加工区中受益更多。第二，出口加工区通过吸引企业到当地经营来激发当地经济活力。出口加工区设立之后，支柱企业数量翻了一番以上，非支柱产业企业增长了 72%，其中内资企业数量增加较快。第三，支柱企业距离出口加工区更近，相比非支柱企业平均距离小 2.5 千米，且无论是国外公司还是国内公司都存在相同的情况。

产出的双重差分结果表明，与非支柱企业相比，出口加工区设立之后，支柱企业的平均产出相对增加。此外，与国外公司相比，国内公司的生产水平往往较低，因此受出口加工区的影响更大。在企业生产率变动方面，在出口加工区设立之前，支柱企业和非支柱企业的 TFP 变动较为接近，在出口加工区建立后，无论是国外公司还是国内公司，支柱企业都表现出更高的生产率水平。

图 3 展示了支柱企业和非支柱企业的关键指标变动趋势。每个城市第一个出口加工区成立的年份取值为 0，根据基期对城市层面的产出水平和平均全要素生产率进行标准化。

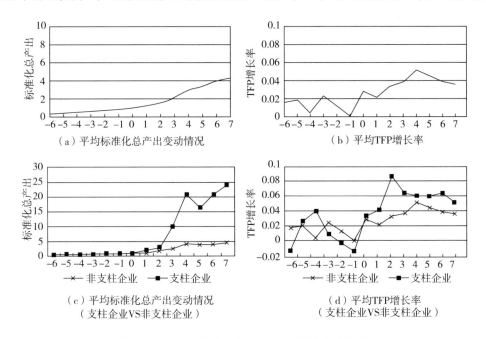

图 3　出口加工区外企业总产出和 TFP 变动情况

图 3 中前两张图展示了出口加工区的设立产生的溢出效应：在出口加工区建立之前，出口加工区以外的企业产出和全要素生产率呈现稳定增长状态，但在出口加工区建立之后，呈现出了较快增长趋势。图 3 中后两张图进一步表明了支柱企业和非支柱企业在出口加工区成立前后业绩差异，在出口加工区设立之前，两类企业变动趋势较为一致，然而，

在出口加工区设立之后，支柱企业呈现出较明显的增长趋势。由于非支柱产业企业的经济表现与出口加工区设立之前支柱产业企业的业绩走势较为一致，因此可以基本判定不存在显著的选择性偏误。以上结果支持了本文的假设，即出口加工区的设立导致支柱企业和非支柱企业呈现出不同的业绩表现。

为了检验这种影响是否随企业与出口加工区之间的距离而变动，本文展示了公司业绩与到出口加工区的平均距离的关系，如图4所示，企业距离出口加工区越近，平均产量和全要素生产率越高，且在10千米范围内的企业比其他公司更有优势〔见图4（a）和图4（c）〕；相比非支柱企业，支柱企业增加整体表现更好〔见图4（b）和图4（d）〕。

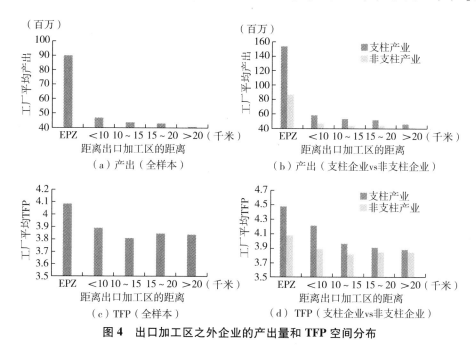

图4 出口加工区之外企业的产出量和 TFP 空间分布

3.3 稳健性检验：出口加工区的空间分布和其他经济因素的影响

在 DID 模型中，只有在非常严格的假设下，分析结果才是可信的。在没有出口加工区的情况下，无论是处理组还是控制组，公司业绩的变化都将随着时间的推移保持相同的趋势（Angrist and Krueger，1999）。表1中支柱企业和非支柱企业业绩差异不显著，两组企业在出口加工区设立之前变动趋势较为接近，说明本文的研究是可信的。

本文进一步考虑了可能影响 DID 结果有效性的潜在选择性偏误。本文的选择性偏误主要来源于两个方面：一是出口加工区设立地点存在偏误（Wong and Chu，1984）；二是支柱产业的选择存在偏误（Meyer，1995）。考虑到出口加工区在中国的设立背景，不存在第一种偏误。本文主要关注支柱企业的选择存在的偏误，即支柱行业是不是那些已经表现出较好增长潜力的行业。如果是这样的话，这将导致出口加工区对支柱企业的影响被高估。为了解决该问题，已有研究使用倾向得分匹配法或 ITT 来检验存在选择偏差假设

（Zheng et al.，2017）。参照该种方法进行估计的结果表明，在不存在外界影响的情况下，处理组和控制组都将遵循相同的趋势，两组之间的任何差距都是由外界影响造成的。

本文还考虑了准自然实验中常见的遗漏变量问题。DID 模型的一个基本假设是，在接受处理之后，所有其他不可观察的因素不应改变处理组和控制组的结果（Meyer，1995；Moser and Voena，2012）。为了剔除遗漏变量的潜在影响，本文比较了出口加工区的设立和同期发生的其他经济政策，首先剔除了对两类企业均会造成影响的宏观社会经济发展状况。本文筛选了 42 个出口加工区所处城市的统计年鉴，发现在出口加工区设立之前或之后，支柱产业所获得的政府资助均不存在大幅增加的状况，从而排除了估计结果是由出口加工区以外的政策造成的可能。此外，42 个出口加工区所处城市 6 年内均没有其他大的经济或政治事件发生。

4　双重差分估计结果

4.1　基准回归结果

采用双重差分方法检验出口加工区对支柱企业带来的影响，如下式所示：

$$Y_{fict} = \alpha_0 + \alpha_1 \cdot postEPZ_{ct} + \beta \cdot TREAT_{fict} \cdot postEPZ_{ct} + \delta_{it} + \delta_{ct} + \delta_{ic} + \varepsilon_{fict} \tag{1a}$$

$$Y_{fict} = \alpha_0 + \alpha_1 \cdot postEPZ_{ct} + \beta \cdot TREATsize_{fict} \cdot postEPZ_{ct} + \delta_{it} + \delta_{ct} + \delta_{ic} + \varepsilon_{fict} \tag{1b}$$

被解释变量是出口加工区之外的企业的业绩指标。Y_{fict} 表示的是于 t 年设立出口加工区的 c 市 i 行业的 f 公司的业绩指标，包括年实际产出和生产率变动。$TREAT_{fict}$ 是虚拟变量，支柱企业取值为 1，非支柱企业取值为 0。$TREATsize_{fict}$ 代表 f 企业距离最近的出口加工区的规模大小，用来表示出口加工区内部企业的总产出或平均产出；在出口加工区成立之前，取值为 0。$postEPZ_{ct}$ 是虚拟变量，若 t 年城市 c 已经成立了出口加工区则取值为 1，否则为 0。本文加入了城市—行业固定效应来控制可能与出口加工区和支柱产业建立相关不可观测的不随时间变化的变量。δ_{it} 和 δ_{ct} 代表城市和行业层面随时间变动的效应。误差项 ε_{fict} 表示不可观察的因素，选择城市层面进行聚类分析。α_1 是代表队控制组（非支柱企业）的影响。本文假设 α_1 是不显著的，结果证明控制组的确不受出口加工区设立的影响。考虑到支柱企业有可能受益，本文将是否属于支柱企业与出口加工区是否已经设立变量进行交互。我们主要关注系数 β，它是标准的双重差分估计结果（Duflo，2001；Moser and Voena，2012）。我们预计该系数为正。也就是说，出口加工区之外的支柱企业受益于出口加工区的设立（见表 2）。

表 2　变量定义

变量	定义	平均值
Treat Pillar Industry	处理组取 1 控制组取 0	2.16%

变量	定义	平均值
Treat Size		
Total EPZ Size	处理组出口加工区总产出，否则为 0	206.99 亿元
Average EPZ Size	处理组出口加工区企业平均产出，否则为 0	2.01 亿元
PostEPZ	出口加工区建立之后取 1，否则为 0	82.33%
YearPostEPZ	年份虚拟变量，出口加工区成立之后的时间	——
Tech	支持高技术企业的 EPZ 取值为 1，否则为 0	68.59%
Distance	企业距离出口加工区的距离	37 千米

方程（1a）和方程（1b）的回归结果如表 3（实际产出）和表 4（全要素生产率）所示。A 部分是所有企业的回归结果；B 部分和 C 部分是区分国外公司和国内公司分样本回归的结果。α_1 在两个表中都不显著，这与本文的假设一致，即非支柱企业不受出口加工区的影响。

DID 估计结果表明，出口加工区对支柱企业有显著的正向影响。表 3 和表 4 中的第（1）列均表明，与非支柱企业相比，与出口加工区相邻的支柱企业产量增加了 9%，全要素生产率增加了 1.5%。当进一步加入出口加工区的"规模"变量时，对产出和全要素生产率的影响仍然是正的且显著，影响略有减小。该结果表明，溢出效应随着出口加工区规模的增加而增加，其他研究也发现，出口加工区规模越大，越有可能产生溢出效应（Zheng et al.，2017）。

表 3 企业产出双重差分结果

	A. 全样本			B. 国外企业			C. 国内企业		
	（1）	（2）	（3）	（4）	（5）	（6）	（7）	（8）	（9）
	支柱企业	平均规模	总规模	支柱企业	平均规模	总规模	支柱企业	平均规模	总规模
PostEPZ	0.024	0.024	0.024	0.006	0.006	0.007	0.014	0.014	0.014
	（0.044）	（0.044）	（0.044）	（0.037）	（0.037）	（0.037）	（0.053）	（0.053）	（0.053）
DID Treat Estimators									
Pillar industry× PostEPZ	0.090**		0.152***		0.160**				
	（0.034）		（0.056）		−0.065				
Average EPZ size× PostEPZ		0.008***		0.013**		0.014**			
		（0.003）		（0.005）		（0.006）			
Total EPZ size× PostEPZ			0.006**			0.009**			0.010*
			（0.002）			（0.004）			（0.005）
Industry×Year	Yes	Yes	Yes	Yes	Yes	Yes	Yes	Yes	Yes

	A. 全样本			B. 国外企业			C. 国内企业		
	(1)	(2)	(3)	(4)	(5)	(6)	(7)	(8)	(9)
Year×City	Yes	Yes	Yes	Yes	Yes	Yes	Yes	Yes	Yes
City×Industry	Yes	Yes	Yes	Yes	Yes	Yes	Yes	Yes	Yes
样本量	695771	695771	695771	200994	200994	200994	494777	494777	494777

表4 企业 TFP 双重差分结果

	A. 全样本			B. 国外企业			C. 国内企业		
	(1)	(2)	(3)	(4)	(5)	(6)	(7)	(8)	(9)
	支柱企业	平均规模	总规模	支柱企业	平均规模	总规模	支柱企业	平均规模	总规模
PostEPZ	0.011	0.011	0.011	0.008	0.008	0.008	0.013	0.013	0.013
	(0.007)	(0.007)	(0.007)	(0.006)	(0.006)	(0.006)	(0.008)	(0.008)	(0.008)
DID Treat Estimators:									
Pillar industry	0.0150**			0.0159***			0.0141*		
	(0.0070)			(0.0051)			(−0.0087)		
Average EPZ size		0.0013**			0.0013***			0.0012*	
		(0.0006)			(0.0004)			−0.0007	
Total EPZ size			0.0009*			0.0009***			0.0008
			(0.0004)			(0.0003)			(0.0006)
Industry×Year	Yes	Yes	Yes	Yes	Yes	Yes	Yes	Yes	Yes
Year×City	Yes	Yes	Yes	Yes	Yes	Yes	Yes	Yes	Yes
City×Industry	Yes	Yes	Yes	Yes	Yes	Yes	Yes	Yes	Yes
样本量	306454	306454	306454	108695	108695	108695	197759	197759	197759

当区分国外和国内企业进行回归时，本文发现国内和国外支柱企业都享受到了类似的出口加工区收益。此外，本文还比较了内陆城市和沿海城市溢出效应的异质性，结果表明，出口加工区对沿海地区的溢出效应相对较大和更显著，Chen 等（2019）的研究也得到了类似的结果。

4.2 分年处理效应

DID 方法的潜在问题是，处理效应可能会随着时间变化。在本研究中，溢出效应的产生可能需要一段时间（Irwin and Klenow，1994）。参照 Moser 和 Voena（2012），本文考虑了逐年处理效应 β_t 而不是各年平均效应：

$$Y_{fict} = \alpha_0 + \alpha_1 \cdot postEPZ_{ct} + \beta \cdot TREAT_{fict} \cdot YEARpostEPZ_{ct} + \delta_{it} + \delta_{ct} + \delta_{ic} + \varepsilon_{fict} \qquad (2)$$

其中，$YEARpostEPZ_{ct}$ 是一组年份虚拟变量，表示出口加工区建立之前或之后的年份（见表2）。β_t 衡量了处理组在出口加工区建立之前或之后受到的影响。

　　图5和图6展示了根据式（2）估计得到的出口加工区的年度处理效应。研究结果与前人的结论较为一致（Capron and Cincera，1998；Chang and Xu，2008；Wang，2013），出口加工区产生的溢出效应需要几年的时间才能实现。在出口加工区建立之前，处理组和控制组之间几乎没有差异。出口加工区设立后，溢出效应对企业经济绩效的影响随着时间的推移而变得更加强烈和显著。在出口加工区建立后的第三年，产量的DID估计值变得显著且为正，这种影响一直持续到成立之后的第七年。对全要素生产率增长的影响需要更长的时间（五年），并在整个样本期间影响都是显著为正的。

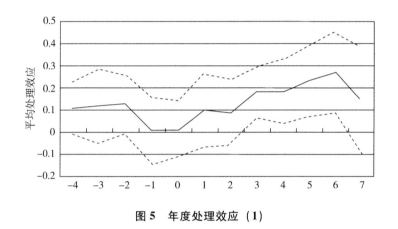

图5　年度处理效应（1）

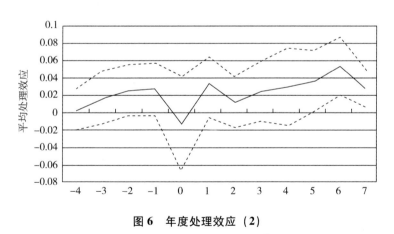

图6　年度处理效应（2）

4.3　三重差分：支柱企业类型和处理效应

　　出口加工区的各项优惠政策可以吸引外商投资，尤其是先进技术领域的投资。技术强度较高行业和高科技行业（如电子、飞机、生物医药和汽车制造业）往往会产生更大的溢出效应（Capron and Cincera，1998）。那么，出口加工区的支柱产业是高科技产业时，是否会给当地经济带来积极的变化？为了研究行业类型带来的异质性溢出效应，本文参照 Moser 和 Voena（2012）的研究，估计了三重差分（DDD）回归结果：

$$Y_{fict} = \alpha_0 + \alpha_1 \cdot PostEPZ_{ct} + \alpha_2 \cdot TREAT_{ic} \cdot PostEPZ_{ct} + \alpha_3 \cdot Tech_c \cdot PostEPZ_{ct} +$$
$$\beta \cdot Tech_c \cdot TREAT_{ic} \cdot PostEPZ_{ct} + \delta_{it} + \delta_{ct} + \delta_{ic} + \varepsilon_{fict} \quad (3)$$

其中，$Tech_c$ 是虚拟变量，当出口加工区的支柱产业是技术密集型行业时取值为 1，否则为 0。本文关注交互项 $Tech_{ic} \cdot TREAT_{ic} \cdot PostEPZ_{ct}$，该项解释了三重差分效应。系数 β 衡量了出口加工区设立后，相对于非高科技行业对高科技行业的影响。

表 5 和表 6 展示了方程（3）估计的结果。与预期相同，三重差分系数显著为正，说明出口加工区支持的高科技行业的支柱企业的溢出效应更大。出口加工区设立之后，以高科技产业为支柱产业的出口加工区促进企业生产总量增加 12.5%，生产率增加 3.5%，且出口加工区规模每增加 10%，对产量的影响效应将增加 0.08% ~ 0.11%，对生产率的影响将增加 0.023% ~ 0.03%。区分国内和国外企业样本，内资企业生产率的提升和外资企业产出总量的提升更为明显。无论是内资企业还是外资企业，TREAT · PostEPZ 的系数都不显著，说明支柱产业为非高科技行业的出口加工区对支柱企业的促进作用较小。

表 5 行业技术水平对企业产出的三重差分回归结果

	全样本			国外企业			国内企业		
	（1）	（2）	（3）	（4）	（5）	（6）	（7）	（8）	（9）
	支柱企业	平均规模	总规模	支柱企业	平均规模	总规模	支柱企业	平均规模	总规模
PostEPZ	0.052	0.052	0.053	0.010	0.010	0.010	0.060	0.060	0.060
	(0.034)	(0.034)	(0.034)	(0.027)	(0.027)	(0.027)	(0.041)	(0.041)	(0.041)
Tech× PostEPZ	−0.013	−0.012	−0.012	−0.008	−0.008	−0.008	−0.015	−0.015	−0.015
	(0.009)	(0.011)	(0.011)	(0.006)	(0.006)	(0.006)	(0.006)	(0.012)	(0.012)
Pillar industry× PostEPZ	−0.024			−0.023			−0.025		
	(0.029)			(0.036)			(0.028)		
Average EPA size× PostEPZ		−0.002			−0.002			−0.002	
		(0.002)			(0.003)			(0.002)	
Total EPA size× PostEPZ			−0.002			−0.002			−0.002
			(0.003)			(0.002)			(0.002)
三重差分									
Pillar industry× PostEPZ×Tech	0.125***			0.144**			0.104**		
	(0.039)			(0.055)			(0.039)		

	全样本			国外企业			国内企业		
	（1）	（2）	（3）	（4）	（5）	（6）	（7）	（8）	（9）
Average EPA size×PostEPZ×Tech		0.011*** (0.004)			0.012** (0.004)			0.010*** (0.004)	
Total EPA size×PostEPZ×Tech			0.008*** (0.003)			0.009*** (0.003)			0.007*** (0.003)
Industry×Year	Yes	Yes	Yes	Yes	Yes	Yes	Yes	Yes	Yes
Year×City	Yes	Yes	Yes	Yes	Yes	Yes	Yes	Yes	Yes
City×Industry	Yes	Yes	Yes	Yes	Yes	Yes	Yes	Yes	Yes
样本量	695757	695757	695757	200984	200984	200984	494773	494773	494773

表 6　行业技术水平对企业生产效率的三重差分回归结果

	全样本			国外企业			国内企业		
	（1）	（2）	（3）	（4）	（5）	（6）	（7）	（8）	（9）
	支柱企业	平均规模	总规模	支柱企业	平均规模	总规模	支柱企业	平均规模	总规模
PostEPZ	0.011 (0.007)	0.011 (0.007)	0.011 (0.007)	0.008 (0.006)	0.008 (0.006)	0.008 (0.006)	0.013 (0.008)	0.013 (0.008)	0.013 (0.008)
Tech×PostEPZ	−0.010 (0.008)	−0.010 (0.008)	−0.010 (0.008)	−0.008 (0.008)	−0.008 (0.008)	−0.008 (0.008)	−0.011 (0.010)	−0.011 (0.010)	−0.011 (0.010)
Pillar industry×PostEPZ	−0.005 (0.004)			0.0074 (0.0048)			−0.012* (0.0064)		
Average EPA size×PostEPZ		−0.0001 (0.000)			0.0006 (0.0004)			−0.001* (0.0005)	
Total EPA size×PostEPZ			−0.0003 (0.0000)			0.0004 (0.0003)			−0.0008* (0.0003)
三重差分									
Pillar industry×PostEPZ×Tech	0.0351*** (0.0062)			0.0184* (0.0092)			0.0419** (0.0071)		
Average EPA size×PostEPZ×Tech		0.030*** (0.0005)			0.0014* (0.0008)			0.0035*** (0.0006)	
Total EPA size×PostEPZ×Tech			0.0023*** (0.0004)			0.0010* (0.0006)			0.0027*** (0.0004)
Industry×Year	Yes	Yes	Yes	Yes	Yes	Yes	Yes	Yes	Yes
Year×City	Yes	Yes	Yes	Yes	Yes	Yes	Yes	Yes	Yes

	全样本			国外企业			国内企业		
	（1）	（2）	（3）	（4）	（5）	（6）	（7）	（8）	（9）
City×Industry	Yes	Yes	Yes	Yes	Yes	Yes	Yes	Yes	Yes
样本量	285027	285027	285027	87268	87268	87268	197759	197759	197759

4.4 三重差分：距离和处理效应

根据现有文献研究结果，溢出效应和企业距离之间应该存在正相关关系（Mayneris and Poncet，2015；王，2013）。同样，本文还发现，接近出口加工区的企业溢出效应相对更大。一种可能的解释是，靠近出口加工区的企业能够更方便地与出口加工区内的企业建立关系。本文采用以下模型评估出口加工区溢出效应如何随着到最近的出口加工区的距离而变化：

$$Y_{fict} = \alpha_0 + \alpha_1 \cdot PostEPZ_{ct} + \alpha_2 \cdot TREAT_{ic} \cdot PostEPZ_{ct} + \alpha_3 \cdot Dist_{fc} \cdot PostEPZ_{ct} +$$
$$\beta \cdot Dist_{fc} \cdot TREAT_{ic} \cdot PostEPZ_{ct} + \delta_{it} + \delta_{ct} + \delta_{ic} + \varepsilon_{fict} \qquad (4)$$

其中，$Dist_{fc}$ 是企业到最近的出口加工区之间的距离，系数 β 反映了溢出效应随距离的衰减效应。

表7和表8是根据方程（4）回归得到的估计结果，表明溢出效应随着距离而衰减。三重差分回归系数显著为负，说明企业距离出口加工区越近，溢出效应越大（与出口加工区距离每减少10千米，生产效率提高0.5%）。当出口加工区规模确定时，企业与出口加工区距离每减少10千米，出口加工区规模每增加10%，企业生产效率将会提高0.004%~0.005%。不论是国内企业还是国外企业，距离对溢出效应的影响都相同。值得注意的是，生产效率的三重差分结果显著，但是产出的三重差分结果不显著。本文进一步将双重差分和三重差分结合起来，发现出口加工区可以促进企业生产率提高3.4%，但与出口加工区距离每增加1千米，生产率的提升将减少0.05%。

表7 距离影响的三重差分回归结果（企业产出）

	全样本			国外企业			国内企业		
	（1）	（2）	（3）	（4）	（5）	（6）	（7）	（8）	（9）
	支柱企业	平均规模	总规模	支柱企业	平均规模	总规模	支柱企业	平均规模	总规模
PostEPZ	0.0164	0.0164	0.0165	−0.0142	−0.0141	−0.0138	0.0226	0.0230	0.0235
	（0.0522）	（0.0522）	（0.0522）	（0.0443）	（0.0443）	（0.0443）	（0.0666）	（0.0665）	（0.0665）
Tech×PostEPZ	0.0003	0.0003	0.0003	0.0008	0.0008	0.0008	−0.0002	−0.0002	−0.0002
	（0.0009）	（0.0009）	（0.0009）	（0.0011）	（0.0011）	（0.0011）	（0.0009）	（0.0009）	（0.0009）

	全样本			国外企业			国内企业		
	（1）	（2）	（3）	（4）	（5）	（6）	（7）	（8）	（9）
Pillar industry×PostEPZ	0.1519**			0.2317**			0.1818***		
	（0.0626）			（0.1135）			（0.0598）		
Average EPA size×PostEPZ		0.0133**			0.0197**			0.0147**	
		（0.0053）			（0.0091）			（0.0049）	
Total EPA size × PostEPZ			0.0100**			0.0142**			0.0107**
			（0.0040）			（0.0069）			（0.0039）
三重差分									
Pillar industry×PostEPZ×Tech	0.0020*			-0.0010			-0.0007		
	（0.0012）			（0.0009）			（0.0012）		
Average EPA size×PostEPZ×Tech		-0.00017			-0.0002			-0.0004	
		（0.0001）			（0.0002）			（0.0001）	
Total EPA size×PostEPZ×Tech			-0.00014			-0.0002			-0.00004
			（0.0001）			（0.0002）			（0.0008）
Industry×Year	Yes	Yes	Yes	Yes	Yes	Yes	Yes	Yes	Yes
Year×City	Yes	Yes	Yes	Yes	Yes	Yes	Yes	Yes	Yes
City×Industry	Yes	Yes	Yes	Yes	Yes	Yes	Yes	Yes	Yes
样本量	695773	695773	695773	200984	200984	200984	494774	494774	494774

表 8 距离影响的三重差分回归结果（企业生产率）

	全样本			国外企业			国内企业		
	（1）	（2）	（3）	（4）	（5）	（6）	（7）	（8）	（9）
	支柱企业	平均规模	总规模	支柱企业	平均规模	总规模	支柱企业	平均规模	总规模
PostEPZ	0.0064	0.0064	0.0064	0.0051	0.0051	0.0051	0.0076	0.0076	0.0076
	（0.0074）	（0.0074）	（0.0074）	（0.0061）	（0.0061）	（0.0061）	（0.088）	（0.088）	（0.088）
Distance×PostEPZ	0.0001*	0.0001*	0.0001*	0.0001	0.0001	0.0001	0.0001*	0.0001*	0.0001*
	（0.0001）	（0.0001）	（0.0001）	（0.0001）	（0.0001）	（0.0001）	（0.0001）	（0.0001）	（0.0001）
Pillar industry×PostEPZ	0.0341***			0.0330**			0.0353***		
	（0.0061）			（0.0128）			（0.0072）		
Average EPA size×PostEPZ		0.0028***			0.0028***			0.0029***	
		（0.0005）			（0.0001）			（0.0006）	
Total EPA size×PostEPZ			0.0021***			0.0020***			0.0022***
			（0.0003）			（0.0007）			（0.0005）

续表

	全样本			国外企业			国内企业		
	(1)	(2)	(3)	(4)	(5)	(6)	(7)	(8)	(9)
三重差分									
Pillar industry× PostEPZ×Dist	−0.0005[*] (0.0002)			−0.0006[*] (0.0004)			−0.0005[*] (0.0002)		
Average EPA size× PostEPZ×Dist		−0.00005[*] (0.00002)			−0.00005[*] (0.00003)			−0.00005[*] (0.00002)	
Total EPA size× PostEPZ×Dist			−0.00004[*] (0.00001)			−0.00004[*] (0.00002)			−0.00004[*] (0.00001)
Industry×Year	Yes	Yes	Yes	Yes	Yes	Yes	Yes	Yes	Yes
Year×City	Yes	Yes	Yes	Yes	Yes	Yes	Yes	Yes	Yes
City×Industry	Yes	Yes	Yes	Yes	Yes	Yes	Yes	Yes	Yes
样本量	285027	285027	285027	87268	285027	285027	197759	197759	197759

总结双重差分和三重差分的结果，可以发现，如果出口加工区的支柱产业为高科技产业，所有支柱企业都将受益；如果支柱产业为劳动密集型产业，对支柱企业的溢出效应往往较小。本文的结果与 Capron 和 Cincera（1998）、Zheng 等（2017）的结果较为一致，这些研究也发现高技术和资本密集型产业的溢出效应明显大于劳动密集型产业。一种可能的解释是，这些行业更有可能形成知识溢出效应，形成更紧密的投入—产出联系，并吸引更多的劳动力。

5 稳健性检验

本文进行稳健性检验来进一步证实我们的研究结果。为了检验不存在行业选择偏误，本文采用倾向得分匹配法处理支柱行业选择的随机性，并比较处理组和控制组的处理效果。然后，本文使用只存在一个出口加工区的城市来进行估计，以排除同一城市内多个出口加工区造成的潜在偏差。

出口加工区溢出效应的有效性受到内生性问题的影响（Besley and Case，2000；Meyer，1995），政策制定者可能会比较青睐某些增长潜力和比较优势较大的行业。为了剔除这种选择偏误进行反事实检验，需要选择具有较为接近倾向得分的行业进行匹配，为每个被处理行业创建一个可比较的对照行业，这两个行业可以被视为相同的行业，有着相似的特征和发展趋势。通过比较控制组和处理组的处理效应，可以更清楚地研究出口加工区设立的实际效应。具体地说，本文从两个层面实现了倾向性得分匹配：首先，本文聚焦于42 个存在出口加工区的城市，并从非支柱企业中找到匹配的企业。其次，将研究范围扩展到所有城市，从处理组中寻找倾向性得分最接近的相似行业。综合了几个行业和城市层面的因素生成倾向得分模型，选择的变量包括就业、GDP 总量、生产率和产量等。从匹配结果来看，处理组均有显著的正效应（两种方式产量分别增加 13% 和 1.5%）。该处理效应的大小比之前的估计要小，这说明本文的模型高估了处理效应（见表 9）。基于此，本文得出结论：即使在地方政府偏好特定行业的情况下，出口加工区也可以对出口加工区附近的支柱企业产生积极的影响。

表 9　反事实检验：倾向得分匹配

Panel A：42 个拥有 EPZ 城市的倾向得分				
处理效应	均值	标准差	最小值	最大值
产出	0.12	0.02	0.09	0.16
TFP	0.014	0.002	0.009	0.018
Panel B：中国所有城市的倾向得分				
处理效应	均值	标准差	最小值	最大值
产出	0.13	0.01	0.11	0.15
TFP	0.015	0.001	0.013	0.018

6　结论

本文使用双重差分模型从企业层面研究了中国出口加工区的溢出效应。利用 2000~2005 年中国 42 个城市出口加工区的数据，通过研究出口加工区周边企业的业绩影响，尤其是对支柱企业的影响，来研究出口加工区对当地经济的溢出效应。结果表明，与非支柱企业相比，支柱企业明显受益于出口加工区的建立；出口加工区规模越大，对支柱产业企业的溢出效应越大；且该溢出效应有 3~5 年的延迟时间。

溢出效应的大小因出口加工区所支持的行业类型而异；支持高科技产业的出口加工区可以显著提升周边企业的经济表现。企业所受到的影响随着与出口加工区距离的增加而下降。总体而言，出口加工区的建立对国内外企业都有正向影响。通过考虑距离和支柱行业异质性等因素，本文的结果有利于为企业选址和设定支柱企业提供政策支持。

第三部分　区域问题研究新视角

第十一章

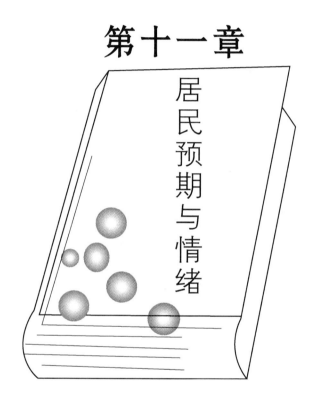

居民预期与情绪

一、居民预期与经济增长

1. 我国"十四五"时期做好预期管理的一个视角——日本和美国预期管理政策的比较及启示

作者：郭克莎；沈少川

单位：华侨大学经济与金融学院

期刊：《财贸经济》

关键词：宏观经济；预期管理；国际比较

摘要：本文在简要综述国内外关于预期管理政策研究文献的基础上，对日本和美国的预期管理实践进行分析和评价，对两者政策的不同成效加以比较研究，指出了其中的主要问题、机理和原因。我们应从国际预期管理的实践中获得借鉴和启示，并紧密结合中国经济运行和发展的实际，推进中国特色预期管理政策的完善和发展。"十四五"时期，我国要加强和搞好宏观经济的预期管理，应重视以下几个方面：一是深入研究和选择合适而有效的预期管理方式；二是调控政策要尽量设计和公布确定的实施时间；三是要在预期管理中努力处理好总量政策与结构政策的关系。政府部门作为实施预期管理政策的主体，需要在迅速变化的经济形势下加强学习，不断提升做好预期管理的能力，同时要注重发挥各类智库的积极作用，深化宏观经济预期管理的理论研究，丰富采用科学管理方法的知识基础，不断提高政策制定和实施的科学性。

发表时间：2020-12-15

2. 健康预期寿命提高如何促进经济增长？——基于跨国宏观数据的实证研究

作者：张颖熙；夏杰长

单位：中国社会科学院财经战略研究院；中国社会科学院大学商学院

期刊：《管理世界》

关键词：健康预期寿命；经济增长；健康人力资本；平均预期寿命

摘要：本文引入公共卫生领域的重要指标——健康预期寿命，系统阐释了健康预期寿命提高促进经济增长的作用机制，利用 1960~2016 年 84 个国家构成的面板数据，对提出的作用机制进行实证检验。研究发现，健康预期寿命提高主要通过人口、储蓄、教育、劳动/闲暇和技术进步 5 个渠道影响经济增长，其作用结果会因不同国家人口结构转型特征和经济发展水平而产生差异。发达国家和发展中国家影响路径差异说明，随着人口结构转型和经济发展水平的提高，健康预期寿命通过人口数量及储蓄代表的劳动力和物质资本促进经济增长的渠道将逐渐弱化，而通过闲暇和全要素生产率代表的人力资本和技术进步促进经济增长的渠道将日益增强。和平均预期寿命指标相比，健康预期寿命在促进经济增长方面具有更积极的人力资本效应和创新效应。提高健康预期寿命，缩小健康预期寿命与平均预期寿命之间的差距，有助于促进高质量人力资本积累，推动技术进步和技术创新，实现经济高质量发展。

发表时间：2020-10-05

3. 实体部门预期与宏观紧缩效应防范

作者：李洁；覃毅
单位：香港科技大学商学院；中国社会科学院工业经济研究所
期刊：《经济研究》
关键词：实体预期；债务融资；稳定政策；稳预期

摘要：本文在实体企业债务融资模型中引入预期模糊因素，剖析宏观紧缩预期对企业融资决策及债务流动性的影响，在此基础上刻画相关稳定政策，为做好"六稳"工作中"稳预期"调控提供一定的理论参考。研究发现，鉴于谨慎预防心理，预期模糊加剧了企业的融资需求，造成实体债务流动性相对紧缩，其紧缩程度与企业预期模糊强度成正比。通过企业债务配置的微观机制发现，在某一特定的预期模糊范围内，企业主体对加总债务紧缩程度感知出现分歧，造成企业债券价格及背后流动性的波动。进一步地，本文基于预期模糊机制给出"稳预期"策略，同时针对债券价格波动及债务流动性紧缩，分别从货币政策和财政政策两个角度刻画了相关稳定政策。通过求解含有中国经济特征的转移路径，上述理论结果的准确性和稳健性得以验证。

发表时间：2020-08-20

4. 生育政策、人口年龄结构优化与经济增长

作者：王维国；刘丰；胡春龙
单位：东北财经大学经济学院；复旦大学管理学院；上海财经大学经济学院
期刊：《经济研究》
关键词：生育政策；人口年龄结构优化；经济增长；世代交叠模型

摘要：本文从生育率与预期寿命两个维度构建了世代交叠模型，探讨了人口年龄结构变动对经济增长的作用机制及其效应。理论模型发现，生育率与预期寿命对经济增长的影响有两种效应：一种是替代效应，另一种是收入效应。对于经济发展水平高的发达国家而言，生育率的下降和预期寿命的延长阻碍了经济增长，这正好与多数发展中国家的情形相反。这一理论发现在实证研究中得到了验证，生育率的正向收入效应与预期寿命的负向替代效应在发达国家中占据了主导力量，而生育率的负向替代效应与预期寿命的正向收入效应则在发展中国家起决定作用。过去40多年，中国生育率的下降和预期寿命的延长对经

济增长的总贡献为年均 2.7241 个百分点。但随着经济发展水平的提高，生育率下降与预期寿命延长的正边际效应正在消退，向负边际效应转变。鉴于此，本文认为当前是中国出台提高生育率政策和优化人口年龄结构的一个较佳时期，既能对当前经济增长产生较小冲击，又能提高潜在的经济增长，保持经济的可持续发展。

发表时间：2019-01-20

5. 央行沟通、政策不确定性与通胀预期

作者：王少林；丁杰
单位：广东财经大学金融学院
期刊：《经济经纬》
关键词：央行沟通，政策不确定性，通胀预期

摘要：未来政策不确定是公众通胀预期波动的重要源泉。基于此，建立具有时变参数的 VAR 模型（TVP-SV-VAR），分析政策不确定性如何作用于公众通胀预期，然后界定央行沟通通过降低政策不确定性影响公众通胀预期这一路径的解释力。结果表明：第一，政策不确定性的上升将提高公众通胀预期，这主要源自在较高政策不确定性下政策制定者的宽松型政策偏好；第二，央行沟通上升 1 个百分点将最大降低政策不确定性 10 个百分点左右，而政策不确定性降低 1 个百分点将最大降低公众通胀预期 0.003 个百分点左右；第三，央行沟通上升 1 个百分点将最大降低公众通胀预期 0.1 个百分点左右。央行沟通通过降低政策不确定性实现公众通胀预期管理这一途径的解释力明显不足。深化央行沟通与提高其他政策的透明度是进一步减少政策不确定性和稳定公众通胀预期的有益尝试。

发表时间：2018-12-14

二、不确定性与外部冲击

1. 可预期的外生冲击与中国经济周期

作者：邹甘娜；孙睿
单位：武汉大学经济与管理学院；伦敦政治经济学院
期刊：《财贸经济》
关键词：可预期外生冲击；Search-Matching 模型；贝叶斯估计；经济周期；摩擦性失业

摘要：预期是导致宏观经济波动的重要因素，同样的冲击，如果能让各类经济主体在

冲击来临之前形成预期，那么冲击对经济的作用效果与各类经济主体没有预期相比可能会截然不同。为了更好地理解可预期的外生冲击对中国经济周期的影响，本文使用 Search-Matching 模型作为分析框架。相比传统的 DSGE 模型，Search-Matching 模型考虑了劳动市场摩擦的存在，而这恰好和我国实体经济的就业市场高度吻合。同时，为了能够更加准确地估计模型中的结构参数，本文基于 1991~2017 年的中国季度宏观经济数据对模型进行了贝叶斯估计，得到了比使用既有文献进行校准拟合度更高的模拟结果。通过脉冲响应分析，我们发现，可预期资本税冲击能够在长期明显缓解税收增加对实体经济的负面影响，同时，可预期资本税冲击也可以在短期缓解资本税增加对实体经济的负面影响。上述结果表明，如果中央政府能够事先促进政策预期形成，并最终实施政策，就能够很好地缓解税收冲击对经济产生的负面作用。

发表时间：2020-06-09

2. 外部经济政策不确定性、投资者预期与股市跨境资金流动

作者：赵茜
单位：中央财经大学国际经济与贸易学院
期刊：《世界经济》
关键词：经济政策不确定性；跨境资金流动；投资者预期
摘要：本文基于投资者预期视角，考察了外部经济政策不确定性对中国股市跨境资金流动的影响。理论模型和经验分析表明，外部经济政策不确定性提高会导致中国股市跨境资金显著流出，扩大资本账户开放则有助于缓解股市跨境资金流出。机制检验发现，外部经济政策不确定性并非通过影响中国经济政策不确定性产生上述作用，而是通过改变投资者预期产生作用。同时，在投资者认为抗风险能力强的跨国企业、技术密集型企业以及财务数据波动性低的企业中，经济政策不确定性引起的股市跨境资金流出并不显著。本文对开放进程中提升资本市场活力和增强资本市场韧性具有重要政策含义。

发表时间：2020-05-10

3. 疫情如何影响企业发展预期？——基于压力传导机制的实证研究

作者：黄送钦；吕鹏；范晓光
单位：清华大学社会科学学院；中国社会科学院社会学研究所；浙江大学社会学系
期刊：《财政研究》
关键词：新冠肺炎疫情；公共卫生事件；企业发展预期；经营压力；现金流
摘要：公共卫生事件对企业微观经济行为的影响尚未引起足够的关注。立足于中国当前的疫情背景和制度环境，本文利用最新的"企业开工力"问卷调查数据，考察了新冠肺炎疫情对企业发展预期的影响及其机制。研究发现，疫情降低了企业在未来开展经济行

为的意愿；机制分析表明，紧张的现金流是疫情降低企业行动意愿的重要途径，具体表现为疫情分别通过提高来自现金流、违约金、还付贷款和员工工资等方面的资金支付压力，进而降低企业的发展预期。进一步分析表明，企业在疫情暴发前的活跃程度越高、所在市级地区的营商环境越好，疫情对企业发展预期的负向影响会越强；而且，疫情与企业发展预期间的关系在不同程度上受到企业所在地区疫情状况以及企业产权性质、所属产业类别等异质性因素的影响。在使用一系列稳健性检验后，上述结论依然稳健。本研究将企业经济行为的影响因素拓展至公共卫生安全领域，不仅揭示了公共卫生事件影响企业经济行为的微观机理，而且还为疫情防控下政府出台扶持企业的相关政策提供了决策参考。

发表时间：2020-04-05

4. 从乐观预期到审慎预期：基于经济政策不确定性对中国经济冲击的视角

作者：郑忠华；李清彬
单位：天津工业大学经济与管理学院；中国宏观经济研究院经济研究所
期刊：《宏观经济研究》
关键词：经济政策；不确定性；信贷
摘要：本文借鉴 Baker 等开发的经济政策不确定性指数（EPU），构建 TVAR 模型、MSVAR 模型分析经济政策不确定性对中国主要经济变量的冲击。研究发现，经济政策不确定性对经济变量产生明显冲击，且以 2008 年为分界点，经济政策不确定性对中国宏观经济主要变量的冲击发生了显著变化。2008 年之前，经济政策不确定性对经济增速产生正向刺激作用，更大程度上反映了乐观预期；2008 年之后，经济政策不确定性对经济增速产生明显抑制作用，更多显示出审慎预期。从经济政策不确定性的经济冲击视角可以看出，中国经济增长预期出现由乐观到审慎的系统性变化。进一步分析发现，这种不同反应在实体经济、信贷增速和货币领域中的差距尤为明显，经济政策不确定性因素在更大程度上通过影响中长期贷款传导至经济波动，而对短期信贷则无明显影响。相应的政策启示是，要保持政策连续性、稳定性，并强化预期管理，引导改革和政策发挥积极正向作用，更好利用长期信贷政策来保持经济平稳运行。

发表时间：2020-03-18

5. 经济政策不确定性对宏观经济的影响——基于实证与理论的动态分析

作者：许志伟；王文甫
单位：上海交通大学安泰经济与管理学院；西南财经大学财税学院
期刊：《经济学（季刊）》
关键词：政策不确定性；中国经济波动；新凯恩斯 DSGE
摘要：新常态下的经济政策不确定性在加大，但针对该不确定性的宏观效应及其机制的探讨学界并未展开。为此，本文从实证与理论两个角度研究政策不确定性对宏观经济的影响。基于 Max-share 方法的结构向量自回归识别技术，本文发现政策不确定性上升会导致产出和物价水平显著下降，从而表现为负的需求冲击。随后，本文将政策不确定性引入新凯恩斯动态一般均衡模型中。定量分析显示：①模型很好地解释了实证发现，政策不确定性分别显著增加了产出和价格波动约 10% 和 15%；②公众对政策的预期会显著增强不确定性冲击对经济波动的影响；③随着经济结构转型期的劳动收入份额下降以及劳动供给弹性变小（刘易斯拐点之后），政策不确定性对中国宏观经济的不利影响将不断增强。

发表时间：2018-10-15

第十二章

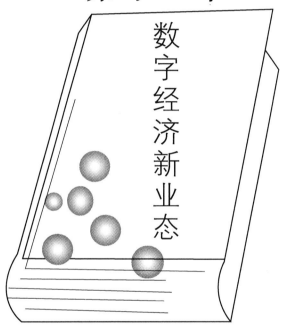

数字经济新业态

一、数字经济理论综述

1. "十四五"时期我国发展内外部环境研究

作者：陈昌盛；许伟；兰宗敏；江宇
单位：国务院发展研究中心宏观经济研究部
期刊：《管理世界》
关键词："十四五"；发展环境；时代背景；决定力量；发展趋势

摘要："十四五"时期，我国面临百年未有之大变局深度调整、百年未遇之大疫情严重冲击、百年奋斗目标迈向新阶段的重大时代背景。新冠肺炎疫情影响长期化、数字化转型加速、"边界"冲突重构调整、中国崛起和欧美主导此消彼长、对国家能力期待上升五大力量推动经济社会发展变革。内外部发展呈现全球经济低增长低利率高债务、国际经济循环大调整、治理机制加速重构、国内经济转入中速增长平台、数字经济引领产业升级、经济社会风险管理难度加大、要素布局网络化集中化并重、绿色发展比较优势提升、非经济因素对开放的影响突出、收入分配改善关键窗口期显现十大趋势。需要立足国情实际，把握住有利时间窗口，谋划好"十四五"规划的总体思路，推动建立高标准市场经济、高水平开放经济和高效能治理体系，加快转方式、调结构、换动力，强化重大风险防范和化解能力，推动经济尽快转入高质量发展轨道，加快构建"双循环"新发展格局，为全面建设社会主义现代化国家开好局、起好步。

发表时间：2020-10-05

2. 中国数字经济测度与驱动因素研究

作者：刘军；杨渊鋆；张三峰
单位：南京信息工程大学中国制造业发展研究院/管理工程学院；南京信息工程大学商学院
期刊：《上海经济研究》
关键词：数字经济；评价指标体系；驱动因素；SAR 模型；数字鸿沟

摘要：数字经济在全球范围内迅猛发展，建立科学的指标体系测度中国各个省份数字经济的发展水平，对于相关政策的制定具有重要的意义。本文结合已有研究，首先，界定了数字经济的内涵；其次，从信息化发展、互联网发展和数字交易发展三个维度构建了中国分省份数字经济评价指标体系；再次，基于统计年鉴数据，测度了 2015~2018 年中国 30 个省份数字经济发展水平；最后，基于 SAR 模型，分析了数字经济的驱动因素。研究发现，中国数字经济水平正在高速发展；中国数字经济发展存在区域"数字经济鸿沟"与两极分化现象，东部地区数字经济水平明显高于中西部地区；同时，地区经济增长水平、外资依存度、政府干预度、人力资本水平和居民工资水平能够显著影响中国数字经济的发展。

发表时间：2020-06-15

3. 中国数字金融发展与经济增长的理论与实证

作者：钱海章；陶云清；曹松威；曹雨阳

单位：国信证券博士后工作站；中南财经政法大学金融学院；华中师范大学经济与工商管理学院

期刊：《数量经济技术经济研究》

关键词：数字金融发展；经济增长；数字中国；金融供给侧结构性改革

摘要：研究目标：在数字经济背景下，基于中国数字金融发展的特征事实，分析数字金融发展对经济增长的影响。研究方法：基于2011~2018年31个省份的面板数据，运用面板数据计量模型、中介效应模型、工具变量法、双重差分法进行实证检验。研究发现，中国数字金融发展促进了经济增长，为了控制内生性，以1984年各省份固定电话数与人均邮电业务量作为工具变量，结论一致；将央行推出的《G20数字普惠金融高级原则》作为准自然实验，采用双重差分法发现，数字金融发展显著促进了经济增长；在城镇化率低和物质资本高的省份中，数字金融发展对经济增长的积极作用进一步增强；进一步分析发现，数字金融发展促进了技术创新与地区创业，并进而推动了经济增长，即存在数字金融发展促进经济增长的创新和创业渠道。研究创新：使用工具变量、准自然实验的方法，缓解了内生性问题；使用中介效应模型，揭开了数字金融发展影响实体经济的可能机制。研究价值：为制定"数字中国"战略、理解金融供给侧结构性改革和出台创新创业政策促进实体经济发展提供了有益思考。

发表时间：2020-06-04

4. 中国数字经济规模测算研究——基于国际比较的视角

作者：许宪春；张美慧

单位：清华大学中国经济社会数据研究中心；清华大学经济管理学院

期刊：《中国工业经济》

关键词：数字经济；发展规模；统计测度；国际比较

摘要：伴随着信息技术的快速发展及其与经济运行方式的不断融合，数字经济已被视为经济增长的"新引擎"，在世界上多数国家的发展战略中占据重要位置，数字经济规模测算研究是当前国内外统计机构与研究学者面临的亟待解决的问题。本文在系统梳理信息经济、互联网经济、数字经济演变历程的基础上，提炼数字经济的内涵与形成要素，构建数字经济规模核算框架，界定数字经济核算范围，确定数字经济产品，筛选数字经济产业，对 2007~2017 年中国数字经济增加值与总产出等指标进行测算，并将测算结果与美国和澳大利亚进行比较。测算结果表明：2017 年，中国数字经济增加值 53028.85 亿元，占国内生产总值的 6.46%；数字经济总产出 147574.05 亿元，占国内总产出的 6.53%。基于国际比较的视角，2017 年，中国数字经济增加值约为美国的 58.12%；数字经济增加值占 GDP 比重低于美国 0.44 个百分点；2016 年，中国数字经济增加值约为美国的 52.77%，占 GDP 比重低于美国 0.77 个百分点，略高于澳大利亚 0.03 个百分点。近年来，中国数字经济增加值年均实际增长率明显高于美国和澳大利亚。2008~2017 年，中国数字经济增加值年均实际增长率达 14.43%，明显高于国内生产总值年均实际增长率 8.27%，数字经济推动经济增长的作用明显。本文深化了数字经济规模核算框架研究，系统监测了中国数字经济的发展规模与结构，为进一步完善中国数字经济统计核算体系和提出促进数字经济高质量发展的战略措施提供参考依据。

发表时间：2020-05-17

5. 数字经济促进就业的机理与启示——疫情发生之后的思考

作者：何宗樾；宋旭光
单位：北京工业大学经济与管理学院；北京师范大学统计学院
期刊：《经济学家》
关键词：数字经济；就业；差异化影响；疫情应对
摘要：本文利用中国家庭追踪调查数据实证分析了数字经济发展对个人就业决策的影响。考虑内生性问题的回归结果显示，数字经济对非农就业，特别是受雇型非正规就业具有显著的促进作用，并且对创业者也产生了积极影响。本文进一步实证考察了人口特征、人力资本、社会资源以及金融资源禀赋等多个具体维度下数字经济对个人就业决策的影响。结果显示，数字经济红利偏向于受教育程度较高的群体，并且有助于缓解个体创业的借贷约束以及社会关系资源不足的制约，能够显著促进他们的就业决策。结合疫情发生之后的数字经济表现，我们认为，当前应充分认识数字经济对就业的差异化作用机制，深刻认识疫情发生对我国就业市场的长期影响，及时补上数字经济相关就业市场"短板"，充分总结数字经济在疫情防控中的创新经验，因势利导做好当前稳就业促发展工作。

发表时间：2020-05-05

6. 数字化与战略管理理论——回顾、挑战与展望

作者：陈冬梅；王俐珍；陈安霓
单位：复旦大学经济学院；北京大学光华管理学院

期刊：《管理世界》

关键词：人工智能；大数据；数字化；战略管理理论

摘要：随着人工智能、大数据、云计算、移动互联网和物联网等数字科技的蓬勃发展，数字化正在深刻影响企业的内外部环境。作为强调企业与环境动态匹配的学科，战略管理自然面临着如何在新形势下实现理论对变化环境的理论映射的问题。然而，学界对于以全新的理论解释与指导数字化情境中的企业实践，是通过修正现有理论使其适应新环境变化，还是完全可以依靠以往理论作为"认知地图"指导学术研究和企业实践，存在着不一致甚至对立的观点。在回顾战略管理核心理论、讨论数字化环境的主要特点以及梳理现有文献对于数字化和战略管理理论关系的基础上，本文尝试总结数字化对现有战略管理理论的挑战，讨论数字化拓展战略管理理论的可能，以及展望未来研究的可能方向，以期为开展基于数字化情境的战略管理研究提供借鉴，并为数字化背景下企业的管理实践带来启示。

发表时间：2020-05-05

二、数字经济制造业赋能研究

1. 数字经济发展改善了生产效率吗

作者：王开科；吴国兵；章贵军

单位：山东财经大学统计学院经济统计系；中国人民银行广州分行；福建师范大学数信学院统计系

期刊：《经济学家》

关键词：数字经济；生产效率；投入产出分析；效率系数

摘要：我国数字经济与传统经济的融合发展程度如何、数字化技术应用是否改善了生产效率，这些问题有待讨论和进一步确认。本文设计了包含数字经济的五部门投入产出模型，引入数字经济效率系数，并将其作为判断数字经济是否改善生产效率的标准。基于投入产出数据的实证分析结果显示，近年来我国数字经济效率系数逐年上升，数字技术应用显著提升了社会生产效率。结合现实基础和理论机理的分析，本文认为数字技术通用性的提升是改善生产效率的关键，具体表现为数字经济基础设施建设的不断推进、数字技术与传统经济融合广度与深度的不断扩展、数字经济催生新产业新业态新商业模式的不断完善。

发表时间：2020-10-05

2. 数字经济、创业活跃度与高质量发展——来自中国城市的经验证据

作者：赵涛；张智；梁上坤

单位：中央财经大学财政税务学院；中央财经大学中国互联网经济研究院；南京大学商学院；中央财经大学会计学院

期刊：《管理世界》

关键词：数字经济；创业；高质量发展；宽带中国

摘要：本文探讨了数字经济促进城市高质量发展的效应及其背后的机制。理论上，数字经济可以通过提升创业活跃度，从而赋能高质量发展。实证上，本文测度了2011~2016年中国222个地级及以上城市的数字经济和高质量发展的综合水平，并以企业工商注册信息微观数据刻画城市的创业活跃度，在此基础上进行计量分析。结果表明，数字经济显著促进了高质量发展，这一结论在进行选取历史数据作为工具变量和"宽带中国"试点作为准自然实验等稳健性检验后仍然成立。作用机制的分析显示，激发大众创业是数字经济释放高质量发展红利的重要机制。最后，本文采用门槛模型和空间模型，发现数字经济的积极影响存在"边际效应"非线性递增以及空间溢出的特点。本文的研究推动了对高质量发展动因以及数字经济赋能高质量发展的效应、机制和地区差异的理解。

发表时间：2020-10-05

3. 数字经济赋能制造业转型：从价值重塑到价值创造

作者：焦勇

单位：山东科技大学

期刊：《经济学家》

关键词：制造业转型；数字经济；价值重塑；价值创造；赋能

摘要：坚持制造强国战略、深入推进制造业转型已经成为经济高质量发展的重要内涵。数字经济对制造业的影响逐步从价值重塑走向价值创造，为制造业转型提供新思路并赋能制造业转型，具体表现为从要素驱动到数据驱动、从产品导向到用户体验、从产业关联到企业群落、从竞争合作到互利共生四个维度。数字经济赋能制造业转型的路径应坚持数据驱动、创新驱动、需求驱动和供给驱动，引导制造业与互联网、研发端、服务业、新技术深度融合，为制造业转型提供强劲动能。

发表时间：2020-06-05

4. 面向智慧社会的"新基建"及其政策取向

作者：李晓华

单位：中国社会科学院工业经济研究所产业布局研究室

期刊：《改革》

关键词：新型基础设施建设；智慧社会；经济发展新动能

摘要：近年来，新型基础设施建设引起社会各界广泛关注，地方政府纷纷出台新型基础设施建设计划。新型基础设施具有以数字技术为核心、以新兴领域为主体、以科技创新为动力、以虚拟产品为主要形态、以平台为主要载体等特点，可以划分为数字创新基础设施、数字的基础设施化、传统基础设施的数字化等类型。社会的技术经济形态需要与基础设施相适应，智慧社会需要新型基础设施作支撑，新型基础设施通过支撑创新的智能化、创造新能力发展所需市场、助力新动能的孕育壮大、促进人民美好生活需要实现、赋能政府治理能力等机制助力智慧社会发展。推进"新基建"需要依据新型基础设施不确定性高、价值折旧快、竞争性强的特点，处理好长期与短期、政府与企业、规制与竞争等方面的关系，坚持如下政策取向：面向未来，政府引导；适度超前，小步快走；放松准入，多元参与；合理分工，企业先行；需求引导，竞争推动。

发表时间：2020-05-21

5. 数字经济时代下工业智能化促进了高质量就业吗

作者：王文
单位：西安交通大学经济与金融学院
期刊：《经济学家》

关键词：数字经济；工业智能化；高质量就业；行业就业结构

摘要：就业是最大的民生。随着数字经济进化到以人工智能为核心驱动力的智能经济新阶段，智能化生产作为产业变革和产业创新的主要方式，在给劳动力就业带来挑战的同时，也为实现更高质量的就业提供了契机。本文在详细分析工业智能化对就业影响机理的基础上，着重从行业就业结构变动的视角对工业智能化是否推动了高质量就业进行实证考察。基于中国 30 个省份 2009~2017 年面板数据的研究发现，工业智能化水平的提升显著降低了制造业就业份额，同时增加了服务业特别是知识和技术密集型的现代服务业就业份额，促进了行业就业结构高级化，有助于实现高质量就业。为在数字经济时代充分发挥智能化对就业质量的提升效应，减少劳动者在新旧岗位转换过程中可能的福利损失，未来应进一步加强教育培训、创业创新、社会保障等方面的政策力度。

发表时间：2020-04-05

6. 金融科技助推经济高质量发展：理论逻辑、实践基础与路径选择

作者：薛莹；胡坚
单位：北京大学经济学院
期刊：《改革》

关键词：金融科技；经济高质量发展；实体经济发展

摘要：随着互联网、大数据、云计算、人工智能、区块链、5G 等新兴技术应用于金融领域，我国金融业正进入全新的数字化时代，金融服务实体经济的广度得以拓宽、深度

得以提升。我国金融科技创新领域不断拓展，呈现新态势、新局面。从理论维度来看，金融科技有助于发挥资源配置效应和创新效应，推动经济高质量可持续发展；从实践维度来看，金融科技通过提升传统金融业务服务实体经济的能力和助推资产管理业务脱虚向实，为推动经济高质量可持续发展创造了客观现实条件。未来我国应积极深入推进金融科技体制机制改革以推动金融科技可持续发展，加强金融科技研发以提升金融科技核心竞争力，加强金融科技风险防范管理以推动金融科技稳定发展，为推动我国经济高质量发展提供重要能量。

发表时间：2020-03-16

7. 人工智能、经济增长与居民消费改善：资本结构优化的视角

作者： 林晨；陈小亮；陈伟泽；陈彦斌
单位： 中国人民大学应用经济学院；中国社会科学院经济研究所；中国人民大学经济学院

期刊：《中国工业经济》
关键词： 人工智能；经济增长；居民消费；资本结构优化；动态一般均衡模型
摘要： 改革开放后的很长一段时期内，中国经济呈现出"高增长、高投资、低消费"的特征，近年来，虽然居民部门消费率有所上升，但是经济增速也在不断下降。本文构建了含有人工智能和异质性资本（包括实体经济资本、住房资本和基建资本）的动态一般均衡模型，探寻人工智能是否有助于优化中国的资本结构，从而在扩大居民消费的同时促进经济增长。研究发现，人工智能可以优化资本结构，实现扩大居民消费和促进经济增长的双重目标。究其原因，一方面，人工智能可以提高实体经济的吸引力，吸引资金从房地产流向实体经济，从而减轻住房资本对居民消费的"挤出效应"，并增强实体经济资本对经济增长的拉动效果；另一方面，人工智能可以减弱地方政府依靠基建投资"稳增长"的动机，从而减轻基建资本对居民消费的"挤出效应"，并进一步增强实体经济资本对经济增长的拉动效果。据此，本文建议政府部门着力促进人工智能快速健康发展，从而优化资本结构，最终实现扩大消费和经济增长的双重目标。

发表时间：2020-03-06

8. 数字经济时代技术变革对生产过程的影响机制研究

作者： 王梦菲；张昕蔚
单位： 南开大学经济学院经济研究所

期刊：《经济学家》
关键词： 技术变革；数字经济；生产过程；社会再生产
摘要： 技术变革作为社会生产力快速发展的"催化剂"，是人类物质生产活动得以长

久进行的基本条件。当前，中国经济进入从高速增长向高质量发展转变的关键时期，随着大数据、云计算、人工智能等通用性技术的发展，技术变革正更广泛地作用于人类的生产生活过程。本文以马克思生产力理论为起点，在分析传统技术变革的基础上，结合数字技术的新特征，对数字经济时代社会再生产过程的演变过程进行了梳理。研究表明，通用性技术的快速发展和广泛赋能，正在重塑传统的生产模式，使整个生产过程朝网络化、协同化、生态化方向演变，其在加速物化劳动替代活劳动进程的同时亦进一步加剧了社会再生产过程的非均衡性。

发表时间：2020-01-05

9. 中国新经济：作用、特征与挑战

作者：许宪春；张钟文；关会娟
单位：清华大学中国经济社会数据研究中心；清华大学经济管理学院
期刊：《财贸经济》
关键词：新经济；高质量发展；数据资产；统计核算
摘要：在创新发展理念和创新发展战略的引领下，在一系列政策措施的推动下，新经济正在中国迅速成长，对经济发展和人民生活产生了巨大影响。本文首先从宏观角度阐述了新经济迅速发展的情况及其在减缓传统经济增速下行压力、促进经济结构转型升级、推动高质量发展、转变人们生活方式等方面发挥的重要作用。其次，根据对全国9省市的29家新经济企业的调研情况，从微观角度对新经济企业的发展状况和重要特征，以及在高质量发展中的作用、遇到的困难和问题等进行了研究。本文进一步探讨了新经济给政府统计带来的挑战，并就如何应对这些挑战提出了若干思考。最后，本文提出了促进新经济持续健康发展的政策建议。

发表时间：2020-01-04

三、人工智能、经济和产业组织

Artificial Intelligence，Economy and Industrial Organization
作者：Hal Varian
期刊：Working Paper 24839
摘要：Machine learning（ML）and artificial intelligence（AI）have been around for many years. However, in the last 5 years, remarkable progress has been made using multilayered neural networks in diverse areas such as image recognition, speech recognition, and machine translation. AI is a general purpose technology that is likely to impact many industries. In this chapter I con-

sider how machine learning availability might affect the industrial organization of both firms that provide AI services and industries that adopt AI technology. My intent is not to provide an extensive overview of this rapidly-evolving area, but instead to provide a short summary of some of the forces at work and to describe some possible areas for future research. Machine learning (ML) and artificial intelligence (AI) have been around for many years. However, in the last 5 years, remarkable progress has been made using multilayered neural networks in diverse areas such as image recognition, speech recognition, and machine translation. AI is a general purpose technology that is likely to impact many industries. In this chapter I consider how machine learning availability might affect the industrial organization of both firms that provide AI services and industries that adopt AI technology. My intent is not to provide an extensive overview of this rapidly-evolving area, but instead to provide a short summary of some of the forces at work and to describe some possible areas for future research.

人工智能、经济和产业组织

译者： 张翔

摘要： 机器学习（ML）和人工智能（AI）已经存在了很多年。然而在过去的 5 年里，多层神经网络在图像识别、语音识别和机器翻译等不同领域取得了显著的进展。人工智能是一种通用技术，可能会影响许多行业。本文考虑了机器学习的可用性如何影响提供人工智能服务的公司和采用人工智能技术的行业的产业组织。笔者的目的不是对这一快速发展的领域进行广泛的概述，而是对一些正在发挥作用的力量进行简短的总结，并描述一些可能的未来研究领域。

1 引言

1.1 机器学习评述

想象一下，我们有一组数字图像和一组标签，这些标签描述了这些图像中描述的东西——像猫、狗、海滩、山、汽车或人这样的东西。我们的目标是利用这些数据训练一台计算机，学习如何为一些新的数字图像预测标签。要获得一个很好的演示，请参见 cloud. google. com/vision，您可以在这里上传照片并检索适合该照片的标签列表。

机器视觉的经典方法包括创建一组规则，这些规则用人类可识别的特征（如颜色、亮度和边缘）识别图像中的像素，然后使用这些特征来预测标签，这种特色化的方法收效甚微。现代的方法是使用分层神经网络直接处理原始像素。这一点非常成功，不仅在图像识别方面，而且在语音识别、语言翻译和其他传统上困难的机器学习任务方面也是如此。如今，在这些任务中，计算机可以比人类做得更好。

这种方法被称为深度学习需要：①用于训练的标记数据；②用于神经网络的算法；③运行算法的专用硬件。学者和科技公司免费提供培训数据和算法，在云计算设施中的计算时间象征性收费。

（1）训练数据：例如 OpenImages，一个 950 万张标签图像的数据集，以及 Stanford Dog 数据集，120 个品种的 20580 张图像。

（2）算法：流行的开源软件包包括 TensorFlow、Caffe、MXNet 和 Theano。

（3）硬件：中央处理单元（CPU）、图形处理单元（GPU）和张量处理单元（TPU）可以通过云计算提供商获得。这些设施允许用户组织可用于训练的海量数据机器学习模型。

当然，拥有能够管理数据、调整算法并培养整个过程的专家也很重要。事实上，这些技能是目前的主要"瓶颈"，但大学正在迅速接受挑战，提供创造和利用机器学习所需的教育和培训。关于这个主题的维基百科词条描述了其他类型的机器学习。机器学习的一种重要形式是强化学习。这是一种机器优化某些任务的学习类型，比如在国际象棋或视频游戏中获胜。强化学习的一个例子是多臂老虎机算法（multi-armed bandit），但也有许多其他工具使用，其中一些涉及深度神经网络。

强化学习是一种顺序实验，因此从根本上讲是关于因果关系的：将特定的棋子从一个位置移动到另一个位置会增加获胜的可能性。这与仅使用观测数据的被动机器学习算法不同。强化学习也可以在对抗性环境中实现。例如，2017 年 10 月，DeepMind 宣布了一款机器学习系统 AlphaGo0，它通过与自己下围棋来开发出一种高效的策略。"自学机器学习"模式是博弈论的一个有趣模式。深度网络能否完全靠自己来学习与其他参与者竞争和/或合作？习得的行为会看起来像我们已经建立的博弈论模型的均衡吗？到目前为止，这些技术主要应用于完全信息游戏。他们会在信息不完全或不对称的游戏中工作吗？

人工智能有一个完整的子领域，称为对抗性人工智能（或对抗性 ML），它结合了人工智能、博弈论和计算机安全的主题，研究攻击和防御的方式。例如，假设我们有一个平均表现良好的训练有素的图像识别系统，它在最糟糕的情况下表现如何？事实证明，有一些方法可以创建对人类无伤大雅的图像，而这些图像将始终欺骗 ML 系统。

正如"视觉错觉"可以愚弄人类一样，这些"ML 错觉"也可以愚弄机器。有趣的是，人类和机器的最佳错觉截然不同，详见一些说明性例子（Good Floor et al.，2017）和技术报告（Kurakin et al.，2016）。计算机科学研究人员已经认识到了与博弈论的联系；在我看来，这一领域提供了许多有趣的合作机会，请参见 Sreevallabh 和 Liu（2017）。

1.2 机器学习能做什么

在流行的媒体上展示的机器学习的例子强调了新的应用，比如在国际象棋、围棋和乒乓球等游戏中获胜。然而，也有许多实际应用使用机器学习来解决现实世界的商业问题。Kaggle 是一个了解 ML 可以解决哪些问题的好地方。这家公司设立了机器学习竞赛。企业或其他组织提供一些数据、一些问题陈述和一些奖金。然后，数据科学家使用这些数据来解决提出的问题。获胜者可以把奖金带回家。该网站上有 200 多项比赛，以下是一些最新的比赛：

乘客威胁：提高国土安全威胁识别的准确性；150 万美元。

房价：提高 Zillow 房价预测的准确性；120 万美元。

维基百科页面流量：预测未来维基百科页面流量；25000 美元。

个性化医疗：预测基因变异的效果以实现个性化。

医药：15000 美元。

出租车出行时长：预测纽约出租车出行总时长；3 万美元。

产品搜索相关性：预测 home depot. com 上搜索结果的相关性；4 万美元。

对问题进行聚类：你能识别出意图相同的问题对吗？25000 美元。

宫颈癌筛查：哪种癌症治疗最有效？10 万美元。

点击预测：你能预测每个用户会点击哪些推荐内容吗？25000 美元。

库存需求：最大限度地增加销售，最大限度地减少烘焙食品的回报；25000 美元。

令人欣慰的是，这些都是真正的问题，来自那些想要真正的问题答案的组织。Kaggle 给出了如何将机器学习应用于实际业务问题的具体例子。

1.3 什么生产要素是稀缺的

假设你想要在你的组织中部署一个机器学习系统。第一个要求是有一个数据基础设施来收集和组织感兴趣的数据——数据管道。例如，零售商需要一个系统，它可以在销售点收集数据，然后将数据上传到计算机，然后计算机可以将数据组织到数据库中。然后，该数据将与其他数据组合在一起，例如库存数据、物流数据，或许还有关于客户的信息。构建此数据管道通常是构建数据基础架构中最耗费劳力和最昂贵的部分，因为不同的企业通常具有难以互连的特殊遗留系统。一旦数据被组织好，就可以将其收集在一个数据仓库中。数据仓库允许轻松访问能够操作、可视化和分析数据的系统。

传统上，公司运营自己的数据仓库，这不仅需要购买昂贵的计算机，还需要人力系统管理员保持一切正常运行。如今，在云计算设施（如 Amazon Web Services、Google Cloud Platform 或 Microsoft Azure Cloud）中存储和分析数据越来越普遍。云计算提供商负责管理和更新托管数据库和数据分析工具所需的硬件和软件。从经济角度来看，有趣的是，用户（数据中心）以前的固定成本现在变成了可变成本（从数据中心购买服务）。组织几乎可以购买任何数量的云服务，因此即使是小公司也可以从最低级别开始，按使用量收费。云计算比拥有自己的数据中心更具成本效益，因为计算和数据资源可以按需购买。不用说，如今大多数科技初创公司都使用云提供商来满足其硬件、软件和网络需求。

云计算提供商还提供各种机器学习服务，如语音识别、图像识别、翻译等。这些系统已经过供应商的培训，可以立即由客户使用，不再需要每家公司都为这些任务开发自己的软件。云提供商之间的竞争非常激烈，以每张图片 0.1 美分或更低的价格提供高度详细和具体的图像识别功能，并在此价格基础上提供批量折扣。

用户也可能具有与其自身业务相关的特殊数据，例如上述销售点数据。云提供商还提供最新的、高度优化的硬件和软件，而不是实施流行的机器学习算法。这允许用户立即访问高性能工具……前提是他们拥有使用这些工具的专业知识。如果硬件、软件和专业知识可用，则所需的只是已标记的数据。获取此类数据的方式多种多样：

（1）作为运营的副产品：想想一家连锁餐厅，其中一些餐厅的表现比其他餐厅要好，管理层可能会对与业绩相关的因素感兴趣。上面提到的 Kaggle 竞赛中的许多数据都是作为日常操作的副产品产生的。

（2）爬虫：这是从网站提取数据的常用方式。在收集数据和如何使用数据方面，到底允许什么，存在着法律上的争论。这场辩论太复杂了，不能在这里讨论，但维基百科关于网络抓取的条目很好。另一种选择是使用别人刮来的数据。例如，Common Crawl 数据库包含经过 8 年网络爬行编译的 PB 级数据。

（3）提供服务：当谷歌开始语音识别的工作时，它没有专业知识，也没有数据。它聘请了专家，他们提出了语音输入电话簿的想法，以此作为获取数据的一种方式。用户会说"乔的披萨，大学大道，帕洛阿尔托"，系统会回复一个电话号码。数字化的问题和最终的用户选择被上传到云中，机器学习被用来评估谷歌的答案和用户行为之间的关系，例如拨打建议的号码。ML 培训使用了数百万个号码请求的数据，学习速度很快。ReCAP-TCHA 采用了类似的模型，人类给图像贴上标签，以证明它们是人类，而不是简单的机器人。

（4）雇用人类来标记数据：Mechanical Turk 和其他系统可以用来付钱让人们给数据贴标签，参见哈特森（2017）。

（5）从提供商购买数据：有许多提供商提供各种类型的数据，如邮件列表、信用评分等。

（6）共享数据：共享数据可能对各方都有利，这在学术研究人员中很常见。开放图像数据集包含大约 900 万张由大学和研究实验室贡献的标签图像。出于各种原因，例如出于对公共安全的考虑，可能会强制要求共享，例如飞机上的黑匣子，或者流行病的医学数据。

（7）来自政府的数据：有来自政府、大学、研究实验室和非政府机构的大量数据。

（8）来自云计算提供商的数据：许多云提供商还提供公共数据存储库，例如 Google Public DataSet、Google Patents Public DataSet 或 AWS Public DataSet。

（9）计算机生成的数据：前面提到的 AlphaGo0 系统通过对自己下围棋游戏来产生自己的数据。机器视觉算法可以使用"合成图像"来训练，"合成图像"是以各种方式平移、旋转和缩放的实际图像。

1.4 数据重要的特性

信息科学使用"数据金字塔"的概念来描述数据、信息和知识之间的关系。一些系统必须收集原始数据，然后组织和分析这些数据，以便将其转化为信息，例如人类可以理解的文本文档图像。想象一下，图像中的像素变成了人类可读的标签。在过去，这是由人类完成的；在未来，越来越多的这项工作将由机器完成。这种从信息中获得的洞察力随后可以转化为知识，而知识通常体现在人类身上。我们可以认为数据存储在字节中，信息存储在文档中，知识存储在人类中。信息（书籍、文章、网页、音乐、视频）和知识（劳动力市场、顾问）都有发达的市场和监管环境。数据市场——在无组织的字节集合的意义上——都不是很发达。也许这是因为原始数据通常严重依赖于上下文，在转化为信息之前没有多大用处。

1.5 数据所有权和数据接入

有人说，"数据就是新的石油"。当然，它们在一个方面是相似的：两者都需要改进才能有用。但有一个重要的区别：石油是一种私人产品，而石油消费是竞争性的：如果一个人消费石油，其他人可以消费的可用石油就会减少。但数据是非竞争性的：一个人对数据的使用不会减少另一个人的使用。

因此，与其关注数据"所有权"——一个适用于私人物品的概念，我们真的应该考虑数据访问。数据很少像出售私人物品一样被"出售"，而是被授权用于特定用途。目前，欧洲正在进行一场关于"谁应该拥有自动驾驶汽车数据"的政策辩论。一个更好的问题是问"谁应该有权访问自动驾驶汽车的数据，他们能用这些数据做什么？"这一提法强调，多方可以同时访问自动驾驶汽车数据。事实上，从安全的角度来看，似乎很有可能允许多方访问自动驾驶汽车的数据。一辆车可能很容易有几个数据采集点：发动机、导航系统、车手口袋里的手机等。在没有充分理由的情况下要求独占性将不必要地限制对数据所能做的事情。

罗斯·安德森（Ross Anderson，1993）对飞机坠毁时会发生什么的描述提出了一个重要观点，说明了为什么允许多方访问数据可能是合适的：

"当飞机坠毁时，这是头条新闻。调查组赶到现场，随后的调查由来自具有广泛兴趣的组织的专家进行——航空公司、保险公司、制造商、航空公司飞行员工会和当地航空当局。他们的发现由记者和政界人士检查，在飞行员的餐桌上讨论，并由飞行教官传达。简而言之，飞行社区有一个强大的、制度化的学习机制。"

难道我们不应该希望自动驾驶汽车也有同样的学习机制吗？有些信息可以受版权保护。但在美国，电话簿等原始数据不受版权保护。（参见维基百科关于 Feist Publications, Inc. 诉农村电话服务公司的法律案件的条目）

尽管如此，数据提供商可能会汇编一些数据，并提出按特定条款将其许可给其他方。例如，有几家数据公司将美国人口普查数据与其他类型的地理数据合并，并提出将这些数据授权给其他方。这些交易可能禁止转售或重新授权。即使没有可保护的知识产权，合同条款构成私人合同，可由法院强制执行，就像任何其他私人合同一样。

1.6 正在降低的边际回报

最后，重要的是要理解，与任何其他生产要素一样，数据通常表现出规模收益递减的特点。同样的一般原理也适用于机器学习。

ImageNet 竞争中的错误率在过去几年中是逐渐下降的。关于这次比赛的一个重要事实是，在这段时间里，训练和测试观察的数量是固定的。这意味着获胜系统的改进性能不能依赖于样本大小，因为它一直是恒定的。其他因素，如改进的算法、改进的硬件和改进的专业知识，比训练数据中的观测数量重要得多。

2 使用机器学习产业的结构

与任何新技术一样，机器学习的出现引发了几个经济问题：

（1）哪些公司和行业将成功采用机器学习？

（2）我们会在采用时间和有效使用 ML 的能力上看到异质性吗？

（3）后期采用者能效仿早期采用者吗？

（4）专利、版权和商业秘密的作用是什么？

（5）地理位置在收养模式中扮演什么角色？

（6）对于早期、成功的采用者来说，有没有很大的竞争优势？

麦肯锡（2017）近日对 3000 名有 AI 意识的 C 级高管进行了一项关于领养准备情况的调查。在这些高管中，20%的人是"认真的采用者"，40%的人正在"试验"，28%的人觉得他们的公司"缺乏实现 ML 的技术能力"。麦肯锡确定采用的关键推动因素是领导力、技术能力和数据访问。不同经济部门采用 ML 的情况不同。不足为奇的是，电信、科技和能源等行业领先于建筑和旅游等不太懂技术的行业。

2.1 机器学习与竖向整合

工业组织的一个关键问题是：如何将机器学习工具和数据结合起来创造价值？这种情况会发生在公司内部还是跨公司边界？ML 用户会开发自己的 ML 功能还是从供应商那里购买 ML 解决方案？这是经典的制造与购买问题，也是理解现实世界产业组织的关键。

如前所述，云供应商为数据操作和分析提供集成的硬件和软件环境。他们还提供对公共和私人数据库的访问，提供标签服务、咨询和其他相关服务，从而实现数据操作和分析的"一站式"购物。由云提供商提供的专用硬件（如 GPU 和 TPU）已成为区分提供商服务的关键技术。

与往常一样，标准化和差异化之间存在着紧张关系。云提供商正在激烈竞争，以提供易于维护的标准化环境。与此同时，他们希望提供有别于竞争对手的服务。数据处理和机器学习是产品速度和性能方面的自然竞争领域。

2.2 公司规模和边界

ML 会增加还是降低最低有效规模? 答案取决于固定成本和变动成本之间的关系。如果公司不得不花费大量资金来开发定制的问题解决方案,我们可能会认为固定成本很高,公司规模必须很大才能摊销这些成本。另外,如果公司可以从云供应商那里购买现成的服务,我们预计固定成本和最低效率规模都会很小。

例如,假设一家换油服务公司想要问候回头客。他们可以使用一个数据库来实现这一点,该数据库将车牌号与客户姓名和服务历史联系起来。对于一个小供应商来说,编写软件来实现这一点的成本将高得令人望而却步,因此只有大型连锁企业才能提供这样的服务。另外,第三方可能会开发一款智能手机应用程序,以象征性的成本提供这项服务。此服务可能会降低最低效率规模。同样的考虑也适用于其他小型服务提供商,如餐馆、干洗店或便利店。

如今,新的初创公司能够外包各种业务流程,因为有几个业务服务提供商。就像快餐供应商可以通过一家分店完善模式,然后走向全国一样,商业服务公司可以一次建立系统,然后在全球范围内复制。

以下是一家初创公司可能如何外包十几个业务流程的列表:

(1) 为其在 Kickstarter 上的项目提供资金。

(2) 使用 LinkedIn 招聘员工。

(3) 来自谷歌、亚马逊、微软的云计算和网络。

(4) 使用开源软件,如 Linux、Python、TensorFlow 等。

(5) 使用 GitHub 管理其软件。

(6) 成为一家微型跨国公司,从国外聘请程序员。

(7) 建立机器学习的 Kaggle 竞赛。

(8) 使用 Skype、Hangout、Google Docs 等进行团队沟通。

(9) 将 NOLO 用于法律文档(公司、专利、NDA)。

(10) 使用 QuickBooks 进行记账。

(11) 使用 AdWords、Bing、Facebook 进行营销。

(12) 使用 Salesforce 建立客户关系。

(13) 使用 Zendesk 提供用户支持。

这只是一份部分清单。硅谷和旧金山的大多数初创公司都利用了其中的几项业务流程服务。通过选择标准化的业务流程,初创企业可以专注于其核心竞争力,并在规模扩大时根据需要购买服务。由于这些业务流程服务的提供,人们预计会看到更多的进入和更多的创新。

2.3 价格

云计算和机器学习的可用性为根据客户特征调整价格提供了大量机会。拍卖和其他新颖的定价机制可以很容易地实施。价格可以如此容易地调整，这意味着可以实施各种形式的差别定价。然而，必须记住，客户并不是无能为力的；他们也可以利用增强的搜索功能。例如，航空公司可以采取将购买价格与起飞日期挂钩的策略。但是可以创建对航空公司算法进行反向工程的服务，并建议消费者何时购买；有关示例请参阅 Etzione 等 (2003)。

2.4 价格差异

传统上，价格歧视分为三类：

(1) 一级价格歧视（个性化）。

(2) 二级价格歧视（版本化：所有消费者的价格菜单相同，但价格不同。关于数量或质量）。

(3) 三级价格歧视（基于成员资格的团体定价）。

完全个性化的定价是不现实的，但基于消费者细粒度特征的价格很可能是可行的，因此，三级和一级之间的界限变得有些模糊。Shiller（2014）和 Dube（2017）调查了使用 ML 模型可以提取多少消费者剩余。二级价格歧视也可以被视为按群体成员定价，但承认群体成员和行为的内生性。使用观测数据的机器学习在设计此类定价方案方面的帮助将是有限的。然而，强化学习技术可能是有用的。

根据大多数非经济学家的说法，价格差异唯一更糟糕的是价格歧视。然而，大多数经济学家认识到，从效率和公平的角度来看，价格差异往往都是有益的。差异化价格可以为原本不会得到服务的市场提供服务，而那些未得到服务的市场往往涉及低收入消费者。DellaVigna 和 Gentzkow（2017）建议："……我们记录的统一定价大大提高了贫困家庭相对于富人支付的价格。"这种影响可能是巨大的。他们指出："收入最低的 10% 的消费者支付零售食物的价格比弹性定价下高出约 0.7%，但收入最高的消费者支付零售食物的价格比灵活定价下的价格低约 9.0%。"

2.5 规模报酬

至少有三种规模报酬可能与机器学习相关：

(1) 经典供给侧规模报酬（降低平均成本）。

(2) 需求侧规模报酬（网络效应）。

(3) "干中学"（体验提高质量或降低成本）。

2.6 供给侧规模报酬

软件似乎是供给侧规模报酬的典范案例：开发软件有很大的固定成本，分发软件有很小的可变成本。但如果我们将这个公认简单的模型与现实世界相比，有一个迫在眉睫的问题。软件开发不是一次性的操作；几乎所有的软件都会随着时间的推移进行更新和改进。手机操作系统就是一个很好的例子：通常每月发布错误修复和安全改进，同时每年发布重大升级。请注意，这与实物商品有所不同：没错，汽车的机械问题是有缺陷修复的，但汽车的性能随着时间的推移或多或少保持不变。一个值得注意的例外是特斯拉品牌，其定期发布新的更新操作系统。

随着越来越多的产品具备网络功能，我们可以预期这种情况会更频繁地发生。你的电视——曾经是一台静态设备，将能够学习新的技巧。许多电视现在都有语音交互功能，我们可以预期机器学习将继续在这一领域取得进展。这意味着你的电视将变得越来越善于交流，很可能会更好地辨别你对各种内容的喜好。其他设备也是如此，它们的功能将不再在销售时固定，而是会随着时间的推移而发展。

这引发了有关商品和服务之间区别的有趣的经济学问题。当人们购买一部手机、一台电视或一辆汽车时，他们购买的不仅仅是一件静电物品，而是一种可以让他们获得一整套服务的设备。这反过来又引发了一系列关于定价和产品设计的问题。

2.7 需求侧规模报酬

需求侧规模经济或称网络效应有不同的形式：有直接的网络效应，产品或服务对增量采用者的价值取决于其他采用者的总数；还有间接的网络效应，有两种或两种以上类型的互补采用者。用户更喜欢有很多应用程序的操作系统，而开发者更喜欢有很多用户的操作系统。

直接的网络效应可能与机器学习系统中使用的编程语言的选择有关，但主要语言是开源的。同样，潜在用户可能更喜欢拥有大量其他用户的云提供商。然而，在我看来，这与许多其他行业没有什么不同。汽车购买者可能更喜欢流行品牌，因为经销商、修理店、零部件和机械师随处可见。

有一个概念在律师和监管机构中流传，称为"数据网络效应"。其模型是，客户越多的公司就可以收集越多的数据，并利用这些数据来改进其产品。这通常是真的——改善运营的前景使 ML 变得有吸引力——但这并不是什么新鲜事。当然也不是网络效应！这本质上是一种供应方效应，称为"边做边学"（也称为"经验曲线"或"学习曲线"），经典论述是 Arrow（1962）。Spiegel 和 Hendel（2014）包含一些最新的引用和令人信服的例子。

2.8 "干中学"

边做边学通常被建模为单位成本随着累积产量或投资的增加而下降（或质量增加）的过程。粗略的经验法则是，产量翻一番会导致单位成本下降 10%~25%。尽管这种效率提高的原因并不确凿，但重要的一点是，正如斯蒂格利茨和格林沃尔德（2014）所描述的那样，边做边学需要公司的意图和投资。

这将边做边学与需求侧或供应侧网络效应区分开来，后者通常被认为或多或少是自动的。这也不是真的；整本书都是关于网络效应下的战略行为的。但是，在实践中学习和所谓的"数据网络效应"之间有一个重要的区别。一家公司可以拥有海量数据，但如果它不处理这些数据，它不会产生任何价值。

在我的经验中，问题不是缺乏资源，而是缺乏技能。一家有数据但没有人分析的公司在利用这些数据方面处于不利地位。如果内部没有现有的专业知识，就很难做出明智的选择，决定需要哪些技能，以及如何寻找和聘用拥有这些技能的人。招聘优秀人才一直是竞争优势的关键问题。但由于数据的广泛可获得性是相对较新的，因此这个问题尤为尖锐。汽车公司可以雇用知道如何制造汽车的人，因为这是他们核心能力的一部分。他们可能有也可能没有足够的内部专业知识来聘请优秀的数据科学家，这就是为什么当这项新技能渗透到劳动力市场时，我们可以预期看到生产率的异质性。Besen（2016，2017）对这一问题进行了富有洞察力的写作。

算法合谋

几十年来，人们已经知道，在重复博弈中存在许多均衡。这一领域的中心结果是所谓的"民间定理"，它认为几乎任何结果都可以在重复博弈中达到均衡。有关这一结果的各种表述，请参阅 Fundenberg（1992）和 Piels（1992）的调查。寡头之间的相互作用可以看作一个重复的博弈，在这种情况下，特别关注的是串通的结果。有一些非常简单的策略可以用来促成串通。

快速反应平衡。例如，想想街对面两个加油站的经典例子，它们可以迅速改变价格，为固定的消费者提供服务。最初，它们的定价都高于边际成本。如果一家降价一便士，另一家很快就会与价格持平。在这种情况下，这两家加油站的情况都更糟，因为它们的售价更低。因此，降价没有回报，价格居高不下。正如 Varian（2000）中所描述的那样，这类策略可能已经在网上竞争中使用过。Borenstein（1997）记录了机票定价背景下的相关行为。

重复"囚徒困境"。20 世纪 80 年代初，罗伯特·阿克塞尔罗德（Robert Axelrod）主持了一场"囚徒困境"锦标赛。研究人员提交了反复相互竞争的算法策略。遥遥领先的赢家是阿纳托尔·拉波波特（Anatol Rapoport）提出的一项名为"以牙还牙"的简单战略。在这一战略中，每一方都开始合作（收取高价）。如果其中一位玩家倒戈（降价），另一位玩家将参加比赛。阿克塞尔罗德构建了一个锦标赛，其中的策略根据他们在比赛中的收益进行复制。他发现，表现最好的策略与针锋相对非常相似。这表明，人工代理人可能会在典型的双寡头博弈中学习合作策略。

纳斯达克报价。在 20 世纪 90 年代早期，纳斯达克的报价是以八分之八美元而不是美分为单位的。因此，如果出价是 3/8，要价是 2/8，交易就会发生，买方支付 3/8，卖方得到 2/8。出价和要价之间的差额是"内部价差"，它补偿交易员承担风险和维持参与市场所需的资本。请注意，内部分布越大，给贸易商带来的利润越大。

20 世纪 90 年代中期，两位经济学家威廉·克里斯蒂（William Christie）和保罗·舒尔茨（Paul Schultz）研究了纳斯达克（NASDAQ）前 70 家上市公司的交易，令他们惊讶的是，几乎没有任何交易是以奇数 1/8 的价格进行的。作者的结论是：我们的业绩很可能反映出做市商之间达成了谅解或默许，以避免在报价这些股票时使用奇数 1/8 的价格分数——克里斯蒂和舒尔茨（1995）。

美国司法部随后展开了调查，最终以 10.1 亿美元的罚款了结，这在当时是反垄断案件中支付的最大一笔罚款。正如这些例子所说明的那样，隐含的（或者可能是显性的）合作似乎有可能发生在重复交互的上下文中——阿克塞尔罗德所说的"合作的演进"。

最近，在"算法合谋"的背景下，这类问题再次出现。2017 年 6 月，经济合作与发展组织（OECD）举行了一次关于"算法和共谋"的圆桌会议，作为其数字经济竞争工作的一部分，背景文件见 OECD（2017），圆桌会议有代表性的贡献见 Ezrachi 和 Stucke（2017）。

在这种背景下，出现了许多有趣的研究问题。民间定理表明，串通的结果可以是重复博弈的均衡，但确实展示了一种特定的算法，导致了这样的结果。众所周知，非常简单的算法，如具有少量状态的有限自动机，不能发现所有均衡，请参阅鲁宾斯坦（1986）。有一些类似拍卖的机制可以用来近似垄断结果，参见西格尔（2003）的例子。然而，我没有在寡头垄断的背景下看到类似的机制。

3 机器学习产业结构分析

到目前为止，我们观察了使用机器学习的行业，但提供机器学习的公司也很有趣。如上所述，ML 供应商很可能会提供几项相关服务。随之而来的一个问题是，在不同的提供商之间切换有多容易？容器等技术是专门为将应用程序从一个云提供商移植到另一个云提供商而开发的。像 Dockers 和 Kubernetes 这样的开源实现是现成的。锁定对于中小型应用程序来说不是问题，但是当然，可能存在涉及需要定制工作的大型复杂应用程序的问题。

由于易于在芯片、主板、机架或数据中心本身级别复制硬件安装，计算机硬件还表现出至少持续的规模化回报。恒定回报的经典复制论点在这里适用，因为增加容量的基本方法就是复制以前的做法：向处理器添加更多内核、向机架添加更多电路板、向数据中心添加更多机架，以及构建更多数据中心。

我早些时候已经提出，对于大多数用户来说，云计算比从头开始建设数据中心更具成本效益。有趣的是，需要大量数据处理能力的公司已经能够复制它们现有的基础设施，并将额外的容量出售给其他通常较小的实体。其结果是一个与经济学家可能想象的略有不同的行业结构。一家汽车公司会制造过剩吗？然后，可以出售给其他公司的产能？这并非闻所未闻，但却是罕见的。正是计算的通用性使这种商业模式成为可能。

3.1 机器学习服务的定价

与任何其他以信息为基础的行业一样，软件的生产成本很高，复制成本很低。如上所述，由于易于在芯片、主板、机架或数据中心本身级别复制硬件安装，计算机硬件还表现出至少恒定的规模回报。

如果服务变得高度标准化，那么就很容易陷入伯特兰式的降价。即使在这些早期，机器定价也显得竞争激烈。例如，在所有主要的云提供商中，图像识别服务的每张图像成本约为 0.1 美分。想必我们会看到供应商试图在速度和精确度方面脱颖而出。那些能够提供更好服务的公司可能能够收取溢价，只要用户愿意为优质服务付费。然而，目前的速度和精确度都非常高，目前还不清楚用户如何看待这些方面的进一步改进。

3.2　政策问题

已经讨论了涉及数据所有权、数据访问、差别定价、规模回报和算法合谋的问题，所有这些问题都有重要的政策方面。剩下的主要政策领域是安全和隐私。我首先就安全问题说几句话。

3.3　安全性

我们已经讨论了涉及数据所有权、数据访问、差别定价、规模回报和算法合谋的问题，所有这些问题都有重要的政策方面。剩下的主要政策领域是安全和隐私。从安全领域来看，在为证券投资创造适当的激励方面，责任转让是多么重要。对侵权法的法经济学分析有助于理解不同责任分配的含义以及哪些责任分配是最优的。

相应地，出现的一个原则是"应有的谨慎"标准。如果一家公司遵循某些标准程序，例如在安全补丁发布后的几天内安装安全补丁、实施双因素身份验证、对员工进行安全方面的教育。他们有一个安全的避风港，可以承担与安全事件相关的费用。但是，"应有的谨慎"标准从何而来呢？一种可能性来自于，向政府提供援助，特别是针对军事或执法实践。另一种可能性是，保险机构为实施良好做法保障的各方提供保险。正如保险公司可能要求自动喷水灭火系统提供火灾保险一样，网络保险可能只提供给那些从事最佳实践的公司，更多讨论见 Varian（2000）。这个模型是解决这个问题的一种很有吸引力的方法。然而，我们知道，有许多涉及保险的问题需要解决，如逆向选择和道德风险，见信息安全经济学研讨会档案。有关这一领域的更多工作请参阅 Anderson（2017）的概述。

3.4　隐私

隐私政策是一个庞大而无序的领域。Acquisti 等（2016）对经济文献进行了全面回顾。

机器学习领域出现了几个政策问题。例如，公司是否有适当的激励措施来提供适当的隐私水平？隐私和经济表现之间的权衡是什么？人们普遍认识到，隐私法规可能会限制 ML 供应商组合来自多个来源的数据的能力，并且可能会对跨公司边界传输数据和/或销售数据进行限制。有一种趋势是，在这一领域颁布法规导致意想不到的后果。1996 年的《健康保险可携带性和责任法案》（*Health Insurance Porability and Accounability Act*）就是一个例子，俗称 HIPAA。这项立法的原意是通过建立医疗记录保存标准来刺激保险公司之间的竞争。然而，许多研究人员认为，这对医学研究的数量和质量产生了显著的负面影响。

4　结论

　　本文只触及了人工智能和机器学习可能如何影响产业结构的皮毛。这项技术发展迅速，现在的主要"瓶颈"是能够实现这些机器学习系统的分析师。考虑到大学课程在这一领域的巨大人气和丰富的在线教程，我们预计这一"瓶颈"将在未来几年内得到缓解。

第十三章

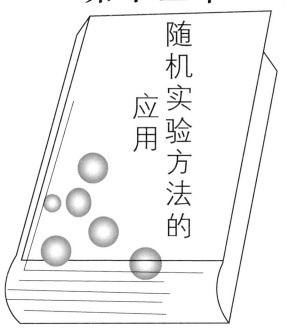

随机实验方法的应用

1. 政府会计监督如何影响盈余管理——基于财政部会计信息质量随机检查的准自然实验

作者：柳光强；王迪

单位：中南财经政法大学会计学院/会计信息研究中心

期刊：《管理世界》

关键词：政府监督；会计监督；财政部会计信息质量随机检查；盈余管理

摘要：会计造假是经济社会发展中的顽疾，如何进行有效的政府监督一直是学界和实务界共同关注的焦点问题。科学严谨评估监督效果意义重大。本文手工提取 1999~2017 年财政部会计信息质量随机检查公告披露的问题企业数据，基于财政部会计信息质量随机检查制度"双随机、一公开"的准自然试验，实证分析了政府会计监督对上市公司盈余管理的影响。研究发现：①财政部会计信息质量随机检查对上市公司应计盈余管理与真实盈余管理均有显著缓解作用；②对于检查公告中披露具体数据的公司和整改态度积极的公司，其盈余管理程度改善更多；③监管效果在产权性质不同的公司、处于市场化程度不同地区的公司、股权集中度不同的公司具有差异。本文的结论为完善政府会计监督制度提供了经验证据。

发表时间：2021-05-05

2. 打开教育政策研究的"黑盒子"——基于理论的影响评估在随机干预实验研究中的应用

作者：汤蕾；马静；刘涵；岳爱；白钰；孟春；马成俊

单位：陕西师范大学教育实验经济研究所；国务院发展研究中心宏观经济研究部；青海民族大学法学院

期刊：《华东师范大学学报（教育科学版）》

关键词：作用机制分析；变化理论；因果链；影响评估

摘要：影响评估旨在了解政策对参与者福利的影响，其关键在于建立两者之间的因果关系（什么有效），了解政策的作用机制（为什么有效）。基于理论的影响评估（Theory-Based Impact Evaluation，TBIE）被普遍认为有助于回答"为什么有效"的问题。基于理论的影响评估通过建立从投入到产出再到影响的因果链，使用实证数据检验在因果链中有可能起作用的理论和潜在假设是否成立，达到厘清干预项目作用机理的目的。本文旨在回顾和总结基于理论的影响评估的核心概念和原理，并结合随机干预实验方法和具体实例，阐述在开展随机干预实验时，如何基于理论探索干预项目的作用机制。

发表时间：2020-08-19

3. 税收遵从研究的自然随机实地实验法

作者： 代志新；陈怡心；李法强

单位： 中国人民大学财政金融学院；美国宾州州立大学

期刊：《中国人民大学学报》

关键词： 税收遵从；自然随机实地实验；实验经济学

摘要： 自然随机实地实验方法是识别社会现象中因果关系的一种重要手段，在国外经济学界正得到越来越多的应用，国内学界对这一重要方法的应用还处于起步阶段，尤其是在税收遵从领域的应用几乎还是空白。系统梳理税收遵从自然随机实地实验研究的过程和结果，深入了解自然随机实地实验在税收遵从领域的具体设计方法及实施细节等，能够为国内开展相关研究提供经验借鉴。自然随机实地实验方法与税收遵从政策设计天然地契合，了解和掌握该方法对于推进相关学术研究和制定更加科学的税收征管政策都有重要意义。基于政治体制、文化传统、税收制度、社会环境方面的独特性，在我国运用自然随机实地实验法开展税收遵从研究的机遇与挑战并存。

发表时间：2020-07-16

4. 面向未来的实验经济学：文献述评与前景展望

作者： 包特；王国成；戴芸

单位： 新加坡南洋理工大学社会科学学院经济系；中国社会科学院大学计算社会科学研究中心；河北经贸大学；中山大学岭南学院金融系

期刊：《管理世界》

关键词： 实验经济学；实验室实验；实地实验；随机控制实验；实验方法应用

摘要： 实验经济学源起于20世纪50年代，经历了半个多世纪的艰辛探索、曲折发展现已成长为经济学及管理学领域颇具旺盛生命力的前沿分支。本文简要回顾了实验经济学的发展历程，梳理其在方法论、实验设计、数据处理和应用方面的演变及趋势，探析内在推动因素和外部影响条件。在21世纪20年代开启之际，更加关注实验经济学近些年的学科进展及厘清实地实验和随机控制实验等新兴分支相关文献的脉络，有助于将其更好地应用于中国新时代背景下的脱贫攻坚、新经济等领域，预示着极具诱惑力的发展前景。

发表时间：2020-07-05

5. 招聘市场上的同性恋歧视——来自随机邮件的实验证据

作者： 王芳；黄沛璇

单位： 华东师范大学经济与管理学部；复旦大学国际关系与公共事务学院

期刊：《世界经济文汇》

关键词：企业招聘；性向歧视；随机简历实验

摘要：针对特定群体研究其在劳动力市场上是否遭受歧视一直以来为社会科学家所重视。本研究试图采用随机简历方法对中国劳动力招聘市场上是否存在同性恋歧视进行检验。具体来说，我们将由不同性取向、性别及教育程度组成的求职邮件随机发送到中国沪深两市的 1288 家上市公司招聘邮箱中，以观察回复率上的差异。结果发现，在其他条件均相同的情况下，同性恋群体得到的回复率低于与他们对应的非同性恋群体 5%。同时，这种歧视在男同性恋群体上尤其明显：男同性恋求职者比男异性恋得到的回复率要低 7%。女同性恋与女异性恋求职者之间则无统计上的显著差异。就文献关注的教育对于性向歧视的影响来说，我们没有发现教育背景的提高能够改善同性恋群体在劳动力市场上受歧视的情况，且该作用也不存在性别差异。最后，就异质性来说，针对同性恋求职者的歧视广泛存在于规模较小、开放程度较低的企业。

发表时间：2019-10-05

6. 正面还是背面：掷硬币对人生重大决策和后续幸福的影响

Heads or Tails: The Impact of a Coin Toss on Major Life Decisions and Subsequent Happiness

作者：Levitt S. D.

期刊：*The Review of Economic Studies*

摘要：Little is known about whether people make good choices when facing important decisions. This article reports on a large-scale randomized field experiment in which research subjects having difficulty making a decision flipped a coin to help determine their choice. For important decisions (e. g. quitting a job or ending a relationship), individuals who are told by the coin toss to make a change are more likely to make a change, more satisfied with their decisions, and happier six months later than those whose coin toss instructed maintaining the status quo. This finding suggests that people may be excessively cautious when facing life-changing choices.

正面还是背面：掷硬币对人生重大决策和后续幸福的影响

译者：张泽邦

摘要：面临重大决策时是否做出了正确的选择，人们对此知之甚少。本文进行了一项大规模随机实地实验，在实验中，研究对象通过掷硬币来帮助他们做出原本艰难的选择。对于重要的决定（辞去一份工作或结束一段感情），那些被硬币告知要做出改变的人比被指示维持现状的人更有可能做出改变，对自己的决定更满意，6 个月后也更快乐。这一发现表明，人们在面对改变人生的选择时可能过于谨慎。

1　引言

重大决策时人们的选择是否正确，从实证角度来看，经济学对此了解甚少。一个原因是，选择不是随机决定的。即便可以随机指定一部分人做出改变，也需要识别面临选择摇摆不定的人（边缘决策者）所受到的影响，而非整体的平均处理效应。因为，是否做出改变以及做出改变的人群内部可能都是存在系统性差异的。因此，不仅要找到大量的"边缘决策者"，还需要通过某种随机化来影响他们重要的人生选择。这正是本研究所做的工作。

在 FreakonomicsExperiments.com 网站上，那些难以做出人生决定的人可以通过掷硬币来帮助自己做出选择。掷硬币的结果是随机的，其中正面指示做出改变，背面指示维持现状。在抛硬币的 2 个月和 6 个月后，对研究对象进行问卷回访。研究鼓励研究对象提供第三方（朋友或家人）信息，以验证结果的真实性。第三方同样会接受问卷调查。

结果显示：第一，在 2 个月后，人们做出改变的概率低于他们在掷硬币之前的预测；第二，那些做出改变的人比没有改变的人要更快乐，对于这一决定更加满意；第三，掷硬币的结果可能会影响决策，得到正面的人比背面的人做出改变的可能性大约高出 25%；第四，当涉及重要决定时，被硬币指示做出改变的人更有可能做出改变，并且在后续更幸福，这一发现与预期效用理论不一致；第五，被硬币指示做出改变的人更有可能认为自己做出了正确的决定。

上述结果可能受到的威胁来自自我报告的幸福感作为效用的代理变量、样本代表性、样本自选择，以及可能不真实的回答。本文考虑了可能的误差来源，发现第一阶段的估计（即掷硬币对决策的影响）很可能代表了一个上限。但没有太多理由相信 2SLS 估计中存在很强的偏差（即这一决定对自我报告的幸福感的因果效应）。

2　实验设计

实验是在线进行的。研究对象首先从列表中选择自己面临选择困难的问题（或自行补充），然后填写一项包含基本人口统计数据的调查，内容包含当前幸福感、面临困难的决定以及第三方信息（通常是朋友或家人）。大约 30% 的研究对象提供了第三方的姓名和电子邮件地址。提供第三方信息表明研究对象可能将更遵从掷硬币结果，第三方信息也提供了核实回答的独立信息来源。

研究对象掷一枚虚拟硬币，如果得到正面，则说明硬币鼓励他们在未来两个月内做出改变（例如辞职），背面则指示至少在未来两个月内维持现状（例如留任）。

对研究对象和第三方在掷硬币后的 2 个月和 6 个月进行了调查。调查提醒通过电子邮件发送，并包含进行后续调查的网站链接。作为激励，向填写调查的人提供 Freakonomics 播客的独家内容。同时，故意使研究对象难以确定研究的确切目标。

招募工作通过各种在线和传统媒体渠道进行，包括 reddit.com、Freakonomics 播客、Freakonomics 博客、Marginal Revolution 博客以及《金融时报》和《福布斯》发表的文章。该网站的数据收集工作持续大约一年。

在研究期间，约有 165000 人掷了 23500 次硬币。排除部分由于提供错误电子邮件地址等情况，剩余 22511 个可用样本。

对研究对象和第三方的在线调查在掷硬币后的 2 个月和 6 个月进行。对参与者进行的问卷调查提示了面临选择的问题（但没有提醒投币的结果），问卷内容包括：①是否采取行动；②整体幸福程度；③对这一具体选择的满意程度。

第三方被问到一组平行的问题。对于基本上是永久性决定的问题（例如辞职），询问研究对象是否已经采取了行动。对于可能是暂时改变的问题（例如尝试戒烟，可能成功也可能失败），询问研究对象是否已经尝试过。

后续调查回应率如图 1 所示。

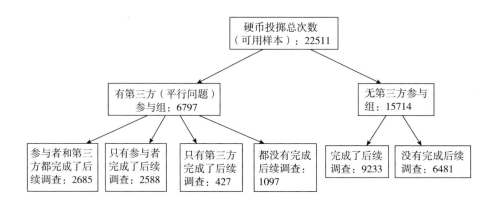

图 1　后续调查回应率

3　实验结果

实验结果分为两部分：掷硬币结果是否影响行为；选择对后续幸福及决策满意度的影响。

3.1　掷硬币结果是否影响行为

图 2 显示了掷硬币的遵从率。浅色条对应 2 个月的问卷调查结果，深色条代表 6 个月的问卷调查结果。各栏所列数值为研究对象行为与掷硬币所指示结果相一致的百分比。如果掷硬币结果对行为没有影响，则应有 50% 的行为与掷硬币结果一致。

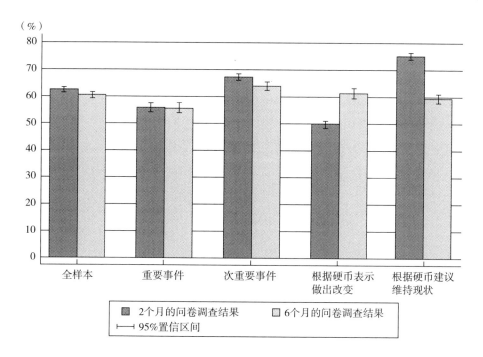

图2　参与者掷硬币遵从率

图 2 第 1 列为全样本数据。2 个月后，约 63% 参与者的行为符合掷硬币结果。这意味着 13% 的行为受到影响，即正面比背面结果多出 26% 改变的可能性。第 2 列、第 3 列将样本划分为"重要"和"不重要"两个子样本，在重要问题上，遵从率远低于全样本，但仍高于 50%。第 4 列、第 5 列根据硬币表示要做出改变或建议维持现状划分样本。

掷硬币前，研究对象需要报告他们在事前就采取相关行动的可能性（例如，向另一半求婚）。以 10% 的间隔向研究对象提供了一份从 0% 至 100% 的选择。图 3 横轴为之前采取行动的可能性，纵轴为 2 个月采取行动的百分比。

结果说明：第一，掷硬币的结果对整个事前概率分布产生影响。第二，图中的直线向上倾斜，这意味着事前概率与实际行动相关。但参与者预测并不特别准确（实际斜率小于 45° 线斜率）。第三，在 2 个月的调查数据中，证据显示人们倾向于不采取行动。

6 个月后的结果与图 3 一致，只是不采取行动的倾向消失了。总体而言，在 6 个月后，采取行动的概率略高于研究对象事前的预测。但应注意，事前概率是对于 2 个月内做出改变可能性的预测，而非 6 个月。

图 4 展示了掷硬币对各类问题行为影响的异质性。上半部分报告了"重要"问题的结果，下半部分对应于"次要"的决定。

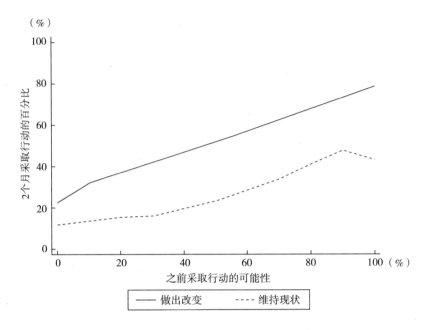

图 3　自述可能性与采取行动的函数关系

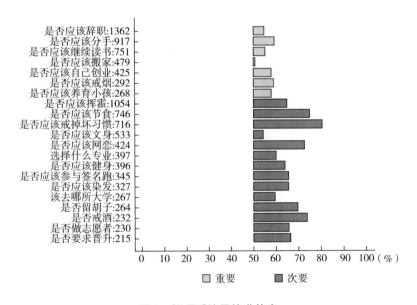

图 4　掷硬币结果的遵从率

重要问题中，掷硬币对于"是否应该搬家"没有影响。次要问题的决定会更多地受到掷硬币的影响，在"是否应该改掉坏习惯"（超过 80%）、"是否应该节食"、"是否应该戒酒"和"是否应该尝试网上约会"方面的遵从率最高。

表 1 表明，掷硬币的影响对协变量是稳健的，并且在统计上具有高度显著性。

表 1 掷硬币对于是否做出改变的影响

	掷硬币 2 个月后			掷硬币 6 个月后		
	全部事件	重要事件	次要事件	全部事件	重要事件	次要事件
正面	0.249***	0.111***	0.364***	0.211***	0.112***	0.295***
	(0.009)	(0.012)	(0.012)	(0.012)	(0.017)	(0.016)
改变的概率	0.445***	0.594***	0.279***	0.476***	0.597***	0.341***
	(0.017)	(0.023)	(0.024)	(0.023)	(0.032)	(0.033)
男性	0.012	0.005	0.018	−0.001	−0.001	−0.003
	(0.009)	(0.013)	(0.012)	(0.012)	(0.018)	(0.017)
年龄	−0.002***	−0.003***	−0.002*	−0.002**	−0.006***	−0.001
	(0.001)	(0.001)	(0.001)	(0.001)	(0.001)	(0.001)
已婚	0.002	−0.014	0.013	−0.014	−0.037	0.015
	(0.011)	(0.015)	(0.016)	(0.015)	(0.021)	(0.021)
美国居民	0.033***	0.020	0.039**	0.008	0.002	0.007
	(0.010)	(0.014)	(0.013)	(0.014)	(0.020)	(0.018)
黑人	0.006	−0.029	0.041	−0.046	−0.127*	0.042
	(0.027)	(0.035)	(0.041)	(0.039)	(0.053)	(0.055)
亚裔	0.004	0.008	−0.012	−0.022	−0.041	−0.023
	(0.013)	(0.019)	(0.018)	(0.018)	(0.027)	(0.025)
拉丁裔	0.019	0.007	0.027	−0.011	−0.013	−0.008
	(0.017)	(0.024)	(0.023)	(0.023)	(0.034)	(0.032)
其他种族	0.004	0.002	0.004	0.010	0.051	−0.038
	(0.022)	(0.031)	(0.030)	(0.032)	(0.046)	(0.043)
大学毕业	−0.007	−0.013	−0.008	−0.003	0.008	−0.023
	(0.010)	(0.016)	(0.014)	(0.015)	(0.023)	(0.019)
收入大于 5 万美元	0.000	−0.015	0.016	−0.008	−0.011	0.003
	(0.010)	(0.014)	(0.014)	(0.014)	(0.020)	(0.019)
城市居民	0.007	−0.003	0.013	−0.008	−0.003	−0.011
	(0.009)	(0.013)	(0.012)	(0.012)	(0.018)	(0.016)
掷硬币前幸福感	−0.002	0.002	−0.003	−0.006	−0.004	−0.006
	(0.002)	(0.003)	(0.003)	(0.003)	(0.004)	(0.005)
三次中的两次最优选择	−0.009	−0.006	−0.010	−0.013	−0.006	−0.019
	(0.011)	(0.016)	(0.014)	(0.016)	(0.024)	(0.021)

续表

	掷硬币 2 个月后			掷硬币 6 个月后		
	全部事件	重要事件	次要事件	全部事件	重要事件	次要事件
包含问题相关指标	Yes	Yes	Yes	Yes	Yes	Yes
样本量	10094	4607	5487	6131	2874	3257

表 1 报告了线性概率模型的估计结果，因变量是研究对象是否做出改变的二元变量。第 1 列和第 4 列为全样本，第 2 列和第 5 列为"重要"问题的子样本，第 3 列和第 6 列对应于"次要"的问题。对于所有问题，得到正面的人比背面做出改变的可能性高 24.9 个百分点，这一结果在统计意义上非常显著。掷硬币对重要问题的影响仅为次要问题的 1/3 左右。如能在事前准确评估做出改变的可能性，第 2 行的系数应为 1，但实际上它的范围在 0.279～0.597。研究对象在重要问题上比在次要问题上更能预测自己的行为。此外，年龄较大的人不太可能做出改变，特别是在重要问题上。

3.2 选择对后续幸福及决策满意度的影响

参与者被问到五个问题，以确定他们对整体生活的幸福程度：①总体幸福感水平（Happiness）；②参与者认为朋友们会如何给自己的幸福感打分（Appear happy）；③是过得更好、更差，还是与掷硬币时相同（Better/Worse off）；④是否觉得硬币的选择是正确的决定（Correct decision）；⑤如果可以回到过去，会再次做出同样的决定吗（Perfect foresight）？

问题①和问题②在两个月和六个月的调查中都被问到，问题③只在六个月的调查中被问到，问题④和问题⑤只在两个月时被问到。

表 2 报告了选择和随后生活满意度间联系的基本实证结果。第 1～8 列对应的是两个月的调查，第 9～14 列反映的是六个月的调查结果。

OLS 的估计反映了做出改变的人与维持现状的人在结果上的差异。但是，这两组人在某种程度上系统性地不同，OLS 估计将不会有因果解释。在掷硬币结果仅能通过做出的选择这一渠道影响幸福感的假设之下，2SLS 估计反映了行动对后续结果的因果影响。

OLS 的结果显著为正，说明相比维持现状的人，做出改变的人对所做选择的幸福感/满意度增加了。

2SLS 估计显示，两个月后，只有很弱的证据表明，做出改变会影响幸福感，但对于是否认为做出了正确的决定、是否会再次选择这一决定，估计系数的经济意义和统计意义均显著。与六个月前相比，做出改变的人有可能过得更好。对于六个月内的重要问题，2SLS 估计比 OLS 估计大 2～3 倍。

表 3 报告了各子样本对幸福感估计的敏感度。关于第一阶段，正如预期，自我报告可能跟随掷硬币的人遵从的可能性是其他人的 3～4 倍。那些报告了朋友名字的人更有可能遵从硬币的指示。对于 OLS 的估计，年龄较大的人报告的幸福感提升相比年轻人更大，自我报告不太可能遵循掷硬币结果的人和原有幸福感较低的人相比之下幸福感提升更大。

表 2 选择与自我报告结果之间的关系

	掷硬币 2 个月后								掷硬币 6 个月后					
	幸福		显得开心		正确决定		完美预期		幸福		显得开心		情况改善或恶化	
	OLS	2SLS	OLS	2SLS	OLS	2SLS	OLS	2SLS	OLS	2SLS	OLS	2SLS	OLS	2SLS
全部	0.449	0.041	0.309	0.236	0.173	0.325	0.079	0.235	0.584	0.476	0.442	0.149	0.109	0.167
	(0.039)	(0.139)	(0.038)	(0.134)	(0.006)	(0.024)	(0.007)	(0.027)	(0.048)	(0.214)	(0.046)	(0.207)	(0.009)	(0.038)
	M=6.837		M=7.161		M=0.593		M=0.852		M=7.059		M=7.312		M=0.756	
重要事件	0.782	0.554	0.588	1.070	0.151	0.456	0.034	0.285	1.011	2.153	0.717	1.418	0.146	0.412
	(0.066)	(0.495)	(0.064)	(0.491)	(0.010)	(0.085)	(0.010)	(0.082)	(0.076)	(0.652)	(0.073)	(0.619)	(0.013)	(0.112)
	M=6.566		M=6.943		M=0.630		M=0.892		M=6.932		M=7.207		M=0.777	
次要事件	0.213	-0.073	0.111	0.038	0.186	0.290	0.107	0.218	0.190	-0.077	0.168	-0.266	0.075	0.087
	(0.047)	(0.119)	(0.045)	(0.115)	(0.008)	(0.022)	(0.010)	(0.027)	(0.061)	(0.194)	(0.059)	(0.189)	(0.012)	(0.038)
	M=6.999		M=7.291		M=0.571		M=0.828		M=7.139		M=7.378		M=0.743	

表3 全部问题的敏感性分析（被解释变量为幸福感）

	掷硬币 2 个月后				掷硬币 6 个月后			
	一阶段回归	OLS	两阶段回归	样本量	一阶段回归	OLS	两阶段回归	样本量
所有	0.249 (0.009)	0.449 (0.039)	0.041 (0.139)	10094	0.211 (0.012)	0.584 (0.048)	0.476 (0.214)	6131
女性	0.259 (0.013)	0.537 (0.060)	0.299 (0.207)	4400	0.212 (0.018)	0.655 (0.071)	0.857 (0.315)	2697
男性	0.242 (0.011)	0.382 (0.050)	-0.149 (0.170)	5694	0.211 (0.016)	0.522 (0.062)	0.230 (0.270)	3434
低于 30 岁	0.265 (0.011)	0.335 (0.050)	-0.016 (0.170)	5777	0.241 (0.016)	0.452 (0.062)	0.547 (0.270)	3469
高于 30 岁	0.225 (0.013)	0.599 (0.062)	0.121 (0.239)	4317	0.205 (0.018)	0.748 (0.077)	0.433 (0.350)	2662
无指名朋友	0.214 (0.011)	0.427 (0.051)	0.178 (0.208)	6368	0.185 (0.015)	0.564 (0.062)	0.750 (0.315)	3752
有指名朋友	0.311 (0.014)	0.480 (0.060)	-0.116 (0.175)	3726	0.251 (0.019)	0.624 (0.076)	0.178 (0.284)	2379
收入低于 5 万美元	0.254 (0.012)	0.416 (0.053)	-0.173 (0.188)	5504	0.201 (0.016)	0.451 (0.065)	0.237 (0.304)	3289
收入高于 5 万美元	0.242 (0.012)	0.482 (0.057)	0.287 (0.207)	4590	0.219 (0.017)	0.735 (0.072)	0.729 (0.305)	2842
不遵从结果	0.097 (0.013)	0.571 (0.070)	-0.220 (0.598)	3947	0.064 (0.019)	0.786 (0.081)	1.871 (1.187)	2420
遵从结果	0.344 (0.011)	0.374 (0.047)	0.060 (0.125)	6125	0.306 (0.015)	0.458 (0.060)	0.295 (0.187)	3698
掷前幸福 低于平均	0.222 (0.013)	0.670 (0.067)	0.418 (0.268)	4357	0.166 (0.018)	0.938 (0.083)	1.009 (0.464)	2604
掷前幸福 高于平均	0.271 (0.011)	0.273 (0.045)	-0.170 (0.148)	5737	0.246 (0.015)	0.315 (0.057)	0.262 (0.216)	3527

4 潜在偏误

偏误的成因大致可分为三大类：研究对象不具代表性、对问卷调查的选择性回复，以及不诚实的回答。

在每一种情况下，均考虑偏误可能如何影响第一阶段估计（即遵从掷硬币结果的意

愿）、实际做出改变与未来幸福之间部分相关性的 OLS 估计，以及采取行动对未来幸福的因果影响的工具变量估计。

对于偏误的讨论将集中于幸福感这一结果上，其基本逻辑可延伸至其他结果。从经验上看，不太重要的决定对幸福感没有显著影响，所以我将分析集中在重要问题的子样本。

4.1 样本代表性

首先，研究对象可能既知道作者之前的研究，又对它有好感，往往是年轻和受过高等教育的男性。其次，在选择研究人员时，强调只对难以做出人生决定的人感兴趣，因此样本中面临决策摇摆不定的个体比例高于一般情况。再次，研究对象显然是被用掷硬币来潜在地解决重大生活困境的想法所吸引，但目前还不清楚这是不是人群中普遍存在的特征。最后，由于魔鬼经济学的粉丝在样本中的比例过高，可能会更加遵从掷硬币的结果。

所有这些因素都表明，与随机抽取的样本相比，这个样本中的受试者更有可能受到掷硬币的影响，即第一阶段在研究样本中比一般情况下要强得多。

4.2 问卷回应的选择性

4.2.1 偏误影响第一阶段：遵从掷硬币的人更有可能报告吗

如果遵从掷硬币的人更有可能对调查做出回应，那么掷硬币对做出改变的影响将被高估。

要衡量这个维度上样本选择的程度，第三方信息至关重要。在第三方完成调查问卷的条件下，可以考察是否遵从硬币结果（使用第三方的评估作为代理）与完成调查可能性的函数关系，如表 4 所示。

表 4 遵从掷硬币的人更有可能报告吗

	第三方调查如实报告实验结果	第三方调查未如实报告实验结果	差异
2 个月后调查	0.856	0.807	0.049
	(0.017)	(0.021)	(0.027)
	N = 443	N = 357	
6 个月后调查	0.752	0.681	0.071
	(0.028)	(0.032)	(0.043)
	N = 234	N = 207	

假设在这组研究对象中观察到的样本选择程度与全部人群相同，并将测量误差考虑在内，粗略的计算表明，对于重要的决策，2 个月调查中第一阶段影响的大约 1/5 可能来源于这种偏差，而 6 个月的第一阶段影响的 25%~30% 可能来源于这种偏差。

4.2.2 偏误影响 OLS：快乐的改变者更可能报告吗

如果事情进展顺利，那些做出改变的人可能会感到特别自豪；如果改变感觉像是事后

的错误，他们可能会感到更羞愧。如果是这样的话，自豪导致报告，而羞耻导致不报告，那么 OLS 将高估采取改变所带来的好处。

表 5 讨论了这一可能的偏误，仅限于完成了第三方调查问卷的样本。表 5 顶部对应于 2 个月的调查，底部反映的是 6 个月的调查。

表 5　快乐的改变者更可能报告吗

	第三方调查说明作出改变	第三方调查说明未作出改变	差异
2 个月后调查，结果说明幸福度高于平均	0.894	0.832	0.062
	(0.026)	(0.028)	(0.038)
	N = 142	N = 185	
2 个月后调查，结果说明幸福度低于平均	0.819	0.815	0.004
	(0.036)	(0.021)	(0.041)
	N = 116	N = 351	
6 个月后调查，结果说明幸福度高于平均	0.823	0.688	0.136
	(0.032)	(0.044)	(0.054)
	N = 147	N = 112	
6 个月后调查，结果说明幸福度低于平均	0.689	0.641	0.047
	(0.060)	(0.045)	(0.075)
	N = 61	N = 117	

应当关心的是双重差分的系数：相对于维持现状的人，做出改变的人快乐时报告的可能性更高吗？

在被第三方判断为幸福感高于平均水平的研究对象中，做出改变的报告比例较维持现状高出 6 个百分点。对于在第三方眼中幸福感低于平均水平的研究对象，上述差距只有 0.4 个百分点。这表明 2 个月时，"快乐的改变者" 更可能报告，尽管估计并不精确，差值的 t-stat 大致等于 1。6 个月时，这一差距接近 9 个百分点（尽管由于估计不精确，t-stat 再次接近 1）。

4.2.3　偏误影响 2SLS："快乐的正面" 和 "悲伤的背面" 更可能报告吗

虽然并不清楚背后原因，但如果确有其事，将严重威胁 2SLS 的估计准确性。表 6 与表 5 结构相同，唯一的区别是，表 6 的列反映研究对象得到的是正面还是背面。

表 6　"快乐的正面" 和 "悲伤的背面" 更可能报告吗

	正面结果	反面结果	差异
2 个月后调查，结果说明幸福度高于平均	0.894	0.864	−0.015
	(0.026)	(0.025)	(0.037)
	N = 185	N = 184	

	正面结果	反面结果	差异
2 个月后调查，结果说明幸福度低于平均	0.794 (0.026) N = 243	0.823 (0.023) N = 283	−0.029 (0.035)
6 个月后调查，结果说明幸福度高于平均	0.771 (0.037) N = 131	0.752 (0.036) N = 149	0.019 (0.051)
6 个月后调查，结果说明幸福度低于平均	0.663 (0.048) N = 98	0.630 (0.049) N = 100	0.033 (0.068)

表 6 中没有表明存在这种形式偏误的证据。在 2 个月和 6 个月的调查中，快乐的受试者更有可能做出回应，但在这两种情况下，得到正面和背面的人之间没有显著差异。

4.3　不诚实的回答

在测试受试者的不诚实答案时，我的方法总是一样的：我将研究对象的答案与第三方的答案进行比较，从而核实其回答是否诚实。由于第三方不像受试者可能会对自己的行为或行为的后果感到尴尬，因此第三方没有理由。并不是所有的分歧都意味着撒谎（第三方可能不完全了解情况），但如果分歧有系统性的模式，则可能是撒谎的迹象。

4.3.1　研究对象是否谎称遵从掷硬币的结果

表 7 报告了研究对象和第三方同时完成问卷的样本对于掷硬币结果的遵从率。

表 7　研究对象是否谎称遵从掷硬币的结果

	参与者遵从率	第三方遵从率
2 个月后调查	0.611 (0.019) N = 661	0.572 (0.019) N = 661
6 个月后调查	0.548 (0.028) N = 314	0.557 (0.028) N = 314

在 2 个月的调查中，研究对象报告的 61.1%与第三方的 57.2%差距较小，在 6 个月时，这一差距更小，而且正负方向改变。数据表明，2 个月的第一阶段可能被略微夸大（2SLS 估计和 OLS 因此被低估），但对 6 个月的调查这样的说法不成立。

4.3.2 做出改变的人是否夸大了他们的幸福程度

这对第一阶段的估计没有影响，但会在一定程度上造成 2SLS 的高估。使用第三方对研究对象幸福感的估计（而非研究对象自己报告的）作为因变量来考察是否存在这种偏误，如表 8 所示。

表 8 做出改变的人是否夸大了他们的幸福程度

	2 个月样本的 OLS	样本量	6 个月样本的 OLS	样本量
参与者报告自身幸福感	0.828 (0.068)	4316	1.059 (0.079)	2708
有第三方参与时参与者报告自身幸福感	1.010 (0.172)	690	1.337 (0.233)	323
在参与者恢复情况下，有三方报告参与者幸福感	1.006 (0.180)	690	1.407 (0.261)	323

三行之间的比较表明，限制样本在一定程度上增加了测量到的影响，但使用研究对象自己报告的还是第三方评估的幸福感作为结果并不会造成影响。

综上所述，本文的第一阶段估计可能被高估了，这是因为参与本研究的样本选择性和报告时的选择性。选择性报告可能会使改变对未来幸福感的 OLS 估计值向上偏移 10%~20%。没有明显的证据表明 2SLS 存在大的偏差，也没有证据表明谎报使各种估计产生偏差。

5 结论

这篇文章的结果表明，当涉及重要的人生决定时，人们对做出改变存在偏见。

问题是，为什么这么多人愿意让重大的人生决定由掷硬币决定。一个简单的解释是，许多参与者确实处于决策的边缘位置摇摆不定。因此，很小的好处（例如取悦研究者）就足以左右行为。或者，可能是更复杂的机制，如后悔厌恶（如果后悔是一个人可以控制的产物，那么放弃对随机化的控制会减少可能的后悔，从而提高预期效用）。

心理学中的大量文献都集中在"享乐适应"上。本文研究结果表明，这一现象在 6 个月的时间范围内似乎并不强烈，至少对观察到的样本来说是这样。由于实验的结果和目的现已公之于众，将来很难从研究对象那里（继续）获得可靠的幸福感回答。

实证经济学家正越来越多地从数据的消费者角色转向数据的生产者角色。这篇文章反映了这一趋势的极端。很难想象在不生产数据的情况下如何回答本文涉及的问题。社交媒体的发展壮大，增大了从广大人群中招募受试者进行随机实地实验的机会。

后 记

　　2020 年是我国全面建成小康社会、实现第一个百年奋斗目标的决胜之年，是到 2035 年基本实现社会主义现代化，到本世纪中叶把我国建成富强民主文明和谐美丽的社会主义现代化强国远景的开局之年。在这历史关键节点，危机与机遇共存。贸易摩擦与逆全球化席卷而来，新冠肺炎疫情的冲击短期难以消退，世界主要经济体增长放缓。同时，新技术变革下新一轮科技革命蓄势待发，数字经济蓬勃发展，成为推动区域经济变革的新生力量。基于对国内外环境的系统研判，我国创造性地提出了构建以国内大循环为主体、国内国际双循环相互促进的新发展格局的战略选择，开创经济发展新格局。区域经济发展再度成为稳定国民经济的中坚力量，决定了"双循环"发展格局的未来走向。

　　"十四五"规划明确指出我国继续发展的多方面优势、条件以及亟待解决的多方面问题，明确了整体的发展目标和具体的行动路径，对中国特色区域经济学理论创新和应用的需求更加迫切，包括新型城市化与城市治理，城市群、都市圈与城镇体系建设，乡村振兴，产业转型与产业安全，技术赋能，价值链竞争，问题区域深化改革，生态经济发展，陆海统筹等现实问题。

　　从 20 世纪 50 年代经济地理专业在我国开始发展算起，区域经济学学科在我国已经有了近 70 年的发展历史，在区域经济发展理论研究、区域经济关系协调、区域经济工具应用等方面积累了大量的理论成果和实践经验，在中国的区域发展，产业选择与培育，国土空间规划，城市、农业、生态功能区划等重大国家战略中发挥了重要的作用。中国区域经济增长、城市化和脱贫攻坚取得的成就证明中国的区域经济体系已经从引进、吸收阶段进入应用、产出阶段。如何科学借鉴西方国家成熟的产业政策应用、城市治理、生态环境规制、社会组织服务、主流经济学研究方法应用等方面的经验，坚持理论自信，完善立足中国国情的中国特色社会主义区域经济学理论体系，是本书的重要任务之一。

　　最后，感谢书中所列文章的作者，感谢大家给区域经济学学科带来的新的学术"血液"和学术视野。与往年一样，这本书是我们团队合作的结果，借助我们每周一次的读书会，我们翻译并研读了国内外的主要学术著作，愿将最新的一些热点与学术同仁分享。区域经济学是一门快速发展的交叉学科，学术热点具有全球性和区域性，因此我们的概括仍然不够全面，请学界同仁批评指正。

孙久文

中国人民大学应用经济学院教授、博士生导师

全国经济地理研究会会长

2021 年 9 月 10 日